ALBER REIHE KOMMUNIKATION

Über dieses Buch:

Bei der Bundestagswahl 1998 haben das Institut für Demoskopie in Allensbach und die Kommunikationswissenschaftlichen Institute der Universitäten Mainz und Dresden in einem gemeinsamen Projekt erstmals den gesamten Wahlkampf mit kontinuierlichen quantitativen Medieninhaltsanalysen als auch mit der Umfrageforschung begleitet, unter anderem mit einer Wähler-Panelbefragung. In dem vorliegenden Band werden die ersten Ergebnisse dieser Studie präsentiert. Er behandelt unter anderem die Entwicklung des Meinungsklimas im Wahlkampf, die Darstellung und die Wahrnehmung von Parteien und Kandidaten, die Rolle von personenorientierter und themenorientierter Berichterstattung, die Bedeutung von wahlrelevanten Themen wie der wirtschaftlichen Lage in den Massenmedien sowie die Wahrnehmung der Situation durch die Bevölkerung.

This book:

The Institute for Public Opinion Research in Allensbach, Germany and the Communication Science Institutes of the universities of Mainz and Dresden, Germany provided, for the first time, as part of a joint project – throughout the election campaigns for the German parliamentary election in 1998 – continuous, quantitative media content analyses as well as public opinion poll research, using, among other things, questioning of a voter panel. This book presents the initial results of this study. It treats, among many things, the development of the opinion climate during the election campaign, the representation and the perception of the parties and candidates, the role of person-oriented and subject-oriented reporting, and the meaning of subjects, which were relevant to the election, such as the economic situation in the mass media as well as the perception of the situation by the population.

Die Herausgeber:

Professorin Dr. phil. Elisabeth Noelle-Neumann, geb. 1916, lehrt Publizistik an der Universität Mainz. Gründerin und Leiterin des Instituts für Demoskopie Allensbach. Veröffentlichung bei Alber: Öffentlichkeit als Bedrohung. Beiträge zur empirischen Kommunikationsforschung (²1979).

Professor Dr. phil. Hans Mathias Kepplinger, geb. 1943, lehrt Publizistik an der Universität Mainz. Veröffentlichungen bei Alber: Angepaßte Außenseiter (als Hg., 1979), Die aktuelle Berichterstattung des Hörfunks (1985), Darstellungseffekte (1987), Der Einfluß der Fernsehnachrichten auf die politische Meinungsbildung (1989), Störfall-Fieber (1995), Die Demontage der Politik in der Informationsgesellschaft (1998).

Professor Dr. phil. Wolfgang Donsbach, geb. 1949, lehrt Kommunikationswissenschaft an der Technischen Universität Dresden. Veröffentlichung bei Alber: Legitimationsprobleme des Journalismus (1982).

Elisabeth Noelle-Neumann
Hans Mathias Kepplinger
Wolfgang Donsbach

Kampa
Meinungsklima und Medienwirkung
im Bundestagswahlkampf 1998

Alber-Reihe Kommunikation

Herausgegeben von
Hans-Bernd Brosius
Hans Mathias Kepplinger
Elisabeth Noelle-Neumann

Band 25

Elisabeth Noelle-Neumann
Hans Mathias Kepplinger
Wolfgang Donsbach

Kampa

Meinungsklima und Medienwirkung
im Bundestagswahlkampf 1998

Verlag Karl Alber Freiburg / München

Die Deutsche Bibliothek – CIP-Einheitsaufnahme

Noelle-Neumann, Elisabeth:
Kampa : Meinungsklima und Medienwirkung im
Bundestagswahlkampf 1998 / Elisabeth Noelle-Neumann ;
Hans Mathias Kepplinger ; Wolfgang Donsbach. –
Freiburg (Breisgau) ; München : Alber, 1999
      (Alber-Reihe Kommunikation ; Bd. 25)
      ISBN 3-495-47981-3

© Verlag Karl Alber GmbH Freiburg/München 1999
Einbandgestaltung: Eberle & Kaiser, Freiburg
Umschlagfoto: © Barbara Klemm, Frankfurt/Main
Einband gesetzt in der Rotis SemiSerif von Otl Aicher
Satz: SatzWeise, Trier
Druck: Difo-Druck, Bamberg 1999
ISBN 3-495-47981-3

Inhalt

Vorwort
Ein halbes Jahrhundert später

Schon die Wahlbeteiligung bei der Bundestagswahl 1998 widerlegte eine Legende. Nach der Legende sank in Deutschland seit der Mitte der siebziger Jahre die Wahlbeteiligung unaufhaltsam, ein schlechtes Zeichen für die Zukunft der Demokratie. Doch mit 82,2 Prozent war sie die höchste seit der Wiedervereinigung; 77,8 Prozent 1990, 79,0 Prozent 1994.

Auf die Allensbacher Frage: »Hat in letzter Zeit irgend jemand versucht, Sie von einer bestimmten Partei zu überzeugen, ich meine, daß Sie dieser Partei Ihre Stimme geben sollen?« antwortete zwei Wochen vor der Bundestagswahl 1998 fast jeder vierte der wahlberechtigten Bevölkerung: »Ja, jemand hat mich angesprochen.« Es war der aufregendste Wahlkampf seit 1972.

Und diesmal war die empirische Sozialforschung von Anfang an dabei. «Firehouse research« nennt man das in den USA, Feuerwehrforschung – das war wirklich die passende Bezeichnung für dieses Projekt.

Es begann damit, daß sich die Heinz Nixdorf Stiftung unter ihrem Vorsitzenden Rechtsanwalt Dr. Gerhard Schmidt 1997 entschloß, ein kostbares Instrument der Wahlforschung, eine seit 1969 laufende Allensbacher Panel-Analyse zu retten. Sie sagte der Stiftung Demoskopie Allensbach – der 99 Prozent des Instituts für Demoskopie Allensbach gehören – die Mittel zu, um die bei der Bundestagswahl 1994 zuletzt befragten rund 1500 Panel-Mitglieder wieder zu befragen.

«Retten« ist das passende Wort. Denn die zum ersten Mal bei der amerikanischen Präsidentschaftswahl 1940 von dem österreichisch-amerikanischen Sozialpsychologen Paul F. Lazarsfeld eingeführte Methode, eine repräsentativ ausgewählte Personengruppe immer wieder zu befragen, läßt sich nur anwenden, wenn man auch die finanziellen Mittel zur Wiederholungsbefragung derselben Personen erhält. Nur dann kann man vergleichen, was die einzelnen Mitglieder bei den vorangegangenen Befragungen sagten, und was sie bei der neuesten Befragung sagen, und wer sich in seinem Verhalten, seinen Wahlabsichten und Urteilen verändert hat. Bei denen, die sich in ihren Einstellungen verändert haben, kann man dann bei der Analyse von Ursachen, Motiven und Wirkungen ansetzen.

Wenn zuviel Zeit nach der Befragung des Panels vergeht, zerfällt das Panel; die früher schon befragten Personen sind nicht mehr zu erreichen. Daß mehr als drei Jahre seit der letzten Befragung des Panels zur Bundestagswahl 1994 vergangen waren, war schon eine sehr lange Zeit, um die Forschung überhaupt noch weiterführen zu können. Darum steht hier der Dank an die Heinz Nixdorf Stiftung an erster Stelle.

Aber dann schlossen sich andere Spender an. Sie sind auf einer Tafel des Dankes am Ende des Bandes aufgeführt. Und nun konnte verwirklicht werden, was es so sonst bisher nur in der Naturwissenschaft gibt: Drei Gruppen von Kommunikationswissenschaftlern mit Mitgliedern aus drei Generationen konnten sich zu einem Forschungsprojekt zusammenfinden, um auf gemeinsamer Basis, mit gemeinsamen Daten ihre Forschungsfragen zur Bundestagswahl 1998 zu bearbeiten. Das Institut für Publizistik der Johannes Gutenberg-Universität Mainz, das Institut für Kommunikationswissenschaft der Technischen Universität Dresden und das Institut für Demoskopie Allensbach entwarfen durch die Herausgeber dieses Bandes und ihre Mitarbeiter gemeinsam das Forschungsprojekt, und nun erstatten sie in sieben Aufsätzen ihre Berichte. Eine Teilnehmerin an einem Publizistik-Seminar im Wintersemester 1998/99 in Mainz, Diana von Webel, berichtet einleitend über den Hintergrund, die KAMPA und die Wahlkampfstrategie der SPD. Den Abschluß bildet ein Kapitel mit Darstellung der Methoden, auf die sich dieses Wahlforschungsprojekt stützt.

Wir bitten die Leser, Unterschiede in Anlage und Denkstil zu akzeptieren. Hätten wir das Korsett strenger einheitlicher Konventionen der Hypothesenprüfung verlangt, dann wäre viel von den unerwarteten Ergebnissen dieses Forschungsprojekts verloren gegangen.

Das gleiche gilt für den Schreibstil. Wir haben eine Darstellungsform gewählt, die weitgehend auf technisch-statistischen Ausdruck und Beweismittel verzichtet. Die Absicht war, einem weiten interessierten Leserkreis die Möglichkeit zu geben, die Texte möglichst mühelos zu lesen und die Argumente selbst überprüfen zu können. In der Fachliteratur werden später die vollständigen Ergebnisse dieses Forschungsprojekts mit angemessenem statistischen Apparat dokumentiert werden.

Unvermeidlich ist auch, daß es zwischen den Aufsätzen Überschneidungen gibt. Ein für die Wahlforschung so grundlegender Beitrag wie die Panelstudie von Lazarsfeld, Berelson und Gaudet von 1940 wird in nahezu jedem Aufsatz in irgendeinem Zusammenhang zitiert.

Die Ergebnisse der drei Forschungsgruppen zeigen viele Bezüge zueinander, ohne daß sie in einem so schmalen Band umfassend dargelegt werden können. Die Darstellung der wirtschaftlichen Entwicklung im Wahljahr in den Medien wird z. B. auf der Basis von Medieninhaltsanalysen und ihrer Einschätzung durch die Bevölkerung nach repräsentativen Umfragen und Paneldaten vorgestellt.

Daß gerade der Einfluß der Darstellung der wirtschaftlichen Entwicklung auf die Strategie der KAMPA eine so große Rolle spielte, ist gut begründet. Mit dem amerikanischen Wahlkampf zwischen Bush und Clinton 1991/92 wurde zum ersten Mal durch die Kombination von Fernseh-Analysen und Meinungsforschung des Gallup-Instituts die überragende Bedeutung – nicht der tatsächlichen wirtschaftlichen Entwicklung, sondern der Vorstellungen der Wähler von der wirtschaftlichen Entwicklung – demonstriert. Ausgangspunkt war die Entdeckung, daß im ganzen 20. Jahrhundert noch nie ein amtierender amerikanischer Präsident abgewählt worden war, wenn die wirtschaftliche Entwicklung aufwärts lief. Also bestand die Wahlkampfstrategie der Demokraten u. a. darin, bei den amerikanischen Wählern den Eindruck zu erwecken, daß es mit der Wirtschaft abwärts gehe.

Hier ist der Aufsatz von Donsbach und seinen Mitarbeitern im vorliegenden Band der zentrale Beitrag.

Das neue Konzept der »frame«-Analyse, das in den neunziger Jahren in die Wahlforschung einzog, wird in einem Aufsatz von Kepplinger weiter entwickelt. Es läßt sich mit der Panelbefragung nach der Wahl verbinden, so daß verglichen werden kann, welche Rolle bestimmte Frames spielten, welche Bezüge zu grundsätzlichen gesellschaftlich-politischen Einstellungen in den Medien vorherrschten, und welche das Denken der Bevölkerung bestimmten.

Daß der Kompetenzverlust der CDU/CSU und der Machtverlust in Medieninhaltsanalysen beobachtet und in Panelanalysen nachgewiesen werden können, zeigt das entsprechende Kapitel von Kepplinger.

Wie es heute endlich möglich ist, das Verhalten der Meinungsführer zu beobachten, eines Menschentyps, den schon Lazarsfeld 1940 erkannte, und wie das mit der Bedeutung der persönlichen Kommunikation im Wahlkampf verknüpft ist, wird für die Bundestagswahl 1998 nachgezeichnet, aber auch rückblickend für die Bundestags-

Tabelle: Beispiel für Frame-Analyse, Verknüpfung von Medieninhaltsanalyse und Umfragen

Wer ist verantwortlich für Problem-Lösungen?

	Medien-Inhaltsanalyse der Fernseh-nachrichten*) 2745 Beiträge %	Umfrage**) 2385 Befragte %
Verantwortlich ist »der Staat«	78	61
Andere Antworten	22	39
	100	100

*) Wichtigste Nachrichtensendungen von ARD, ZDF, RTL, SAT1, PRO7 im Zeitraum vom 2.3.98 bis zum 26.9.98

**) Es ist verantwortlich dafür,
- daß es genügend Arbeitsplätze gibt,
- daß im Alter alle abgesichert sind
- daß man vor Krankheitsfolgen geschützt ist
: Durchschnitt der Angaben »Der Staat ist verantwortlich«

Quelle: Allensbacher Archiv, IfD-Umfragen; politisches Panel 5139, 5146, Medieninhalts-analyse der Universitäten Mainz und Dresden

wahlen von 1990 und 1994. Der Beitrag «Die Wiederentdeckung der Meinungsführer» von Noelle-Neumann zeigt ein dramatisches Kapitel der Wissenschaftsgeschichte. Es hat jetzt seinen Abschluß gefunden, und zugleich eröffnen sich der Forschung ganz neue Chancen.

Ein halbes Jahrhundert ist vergangen, seit Lazarsfeld 1940 das Fundament der empirischen Wahlforschung legte. Wir stehen an der Schwelle, an der die Naturwissenschaften vor rund 250 Jahren standen. An die Stelle der Naturphilosophie trat in der Mitte des 18. Jahrhunderts die experimentelle Physik an der Universität Heidelberg, wie das Hans-Georg Gadamer in einem Festvortrag zum 600. Jubiläum der Universität Heidelberg mitreißend beschrieben hat. Von da an konnte Wissenschaft kumulativ, von Generation zu Generation aufbauend, betrieben werden.

Max Weber hat in seinem Vortrag «Wissenschaft als Beruf» im Wintersemester 1918/19 in München beschrieben, was Lazarsfeld als sein Ideal «Continuities in social research» schilderte. Der Wissenschaftler, sagte Max Weber, will überholt werden. Dies zeigt, warum die Zusammenarbeit von Wissenschaftlern aus mehreren Generationen und von Wissenschaftlern aus verschiedenen Forschungsrichtungen nun schließlich die Aussicht eröffnet, aus Ideologiefragen Sachfragen zu machen.

Wir danken allen Mitarbeitern der drei Forschungseinrichtungen, die nicht namentlich genannt werden können. Dazu zählen die studentischen Teilnehmer eines begleitenden Werkstatt-Seminars an der Universität Mainz, aus dem der Beitrag über die Wahlkampfplanung der SPD hervorgegangen ist, und die ungefähr 50 Studenten in Mainz und Dresden, die in monatelanger Arbeit die Medienbeiträge kodiert haben. Wir danken auch den Allensbacher Mitarbeitern, der Fragebogenkonferenz, der Statistik, den Mitarbeitern des Interviewer-Ressorts und den 2000 Interviewern, die im ganzen Bundesgebiet stationiert sind; schließlich den unter extremem Zeitdruck arbeitenden Datenbearbeiterinnen, der Grafik, dem Archiv.

Wieviel die Menschheit der Medizin und der Naturwissenschaft verdankt, ist heute den meisten Menschen bewußt. Im 20. Jahrhundert hat die empirische Sozialforschung einen steinigen, aber endlich doch erfolgreichen Weg zurückgelegt. Wir hoffen, daß ihr Potential bald voll genutzt werden wird.

Mainz, Dresden, Allensbach,
15. Juli 1999
Elisabeth Noelle-Neumann
Hans Mathias Kepplinger
Wolfgang Donsbach

Diana von Webel
in Zusammenarbeit mit
Hans Mathias Kepplinger und Marcus Maurer

Der Wahlkampf der SPD

Vorgeschichte

»Wir wollen gewinnen«[1] lautete das Ziel der Wahlkämpfer der So-
zialdemokratischen Partei Deutschlands (SPD) für den Bundestagswahlkampf 1998. Nach dem Verlust der Wahl von 1994, als die
an und für sich positive Stimmung für einen Regierungswechsel
nicht effektiv genutzt wurde, sollte diesmal alles klappen. »Wir wollen 1998 den modernsten, effizientesten Wahlkampf aller konkur-
rierenden Parteien führen«[2], hieß der Anspruch der SPD. Schon
Jahre vorher hatte sie begonnen, die Voraussetzungen für das
Vorhaben zu schaffen und unmittelbar vor dem großen Ereignis
scheuten die Sozialdemokraten weder Kosten noch Mühen, um ihr
ehrgeiziges Ziel zu erreichen. Markt- und Meinungsforscher analysierten die Ausgangslage. Ideen und Erfahrungen sammelten die
Topwahlkämpfer im Ausland, als sie sich frühzeitig bei den (erfolgreichen) Kollegen umschauten, »wie man heutzutage an die Hirne
von politikmüden Wählern herankommt«.[3] In der »Heimat des modernen Wahlkampfes«, den USA, verfolgten die Sozialdemokraten
die Aktivitäten des Teams um Bill Clinton, in Großbritannien be
gleiteten sie die »New Labour«-Mannschaft von Tony Blair, um nur
die bekanntesten Vorbilder zu nennen.

Was die SPD letztlich auf die Beine stellte, war eine perfekte
durchorganisierte Polit-Kampagne. Sie fand allseits große Beachtung, wurde viel diskutiert und kritisiert. Der Wahlkampf selbst wurde zum Wahlkampfthema. Es kamen Fragen auf wie: Kann man
eine politische Partei vermarkten wie ein neues Automobil? Schickt
es sich, den Kandidaten für das wichtigste politische Amt anzupreisen wie ein Haarshampoo? Treiben die Sozialdemokraten nicht ein

[1] Müntefering, 1997b.
[2] Ebd.
[3] Schnibben, 1998b: S. 72.

13

bißchen viel Aufwand, tragen sie dabei nicht zu dick auf? Die Wahlkämpfer heizten die Diskussion noch an, indem sie – getreu dem
Motto »Tue Gutes und sprich darüber« – nicht mit Informationen
über ihre Arbeit geizten. Voller Stolz priesen sie die Kampagne
den Journalisten an. Diese griffen das Thema gerne auf – denn
einen solchen Wahlkampf hatte es in Deutschland noch nie gegeben.[4]

Über den Bundestagswahlkampf 1998 titelte der Spiegel, er werde eine »Schlacht um Gefühle«. Kanzlerkandidat Schröder zwinge
Helmut Kohl »eine Kampagne nach amerikanischem Muster auf«.
Es werde ein »erbitterter Kampf um Symbole, um Begriffe, um Bilder und Gefühle« geführt werden, für den die SPD »sich unerwartet
gut präpariert« zeige. Kein Wunder, denn sie hatte sich wirklich
gründlich vorbereitet.[5] Die Grundsteine für diesen Wahlkampf waren schon in den drei vorangegangenen Jahren gelegt worden. Nach
dem Verlust der Bundestagswahl 1994 drohten die Sozialdemokraten endgültig ihre Parteilinie zu verlieren, rieben sich an internen
Streitigkeiten auf und schienen alles andere als eine geschlossene,
schlagkräftige Organisation. Folglich mußte sich die SPD Ende
1995 ernsthaft Sorgen um ihre Zukunft als Volkspartei machen.
Vier Personalentscheidungen und deren Konsequenzen läuteten
schließlich eine »Phase der Konsolidierung«[6] ein. Oskar Lafontaine
als neuer Parteivorsitzender sorgte für eine geschlossene, hand-
lungsfähige Partei. Franz Müntefering als Bundesgeschäftsführer
und späterer Wahlkampfleiter gewährleistete eine wirksame Kam-
pagnenorganisation. Manfred Stolpe, offizieller Vertreter ostdeutscher Belange, sollte der SPD in den fünf neuen Ländern Auftrieb
geben. Und schließlich stand Gerhard Schröder für eine »neue«
SPD, nachdem er zunächst als wirtschaftspolitischer Sprecher in
die Führungsspitze der Partei zurückgekehrt war.[7]

In einer groß angelegten Untersuchung[8] beschrieb die SPD ihre
Ausgangslage 1996 folgendermaßen: Die politische Stimmung verbesserte sich zugunsten der SPD, zunächst aber fast nur in Ostdeutschland. Parteimitglieder und -anhänger der SPD zeigten sich

---

[4] Veröffentlichungen über die SPD-Wahlkampfzentrale zum Beispiel in Der
Spiegel 11/98; Stern 48/97; Süddeutsche Zeitung vom 17.01.1998; Darmstädter
Echo vom 17.04.1998.
[5] Schumacher, 1998: S. 92.
[6] Zitat Oskar Lafontaine nach Ristau, 1998: S. 2.
[7] Vgl. ebd.
[8] Persönliche, mündliche Befragung von 2800 West- und 1700 Ostdeutschen.
Panel in drei Wellen: Januar 1996, Dezember 1996, August/September 1997. Realisiert von Institut polis, München. Vgl. ebd.: S. 4.

zunehmend optimistisch. Kanzler Kohl verlor an Ansehen, die Unzufriedenheit mit der Bundesregierung, besonders mit der CDU, nahm zu. Auf Basis dieser allgemeinen Erkenntnisse plante die SPD ihr weiteres Vorgehen.[9] Nachdem die SPD es 1996 geschafft hatte, ihre Stammwähler wieder hinter sich zu bringen, mußte sie versuchen, auch die Wechselwähler für sich zu gewinnen. In dieser Zeit kam der SPD vor allem das Scheitern der Regierungspolitik zugute. Während die Bundesregierung versuchte, Reformen (Gesundheit, Rente, Steuern) durchzusetzen, die beim größten Teil der Bevölkerung auf Ablehnung stießen, demonstrierten die Sozialdemokraten im Bundesrat Geschlossenheit dagegen. Der Vorwurf der CDU/CSU, die SPD würde Blockadepolitik betreiben, verhallte weitestgehend ungehört.[10]

»Der Wahlkampf muß rechtzeitig organisiert … werden«,[11] deshalb plante die SPD ihre Aktivitäten genau. Malte Ristau, selbst KAMPA-Mitarbeiter, unterteilt den Wahlkampf in drei Phasen: Phase der Vorbereitung (1. Hälfte 1997), der Inszenierung (4. Quartal 1997 bis 1. Quartal 1998) und der Entscheidung (2. und 3. Quartal 1998). Als grober Überblick erscheint diese Einteilung durchaus angemessen. Der offizielle Zeitplan für die KAMPA allerdings untergliedert Ristaus »Phase der Inszenierung« in drei kürzere Perioden, so daß dort von insgesamt fünf Phasen die Rede ist, die im folgenden kurz umrissen werden. In der ersten Phase, die bis Juli 1997 dauerte, ging es um die grobe Planung wie Unterbringung der Wahlkampfzentrale, Personalfragen, Konzepte etc. In den darauffolgenden vier Monaten trafen die Wahlkämpfer weitere organisatorische und logistische Vorbereitungen für die Wahlkampfzentrale. Am 26. September 1997 nahm die KAMPA ihre Arbeit auf. Im folgenden Vierteljahr wurden zunächst Basisfunktionen vorbereitet und etabliert, wie zum Beispiel eine effektive Pressearbeit. Die volle Arbeitsfähigkeit sollte in Phase IV (Januar bis April 1998) hergestellt werden. In den letzten sechs Monaten vor der Wahl hieß es dann »Wahlkampf pur« (Schaubild 1).

Franz Müntefering hatte schon sehr früh (mehr als ein Jahr vor der Wahl) zu verstehen gegeben: »Wir werden uns selbstbewußt an unseren eigenen Zeitplan halten und uns nicht die Agenda von anderen diktieren lassen.«[12] Die SPD wollte sich nicht drängeln lassen. Die Wahlkämpfer versuchten, »ihr Ding« zu machen und sich mög-

[9] Vgl. ebd.: S. 3.
[10] Vgl. ebd.: S. 4.
[11] Müntefering, 1997a.
[12] Müntefering, 1997b.

Schaubild 1: Die fünf Phasen des SPD-Wahlkampfes

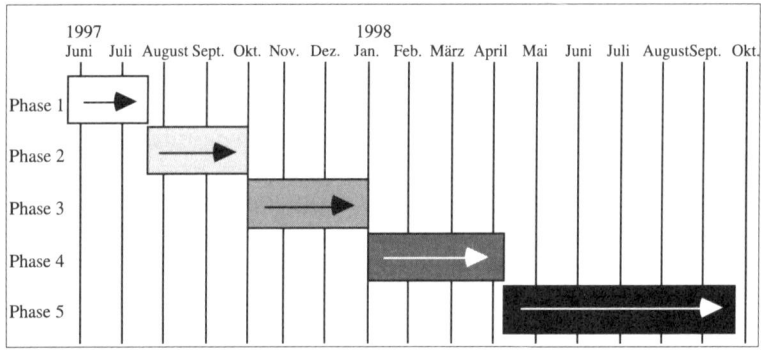

Quelle: SPD

lichst wenig von außen beeinflussen zu lassen. Insbesondere Medienvertreter reagierten nicht immer verständnisvoll auf diese Politik.[13] Doch trotz öffentlichen Drucks folgte die Partei geschlossen Münteferings Anweisung. Dies gilt auch für den Wahlkampf-Etat der SPD. Über Geld spricht man nicht, sagt der Volksmund, und das gilt wohl besonders, wenn es um Wahlkampffinanzierung geht. »Wir müssen mit wenig Geld auskommen und trotzdem gute Arbeit organisieren«[14], sagte Franz Müntefering. Viel mehr geben die Sozialdemokraten nicht preis. Nach offiziellen Parteiangaben hat die SPD insgesamt 40 Millionen Mark für den Wahlkampf sowie für Werbung und PR ausgegeben. KAMPA-Mitarbeiter Stefan Lennardt meinte, man könne durch geschicktes Hin- und Herkalkulieren allerdings auf die phantastischsten Beträge kommen, wenn man nur die Kosten für jeden Pförtner, Kaffee oder Bleistift einbeziehe – wie das wohl einige Medien getan hätten.[15]

Die Organisation der »KAMPA '98«

Der SPD-Wahlkampf war vor allem durch die straffe Organisation der Wahlkampfzentrale mit kurzen Entscheidungswegen und klaren Kompetenzen geprägt. Darüber hinaus sorgte ein frühzeitiger und effektiver Zeitplan für einen reibungslosen Ablauf der Kam-

---

[13] Zum Beispiel bei der Diskussion um den Kanzlerkandidaten, als die SPD trotz großer Kritik ihren Mann erst benannte, als sie es für richtig hielt.
[14] Müntefering, 1997a.
[15] Telefonat mit Stefan Lennardt im Mai 1998.

pagne und schaffte gleichzeitig Spielraum für spontane Aktionen. Jedoch wurde keine Strategie und kein Instrument dem Zufall überlassen, sondern alles durch Meinungsforschung abgesichert und von Fachleuten für den jeweiligen Bereich ausgeführt. Herz und Hirn des SPD-Wahlkampfs war eine eigens eingerichtete Wahlkampfzentrale, organisatorisch wie räumlich getrennt von der Partei – ein Novum bei den Sozialdemokraten. Etwa 200 Meter entfernt von der Parteizentrale im Erich-Ollenhauer-Haus entstand in einem Bürogebäude die »KAMPA '98«. Nach dem Vorbild der amerikanischen »war rooms« wollte die SPD dort ihre Kräfte bündeln und sich vorbereiten.[16] Mit dieser externen Zentrale wollte Müntefering »eine schlagkräftige Wahlkampforganisation sicherstellen, die sich durch rasche Koordination, gebündelte Kommunikation, hohe Flexibilität und Reaktionsfähigkeit und durch ein motiviertes Team mit klar definiertem Ziel auszeichnet.«[17] In der KAMPA gab es ein eigenes Ressort »Terminkoordination«. Hier wurden die Daten aller wichtigen politischen Ereignisse in Bundestag, Bundesrat, auf europäischer Ebene, in Partei, Gewerkschaften etc. für das Jahr 1998 gesammelt. Dieser Terminkalender bildete auch die Grundlage für die Phasen- und Ereignisplanung im Wahljahr.[18]

Die KAMPA wies im Prinzip nur zwei Hierarchiestufen auf: Die Richtlinienkompetenz lag bei der »Politischen Führung«, das heißt bei Kanzlerkandidat, Parteivorsitzendem und Präsidium. Dieser kleine Personenkreis traf alle wichtigen Entscheidungen über Wahlkampfstrategien und den Auftritt der Partei. Ihr unterstellt war die Wahlkampfleitung, bestehend aus dem sechsköpfigen »erweiterten Leitungskreis« und dem Bundesgeschäftsführer an der Spitze. Sie kümmerten sich um die Koordination der Kampagne, bei ihnen liefen die Fäden aus der ganzen Republik zusammen. Alle übrigen KAMPA-Mitarbeiter waren wie auch die Genossen außerhalb der Zentrale (mehr oder weniger) gleichberechtigte, ausführende Kräfte, die das Wahlkampfkonzept umsetzten (Schaubild 2).

Die KAMPA hatte eine einfache und zweckmäßige Grundstruktur mit klar definierten Aufgabenbereichen für die verschiedenen Abteilungen (s. Schaubild 3). Neben einigen klassischen Sektoren, wie Presse/Medien, Meinungsforschung oder Finanzcontrolling, hatte die SPD auch Spezialressorts wie »Gegnerbeobachtung« oder die Aktion »32 Wahlkreise« aufgebaut, deren Funktionen im folgenden näher betrachtet werden sollen. Neben Franz Müntefering

[16] Vgl. http://www.spd.de/wahlkampf/wkz/index.htm, 1997.
[17] Müntefering, 1997b.
[18] Vgl. http://www.spd.de/wahlkampf/wkz/index.htm, 1997.

Schaubild 2: Die SPD im Wahljahr – Strukturen

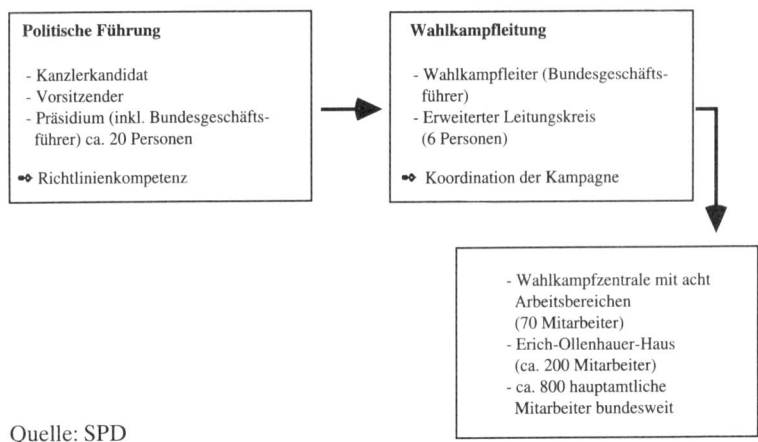

Politische Führung	Wahlkampfleitung
- Kanzlerkandidat - Vorsitzender - Präsidium (inkl. Bundesgeschäfts- führer) ca. 20 Personen ➡ Richtlinienkompetenz	- Wahlkampfleiter (Bundesgeschäfts- führer) - Erweiterter Leitungskreis (6 Personen) ➡ Koordination der Kampagne

- Wahlkampfzentrale mit acht
  Arbeitsbereichen
  (70 Mitarbeiter)
- Erich-Ollenhauer-Haus
  (ca. 200 Mitarbeiter)
- ca. 800 hauptamtliche
  Mitarbeiter bundesweit

Quelle: SPD

als Wahlkampfleiter gehörten zunächst Peter Struck (als Vertreter der Bundestagsfraktion), Hanspeter Weber (Länder), Bärbel Dieckmann (Kommunen) und Christine Bergmann (Ostdeutschland) zum »erweiterten Leitungskreis« der Wahlkampfzentrale. Später – nach der Wahl Schröders zum Kanzlerkandidaten – kamen noch die Schröder-Vertrauten Bodo Hombach und Uwe-Karsten Heye hinzu. In der KAMPA selbst arbeiteten etwa 70 Menschen.[19] Dazu kamen die 200 Mitarbeiter des Erich-Ollenhauer-Hauses und etwa 800 hauptamtliche Sozialdemokraten bundesweit. Insgesamt engagierten sich also mehr als 1000 Mitarbeiter »aus der Parteizentrale, aus der Fraktion, den Ländern, aus der Agentur, aus Unternehmen, Schulen und Universitäten«[20] sowie »Fachleute aus Bund und Ländern, Wissenschaft und Medien«[21] in Vollzeit für einen SPD-Wahlsieg (Schaubild 3).

Neben den Parteiorganen und -mitgliedern stellte die SPD der KAMPA acht Partneragenturen zur Seite, die den Organisatoren in verschiedenen Bereichen unter die Arme greifen sollten. Die Sozialdemokraten verließen sich also nicht nur auf ihre eigenen Kenntnisse des »Geschäfts Wahlkampf«, sondern zogen zusätzlich Experten zu Rate. Daß diese zum Teil keine Ahnung von Politik hatten, wurde eher als Vorteil gesehen. Besondere Bedeutung

---

[19] Es handelte sich um ein recht junges Team: Das Durchschnittsalter lag bei 39 Jahren.
[20] Müntefering, 1997a.
[21] http://www.spd.de/wahlkampf/wkz/index.htm, 1997.

Schaubild 3: Kampagnenzentrale 1998

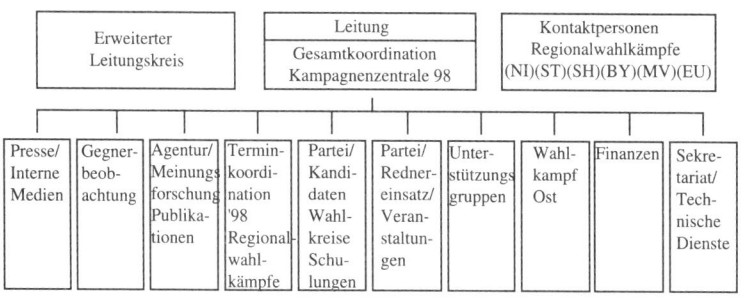

Erweiterter Leitungskreis	Leitung Gesamtkoordination Kampagnenzentrale 98	Kontaktpersonen Regionalwahlkämpfe (NI)(ST)(SH)(BY)(MV)(EU)

Presse/ Interne Medien	Gegner- beob- achtung	Agentur/ Meinungs- forschung Publika- tionen	Termin- koordi- nation '98 Regional- wahl- kämpfe	Partei/ Kandi- daten Wahl- kreise Schu- lungen	Partei/ Redner- einsatz/ Veran- staltun- gen	Unter- stützungs- gruppen	Wahl- kampf Ost	Finanzen	Sekre- tariat/ Tech- nische Dienste

Quelle: SPD

kamen einerseits dem Meinungsforschungsinstitut POLIS zu und andererseits der »Kreativagentur« KNSK, BBDO. Die Kommunikationsagentur KNSK, BBDO, auf deren Portfolio Industriekunden wie Lucky Strike oder Wella zu finden sind, erstellte in enger Zusammenarbeit mit den Meinungsforschern »kommunikative Grundlinien«, die immer wieder den Gegebenheiten angepaßt wurden. Auf der Basis dieser Grundlinien wurden »konkrete werbliche Instrumente« entwickelt und gestaltet (z. B. Plakate, Broschüren, give-aways wie die Karte »Ich gebe Ihnen neun gute Gründe, SPD zu wählen.[…]«)[22] (Schaubild 4).

Detmar Karpinski von KNSK, BBDO beschrieb die Aufgabe der Werbeagentur so: »Es geht [im Wahlkampf] darum, die Ziele, die Visionen einer Partei und eines Kandidaten glaubwürdig, gut verpackt ›rüberzubringen‹, so daß am Ende die Leute eben an der richtigen Stelle das Kreuzchen machen.« Nichts anderes würde die Agentur eigentlich auch für alle anderen Kunden und deren Produkte – Katzenfutter, Telefongesellschaft oder die Expo 2000 – machen.[23] Der Spiegel kommentierte den Einsatz von KNSK, BBDO für die SPD so: » … sie haben eine der besten deutschen Agenturen gewählt, die von Politik zwar wenig versteht, die aber weiß, wie man an werbemüde Konsumenten herankommt.« Nach außen hin taten sich die Werber insbesondere im kreativen Bereich hervor. Die Kampagne der SPD gewann mehrere Preise der Werbeindustrie,[24] zum Beispiel für eine Reihe von Plakaten, die alten

[22] Vgl. http://www.spd.de/wahlkampf/wkz/index.htm, 1997.

[23] Schadt, 1998.

[24] Zum Beispiel: Preise beim Kreativwettbewerb des Art Directors Club; Auszeichnung der Fachzeitschrift w vordere Plätze beim Journalistenpreis des Axel-Springer-Verlages. Vgl. http://www.spd.de/partei/intern/0498/p76.htm, 1998.

Schaubild 4: Partneragenturen

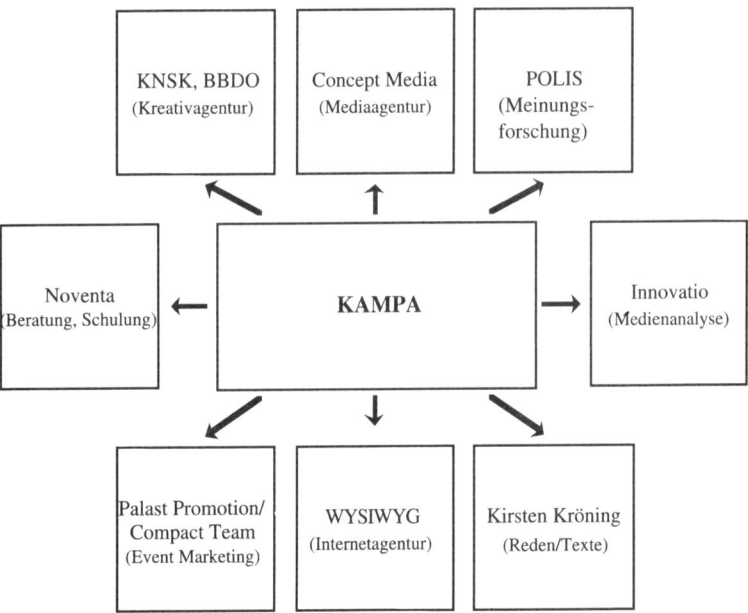

Quelle: SPD

Filmpostern nachempfunden waren, oder für das Plakat »Wir wünschen dem Bundeskanzler einen schönen Urlaub am Wolfgangsee. 365 Tage im Jahr« (Motiv: eine überdimensionale Badehose an der Trockenleine) (Schaubild 5).

Die Strategie der KAMPA

Konzentration auf Kernziele

»Wahlkreise werden von Kandidatinnen und Kandidaten gewonnen, Wahlen von der Partei – jede Stimme zählt!«[25] Für 32 ausgesuchte Wahlkreise entwickelte die KAMPA im Rahmen ihrer Wahlkreisarbeit ein spezielles Programm.[26] In diesen Regionen war die Entscheidung zwischen dem CDU- (im Osten auch PDS-) und dem

[25] http://www.spd.de/partei/intern/0498/p81.htm, 1998.
[26] Es gab auch eine Abteilung »Wahlkampf Ost«, die sich »speziell um ostdeutsche Belange« kümmerte: »Unterstützung des Wahlkampfs in Sachsen-Anhalt, Aufbereitung spezifisch ostdeutscher Themen, Konzeption und Organisation von Veranstaltungen in Ostdeutschland, Zusammenarbeit mit dem Forum Ostdeutschland.« (http:// www.spd.de/partei/intern/0498/p83.htm, 1998.)

Schaubild 5: Plakatreihe »Filmposter«

Quelle: Vorwärts 5/1998: S. 40.

SPD-Direktkandidaten traditionell knapp. Die SPD setzte sich 1998 besonders stark dafür ein, diese Mandate zu gewinnen. In den 32 Wahlkreisen begannen die Sozialdemokraten noch früher mit dem Wahlkampf, um Präsenz zu zeigen und ihre Gegner zu verunsichern. Besondere Maßnahmen an diesen Orten waren unter anderem spezielle Werbemittel und besonders häufige Auftritte prominenter SPD-Politiker (Schaubild 6).

Auch in den übrigen Wahlkreisen wurden zahlreiche Aktionen auf die Beine gestellt. Die KAMPA fungierte dabei in erster Linie als Ideengeber und Helfer für die SPD-Ortsvereine. Für die Kandidaten und ihre Mitarbeiter bot die KAMPA Schulungen an. So gab es Workshops zur Wahlkampfplanung, Seminare zu den Themen Wahlkampfstrategie oder Telefon-Campaigning und Media-Training für die Kandidaten. Außerdem versorgte die Zentrale die Ortsvereine mit Informationsmaterial und anderen Wahlkampfutensilien. Darüberhinaus war sie bei der Vorbereitung von Veranstaltungen behilflich, vermittelte Redner oder unterstützte Lokalpolitiker mit vorgefertigten Reden, die – der jeweiligen Situation angepaßt – nach dem Baukastenprinzip zusammengesetzt werden konnten. Die KAMPA stand den Regionalbüros sogar über eine Hotline werktags von 8–20 Uhr zur Verfügung.[27] Die Aktivitäten

[27] Vgl. z. B. http://www.spd.de/partei/intern/0498/p81.htm.

Schaubild 6: 32 Wahlkreise

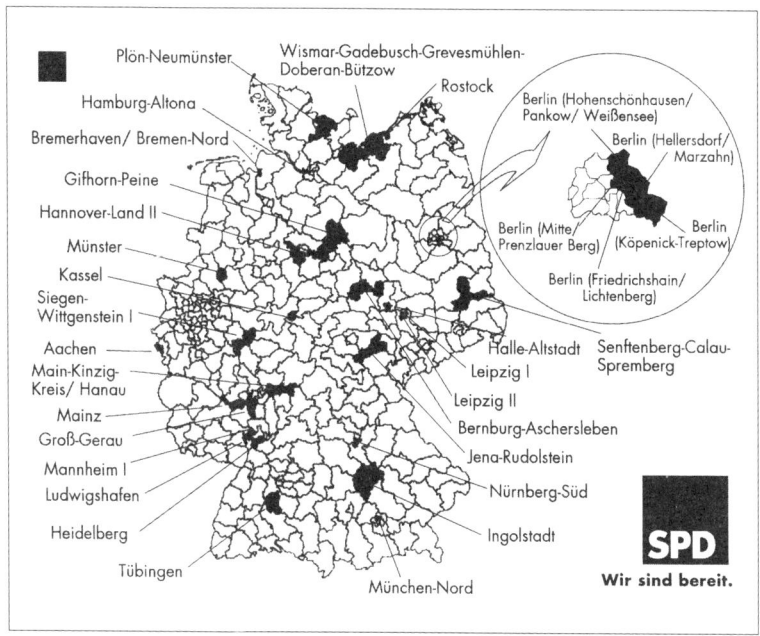

in den Wahlkreisen waren manchmal recht ausgefallen. So zog zum Beispiel Monika Griefahn mit einem feuerroten Tretmobil durch ihren Wahlkreis (Landkreis Harburg, Niedersachsen) – samt Mann, ihren drei Kindern und ab und an zugestiegenen Parteifreunden.[28] Überhaupt setzten die Genossen auf Kontakt mit den Wählern. In den meisten Wahlkreisen tingelten die Kandidaten beispielsweise von Tür zu Tür, um sich den Bürgern persönlich vorzustellen. Die Aktionen zahlten sich am Wahlabend aus. Von den besonders betreuten 32 Wahlkreisen gewann die SPD 26, in der gesamten Bundesrepublik 212 (von 328).

Einsatz von Internet und Intranet

Die SPD nutzte eine Vielzahl von internen Wahlkampfinstrumenten, um ihre Mitglieder und Funktionäre auf dem laufenden zu halten und den Wahlkampf auf allen Parteiebenen optimal zu organisieren. »Die SPD redet nicht nur über Innovation, sie nutzt sie

[28] Vgl. http://www.stern.de/magazin/rubriken/1998/leute-2.htm.

effektiv für den Wahlkampf und ist damit Spitzenreiter unter allen Parteien.«[29] Die Rede ist hier von elektronischer Kommunikation, die bei den Sozialdemokraten einen hohen Stellenwert im Wahlkampf hatte. Die SPD verfügte über ein Intranet, einen Fax-Service für Ortsvereine sowie ihre Homepage und spezielle Wahlkampf-Seiten im Internet.[30] Das SPD-Intranet deckte einen wichtigen Teil der internen Kommunikation ab. Durch das parteieigene Netzwerk konnte die KAMPA gewährleisten, daß Informationen schnellstmöglich verbreitet wurden und ohne Umwege beim Empfänger ankamen. Da die Botschaften verschlüsselt wurden, konnten selbst vertrauliche Mitteilungen in solchen Systemen rasch und sicher verschickt werden. Insbesondere die Abteilung Gegnerbeobachtung nutzte das Intranet, um »Informationen und Materialien« weiterzugeben. Zum Beispiel konnten sich die Parteifreunde eine Negativ-Bilanz der Regierung Kohl herunterladen, in der Versprechen und Ziele der CDU mit den tatsächlichen Daten verglichen wurden.[31] Die Geschäftsstellen konnten über das Intranet außerdem die neuesten Pressemitteilungen, aktuelle Flugblattvorlagen, Themen, Argumente und Reaktionen abrufen. Der Fax-Service belieferte die Ortsvereine mit werktäglich wechselnden aktuellen Informationen (Schaubild 7).[32]

Mit ihrem Internet-Auftritt demonstrierte die SPD Modernität: » … mit dem neuesten Angebot der SPD im Internet stehen wir auch im Netz weiter an der Spitze unter den Parteien. Seit dem Leipziger Parteitag gibt es eine neue Wahlkampf-Seite mit Hintergründen und Service. […] Schon im März hatten sich unsere Zugriffszahlen gegenüber Januar verdoppelt.«[33] Die SPD rechnete, daß bis zum Wahltag etwa zehn Prozent aller Wähler über das Medium erreichbar sein würden. Eine Zahl, die man nicht mehr vernachlässigen könne, wie SPD-Web-Redakteur Stefan Lennardt meinte. Monatlich werden die Internet-Seiten der SPD etwa zwei Millionen Mal besucht.[34] Die Seiten waren durchaus ansprechend: modernes, einigermaßen übersichtliches Layout, dennoch kurze Ladezeit, für wohl jeden Geschmack eine interessante Rubrik. Täglich aktualisierte Inhalte wurden mit interaktiven Elementen verknüpft, die zum Durchklicken und Ausprobieren einluden. Von der Ausgangsseite aus gelangte der Besucher in Diskussionsforen, konnte sich über den

---

[29] http://www.spd.de/partei/intern/0498/p82.htm.
[30] Vgl. ebd.
[31] Vgl. http://www.spd.de/partei/intern/0498/p78.htm.
[32] Vgl. ebd.
[33] Vgl. http://www.spd.de/partei/intern/0498/p76.htm.
[34] Vgl. ebd. und Der Spiegel, 30/1998: S. 36.

Schaubild 7: Interne Wahlkampfinstrumente

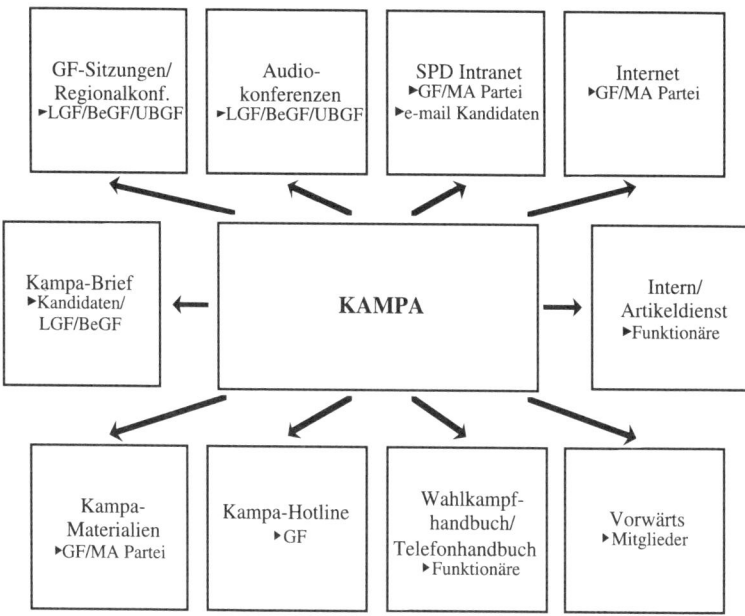

Quelle: SPD

Kanzlerkandidaten informieren, sich das Wahlprogramm herunterladen, Werbeartikel von der IMAGE mbH[35] online bestellen und vieles mehr.[36] Besondere Highlights waren Live-Übertragungen von verschiedenen Parteiveranstaltungen im Internet oder Online-Konferenzen mit Gerhard Schröder.

Wähleransprache

In ihrem Wahlkampf versuchte die SPD, möglichst viele Bevölkerungsschichten anzusprechen, um vor allem Wechselwähler – aber auch die Klientel der anderen Parteien – auf ihre Seite zu bringen. Um dieses Ziel zu erreichen, mußte die SPD den Wählern als eine

---

[35] Diese Firma hatte der SPD-Unternehmensbereich gegründet. »Die IMAGE mbH entwickelt Kampagnenprodukte, die die Botschaft der SPD originell verstärken. Für den Bundestagswahlkampf arbeitet IMAGE eng mit der KAMPA und der von der SPD beauftragten Agentur zusammen.« (Vorwärts 6/98: S. 7.) Bei IMAGE konnte und kann man vom Badelaken über T-Shirts bis zum Anstecker alles bestellen.

[36] Vgl. auch http://www.spd.de/partei/intern/0498/p82.htm und .../p76.htm.

Partei präsentiert werden, mit der sie sich identifizieren konnten und die sie an bestimmten Merkmalen wiedererkannten. Einheitlich sollte die Partei im Wahlkampf auftreten und das möglichst auf allen Ebenen: auf Plakaten und in Briefköpfen, bei Kommentaren zum Wahlprogramm, bei der Diskussion um den Kanzlerkandidaten. Denn es sei sehr wichtig, so Michael Stech, ebenfalls von KNSK, daß alle Kommunikationsmittel (Pressearbeit, Werbung, Events/Veranstaltungsreihen) in dasselbe Ziel einzahlten.[37] Keiner sollte ausscheren, weder der Ortsverein beim Briefpapier, noch der Bundestagsabgeordnete bei politischen Äußerungen. Läßt man den Wahlkampf Revue passieren, hat das offensichtlich auch gut geklappt – alle zogen an einem Strang.

Es gibt drei Haupt-Vermittlungskanäle politischer Kommunikation: paid media, free media und die Parteiorganisation. Letztere muß im Wahlkampf unbedingt geschlossen auftreten. Idealerweise sollte durch gute interne Kommunikation die Vermittlung nach außen optimiert werden. Unter paid media versteht man bezahlte Werbung und ähnliche Wahlkampfinstrumente, die direkt Geld kosten. Die SPD verwandte in ihrer Kampagne alle klassischen Instrumente dieser Gattung wie Anzeigen, Plakate, Werbespots, Telefon-Marketing etc. Als wichtigste paid-media-Instrumente bewertete die SPD Anzeigen, Plakate und Kinospots[38] (Schaubild 8).

In den Bereich free media fällt die gesamte Medienberichterstattung über die Partei, die nicht »gekauft« ist, also Abdrucke von Pressemitteilungen, Interviews mit Politikern usw. Als wichtigstes Instrument für free media und als wichtigstes Wahlkampfinstrument überhaupt sahen die Sozialdemokraten – wie auch CDU und FDP – Event-Marketing an. »Dies bezieht sich vor allem auf den Hauptevent, die Parteitage, deren Inszenierung durch die extensive mediale Berichterstattung und lange Übertragungszeiten, damit die größte Medienaufmerksamkeit und höchste Zuschauerreichweite erzeugt, und dies praktisch zum Nulltarif für die Parteien.«[39]

Damit Journalisten über die Partei berichten, muß diese interessanten Stoff bieten, also möglichst ungewöhnliche, spektakuläre Dinge. Die SPD setzte dabei auf kleinere, kostengünstige Aktionen, meist mit humoristischen Anklängen, die viel Aufmerksamkeit erregten. Insbesondere reagierte sie damit auf Umfrageergebnisse zu aktuellen Themen und Ereignissen[40] oder auf Angriffe der CDU,

---

[37] Schadt, 1998.
[38] Vgl. Müller, 1999: S. 257.
[39] Vgl. ebd.: S. 258.
[40] In Phase 3 des Wahlkampfes führten die Sozialdemokraten immer wieder

Schaubild 8:　Externe Wahlkampfinstrumente

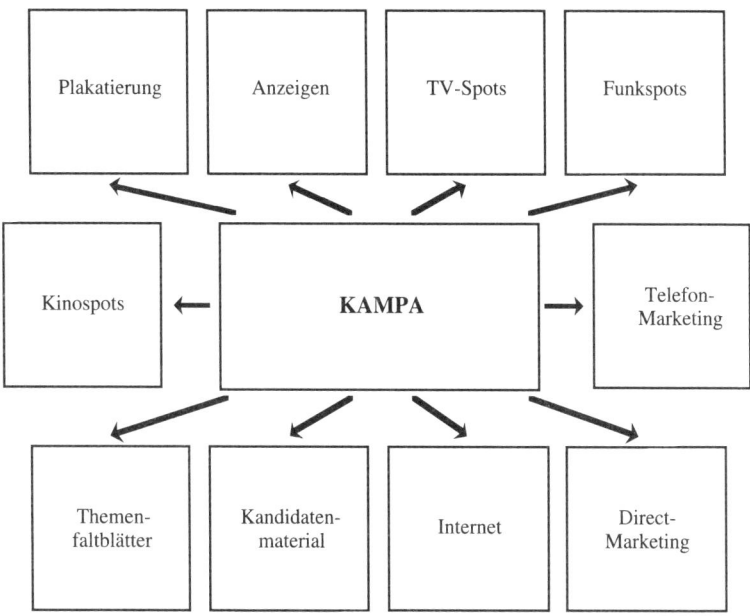

Quelle: SPD

wie bei der Präsentation des »Rote Socken«-Plakats als Antwort auf die »Roten Hände«. Durch ihre Kreativität rückte sich die KAMPA immer wieder selbst ins Rampenlicht. Bemerkenswert ist, daß die Medien auch großes Interesse an der Wahlkampforganisation zeigten – an der Institution KAMPA, aber auch an Akteuren wie Müntefering als den Drahtziehern hinter einer pfiffigen, professionellen Kampagne.

Die Botschaft der KAMPA

Partei-Profil

Die Strategen der SPD gingen in der Kampagne für ihre Partei genauso vor, wie Unternehmen das für Markenprodukte tun. Allein das Erscheinungsbild der SPD, ihr konsequent durchgehaltenes Corporate Design, erinnerte an ein Markenprodukt (und tut es

kurzfristig Umfragen zu aktuellen Themen und Ereignissen unter ca. 200 Personen aus dem o. e. Panel durch. Vgl. Ristau, 1998: S. 16.

noch): einheitliche Schriftarten, wiedererkennbare Layouts bei Plakaten und Publikationen sowie natürlich das SPD-Logo (s. Schaubild 9) mit dem Slogan »Wir sind bereit.«[41]

Schaubild 9: SPD-Logo »Wir sind bereit.«

Auch der frühe Startschuß für die Kampagne hängt mit Erkenntnissen aus dem Produktmarketing zusammen: Der Aufbau von Images braucht seine Zeit. Wer eine Marke mit bestimmten Begriffen und Emotionen besetzen und auf dem Markt etablieren will, der muß sich beizeiten um die Aufmerksamkeit der Kundschaft bemühen. Der frühe Beginn einer Wahlkampfkampagne stellt in gewissem Maße sicher, daß Botschaften noch bei den Wählern ankommen. Später, wenn alle Parteien um Stimmen werben, ist die Chance wesentlich kleiner, wahrgenommen zu werden. Darüberhinaus signalisiert ein frühzeitiger Kampagnenstart den Wählern, daß eine Partei wirklich gewinnen will.[42] Die Sozialdemokraten hatten sich beizeiten darum bemüht, ein Image aufzubauen. Detmar Kampinski von KNSK, BBDO erklärte, daß die SPD eigentlich einen Regierungswahlkampf führe, da sei es wichtig, Optimismus auszustrahlen.[43] Neben der zur Schau gestellten Siegesgewißheit, drehte sich beim Image der SPD alles um vier Schlüsselbegriffe:»Innovation«, »Gerechtigkeit«, »Politikwechsel« und »politische Führung«. Innovation und Gerechtigkeit begründeten »die Notwendigkeit und

[41] Nach einer Emnid-Umfrage im Auftrag der GPRA brachten interessanterweise 6 Prozent der Deutschen den SPD-Slogan mit rechten Parteien in Verbindung, 14 Prozent dachten an die CDU. Immerhin 48 Prozent erkannten »Wir sind bereit.« als Spruch der SPD. Vgl. Schnibben, 1998b: S. 68–73.
[42] Vgl. Ristau, 1998: S. 16.
[43] Die CDU dagegen würde, laut Karpinski, einen Oppositionswahlkampf führen. Vgl. Schadt, 1998.

Richtung des Politikwechsels«. Dabei sollte Gerechtigkeit als »Wertebezug für Programmatik und Handeln der SPD« gelten, denn in Sachen Gerechtigkeit hatte die SPD einen klaren »Kompetenz- und Vertrauensvorsprung vor anderen Parteien.« Innovation setzte »positive Vorstellungen frei«. Sie sollte kommuniziert werden als »mit Phantasie und Kreativität etwas Neues anpacken« und somit als »Voraussetzung für die Lösung von Zukunftsaufgaben.« Politikwechsel sollte signalisieren: »Es geht um mehr als um einen Macht- und Regierungswechsel. Es geht um eine andere Politik.« Politische Führung stellte den Gegenpol zum »System Kohl« dar.[44]

Jeder dieser Begriffe war auf eine andere Wählergruppe gemünzt. »Gerechtigkeit« zielte auf die SPD-Stammwähler und auf das katholische Sozialmilieu, welches der CDU den Rücken kehrte, sowie auf von der CDU enttäuschte Wähler im Osten. »Innovation« und »politische Führung« waren für schwach gebundene CDU-Wähler attraktiv, die beides bei der Union nicht mehr zu finden glaubten. »Politikwechsel« schließlich sollte konjunkturelle Nichtwähler ansprechen, die besonders stark einen Wechsel verlangten. Die SPD verwendete die vier Schlüsselbegriffe in verschiedenen Formen konsequent und systematisch in allen Bereichen ihrer Öffentlichkeitsarbeit.[45]

Aufgrund der Erfahrung, daß viele Unentschlossene die Partei mit den besten Siegesaussichten wählen, wollte die SPD auf jeden Fall den Eindruck transportieren, mit ihr seien die Wähler auf der Gewinnerseite. Dazu Matthias Machnig, Koordinator der KAMPA: »Wir müssen lange ein hohes Niveau [bei Umfragen usw.] halten, damit die Leute das Gefühl haben, nicht nur, der Politikwechsel ist notwendig, er wird auch kommen und er wird kommen mit Gerhard Schröder und der SPD.«[46] Bei Gerhard Schröders Wahlkampfauftritten prangte hinter ihm stets ein blaues Plakat mit großem rotem Punkt, auf dem Aufschriften wie »Die Neue Mitte« oder »Politikwechsel für Deutschland« (bzw. »Aufbruch für Deutschland«) zu lesen war, alternativ auch »Die Kraft des Neuen« oder »Deutschland braucht den Wechsel«. In vielen verschiedenen Formen und Formulierungen wurde der Wechsel beschworen, damit für Neues Platz sei – allerdings nichts Neues, vor dem die Menschen Angst haben müßten. Es war eine große Kunst, wie die Wahlkämpfer die Neuheit und den Wechsel promoteten, ohne Angst vor Veränderung aufkommen zu lassen. Die Sozialdemokraten schafften dies

---

[44] Alle Zitate nach einer Vortrags-Folie der SPD. Vgl, Ristau, 1998: Anhang.
[45] Vgl. Ristau, 1998: S. 5.
[46] Schadt, 1998.

zum Beispiel dadurch, daß sie betonten, ihre Ziele gemeinsam mit den Bürgerinnen und Bürgern erreichen zu wollen. Sie luden die Menschen ein, mit dafür zu sorgen, »daß es in Deutschland wieder aufwärts geht«.

Die SPD prägte den Begriff der »Neuen Mitte«.[47] Zur neuen Mitte zählten die Sozialdemokraten die »Leistungsträgerinnen und Leistungsträger unserer Gesellschaft« und »die Menschen, die ihren Platz in Beruf und Gesellschaft wollen, um ihren Leistungswillen zur Geltung bringen zu können«. Das bedeutet, daß sich im Prinzip jeder als Teil der »Neuen Mitte« fühlen durfte, denn in einer Aufzählung dieser Leistungsträgerinnen und Leistungsträger nannte die SPD nahezu alle Bevölkerungsschichten: von Arbeitnehmern und Managern über Familien und Lehrer bis zu Mittelstand und Gewerkschaften, außerdem Jugendliche, »die Ausbildung und Arbeit suchen«, aber auch »all die Menschen, die sich nicht abfinden mit Arbeitslosigkeit und Ungerechtigkeit«. Auf jeden Fall meinten die Sozialdemokraten aber mit der »Neuen Mitte« sich selbst »gemeinsam mit der großen Mehrheit der Bürgerinnen und Bürger« – die die Partei ja wählen sollte.[48] Gerhard Schröder drückte sich zum Thema »Neue Mitte« in einem Interview so aus: »Ich würde gerne eine Stimmung erzielen, in der deutlich wird, daß jeder, der nicht gegen uns ist, für uns ist.«[49]

Politikangebot

»Eine Botschaft hat die CDU in diesem Wahlkampf erfolgreich unters Volk bringen können: ›Mist, die SPD zieht eine Riesenshow ab, ihre Inszenierung ist super, aber sie hat kein Programm.‹«[50] Hier würde jeder SPD-Wahlkämpfer heftig widersprechen: Natürlich hatten wir ein Programm! Im Wahlprogramm zum Beispiel kann man alles nachlesen, wofür die SPD sich einsetzen will – verständlich geschrieben und optisch ansprechend aufbereitet. Ein Wahlprogramm, das die große Mehrheit der Bügerinnen und Bürger ansprechen soll, kann es sich nicht leisten, extreme Positionen zu vertreten. Es wird kaum Überraschungen offenbaren. So war es auch bei der

---

[47]   Der Slogan war unter Willy Brandt schon einmal erfolgreich. Allerdings konnten 1998 die Bürger mit dem Begriff nicht viel anfangen. Ulrich Becker, Meinungsforscher für die KAMPA, äußerte dies bei einem Strategietreffen der SPD-Wahlkämpfer. Vgl. Schadt, 1998.
[48]   Vgl. Vorstand der SPD, 1998: S. 12 f.
[49]   Großbongardt, Ihlau & Schlamp, 1999: S. 33.
[50]   Schnibben, 1998b: S. 72.

SPD. »Arbeit, Innovation, Gerechtigkeit« nannte die Partei ihr Wahlprogramm.[51] Die drei Begriffe waren gewählt worden, nachdem von der Partei beauftragte Markt- und Meinungsforscher herausgefunden hatten, daß diese Worte von den meisten Menschen als positiv wahrgenommen werden.[52] Durch Marktforschung wurde auch herausgefunden, welche Punkte des Wahlprogramms für die Menschen am wichtigsten waren. Diese Themen, zu Botschaften verdichtet, dominierten den Wahlkampf.

Die SPD bot den Leuten, was diese haben wollten: »Unsere zentralen Botschaften heißen: Arbeit, Innovation und Gerechtigkeit«, so Oskar Lafontaine. »Wir wollen den Anstieg der Arbeitslosigkeit stoppen und die Arbeitslosigkeit zurückführen. Das ist für die Menschen das Allerwichtigste.«[53] Und daß die SPD sich für die Bekämpfung der Arbeitslosigkeit einsetzen wollte, verbreitete sie gründlich. »Botschaften werden erst dann verstanden, wenn sie immer und immer und immer wieder öffentlich kommuniziert werden«, erklärt Matthias Machnig, Koordinator der KAMPA, was die SPD-Strategen in den USA gelernt haben. Wenn das Wahlkampf-Team, der Kandidat und einige Journalisten einen Satz nicht mehr hören könnten, dann finge die Öffentlichkeit gerade erst an, Notiz davon zu nehmen. Deshalb wiederholte Gerhard Schröder gebetsmühlenartig Kernaussagen in seinen Reden, in Fernsehinterviews, in Stellungnahmen und alle Sozialdemokraten verkündeten immer wieder, daß 16 Jahre genug und sie bereit seien. Auch in und mit ihrem Wahlprogramm taten die Genossen nichts anderes, als Positionen der Partei zu bestimmten Themen zu bekräftigen. Sie erklärten darin ihre Absicht, mehr Arbeitsplätze zu schaffen, für mehr Kindergärten zu sorgen oder ein neues Aufbau-Ost-Programm auf die Beine zu stellen. Feste Zusagen aber machten die Sozialdemokraten nicht, denn »alles in unserem Programm steht unter dem Vorbehalt, daß wir es bezahlen können, ohne neue Schulden zu machen«, betonte Lafontaine.[54] Diese Einschränkung schadete dem Ansehen der SPD nicht - im Gegenteil: Die Bürger sahen es als Zeichen von Ehrlichkeit an, daß die Sozialdemokraten sich selbst beschränkten und keine wilden Versprechungen machten.[55]

---

[51] Im übrigen war der Einband des Wahlprogramms ebenfalls im Design »roter Punkt auf blauem Grund« gehalten.
[52] Die Sozialdemokraten ließen fast alles von Markt- und Meinungsforschern testen und analysieren (Reden von Gerhard Schröder, Wahrnehmung der Partei etc.). Vgl. Schadt, 1998 oder Tillack, 1997.
[53] Großbongardt, Ihlau & Schlamp, 1998: S. 34.
[54] Ebd.
[55] Vgl. Ristau, 1998: S. 12.

Kanzlerkandidat

Aus ihrem Spitzenkandidaten machten die Sozialdemokraten lange ein Geheimnis. Zwei kamen als SPD-Kanzler in Frage: Oskar Lafontaine und Gerhard Schröder. Lafontaine galt als »SPD-kompatibler«, als mächtiger Genosse, »der bei den Parteifunktionären [...] die größeren Sympathien genießt«.[56] Er war allerdings 1990 als Kanzlerkandidat gegen Kohl gescheitert. Schröder hatte als Ministerpräsident von Niedersachsen viele Sympathien gewinnen können. Anfang des Jahres lag er bei der Frage nach dem Wunschkanzler mit 61 Prozent vor Kohl (31 Prozent).[57] Die Medien sahen ein parteiinternes Hauen und Stechen voraus, wenn es um die Frage der Kanzlerkanditur ging, deckten (angebliche) Intrigen auf und spekulierten.[58] Zunächst machten die Wahlkämpfer aus dem Problem einen Vorteil, indem sie die Doppelspitze Schröder/Lafontaine propagierten. Die Einträchtigkeit der beiden Akteure half, Geschlossenheit der SPD zu demonstrieren. Noch dazu sprachen beide zusammen ein breiteres Wählerspektrum an.[59] Nach dem Wahlsieg der SPD in Niedersachsen am 1. März 1998 nominierte das Parteipräsidium einschließlich Oskar Lafontaine Gerhard Schröder als Kanzlerkandidaten. Ab diesem Zeitpunkt konzentrierte sich ein Großteil der Kommunikationsmaßnahmen auf ihn. Als Auftakt erschien direkt am Tag nach der Wahl in allen überregionalen Tageszeitungen eine ganzseitige Anzeige mit dem Porträt Schröders und dem Slogan »Ich bin bereit.«.[60]

Helmut Kohl hatte mit Lafontaine als Gegner gerechnet und der »linke« Genosse wäre der Lagerwahlkampf-Strategie der CDU sicher entgegengekommen. Mit Schröder funktionierte die gesamte Kampagne der Union nicht mehr richtig und der Kandidat bot noch dazu kaum Angriffsfläche, da er durchaus Positionen vertrat, die sich von Zielen der Union nur wenig unterschieden – nur die Wege zu den Zielen differierten. Folglich schalt Kohl Schröder »den ›charakterlosesten Herausforderer«, mit dem er je zu tun gehabt habe,

[56] Borchers & Schütz 1998: S. 106.
[57] Vgl. ebd.
[58] Zum Beispiel der Stern: »Selbst bei einem Super-Sieg Schröders [bei der Niedersachsen-Wahl] scheint ein erbittertes Kandidaten-Palaver garantiert.« (Borchers & Schütz, 1997: S. 104.) oder Der Spiegel: »Der sich derzeit andeutende Zwist ist jedoch nur das Vorspiel zu einem viel größeren Knatsch … . Das Solidaritätsschauspiel der Rivalen wird am 1. März beendet …« (Der Spiegel 8/1998: S. 38.)
[59] Vgl. Ristau, 1998: S. 6.
[60] Vgl. ebd.: S. 9.

und wollte ihn »als ›Medienphänomen‹ entzaubern«.[61] Auch andere Unions-Politiker (Waigel, Schäuble) griffen den gegnerischen Kandidaten an. Die SPD blieb ruhig. ›Kümmere dich nicht um andere, stelle deine eigenen Vorzüge heraus‹, lautete nämlich ein Kernsatz der Clinton-Berater, von denen die KAMPA-Mitarbeiter sich einiges abgeschaut hatten.[62] Gerhard Schröder beherzigte den Tip und zog einfach seinen Wahlkampf durch.

»Mit seiner Kampagne hat der Kandidat wenig Arbeit gehabt. Sie war fertig, als er im April nominiert wurde.«[63] Gerhard Schröder sollte in erster Linie Gegenentwurf zu Helmut Kohl sein: Jung, dynamisch, unverbraucht. Die SPD-Wahlkämpfer wollten, daß er als fähig wahrgenommen würde, die Probleme in Deutschland anzupacken und zu lösen. Selbstbewußt trat der Sozialdemokrat auf, als Siegertyp. Bei seinen Wahlkampfveranstaltungen – insgesamt 32 Auftritte in ganz Deutschland – zog er in den Saal ein wie ein Boxer in den Ring: zu monumentaler Musik, Arme und Hände zum Victory-Zeichen nach oben gereckt. Aber gleichzeitig sollte er stets als vertrauens- und glaubwürdiger Mann von der Straße wirken. Seine Biographie half ihm dabei.[64] Schröder galt als Realist und er wurde eher dem rechten Flügel der SPD zugeordnet. Ihm wurde Kompetenz in Sachen Wirtschaft zugeschrieben, was ihm ermöglichte, auch Wähler abseits der traditionellen SPD-Klientel für sich zu gewinnen. Um seine Wirtschaftskompetenz zu betonen, erwähnte er zum Beispiel immer wieder, daß er Mitglied im Vorstand der Volkswagen AG sei. Außerdem ernannte er den parteilosen Unternehmer Jost Stollmann zum designierten Wirtschaftsminister.

Die Organisation der Pressearbeit für Gerhard Schröder war professionell. Es gab keine Spontaninterviews – alle Termine mußten im voraus mit der KAMPA abgesprochen werden. Allerdings sollte jeder Journalist die Möglichkeit haben, den Kandidaten kennenzulernen oder auf seiner Wahlkampftour zu begleiten. Dabei mußte an alles gedacht werden, denn jeder Fehler im Umgang mit den Medien konnte – besonders in der »heißen Phase« – den politischen Tod bedeuten. Also mußten die Mitarbeiter auf alle Fragen vorbereitet und die Pressezentren auf alle Bedürfnisse eingestellt sein, ob

---

[61] Leinemann, 1998: S. 27.
[62] Vgl. Schumacher, 1998.
[63] Schnibben, 1998b: S. 73.
[64] Schröders Mutter war Kriegswitwe, verdiente den Lebensunterhalt als Putzfrau. Schröder wuchs in armen Verhältnissen auf, konnte aus finanziellen Gründen nicht auf eine höhere Schule. Er machte eine kaufmännische Ausbildung, holte später sein Abitur auf dem zweiten Bildungsweg nach und studierte Jura. Vgl. http://www.spd.de/wahlkampf/kandidat/person.htm.

es nun um eine Wegbeschreibung zum nächsten WC ging oder die Bereitstellung von ISDN-Anschlüssen für Modems.[65] Besonders bemerkenswert in der Kampagne Gerhard Schröders war der Umgang mit dem Medium Fernsehen. Dazu meint sein Berater Uwe-Karsten Heye: »Viele Wahrnehmungen in der Gesellschaft, Stimmungen in der Gesellschaft werden über das Fernsehen rezipiert. Von daher ist es auch notwendig, einen Wahlkampf, wenn man ihn optimieren will, immer auch in Gedanken an dieses Medium zu optimieren.«[66] Um die Menschen zu überzeugen, daß er das Potential zum Kanzler hat, trat Schröder in unzähligen Talkshows auf. Schröder forderte Helmut Kohl mehrmals auf, sich in einer Fernsehdebatte dem direkten Vergleich zu stellen, doch der lehnte ab. Daß Schröder sich sogar als echter Schauspieler versuchte – in einer Folge der RTL-Soap-Opera »Gute Zeiten, schlechte Zeiten« spielte er sich selbst –, brachte ihm mehr denn je den Ruf des »Show Man« oder einer »Medien-Lichtgestalt« ein.[67]

Der Kandidat bekam auch Unterstützung von ungewöhnlicher Seite. Montagekünstler und Sozialdemokrat Klaus Staeck hatte eine Gruppe prominenter Künstler um sich versammelt, die für Schröder Wahlkampf machten. Aber auch einfache Bürger formierten sich, um dem Kandidaten zu helfen, beispielsweise »Polizisten für Schröder« oder »Hauptstadt Berlin für Gerhard Schröder«.[68] Am Ende jedoch schien es, als bräuchte der Kandidat sich nicht anzustrengen. Seine Konkurrenten nahmen ihm einen Großteil der Arbeit ab, denn die CDU verstieß »gegen alle bewährten Regeln für die Zielgerade im Wahlkampf: Einschwören auf den Kanzler, Abweichler ruhigstellen, Siegeszuversicht verströmen«[69] – im Gegensatz zur SPD.

Beobachtung und Diskreditierung der politischen Gegner

Im Spiegel 38/1998 war unter der Rubrik »Leute« die folgende Anekdote über Rolf Kiefer, Sprecher von CDU-Generalsekretär Peter Hintze, zu lesen. Kiefer hatte nämlich einen Spion enttarnt: »Mehrmals wöchentlich rief ein angeblicher Journalist in der von Kiefer geleiteten Pressestelle des Konrad-Adenauer-Hauses an und erkun-

---

[65] Vgl. Schadt, 1998.
[66] Schadt, 1998.
[67] Vgl. zum Beispiel Leinemann, 1998.
[68] Vgl. Schnibben, 1998a: S. 28 f. oder http://www.spd.de/partei/intern/0498/p84.htm.
[69] Vgl. Der Spiegel 36/1998: S. 22–25.

digte sich nach immer neuen Details aus der Kohl-Partei. [...] Nach vier Monaten wurde Kiefer stutzig. ›Was machen Sie eigentlich für die SPD?‹ fragte Kiefer hellwach beim nächsten Telefonat. ›Sie anrufen zum Beispiel‹, antwortete der Genosse und gab sich als Mitarbeiter der SPD-Wahlkampfzentrale ›KAMPA‹, Abteilung ›Gegnerbeobachtung‹ zu erkennen.«[70] Die Abteilung »Gegnerbeobachtung« überwachte akribisch alle Veranstaltungen, Publikationen und das politische Handeln der Konkurrenten, besonders der CDU. Die »Spione« versuchten, möglichst viel über die Strategien der Gegner herauszufinden, um ihre eigenen Aktionen darauf abstimmen zu können.[71]

Dank genauer Beobachtung und der schnellen Reaktionsfähigkeit der KAMPA entstand oftmals der Eindruck, die CDU-Aktionen seien voraussehbar und die SPD habe die Nase vorn. So wurde beispielsweise die »Rote Hände«-Kampagne der Union, mit der sie die SPD in einen Lagerwahlkampf drängen wollte, schon vorab mit einem eigenen »Rote Socken«-Plakat der Sozialdemokraten gekontert (Slogan: »Worauf Sie sich bei der CDU verlassen können: immer dieselbe Politik, immer dieselbe Reklame, keine neuen Ideen«). Durch die genauen Kenntnisse der gegnerischen Auftritte konnte die SPD auch gezielt auf Angriffe reagieren. Persönliche Angriffe der CDU-Spitze auf deren Parteitag konterte Gerhard Schröder in einer Rede mit den Worten: »Das [...] ist das Verhalten kleiner Jungen, die in den Keller geschickt wurden, wo es so dunkel war, um die Kohlen heraufzuholen. Was haben sie da gemacht? Gepfiffen und gesungen, ich erinnere mich daran. [...] Es ist Zeichen von Angst. Wer Angst hat, der versucht, den anderen persönlich zu beschädigen, wer selbstbewußt ist, nicht.«[72] Fehler der Gegner nutzten die Wahlkämpfer konsequent aus. Prominentestes Beispiel hierzu war der »Versprecher« der damaligen Familienministerin Claudia Nolte zur Erhöhung der Mehrwertsteuer. In einer Pressemitteilung ernannte die KAMPA Nolte zur »Mitarbeiterin der Woche«. Sie wurde in der Meldung »geehrt für ihren unnachahmlichen Einsatz zur Aufdeckung der Wahrheit«.[73]

Im SPD-Wahlkampf kamen Programme und Kandidaten der gegnerischen Parteien nicht ungeschoren davon. Doch im Gegensatz zu Frontalangriffen der CDU,[74] nahmen die Sozialdemokraten

---

[70] Der Spiegel, 38/1998: S. 269.
[71] Vgl. http://www.spd.de/partei/intern/0498/p78.htm.
[72] Schadt, 1998.
[73] SPD-Wahlkampfzentrale, 1998.
[74] So hatte z. B. die Junge Union ein Plakat mit der Aufschrift »Keine Macht dem Blender« – gemeint war Gerhard Schröder – drucken lassen. Bei ihrem Par-

Personen oder Themen eher auf die Schippe, zum Beispiel in der bereits erwähnten »Filmplakat«-Reihe (s. Schaubild 5). Durch die humorvolle Herangehensweise wollte die SPD sich Sympathien sichern bzw. nicht verscherzen. Helmut Kohl sollte nicht demontiert werden, er sollte sogar Anerkennung erfahren, wo es ihm gebührte – allerdings immer mit der Beigabe »16 Jahre sind genug«. Eine Idee, die viel Anklang fand, wurde vom Team der »Harald-Schmidt-Show« (Sat.1) geliefert und später von der SPD vermarktet: Unter Helmut Kohls Konterfei schrieben die Schmidt-Produzenten den damals sehr aktuellen, heute beinahe legendären Ausspruch »Ich habe fertig« des ehemaligen FC Bayern-Trainers Giovanni Trappatoni (Schaubild 10).

Schaubild 10: Postkarte »Ich habe fertig«

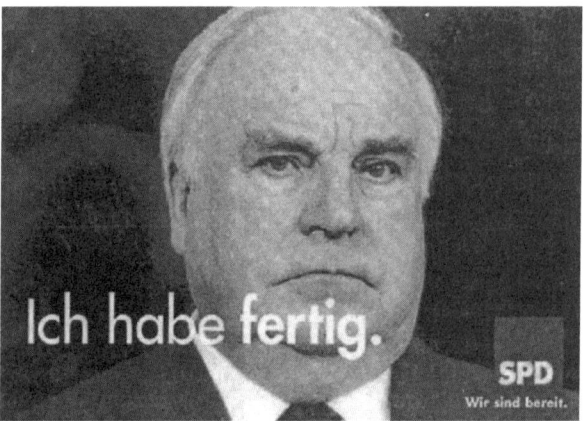

Eine besondere Art der Personen-Diskreditierung fand man auf der SPD-Wahlkampf-Homepage im Internet unter der Rubrik »Versprochen!«. Hier wurde jede Woche ein Schnappschuß eines bekannten Politikers der Gegenseite veröffentlicht, dem die Besucher der Seite Dinge »in den Mund legen« konnten. Am Ende der Woche wurden die fünf besten Sprüche gewählt und mit Namen der Autoren sogar archiviert. Im weitesten Sinne könnte man auch die Seitenhiebe auf die Politik der CDU-Regierung in diesem Kapitel behandeln. Als Anspielung auf die Gesundheitsreform der Regierung hatte die SPD zum Beispiel ein Plakat entworfen, auf dem ein grinsender junger Mann mit Zahnlücke zu sehen war. Darüber

teitag hatten außerdem führende CDU-Politiker Gerhard Schröder persönlich angegriffen und die SPD und ihren Wahlkampf kritisiert.

prangte der Spruch »Wir wollen nicht, daß man Reiche und Arme in Zukunft schon am Lächeln erkennt.« Im Internet gab es zu anderen Themen kleine animierte Szenen, teilweise angelehnt an Wahlkampfplakate. Zum Beispiel konnte man einen »Kurzfilm« zur sozialen Marktwirtschaft ansehen: Ein kleiner Fisch wird von einem größeren gefressen, dieser wiederum von einem noch größeren Fisch usw. (Schaubild 11).

Schaubild 11: Plakatmotiv »Soziale Marktwirtschaft – Fische«

Liebe CDU, die Menschen haben sich die
soziale Marktwirtschaft sicher anders vorgestellt.

SPD

Wir sind bereit.

Parteimitgliedern gab die KAMPA in der Parteizeitung »Vorwärts« Schützenhilfe, wenn es galt, die Gegner möglichst schlecht aussehen zu lassen. Abgesehen davon, daß die kreativsten Anti-Kohl Aktionen und Publikationen hier vorgestellt wurden (z. B. »Ich habe fertig.«), hagelte es Kritik am »Elefanten« und seiner Politik.[75] Außerdem wurde, wie bereits erwähnt, das SPD-Intranet in dieser Hinsicht genutzt.

Fazit

»Ein ›nach Amerikas Vorbild aufgemachter Stimmenfang-Zirkus‹ sei der Wahlkampf nun geworden, kritisierte 1969 der Spiegel, ›die Parteien sind Markenartikel, die selbst keine Profile mehr bie-

---

[75] Zum Beispiel: Müntefering, 1998: S. 5. oder Lafontaine, 1998: S. 3.

ten‹.«[76] Die Kritik, Wahlkampf verkomme zur reinen Show, die 1998 im Zusammenhang mit der SPD-Kampagne oft geäußert wurde, ist eigentlich uralt. Und so lange PR- und Werbeleute auch in der Politik kreativ sein dürfen, so lange sich Wahlkampfkommunikation auf sich veränderndes »Konsumentenverhalten« einstellen muß, so lange wird es auch immer diese Kritik geben. Denn politische Kommunikation muß genauso wie gewöhnliche Produktwerbung auffällig, zuweilen auch penetrant sein, damit sie nicht ungehört verhallt. Es sei denn, die Angesprochenen reagierten auch auf andere Formen der Ansprache – doch da schließt sich ein Teufelskreis: Wenn die Parteien schlichte, informationsgeladene Werbung machten, müßten sich die Leute früher oder später darauf einstellen; da aber die Bürger diese Art Kommunikation nicht gewöhnt sind, bewegt man sich in ihnen vertrauten Mustern (sprich: den Mustern kommerzieller Werbung), damit sie Notiz nehmen.

Bodo Hombach bilanziert in seinem (nach der Bundestagswahl erschienenen) Buch die eigene Strategie und die Fehler der Gegner so: »Sich an die Neue Mitte der Gesellschaft zu wenden, war erfolgreich. Selbständige und Leistungsträger, Arbeitnehmerinnen und Arbeitnehmer sogar in den Hochburgen der Union haben sich von den Konservativen abgewandt. Sie haben einer Sozialdemokratie das Vertrauen ausgesprochen, die mit modernen Konzepten, Pragmatismus und Realitätssinn um eine breite Zustimmung warb. Während Union, Liberale und auch Bündnisgrüne einen Wahlkampf für ihre Stammwähler machten – und deshalb kaum jemanden darüberhinaus gewannen –, hat die Politik der Neuen Mitte das Vertrauen vor allem der Wechselwähler und Unentschlossenen gewonnen und gebunden. [...] Die Schreckgespenster des Lagerwahlkampfes haben niemandem Angst gemacht [...]«.[77]

Die SPD hat die Bundestagswahl gewonnen. Mit 40,9 Prozent lag sie 5,8 Prozent vor der CDU/CSU und hat damit einen bisher einmaligen Wahlsieg für die Sozialdemokraten in der Geschichte der Bundesrepublik errungen.[78] Ihre konsequente Kommunikationspolitik hat sicherlich dazu beigetragen. Denn egal, ob man die Kampagne als inhaltsleere, inszenierte Show bezeichnen möchte oder als klug und fehlerlos durchgezogene Form des modernen Wahlkampfes – offenbar haben die Macher zur richtigen Zeit die richtigen Töne getroffen. »Die Kampagne der SPD hat die politische Werbung in

---

[76] Schnibben, 1998b: S. 72.
[77] Hombach, 1998: S. 10.
[78] 1972 lag die SPD um 0,9 Prozent vor, bei allen anderen Bundestagswahlen im Schnitt um sieben Prozent hinter CDU/CSU.

Deutschland auf ein Niveau gehoben, unter das die anderen Parteien nicht mehr fallen können. Sie werden nachrüsten müssen.«[79] Man darf also auf den Bundestagswahlkampf 2002 gespannt sein.

---

[79] Schnibben, 1998b: S. 73.

Wolfgang Donsbach
in Zusammenarbeit mit
Olaf Jandura und Antje Stehfest

Sieg der Illusion
Wirtschaft und Arbeitsmarkt
in der Wirklichkeit und in den Medien

Im November 1992 wählten die Amerikaner ihren Präsidenten. George Bush kandidierte gegen Bill Clinton. Das Ergebnis ist bekannt. Zur Erklärung, wie es zustande kam, trug der amerikanische Politologe Everett Ladd bei. Die amerikanischen Networks stellten die Wirtschaftslage in den zwölf Monaten vor der Wahl doppelt so negativ dar wie im Vorjahr, obwohl es der Wirtschaft da viel schlechter ging. Tatsächlich war das Wirtschaftswachstum zwischen Herbst 1991 und Herbst 1992 von minus 0,9 auf plus 3,5 Prozent gestiegen. Aber im letzten Quartal vor der Wahl machten 96 Prozent aller zum Thema Wirtschaft im Fernsehen zitierten oder interviewten Quellen negative Aussagen. Als Konsequenz waren die Amerikaner in ihren Einschätzungen pessimistischer hinsichtlich der Wirtschaftslage als sie es aufgrund der realen Wirtschaftsindikatoren hätten sein müssen.

Bekanntermaßen ist die Einschätzung der Wirtschaftslage eines der wichtigsten Kriterien bei der Stimmabgabe für Regierung oder Herausforderer. Drei Gründe führt Ladd für die Art der Fernsehberichterstattung an. Erstens sind die mit Abstand meisten Fernsehjournalisten selbst Anhänger der Demokraten. Zweitens war man nach zwölf Jahren mit Präsidenten der Republikaner in der Stimmung für etwas Neues. Drittens machte der Nachrichtenwert des Negativismus die schlechten Nachrichten für die Journalisten attraktiver als die guten.[1]

Im September 1998, als die Deutschen ihren neuen Bundestag wählten, hatten die meisten Bürger zwar wieder etwas optimistischere Urteile darüber, wie sich die Wirtschaft entwickeln würde, aber es war kein Vergleich zum Stimmungsaufschwung, der Kohl

[1] Ladd, 1993: S. 8 f.

und der CDU 1994 zur Wiederwahl verholfen hatte. Für fast alle Deutschen stand die Arbeitslosigkeit an der Spitze der Probleme. Die Stimmung blieb gedämpft und mehr Bürger trauten der SPD und Schröder zu, die Wirtschaft anzukurbeln als der alten Regierung. Der Focus schrieb zwei Tage nach der Wahl:»Offenbar zahlte es sich aus, daß Kanzlerkandidat Schröder im Wahlkampf stets betont hatte: Als erstes wolle seine Partei die Arbeitslosigkeit beseitigen.«[2] In Wahlkreisen mit überdurchschnittlich hoher Arbeitslosigkeit verlor die CDU am meisten. Gab es 1998 in Deutschland eine Parallele zu den US-Wahlen sechs Jahre davor?

Mit der Beziehung zwischen Wirtschaft, Medien und Wahlen haben sich Politologen, Wirtschafts- und Kommunikationswissenschaftler seit langem beschäftigt. Dabei lassen sich drei Felder unterscheiden: (1) Wie stellen die Medien wirtschaftliche Sachverhalte dar?[3] – (2) Wie beeinflußt die Darstellung der Wirtschaft in den Medien die Wahrnehmung der wirtschaftlichen Lage durch die Bevölkerung?[4] – (3) Wie beeinflussen diese Wahrnehmungen wirtschaftliches Handeln, politische Einstellungen und die Wahlabsicht?[5]

Jeder dieser Forschungsbereiche läßt sich wieder in mehrere Teilfragen untergliedern. Bei der Beziehung zwischen Wirtschaftsrealität und Medienrealität, um die es uns hier geht, kann man beispielsweise fragen, ob sich die Entwicklung ökonomischer Indikatoren in der Medienberichterstattung widerspiegelt oder welche Qualität die Aufbereitung wirtschaftlicher Themen besitzt. Letztlich läuft alles auf die einfache Frage hinaus, ob sich die Wirklichkeit in den Medieninhalten wiederfindet.

Wirklichkeit und Medienwirklichkeit

Kernpunkt dieses Kapitels ist ein Vergleich zwischen Realität und Medienrealität. Wir untersuchen, in welchem Zustand sich die deutsche Wirtschaft und der Arbeitsmarkt im Wahljahr befanden und wie beides in den Medien dargestellt wurde. Dieses Vorgehen erfordert einige theoretische Vorbemerkungen. Von außen betrachtet müßten Überprüfungen der Medienberichterstattung an der Wirklichkeit eigentlich zum Kerngeschäft der Kommunikationswis-

[2] Focus Wahl-Spezial vom 29.9.1998: S. 44.
[3] Vgl. zum Beispiel Behr & Iyengar, 1985.
[4] Vgl. zum Beispiel Blood & Phillips, 1995.
[5] Vgl. zum Beispiel Kirchgäßner, 1990.

senschaft gehören. Statt dessen sind solche Vergleiche zwischen Realität und Medienrealität aber erstens selten und zweitens umstritten. Sie sind selten, weil sie in der Regel deutlich aufwendiger sind als Studien, die sich nur mit dem Medieninhalt beschäftigen. Umstritten sind solche Studien, weil die Forscher damit unterstellen, daß man überhaupt Mediendarstellungen mit der dargestellten Realität vergleichen könne. Seit etwa vier Jahrzehnten gibt es darüber einen erbitterten Streit in der Disziplin.

Die »Konstruktivisten« sehen jede Wirklichkeitsbeschreibung als eine subjektive oder von den jeweiligen Gruppennormen abhängige Konstruktion an. Keine Beschreibung sei also besser als eine andere. Mithin kann auch keine für einen Realitäts-Check der Medieninhalte herangezogen werden.[6] Diese Sichtweise hat nicht nur die Konsequenz für den Journalismus, daß seine Arbeitsprodukte nach dem Motto »Anything goes« jeglicher Kritik entzogen sind. Sie stellt auch die wissenschaftliche Tätigkeit infrage, da nach diesem Ansatz Tatsachenbehauptungen nicht entscheidbar sind. Der Fortschritt der Wissenschaft wäre dann auch nur eine Konstruktion oder gar Fiktion.[7] Die andere Gruppe, nennen wir sie Pragmatiker, erkennt zwar Probleme und Unzulänglichkeiten der jeweiligen Realitäts-Indikatoren an, hält aber für bestimmte Medieninhalte externe Objektivitätsmaße für möglich.[8] Der Unterschied in den Positionen besteht dabei weniger im Grundsätzlichen als im Praktischen. Auch die Pragmatiker glauben nicht an die Möglichkeit einer exakten Abbildung der Wirklichkeit durch Wissenschaft oder Journalismus, also an die Erfüllung eines Objektivitätsanspruchs im traditionellen Sinn. Allerdings halten sie es für möglich, angemessene Maßstäbe oder Indikatoren zu finden, anhand derer sich die Qualität von Darstellungen feststellen läßt.

Man kann dabei zwischen medienexternen, medieninternen Kriterien und Kriterien der Gleichverteilung unterscheiden.[9] Die wichtigste Form sind medienexterne Maße. Hier stellt man Vergleiche zwischen wissenschaftlich-statistischen Indikatoren für einen bestimmten Bereich mit der Häufigkeit oder Art der Darstellung des gleichen Bereichs in den Medien an. Eine klassische Studie dieser Art führte Funkhouser durch. Er verglich die Anzahl von Beiträgen, die amerikanische Nachrichtenmagazine in den sechziger Jah-

6 Vgl. z. B. Scholl & Weischenberg, 1998.
7 Vgl. Kepplinger, 1989a.
8 Vgl. zur theoretischen Untermauerung dieses Standpunkts z. B. Rosengren, 1974, 1979; Schulz, 1976; Westerstahl, 1983; Donsbach, 1990.
9 Vgl. Donsbach, 1990: S. 21 ff.

ren über 15 verschiedene Themen veröffentlichten, mit statistischen Indikatoren für die Dringlichkeit dieser Themen – also beispielsweise die Anzahl der Beiträge über Verbrechen mit der Verbrechenshäufigkeit oder die Anzahl der US-Soldaten in Vietnam mit der Dringlichkeit des Vietnamkriegs. Bei den meisten Themen gab es nur eine sehr lockere, bei einigen sogar eine inverse Beziehung zwischen Wirklichkeit und Medienwirklichkeit. Funkhousers Studie ist auch deshalb ein Markstein in der Kommunikationswissenschaft, weil der Autor als dritte Datenquelle die Entwicklung der öffentlichen Meinung zu den Themen einbezog. Die Meinung der Amerikaner, was das zur Zeit dringlichste Thema sei, folgte eindeutig der Medienberichterstattung, nicht der Entwicklung, wie sie die statistischen Indikatoren anzeigten.[10]

Bei medieninternen Maßen vergleicht man die Berichterstattung der Medien untereinander. Dabei wird theoretisch unterstellt, daß alle Medien mehr oder weniger Verzerrungen aufweisen, in ihrer Gesamtheit aber ein einigermaßen gültiges Bild abgeben, anhand dessen sich Abweichungen einzelner Medien erkennen lassen.[11] Bei Maßen der Gleichverteilung geht man davon aus, daß über bestimmte Themen oder Akteure in gleichem Maße oder in gleicher Tendenz berichtet werden sollte. So wird vor Wahlen immer gefordert, über Regierung und Opposition, oder über die verschiedenen Wahlkreis-Kandidaten solle einigermaßen gleichmäßig berichtet werden.[12] Gleichverteilungsmaße stellen noch viel weniger als die medieninternen Maße einen wirklichen Realitäts-Check dar, weil ja hier nicht die Wirklichkeit, sondern eine normative Erwartung als Maßstab herangezogen wird. Gleichwohl ist auch dies ein legitimes und praktisches Verfahren, um etwas über die Eigenschaften der Berichterstattung einzelner Medien oder der gesamten Medien eines Landes zu erfahren.

[10] Vgl. Funkhouser, 1973. Eine ähnlich angelegte Studie führte Kepplinger über Technologie und Umweltberichterstattung durch. Kepplinger, 1989b.
[11] Vgl. zum Beispiel Schönbach, 1977.
[12] Vgl. zum Beispiel Semetko, 1996; Donsbach, 1997a; Krüger & Zapf-Schramm, 1999. Solche Studien werden auch als »Bias-Studien« bezeichnet. Eine weitergehende Differenzierung der verschiedenen Objektivitätsmaße und Beispiele aus der Forschung finden sich bei Donsbach, 1990.

Was ist eine Wirtschaftslage?

Wir suchen zunächst nach geeigneten Kriterien für die Beschreibung des Zustands der Volkswirtschaft. Der Arbeitsmarkt ist Teil der allgemeinen Wirtschaftslage eines Landes. Gleichzeitig ist er auch eine Folge dieser Lage. Insofern sind beide Themen nicht unabhängig voneinander und auch nicht auf der gleichen logischen Ebene angesiedelt. Dies macht die Vielschichtigkeit des Problems deutlich.

Man kann drei Sichtweisen unterscheiden: eine normative, eine gesellschaftliche und eine wissenschaftliche. Normativ sind Zielvorgaben durch Gesetze, gesellschaftlich ist das, was die Bevölkerung will und wissenschaftlich, was die Experten für wichtig halten. Hinsichtlich der *normativen* Sichtweise gibt es in Deutschland seit 1967 mit dem »Gesetz zur Förderung der Stabilität und des Wachstums der Wirtschaft« (StGW), kurz:»Stabilitätsgesetz«, eine klare politische Vorgabe. Es verpflichtet Bund und Länder vier Ziele zu erreichen: stabiles Preisniveau, hoher Beschäftigungsgrad, außenwirtschaftliches Gleichgewicht und angemessenes Wirtschaftswachstum (»magisches Viereck«). Das Gesetz ist ein Instrument keynesianscher Wirtschaftspolitik und von daher ein typisches Produkt der Großen Koalition. Die Regierungen werden auch verpflichtet, regelmäßig wirtschaftliche Orientierungsdaten zu erheben, sich von Experten beraten zu lassen und Jahreswirtschaftsberichte vorzulegen. Wir werden zeigen, wie sich diese Merkmale der gesamtwirtschaftlichen Entwicklung im Wahljahr 1998 darstellten.

Bei der *gesellschaftlichen* Betrachtung stehen die Erwartungen der Bevölkerung im Mittelpunkt. Diese verändern sich mit der jeweiligen Lage bzw. den jeweiligen realen oder wahrgenommenen Mißständen. Seit Jahren steht aber die Arbeitslosigkeit an der Spitze der Sorgen, die sich die Menschen machen. Sie sorgen sich darum mehr, als daß es mit unserer Wirtschaft bergab gehen könnte, obwohl beides ja eng miteinander zusammenhängt.[13]

Bei der *wissenschaftlichen* Betrachtung geht es um die Interdependenzen zwischen den verschiedenen volkswirtschaftlichen Parametern und damit letztlich auch um eine objektive Bewertung ihrer jeweiligen Bedeutung. Es ist offensichtlich, daß der Beschäftigungsgrad eher eine Folge des Wachstums und des außenwirtschaftlichen Gleichgewichts ist. Das Stabilitätsgesetz stellt ihn jedoch gleichran-

[13] Vgl. Noelle-Neumann & Köcher, 1997: S. 63.

gig neben die anderen drei Merkmale und bei der Bevölkerung ist er sogar mit Abstand das wichtigste Kriterium. Die wirkliche Qualität einer Volkswirtschaft muß man daher mit einer Reihe von Faktoren beschreiben. Die wichtigsten sind das *wirtschaftliche Handeln der Akteure* (z. B. Erwerbstätigkeit, Unternehmertum, Investitionen), die *wirtschaftlichen Strukturen* (z. B. Lohnnebenkosten, Steuer- und Sozialgesetze), das *wirtschaftliche Umfeld* (z. B. Konkurrenz im Ausland, Weltwirtschaftslage), die *Wirtschaftsmentalität* (z. B. Risikobereitschaft, Selbstverantwortung) und *politisch-historische Sondersituationen* (Krieg, Wiedervereinigung). Das Wahljahr 1998 war, auch in wirtschaftlicher Hinsicht, vor allem ein Produkt seiner Vorgeschichte. Wie hat sich Deutschland auf diesen verschiedenen Ebenen entwickelt?

Vorgeschichte des Wahljahres

Systemveränderungen

Die Strukturen der »sozialen Marktwirtschaft« wurden in den drei Kabinetten Konrad Adenauers und dort vor allem durch seinen Wirtschaftsminister Ludwig Erhard geprägt. Dies geschah gegen erbitterten Widerstand der Sozialdemokraten und Gewerkschaften, die offen für ein sozialistisches Gesellschaftssystem eintraten. Das sogenannte »Wirtschaftswunder« verhinderte größere politische Krisen wegen des eingeschlagenen wirtschaftspolitischen Weges. Den ersten Einschnitt in diese wirtschaftliche Ausrichtung brachte ab 1966 die Große Koalition aus Christ- und Sozialdemokraten mit einem Kanzler (Kiesinger) und einem Wirtschafts- und später »Superminister« (Schiller), die sich beide explizit zum Keynesianismus, also einer nachfragegesteuerten Wirtschaft bekannten. Dies bedeutete zwangsläufig eine stärkere Intervention des Staates in wirtschaftliches Handeln. Die Folge waren etliche Stabilitäts- und Wachstumsgesetze, die die Konjunktur ankurbeln und auf jeweils gewünschtem Niveau halten sollten. Der Glaube an die totale Steuerbarkeit der Volkswirtschaft dominierte die Politik. Das Sicherheitsbedürfnis der Bürger wurde damit blendend bedient. Neue Wortschöpfungen wie »Konzertierte Aktion«, »Aufschwung nach Maß« und »Globalsteuerung« verstärkten diesen Eindruck der Steuerbarkeit.[14]

Die ab 1969 nachfolgende sozial-liberale Koalition unter Bundes-

¹⁴ Vgl. Weimer 1999: S. 58 f.

kanzler Brandt verschärfte den Trend zur Nachfrageorientierung. Durch die Finanzierung der vielen Reformprojekte, die die Regierung auf den Weg brachte,[15] wuchs die Verschuldung der öffentlichen Hand von 1969 bis 1973 von 118 auf 171 Milliarden Mark, die Inflation von 1,5 Prozent im Jahr 1968 auf 7,0 Prozent fünf Jahre später.[16] Die ersten Jahre der sozial-liberalen Koalition markierten auch einschneidende Veränderungen am Arbeitsmarkt. Mit den bis dahin und seitdem höchsten Lohnsteigerungen von durchschnittlich 14,5 Prozent (1970) und 11,8 Prozent (1971) bei gleichzeitigen Produktivitätssteigerungen von nur 3,5 bzw. 2,5 Prozent stiegen die Lohnstückkosten in Deutschland in dramatischem Ausmaß.[17] Der dadurch herbeigeführte Wandel wird erst im internationalen Vergleich deutlich. Bezieht man die Wechselkursveränderungen mit ein, dann stiegen (1960=100) die Lohnstückkosten in Deutschland bis 1996 auf 877 Ecü. Im Vergleich dazu waren es in Frankreich 494, in Großbritannien 539, in den USA gar nur 393 Ecu.[18]

Die markanteste wirtschaftsstrukturelle Veränderung bestand jedoch in den Verschiebungen innerhalb des Bruttosozialprodukts. Zwischen 1970 und 1981 stieg der Anteil der Sozialleistungen am Bruttosozialprodukt von 25,7 auf 31 Prozent, der Anteil der Abgaben von 33,6 auf 38,3 Prozent und der Anteil der öffentlichen Ausgaben (»Staatsquote«) von 38 auf 48,4 Prozent. Dies war ein von der damaligen Regierung gewollter Prozeß. Nicht beabsichtigt war dagegen der Anstieg der Inflationsrate Ende der siebziger und zu Beginn der achtziger Jahre (1980 um 5,4 Prozent). Auch die Währungsreserven der Bundesbank wurden fast halbiert.[19] Das Wirtschaftswachstum stagnierte erst und sank dann zwischen 1981 und 1982 um 1,1 Prozent. Nun bekam auch der Arbeitsmarkt die Folgen zu spüren. Als die SPD 1969 die Regierung übernahm, herrschte Vollbeschäftigung, als sie 1982 durch Helmut Kohl abgelöst wurde, waren mehr als 2 Millionen Menschen arbeitslos.[20]

Die Wirtschaftspolitik war der Hauptgrund für den Koalitions-

---

[15] Alleine zwischen 1971 und 1973 unter anderem: Lohnfortzahlung im Krankheitsfall, Reform des Krankenversicherungsgesetzes und des Wohngeldgesetzes, Vermögensbildung für Arbeitnehmer, Bafög, Grafög, Arbeitsförderungsgesetz, Rentenreformgesetz.
[16] Vgl. Weimer, 1999: S. 71 ff.
[17] Die Abschlüsse sind natürlich Sache der Tarifpartner. Die Bundesregierung hatte aber 1970 selbst schon 7 bis 8 Prozent als »Orientierungsrahmen« für die Lohnverhandlungen angegeben.
[18] Vgl. Weimer, 1999: S. 121.
[19] Insbesondere wegen der Stützungskäufe, um die DM gegenüber dem Dollar zu stärken.
[20] Ebd.: S. 87.

wechsel der FDP und die Bildung einer konservativ-liberalen Regierung unter Helmut Kohl im Herbst 1982. Die neue Regierung führte Staatsverschuldung und Inflation zurück, aber die Arbeitslosigkeit stieg weiter. Die zunehmende Internationalisierung der Wirtschaft erschwerte den Kampf gegen die Arbeitslosigkeit. Sie zeigte sich vor allem in der Abhängigkeit der nationalen Wirtschaft von den Entwicklungen in anderen Regionen und in der Internationalisierung des Standortwettbewerbs.[21] Beim Wettbewerb um Investitionen ist der Preis für Arbeitskräfte ein bedeutender Entscheidungsfaktor für Unternehmen. Die oben erwähnte Verteuerung der Lohnstückkosten machte Deutschland in dieser Hinsicht nicht attraktiver. Alleine 1996 investierten deutsche Firmen für 42 Milliarden DM im Ausland, während gleichzeitig ausländische Firmen 5 Milliarden aus der Bundesrepublik abzogen. In einem einzigen Jahr flossen so 47 Milliarden DM an Arbeitsplätze schaffenden Investitionen ab.

Mit der Wiedervereinigung beeinflußte auch ein historisch-politisches Ereignis den Zustand der Volkswirtschaft und verschärfte noch das Problem Arbeitslosigkeit. Zum einen befanden sich plötzlich deutlich mehr Menschen auf dem Arbeitsmarkt, ohne daß das wirtschaftliche Potential in gleichem Maße durch die Vereinigung mit gewachsen wäre. Zum anderen erforderten die sozialen Folgen der Arbeitslosigkeit, die DDR-Altlasten sowie der Aufbau moderner Wirtschaftsstrukturen im Osten enorme öffentliche Mittel.[22] In Folge mußte die Regierung Kohl ihren Konsolidierungskurs verlassen. Die Schuldenquote des Staates stieg zwischen 1991 und 1998 von 42 auf 62 Prozent.

In den neunziger Jahren begann eine intensive Debatte um den »Standort Deutschland«.[23] Die Regierung fand sich in der Situation, für Zustände verantwortlich gemacht zu werden, die sie teilweise selbst anprangerte und ändern wollte. Wesentliche Kritikpunkte am Standort Deutschland waren und sind Lohnnebenkosten, hohe Steuern und Abgaben und die Überreglementierung der Wirtschaft in einigen Bereichen.

Allmählich rückte, nicht zuletzt durch verschiedene Reden von Bundespräsident Roman Herzog, auch die Wirtschaftsmentalität

---

[21] Der Anteil von Exporten und Importen am Bruttosozialprodukt hat sich seit Anfang der fünfziger Jahre jeweils vervierfacht. Er beträgt heute rund 40 Prozent des BSP, vgl. Weimer, 1999: S. 108.
[22] Zwischen 1991 und 1998 betrug der Finanztransfer von West nach Ost im Durchschnitt 170 Milliarden pro Jahr.
[23] Vgl. Henkel, 1998.

der Deutschen in den Blickpunkt.[24] Mangelnde Risiko- und Mobilitätsbereitschaft und Sozialstaats-Denken wurden kritisiert. Zwar haben auch andere Strukturveränderungen dazu beigetragen, aber es ist *ein* Indikator für die Wirtschafts-Mentalität der Deutschen, daß von 1960 bis 1995 die Einkommen aus selbständiger Arbeit und Vermögen von 40 auf 28 Prozent zurückgegangen sind. Jeder dritte Westdeutsche und 57 Prozent der Ostdeutschen finden eine Gesellschaft besser, in der der Staat für seine Bürger verantwortlich ist, als daß die Bürger versuchen, so viele Probleme wie möglich selbst zu lösen.[25]

Hauptproblem Arbeitslosigkeit

Trotz dieser Probleme gewann Kohl die Bundestagswahl 1994, nicht zuletzt, weil die Wirtschaft zwischen 1994 und 1996 wieder anstieg. Aber auch die Arbeitslosigkeit wuchs weiter. Kohl konnte sein Versprechen, sie zu halbieren, nicht einlösen. Die vorläufige Rekordhöhe wurde im Januar 1998 mit 4,8 Millionen erreicht.

Arbeitslosigkeit ist eine Folge volkswirtschaftlicher Strukturmerkmale und Entwicklungen.[26] Die sogenannte »Zukunftskommission« der Länder Bayern und Sachsen empfahl zu ihrer Bekämpfung Anpassungsprozesse an die international veränderte Situation. Dazu gehören vor allem die Stärkung der Eigenverantwortung, die Intensivierung von Wettbewerb, die Verminderung öffentlicher Lasten, die stärkere Privatisierung sozialer Sicherung und die Bereitschaft zur Senkung von Arbeitseinkommen.

Parteien haben die Möglichkeit, für diese von Experten empfohlenen Maßnahmen Zustimmung in der Bevölkerung zu suchen oder den Wählern zu versprechen, das Problem auf andere Weise lösen zu können. Im Wahlkampf 1998 setzte die FDP überwiegend, die

---

[24] Vgl. zum Beispiel Henkel, 1998.
[25] Vgl. Allensbacher Archiv, IfD-Umfrage 6074, Februar/März 1999.
[26] Zur Höhe der Arbeitslosigkeit in Deutschland trugen neben den bereits erwähnten Ursachen unter anderem bei: der Anstieg der Frauenerwerbsquote, die abnehmende Stabilität des Haus- und Familienverbandes, der Zustrom ausländischer Arbeitnehmer, struktureller Wandel in einigen Branchen (Bergbau, Textil und Lederverarbeitung, Werften), der Fehler, alte Technologien zu verfeinern statt Forschung und Entwicklung in neue, zukunftsträchtige zu investieren, nicht konkurrenzfähige Produkte ehemaliger DDR-Betriebe. Die wohl umfassendste Zusammenstellung und Analyse zum Thema findet sich im Bericht der Kommission für Zukunftsfragen der Freistaaten Bayern und Sachsen. Siehe zum Thema auch die kontroversen Beiträge von Zinn, Funk, Leutenecker und Kühl in »Aus Politik und Zeitgeschichte«, B 14–15/1999.

CDU/CSU nur teilweise auf die erstgenannte Alternative.[27] Bei der Union als einer auf breite Zustimmung angewiesenen Volkspartei ist diese Zurückhaltung vor dem Hintergrund zu sehen, daß sich die Versuche, dem Bürger Lasten aufzubürden, um Arbeit zu verbilligen, nicht durchsetzen ließen. Die Reform des Kündigungsschutzes oder der Lohnfortzahlung im Krankheitsfall fanden in der öffentlichen Meinung keine Zustimmung, nachdem die Opposition die Maßnahmen als »Abbau des Sozialstaates« angeprangert hatte.

Die SPD machte die Arbeitslosigkeit zum Kernthema ihres Wahlkampfs. Oskar Lafontaine wollte mit klassischer keynesianischer Wirtschaftspolitik die Nachfrage stärken. Lohnkostenzuschüsse und Einarbeitungsbeihilfen bei der Einstellung Arbeitsloser sowie finanzielle Entlastung der Familien würden mehr Menschen mehr Kaufkraft bescheren und damit die Wirtschaft ankurbeln. Die von der Regierung beschlossenen Maßnahmen zur Verbilligung und Flexibilisierung der Arbeit sollten zurückgenommen werden. Ganz im Sinne der Globalsteuerung sollten sich Arbeitgeber, Gewerkschaften und Staat für ein »Bündnis für Arbeit« an einen »Runden Tisch« setzen und dort gemeinsame Maßnahmen beschließen. Ein »Europäischer Beschäftigungspakt« war vorgesehen, um das Gleiche auf internationaler Ebene zu erreichen. Die SPD wollte also mit aller Kraft die Arbeitslosigkeit bekämpfen, aber nicht deren aus Sicht der Ökonomen entscheidende Ursachen. Mit der Inhaltsanalyse werden wir untersuchen, inwieweit das Thema Arbeitslosigkeit überhaupt mit seinen realen oder vermeintlichen Ursachen in Verbindung gebracht wird.

Lage im Wahljahr 1998: Tendenz positiv

1998 war ein relativ gutes Jahr! Jedenfalls zeichnete sich dies in den ersten acht bis neun Monaten vor der Wahl bei den meisten volkswirtschaftlichen Indikatoren ab. Wir betrachten zunächst die vier Kriterien des Stabilitätsgesetzes. Für das Hauptproblem *Arbeitslosigkeit* war 1998 sogar ein sehr gutes Jahr. Zwar waren im August immer noch über 4 Millionen Menschen ohne eine Stelle, aber ihre Zahl hatte sich enorm verringert. Zahlen sagen nur im Vergleich etwas aus. Wir vergleichen daher die Entwicklung der Zahlen für Arbeitslose und offene Stellen jeweils von Januar bis August für die zurückliegenden sieben Jahre und das Wahljahr 1998. Wir wäh-

---

[27] Hierbei muß man auch zwischen offiziellem Programm und öffentlichen Auftritten unterscheiden.

len den August als letzten Monat der Jahresentwicklung, weil dies die letzten Zahlen waren, die von den Parteien oder den Medien verwendet oder kommentiert werden konnten. Wie Schaubild 1 zeigt, gab es in keinem der davor liegenden Jahre einen drastischeren Rückgang der Arbeitslosenzahlen und einen drastischeren Anstieg der offenen Stellen. Der Rückgang von Januar bis August 1998 um 15 Prozent ist auch doppelt so stark wie der Durchschnitt der Veränderungen im gleichen Zeitraum der Jahre 1991 bis 1997. Dies gilt mit verändertem Vorzeichen auch für den Anstieg der offenen Stellen um fast 38 Prozent. Anders ausgedrückt, gab es innerhalb der letzten acht Monate vor der Wahl über 700.000 Arbeitslose weniger und fast 130.000 Arbeitsplätze mehr als zu Jahresbeginn. Die Entwicklung bei den offenen Stellen ist auch ein Indikator dafür, daß die Lage am Arbeitsmarkt nicht nur von den angeblich aus wahltaktischen Gründen geschaffenen ABM-Maßnahmen abhing. Durch ABM entstehen keine offenen Stellen bei den Unternehmen (Schaubild 1).

Schaubild 1: Die Lage am Arbeitsmarkt 1991 bis 1998
– Veränderungen zwischen Januar und August im Jahresvergleich –

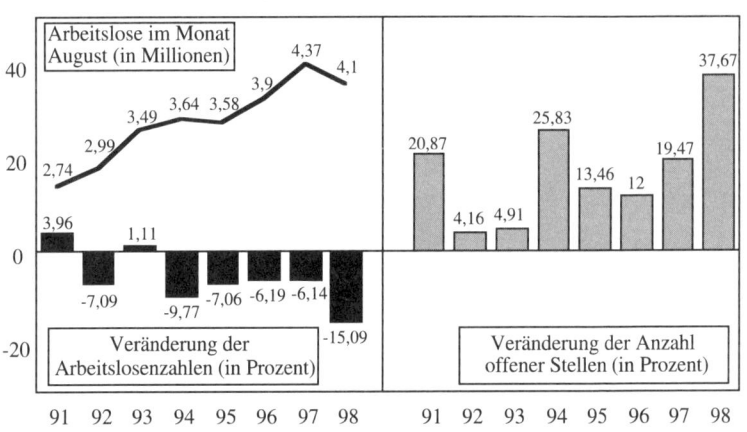

Quelle: Statistisches Bundesamt

Eine weitere Norm des Stabilitätsgesetzes ist das wirtschaftliche *Wachstum*. Die Stärke einer Volkswirtschaft läßt sich am besten daran messen, wie viele Waren produziert und wie viele Dienstleistungen in Anspruch genommen werden. Addiert man diese Werte, ergibt sich das Bruttoinlandsprodukt (BIP) als wichtigste Kenngröße der Konjunktur.[28] Das Statistische Bundesamt ermittelt das BIP

[28] Vgl. Tichy, 1994: S. 20 ff.

für alle vier Quartale eines Jahres sowie für das Gesamtjahr. Die prozentualen Abweichungen zum Vorquartal beziehungsweise zum Vergleichsquartal des Vorjahres werden gemeinhin als Wirtschaftswachstum bezeichnet. Schaubild 2 zeigt, daß die deutsche Wirtschaft in den letzten acht Jahren fast kontinuierlich angestiegen ist. Insbesondere in den drei letzten Jahren der Regierung Kohl war das jährliche Wachstum stetig. Die kleinste Aggregierung des BIP wird in Quartalen vorgenommen. Somit konnte es für das dritte Quartal 1998 vor dem 27. September noch keine Zahlen geben, die von den Parteien oder der Presse hätten verwendet werden können. Wir beschränken uns daher bei der vergleichenden Betrachtung auf die Entwicklung der beiden ersten Quartale eines Jahres und vergleichen diese mit den Entwicklungen des jeweiligen Zeitraums im Vorjahr. Das Wirtschaftswachstum im ersten Halbjahr 1998 betrug 2,44 Punkte und war damit im Wahljahr größer als in allen sechs Jahren davor. Hinzu kommt, daß sich mit den Werten für 1996 und 1997 ein positiver Trend fortzusetzen schien (Schaubild 2).

Schaubild 2: Wirtschaftswachstum 1991 bis 1998

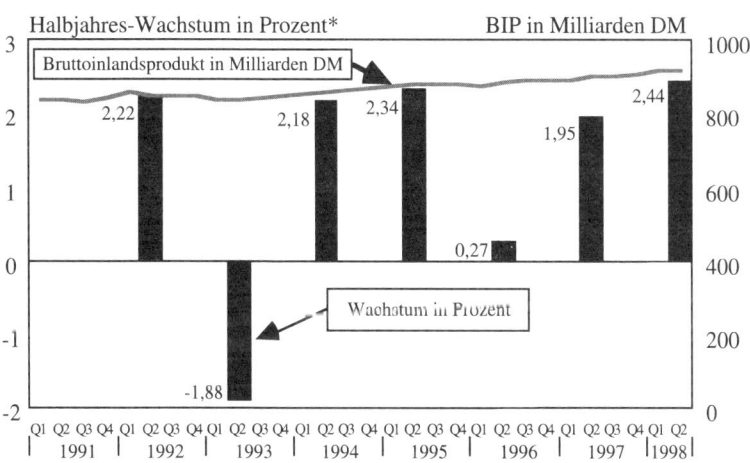

* Wachstum in den beiden ersten Quartalen des Jahres im Vergleich zu den beiden ersten Quartalen des Vorjahres. Von 1990 zu 1991 erfolgte eine statistische Umstellung. Daher fehlt die Angabe für 1991.
Vgl. Monatsberichte der Deutschen Bundesbank, Mai 1999, www.bundesbank.-de.

Der dritte Indikator im »magischen Viereck« des Stabilitätsgesetzes ist ein *stabiles Preisniveau*. Der Preisindex des Statistischen Bundesamtes wird monatlich aus den Kosten für die Lebenshaltung der privaten Haushalte errechnet. Derzeit bildet das Jahr 1995 die Basis des Index. Das Wahljahr 1998 zeigte keinerlei Anzeichen von Inflation. Im Vergleich zu 1995, also über drei Jahre hinweg, waren die Lebenshaltungskosten im Monat vor der Wahl nur um 4,3 Punkte gestiegen. Zwischen März und Juni 1998 war der Index zunächst um 0,4 Punkte leicht gestiegen. Er ging aber bereits in den beiden Folgemonaten wieder zurück.[29] Für den vierten Maßstab, das *außenwirtschaftliche Gleichgewicht*, haben wir den Devisenbilanzsaldo als Indikator gewählt.[30] Er gibt die Wertdifferenz zwischen den ins Ausland gehenden und den vom Ausland übernommenen Waren, Dienstleistungen, Vermögen, Wertpapieren etc. an. Ist der Saldo positiv, bedeutet dies, daß die Bundesrepublik wertmäßig mehr ins Ausland übertragen als vom Ausland übernommen hat. Auch dieser Indikator zeigte 1998 insgesamt und vor allem kurz vor der Wahl nach oben. Ab Sommer 1997 stieg der Devisenbilanzsaldo mehr oder weniger kontinuierlich an und blieb im ersten Halbjahr 1998 im positiven Bereich. Lediglich im Juli 1998 war die Bilanz für einen Monat negativ, um gleich danach jedoch wieder anzusteigen. Das Wahljahr war im Durchschnitt durch einen positiven Verlauf des Devisenbilanzsaldos mit dem Ausland gekennzeichnet. Im Januar war er mit -0,06 fast ausgeglichen, im Monat vor der Wahl mit 1,16 deutlich positiv.

Neben den »amtlichen« Indikatoren des Stabilitätsgesetzes betrachten wir die Insolvenzen und die Entwicklung der Produktivität. Bis August 1998 betrug die Anzahl der *Insolvenzen* 22.820. Dies war ziemlich genau die gleiche Zahl wie in den acht Monaten des Vorjahrs.[31] 1998 unterschied sich jedoch dadurch zum Vorjahr, daß die Insolvenzen in fünf der acht Monate rückläufig waren, was 1997 nur zweimal vorkam.

Für die *Produktivität* gibt es als Maßzahl unter anderem die Lohnkosten je Bruttoinlandsprodukt und das BIP je Erwerbstätigem. Die Produktivität der Wirtschaft wird besser, wenn der erste Wert sinkt und der zweite steigt. Nach den Zahlen in Schaubild 3 markiert das Jahr 1996 offensichtlich eine beachtliche Wende. Die Lohnkosten je Anteil am BIP sind seitdem mehr oder weniger stetig gesunken, während gleichzeitig der einzelne Erwerbstätige mehr zum Bruttoinlandsprodukt beitrug. Mit anderen Worten: Die Pro-

[29]   Quelle: Statistisches Bundesamt.
[30]   Ein außenwirtschaftliches Gleichgewicht ist gegeben, wenn die Summe aus den Salden von Leistungsbilanz, Kapitalbilanz, Vermögensbilanz und den sogenannten »Restposten« gleich Null ist. Vgl. Blum, 1994: S. 492 f.
[31]   1997: 22.000. Daten des Statistischen Bundesamts und eigene Berechnungen. Wir verwenden die saisonbereinigten Daten.

duktivität ist seitdem gestiegen. Dieser allmähliche Trend hielt auch im Wahljahr zunächst an und wurde nur im zweiten Quartal 1998 gestoppt. Sieht man in der Produktivität eine Ursache für die Investitionsbereitschaft und damit mittelfristig für die Schaffung von Arbeitsplätzen, dann standen die Zeichen also nicht schlecht (Schaubild 3).

Schaubild 3: Entwicklung der Produktivität 1993 bis 1998
             Lohnkosten und Anzahl der Arbeitnehmer im Verhältnis zum
             Bruttoinlandsprodukt

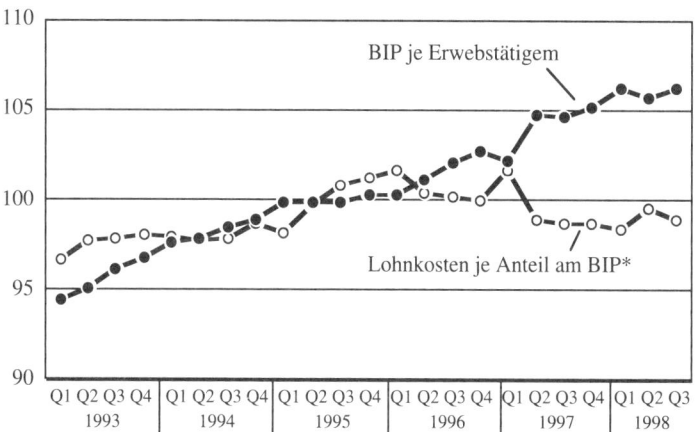

* Arbeitnehmerentgelt je Arbeitnehmer dividiert durch BIP je Arbeitnehmer (beide Werte auf Indexbasis)
Quelle: Bundesbank

Schließlich spielen in der Einschätzung von Arbeitsmarkt und wirtschaftlicher Lage auch die Lagebeschreibungen und Prognosen der *Experten* eine gewichtige Rolle. In Schaubild 4 haben wir die Kernaussagen der wichtigsten Institute seit November 1997 zusammengestellt. Wir unterscheiden dabei zwischen Statistiken und Prognosen. Auch wenn diese Übersicht sicherlich nicht vollständig ist, weil sich mehr Institutionen zu Wort gemeldet haben und die hier aufgeführten vieles mehr publizierten, zeigt sich doch ein recht einheitliches Bild: Mit ganz wenigen Ausnahmen kamen von den Experten eher optimistische Feststellungen zur wirtschaftlichen Lage und damit zum Arbeitsmarkt – auch für deren zukünftige Entwicklung. So äußerte beispielsweise das ifo-Institut München im Juli vor der Wahl, die gesamtwirtschaftliche Produktion sei gestiegen, der Arbeitsmarkt leicht entspannt und der Aufschwung würde sich fortsetzen (Schaubild 4).

Schaubild 4: Fachinstitute zu Wirtschaftslage und Arbeitsmarkt

Datum	Urheber	Inhalt	S/P *
11.97	Sachverständigenrat	• Prognose für das Bruttoinlandsprodukt 1998: +3 % *Arbeitslosenzahl: stagnierend*	P P
2.98	Statistisches Bundesamt	• Anstieg des Bruttoinlandsprodukts	S
3.98	IfW Uni Kiel	• optimistische Vorausschau für den Rest des Jahres und 1999	P
6.98	ifo Institut München	• hohe Binnennachfrage • Wachstumskurs • gesamtwirtschaftliche Produktion wird steigen • Wende am Arbeitsmarkt abzusehen	S P P P
6.98	IfW Uni Kiel	• optimistische Vorausschau für den Rest des Jahres und 1999	P
6.98	Statistisches Bundesamt	• höchster Anstieg des Bruttoinlandsprodukts seit Wiedervereinigung	S
7.98	IfW Uni Kiel	• Arbeitslosenquote bei mittlerer und hoher Qualifikation gesunken	S
7.98	ifo Institut München	• gesamtwirtschaftliche Produktion gestiegen • Arbeitsmarkt leicht entspannt • Aufschwung wird sich fortsetzen	S S P
7.98	RWI Essen	• gekräftigter Aufschwung • günstige außenwirtschaftliche und wirtschaftspolitische Rahmenbedingungen • Binnennachfrage legte deutlich zu • Arbeitslosenzahl sinkt	S S S S
8.98	Commerzbank	• kräftige Industrieproduktion • wieder gestiegene Konjunktur im Baugewerbe • Erholung am westdeutschen Arbeitsmarkt • verbesserte reale Einkommenssituation • rekordniedrige Zinsen	S S S S S
9.98	IfW Uni Kiel	• Aufschwung setzt sich fort • Lage am Arbeitsmarkt wird sich weiter verbessern, keine Verschlechterung für 1999 prognostiziert	P P
9.98	Statistisches Bundesamt	• *Anstieg Bruttoinlandsprodukt im 2. Quartal deutlich geringer als 1. Quartal, aber* • insgesamt für erstes Halbjahr gut • Volkseinkommen höher als gleiche Zeit 1997	S S S

* S=Statistik, P=Prognose. Negative Äußerungen sind *kursiv* gesetzt.

Aus volkswirtschaftlicher Sicht gab es also 1998 bis zum August eher positive Zeichen: Das Bruttoinlandsprodukt wuchs, die Preise blieben stabil, die Zahlungsbilanz war positiv, die Insolvenzen nicht höher als im Vorjahr und vor allem zeigten sich positive strukturelle Veränderungen bei der Produktivität. Die Zahl der Arbeitslosen war weiterhin mit über 4 Millionen viel zu hoch. Aber ihr Rückgang war noch nie so drastisch wie im Wahljahr. Hinzu kam, daß auch die angesehenen Wirtschaftsinstitute diesen Trend in ihren Beschreibungen und Prognosen in die Öffentlichkeit trugen. Es gab also genügend Stoff für eine entsprechende Wirtschaftsberichterstattung.

Wirtschaft und Arbeitsmarkt in den Medien

Wirtschaft als Topthema des Wahlkampfs

Für die Darstellung von Wirtschaftslage und Arbeitsmarkt beschränken wir uns im wesentlichen auf die überregional bedeutenden Medien.[32] Die Fernsehanalyse beruht auf 6.829 Beiträgen in den Nachrichtensendungen und -magazinen von ARD, ZDF, RTL, SAT1 und PRO7. Grundlage der Presseanalyse sind 8.735 Beiträge in folgenden Blättern: Frankfurter Allgemeine Zeitung, Die Welt, tageszeitung, Süddeutsche Zeitung, Frankfurter Rundschau, Bild-Zeitung, Die Zeit, Rheinischer Merkur, Die Woche, Bild am Sonntag, Welt am Sonntag, Spiegel und Focus. Die überregionale Inhaltsanalyse umfaßt somit insgesamt 15.564 Fernseh- und Printbeiträge.[33]

Bei den nachfolgenden Analysen fassen wir Fernsehen und Presse in der Regel zusammen. Nur wenn sich beide Medien stark unterscheiden, werden wir die Daten getrennt ausweisen. Dies gilt auch für die Analyse einzelner Medien.

Die wichtigsten Themen der politischen Berichterstattung von März bis September 1998 waren nicht politische Sachthemen, sondern die politischen Akteure selbst. In den meisten Beiträgen ging es um die Parteien (38 Prozent), um deren Verhältnis untereinander (18), den Wahlkampf (31) oder die Kanzlerkandidaten (18).[34] Dies

---

[32] Bei deutlichen Unterschieden zwischen ost- und westdeutschen Medien werden wir auf diesen Vergleich eingehen.

[33] Das Methodenkapitel beschreibt im Detail, wie die Stichproben bei den einzelnen Medien gebildet wurden und enthält die Fallzahlen für jedes einzelne Medium.

[34] Bei jedem Beitrag konnten bis zu drei Themen verschlüsselt werden. Insofern ist die Anzahl der Themen höher als die Anzahl der Beiträge. Je nach Analyse-

schließt nicht aus, daß es in solchen Beiträgen auch um Sachthemen ging, aber für deren Behandlung ließ dies nicht viel Raum. Aus den 121 einzelnen Sachthemen, von denen bis zu drei je Beitrag verschlüsselt werden konnten, haben wir drei Kategorien gebildet: Arbeitsmarkt, wirtschaftliche Lage und Standort Deutschland.

– Zum Thema *Arbeitsmarkt* gehören fünf Unterkategorien: Arbeitslosenzahlen, Maßnahmen zur Bekämpfung der Arbeitslosigkeit, Ursachen der Arbeitslosigkeit, Verlagerung von Arbeitsplätzen ins Ausland und Ausbildungsplätze.

– Zum Thema *wirtschaftliche Lage* gehören Berichte über Sachverhalte, die den aktuellen Zustand, die Kraft der Volkswirtschaft behandeln: Wirtschaftslage, Bruttoinlandsprodukt/Wachstum, Verlagerung von Investitionen ins Ausland, Fusionen, Übernahmen von Unternehmen, Preisstabilität und Angleichung der Lebensverhältnisse in Ost- und Westdeutschland.

In einem Viertel der Beiträge, die überhaupt Sachthemen behandelten, ging es um den Standort Deutschland. [35] An zweiter Stelle folgt bereits der Arbeitsmarkt, der in 14 Prozent aller Themenbeiträge vorkam. Über die aktuelle wirtschaftliche Lage berichteten die Medien mit 7 Prozent dagegen nur halb so oft. Sie kam damit seltener vor als Berichte über menschenverursachte Risiken (11)[36], Innere Sicherheit (9) sowie den Euro (8) und etwa gleich häufig wie Ausländerthemen (7) und die Europäische Integration (6 Prozent, vgl. Schaubild 5).

Zwischen März und September schwankte die Intensität, mit der die Medien die einzelnen Themen berichteten. Die wirtschaftliche Lage wurde etwas häufiger im Mai thematisiert, blieb dann aber mehr oder weniger konstant niedrig. Berichte über die Arbeitslosigkeit waren dagegen mit 20 Prozent aller Themenbeiträge besonders häufig im August und damit kurz vor der Wahl.

ziel beziehen wir uns entweder auf Beiträge oder auf Themen. Unser Ergebnis deckt sich mit dem Befund von Krüger & Zapf-Schramm, 1999: S. 224.

[35] Zum Thema *Standort Deutschland* haben wir Berichte über Sachverhalte zusammengefaßt, die die generelle Attraktivität Deutschlands für in- und ausländische Investitionen betreffen. Sie lassen sich noch einmal in drei Bereiche untergliedern: (1) Steuern (unter anderem Steuerreform, Benzinbesteuerung, Spitzensteuersatz, Vereinfachung des Steuersystems), (2) Arbeitskosten (unter anderem Sozialleistungen wie Lohnfortzahlung im Krankheitsfall und Pflegeversicherung, Löhne, Urlaub, Gewerkschaften und Streikmaßnahmen), (3) Innovationskraft Deutschlands (unter anderem Qualität von Ausbildung und Forschung, Innovationskraft der Unternehmen).

[36] Dazu zählen unter anderem Atomenergie, Gentechnologie, Umweltthemen.

Schaubild 5: Die zehn wichtigsten politischen Sachthemen
im Bundestagswahlkampf
Basis: 9871 Beiträge mit Bezug zu Sachthemen in Presse und Fernsehen aus der Zeit vom 02.03.1998 bis zum 26.09.1998

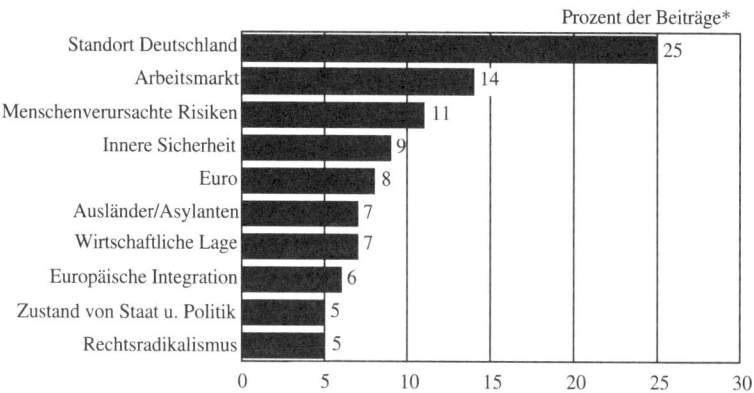

Prozent der Beiträge*

Standort Deutschland	25
Arbeitsmarkt	14
Menschenverursachte Risiken	11
Innere Sicherheit	9
Euro	8
Ausländer/Asylanten	7
Wirtschaftliche Lage	7
Europäische Integration	6
Zustand von Staat u. Politik	5
Rechtsradikalismus	5

0   5   10   15   20   25   30

* Je Beitrag konnten mehrere Themen kodiert werden

Worüber wurde bei diesen Themen berichtet? Die meisten Beiträge
zum Thema Arbeitsmarkt beschäftigten sich mit den Arbeitslosenzahlen (47 Prozent), ein gutes Drittel (39 Prozent) mit Maßnahmen
gegen die Arbeitslosigkeit wie etwa ABM. Der Arbeitsmarkt allgemein und die Situation bei den Ausbildungsplätzen waren mit 14
bzw. 9 Prozent weitere Themen, die hin und wieder vorkamen. Keine Beachtung fanden dagegen die Ursachen der Arbeitslosigkeit.
Explizit mit den Ursachen befaßten sich gerade einmal 2 Prozent
der Beiträge. Einer der ökonomisch wichtigsten Faktoren, die Verlagerung von Arbeitsplätzen ins Ausland, kam praktisch überhaupt
nicht vor (0,2).

Bei Berichten über die wirtschaftliche Lage ging es vor allem
(56 Prozent) um den allgemeinen Stand der Konjunktur. Explizit
mit dem Bruttosozial- oder dem Bruttoinlandsprodukt beschäftigten sich nur 3 Prozent dieser Beiträge. Mit acht Prozent etwas häufiger ging es um die Preisstabilität. Fusionen, Kooperationen und
Übernahmen von Unternehmen kamen in einem guten Fünftel
der Beiträge, die Angleichung der Lebensverhältnisse zwischen
Ost und West in immerhin einem Siebtel der Beiträge zur wirtschaftlichen Lage vor. Auch hier wurde ein wichtiger Indikator für
den Zustand der Volkswirtschaft im internationalen Vergleich völlig vernachlässigt: Nur 3 Prozent der Beiträge zum Thema wirtschaftliche Lage behandelten die Verlagerung von Investitionen
ins Ausland.

Lage und Prognose: Ausgewogen und trotzdem schief

Für jedes Thema haben wir verschlüsselt, wie der Autor die derzeitige Lage und die zukünftige Entwicklung in dem Beitrag beschreibt oder durch andere Quellen beschreiben läßt. Schaubild 6 zeigt für den Arbeitsmarkt und die wirtschaftliche Lage die Verteilung positiver und negativer Beschreibungen und Prognosen. Abgetragen ist hier die jeweilige *Anzahl* der Themen mit positiver und mit negativer Tendenz.[37] Wir verwenden die absoluten Zahlen, um nicht nur die Gesamttendenz, sondern auch die Relevanz der jeweiligen Themendarstellung in der Grafik auszuweisen.

Über die Entwicklung der aktuellen wirtschaftlichen Lage berichteten die deutschen Medien vor der Wahl überwiegend positiv. Sie gaben damit in der generellen Tendenz das wieder, was die volkswirtschaftlichen Indikatoren aussagten. Die Prognosen waren sogar noch positiver als die Gegenwartsbeschreibung. Hier kamen drei positive Erwähnung auf eine negative. Die Medien gaben also die herrschende und prognostizierte wirtschaftliche Lage korrekt wieder.

Die derzeitige Lage am Arbeitsmarkt wurde dagegen ganz überwiegend negativ dargestellt. Insgesamt 768 negativen Erwähnungen standen nur 215 positive gegenüber. Die reale Entwicklung der Arbeitslosenzahlen 1998 (stärkste prozentuale Verringerung seit 1991, siehe oben) wurde von den Medien kaum berücksichtigt. Die zukünftige Entwicklung stellten die Medien dagegen im Saldo leicht positiv dar und spiegelten insofern in Ansätzen die Prognosen der Experten wider (Schaubild 6).

Die unterschiedliche Darstellung der gegenwärtigen Lage und der zukünftigen Entwicklung führte aber zu ganz unterschiedlichen Wirkungspotentialen. Negative Berichte über den derzeitigen Arbeitsmarkt waren fast doppelt so häufig wie positive über dessen zukünftige Entwicklung. Sie waren auch mehr als doppelt so häufig wie positive Berichte über die derzeitige wirtschaftliche Lage und optimistische Prognosen über deren Entwicklung. Unter dem Strich blieb für beide Themen ein leicht negativer Saldo von 69 Themenerwähnungen und damit eine fast ausgewogene Darstellung von Arbeitsmarkt und wirtschaftlicher Lage.

Ähnliches gilt für Einzel-Aussagen, die im Text gemacht wurden. Wir kodierten, ob in einem Beitrag die Aussage »Die wirtschaftliche Lage in der BRD ist momentan schlecht« wörtlich oder sinn-

---

[37] Diese Auswertung basiert auf den Themenerwähnungen, da in einem Beitrag verschiedene Unterthemen eines Hauptthemas vorkommen und bewertet werden konnten.

Schaubild 6: Darstellung und Prognose bei den Themen Arbeitsmarkt und wirtschaftliche Lage

Basis: 15.564 Beiträge in Presse und Fernsehen aus der Zeit vom 02.03.1998 bis zum 26.09.1998

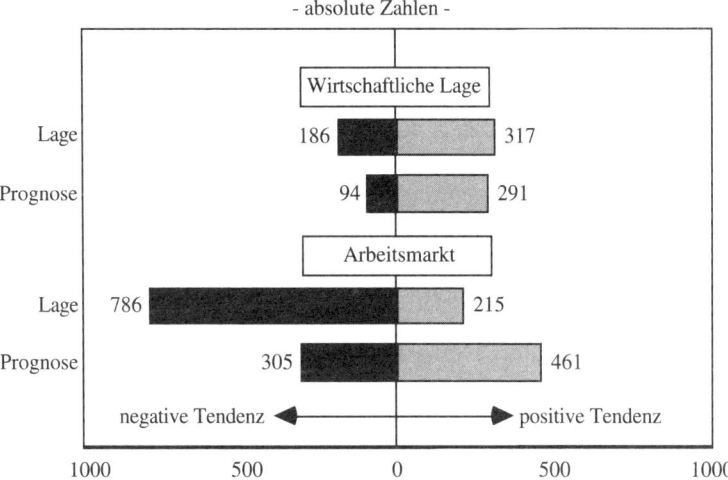

- absolute Zahlen -

Wirtschaftliche Lage

| Lage | 186 | 317 |
| Prognose | 94 | 291 |

Arbeitsmarkt

| Lage | 786 | 215 |
| Prognose | 305 | 461 |

negative Tendenz ◄——————————► positive Tendenz

1000   500   0   500   1000

gemäß vorkam und in welche Richtung (positiv-zustimmend oder negativ-ablehnend) sie gemacht wurde. Aussagen, die wirtschaftliche Lage sei gut, waren doppelt so häufig wie negative Aussagen. Aber solche positiven Aussagen kamen nur 204 mal vor. Das sind gerade einmal 1,3 Prozent aller 15.564 Beiträge.

Vor dem Hintergrund der beschriebenen realen Entwicklung bei den Wirtschaftsindikatoren kann man dieses Gesamtbild kaum als eine wirklichkeitsadäquate Beschreibung bezcichnen. Hinzu kommt, daß die Struktur der Berichterstattung das Problem eher verschleierte als erhellte. Sieht man den Arbeitsmarkt im wcsentlichcn als eine Folge der allgemeinen wirtschaftlichen Lage, dann stellten die Medien die einzelnen Sachverhalte in ihrer Binnenstruktur weitgehend korrekt dar, in ihren kausalen Zusammenhängen aber falsch. Die überwiegend positive Darstellung der Wirtschaftslage hätte auch zu einer noch deutlich optimistischeren Einschätzung der zukünftigen Entwicklung auf dem Arbeitsmarkt führen müssen.

Ursachen der Arbeitslosigkeit sind kein Thema

Wir haben oben dargestellt, daß die Arbeitslosigkeit eine Folge volkswirtschaftlicher Entwicklungen ist, die wiederum durch individuelles wirtschaftliches Handeln von Unternehmen und Arbeitnehmern verursacht werden. Insofern würde man erwarten, daß ein öffentlicher Diskurs auch die Ursachen der Arbeitslosigkeit thematisiert. Dies gilt insbesondere vor Wahlen, bei denen der Arbeitsmarkt absoluten Vorrang vor allen anderen Themen hatte. Auf drei Wegen läßt sich dies prüfen.

Wir haben bereits weiter oben beschrieben, daß in nur 2 Prozent der Beiträge, in denen es um den Arbeitsmarkt ging, Ursachen der Arbeitslosigkeit als eines von drei Hauptthemen behandelt wurden. Dies sind 31 von 1.347 Beiträgen. In einer Grobanalyse können wir untersuchen, wie häufig in allen Beiträgen über den Arbeitsmarkt *auch* die aktuelle wirtschaftliche Lage oder Themen im Zusammenhang mit dem Standort Deutschland als weitere Hauptthemen vorkamen. Das gemeinsame Vorkommen kann man als Voraussetzung dafür ansehen, daß der Autor des Beitrags einen kausalen Zusammenhang herstellt. Dies war jedoch überwiegend nicht der Fall. In nur 21 Prozent aller Beiträge über den Arbeitsmarkt ging es auch um den Standort Deutschland und in nur 14 Prozent auch um die derzeitige wirtschaftliche Lage (Schaubild 7).

In einer weiteren Feinanalyse untersuchen wir, wieviele Beiträge, die sich mit der aktuellen Lage am Arbeitsmarkt beschäftigten, konkret solche Themen behandelten, von denen Wirtschaftswissenschaftler sagen, daß sie die Lage am Arbeitsmarkt beeinflussen. Dies sind entweder Sachverhalte, die den aktuellen Zustand der Volkswirtschaft beschreiben oder auf die Investitionsbereitschaft von in- und ausländischen Unternehmen einwirken. Insgesamt 18 unserer 121 Themen-Kategorien lassen sich im engeren oder weiteren Sinne dazurechnen. Tabelle 1 gibt den Überblick. Einzig die aktuelle Wirtschaftslage kam in einer nennenswerten Häufigkeit (12 Prozent) in solchen Beiträgen vor, in denen die (schlechte) Lage am Arbeitsmarkt beschrieben wurde. Alle anderen, ökonomisch ausschlaggebenden Faktoren wie die Verlagerung von Arbeitsplätzen ins Ausland, der Spitzensteuersatz oder die Verlagerung von Investitionen ins Ausland (jeweils einer von 1244 Beiträgen) wurden nicht mit der Arbeitslosigkeit in Verbindung gebracht. Mit anderen Worten: Das Publikum erfuhr alles über die Lage am Arbeitsmarkt und nichts über deren Ursachen (Tabelle 1).

Dieses Ergebnis wird gestützt durch eine Studie am Dresdner Institut für Kommunikationswissenschaft. Falk Wenzel untersuchte

Schaubild 7: Gemeinsames Vorkommen der Themen Arbeitsmarkt, Standort
Deutschland und wirtschaftliche Lage

Basis: Beiträge in Presse und Fernsehen vom 02.03.1998 bis zum
26.09.1998. Standort Deutschland = 2450, Arbeitsmarkt = 1347,
wirtschaftliche Lage = 675 Beiträge

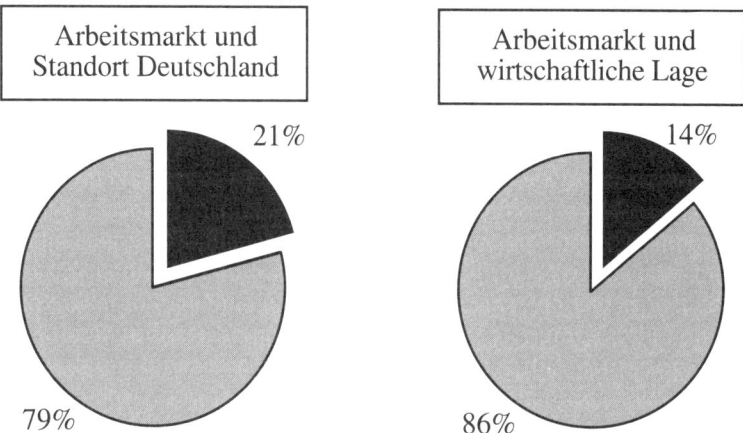

Arbeitsmarkt und
Standort Deutschland

Arbeitsmarkt und
wirtschaftliche Lage

21%   14%

79%   86%

Lesebeispiel: In 21 Prozent aller Beiträge über den Arbeitsmarkt ging es *auch* um den
Standort Deutschland

die Struktur der Berichterstattung über Wirtschaft und Arbeitsmarkt zweier Regionalzeitungen. Nur ein Drittel der Beiträge über
Ereignisse auf dem Arbeitsmarkt stellten diese in einen kausalen
Zusammenhang. Von diesen führten die mit Abstand meisten das
jeweilige Ereignis auf Veränderungen der Nachfrage, der Unter-
nehmensgröße oder die Arbeitsmarktpolitik zurück. Lohnhöhe und
Gewinnsituation des Unternehmens wurden dagegen selten in einen
Zusammenhang mit Entlassungen, Neueinstellungen oder der allgemeinen Entwicklung der Arbeitslosenquote gebracht. Die Kernbe-
ziehung zwischen Arbeitsplätzen und Produktivität kam also in den
Zeitungen praktisch nicht vor.[38]

[38] Vgl. Wenzel, 1999: S. 87 ff., S. 101. Untersucht wurden in der Sächsischen Zeitung und den Dresdner Neuesten Nachrichten insgesamt 624 zufällig ausgewählte Artikel, auf die das Zugriffskriterium (Arbeitsmarkt, wirtschaftliche Hand-
lung) zutraf. Die hier berichtete Analyse kausaler Beziehungen von Ereignissen
am Arbeitsmarkt beruht auf 962 Aussagen. Man kann unterstellen, daß sich diese Struktur der Berichterstattung in ähnlicher Form in den meisten Tageszeitungen im Osten und im Westen der Bundesrepublik findet.

Tabelle 1:   Thematisierung möglicher Ursachen der Arbeitslosigkeit in
Berichten über die Lage am Arbeitsmarkt*

Basis: 1.244 Beiträge über die aktuelle Lage am Arbeitsmarkt vom
02.03.1998 bis zum 26.09.1998

Mögliche Ursachen der Arbeitslosigkeit	Häufigkeit	%
Aktuelle Wirtschaftslage	153	12,30
Gewerkschaft, Streik	64	5,14
Löhne	34	2,73
Sozialabgaben, Sozialleistungen	32	2,57
Standort Deutschland allgemein	29	2,33
Ursachen der Arbeitslosigkeit allgemein	18	1,45
Angleichung der Lebensverhältnisse Ost-West	14	1,13
Bruttosozialprodukt/Bruttoinlandsprodukt	8	0,64
Innovationskraft der Unternehmen	7	0,56
Scheitern der Steuerreform	6	0,48
Vereinfachung des Steuersystems	5	0,40
Lohnfortzahlung im Krankheitsfall	3	0,24
Qualität der Universitäten	3	0,24
Qualität der Schulen	2	0,16
Verlagerung von Arbeitsplätzen ins Ausland	1	0,08
Spitzensteuersatz	1	0,08
Verlagerungen von Investitionen ins Ausland	1	0,08
Wettbewerbsfähigkeit der Wissenschaft	0	0,00
Summe: Alle Ursache-Themen	381	30,61

* Wieviel Prozent der Beiträge, in denen die Lage am Arbeitsmarkt oder die Bekämpfung
der Arbeitslosigkeit vorkommt, behandeln auch die jeweilige Ursache der Arbeitslosigkeit?

Wirtschaftskompetenz nur Schröder zugeschrieben

Nach der Theorie des »Issue Ownership« der beiden amerikanischen Politologen Laver und Hunt wird sich der Wähler für den
Kandidaten entscheiden, von dem er glaubt, daß er die Probleme,
die in den Medien dominieren, am besten lösen kann.[39] Problemlösungskompetenz bei Themen, die die Medien kaum behandeln, sind
dagegen im Wahlkampf wertlos. Wir haben gesehen, daß bei der
Wahl 1998 neben Parteienstreit und Wahlkampf wirtschaftliche
Themen ganz eindeutig im Vordergrund standen. Was haben die
Medien dem Wähler hinsichtlich der Problemlösungskompetenz
der beiden Kandidaten und ihrer Parteien nahegelegt?
    Bei jedem Beitrag haben unsere Kodierer verschlüsselt, ob dieser

[39] Vgl. Laver & Hunt, 1992.

von der darin vorkommenden Partei oder dem Politiker einen positiven oder negativen Eindruck hinterläßt.[40] Dabei muß es sich nicht um explizit wertende Äußerungen gehandelt haben. Ein Politiker konnte beispielsweise auch im Kontext eines Beitrags vorkommen, der die Misere auf dem Arbeitsmarkt schildert. Wir können nun prüfen, bei welchen Themen welche Partei bzw. welcher Politiker gut oder schlecht wegkamen.

Schaubild 8 zeigt die Differenzen zwischen dem Anteil der positiven und der negativen Beiträge für die drei Themen Arbeitsmarkt, wirtschaftliche Lage und Standort Deutschland. Es ist eindeutig, wem die Medien explizit oder implizit die Kompetenz auf dem Gebiet Wirtschaft zuschrieben: Bei keinem der drei Themenbereiche gab es für Kohl oder für die CDU/CSU mehr positive als negative Beiträge. Am schlechtesten stellten die nationalen Medien das konservative Lager dar, wenn es um den Standort Deutschland ging, relativ am besten, wenn über die wirtschaftliche Lage berichtet wurde. Kohl kam dabei in allen drei Fällen noch besser weg als die Union (siehe den Beitrag »Die Kontrahenten in der Fernsehberichterstattung« in diesem Band). Ganz anders war das Medienbild der Herausforderer. Gerhard Schröder konnte bei allen drei Themen mehr positive als negative Beiträge verbuchen. Auch seine Darstellung war besser als die seiner Partei, die bei den Themen wirtschaftliche Lage und Standort Deutschland häufiger einen schlechten als einen guten Eindruck hinterließ, aber immer noch einen deutlich besseren als die Unionsparteien (Schaubild 8).

Wenn es um das Topthema Wirtschaft ging, war Schröder also noch viel mehr als die SPD der glanzvolle Gewinner der publizistischen Darstellung. Betrachtet man das Ergebnis wiederum unter dem Gesichtspunkt volkswirtschaftlicher Zusammenhänge, dann wurden Kohl und der CDU nicht nur der Zustand des Arbeitsmarktes angelastet, sondern auch alle Entscheidungen und Vorhaben, diesen Zustand durch geeignete Maßnahmen zu ändern. Anders läßt sich nicht erklären, warum sowohl Kohl als auch der Union ihre schlechteste Darstellung in den Medien ausgerechnet beim Thema Standort Deutschland widerfuhr. Denn zu diesem Themenbereich gehörten vor allem Beiträge über Steuern, Renten, Krankenversicherung, Sozialabgaben und -leistungen sowie der Abbau von Subventionen. Dies sind strukturelle Merkmale der Volkswirtschaft, die einen erheblichen Einfluß auf Schaffung oder Verlust von Arbeits-

---

[40] Dies wurde mit den Abstufungen »eindeutig« und »eher« verschlüsselt, die wir hier zur Vereinfachung zusammengefaßt haben.

Schaubild 8: Kanzlerkandidaten und Parteien im Kontext von Wirtschaftsthemen
Basis: Beiträge aus Presse und Fernsehen vom 02.03.1998 bis zum 26.09.1998

– Differenz des Anteils positiver und negativer Berichterstattung –

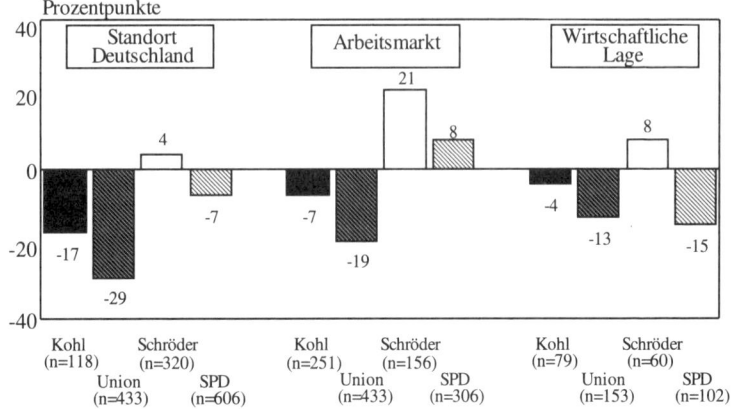

plätzen haben, und bei denen die alte Regierung Veränderungen realisiert hatte oder anstrebte.

Tendenzmedien und Tendenzverweigerer

Natürlich verbergen sich hinter den bisher präsentierten Mittelwerten ganz unterschiedliche Tendenzen einzelner Medien. Besonders die deutschen Printmedien mit überregionaler Bedeutung neigen zu einer ausgeprägten politischen Tendenz, die vor allem vor Wahlen zum Vorschein kommt. Dies zeigte zuletzt die Analyse des Bundestagswahlkampfs 1994 durch den Autor. Diese Inhaltsanalyse brachte aber auch deutlich zum Vorschein, daß Scharping 1994 vor allem deshalb verloren hatte, weil ihm die traditionell linken Medien wie Spiegel oder Frankfurter Rundschau die publizistische Unterstützung verweigerten oder nur halbherzig gaben.[41] Dies passierte Schröder dieses Mal nur sehr bedingt.

Von den 14 überregionalen Printmedien hatten jeweils genau sieben bei den Themen Wirtschaftslage, Arbeitsmarkt und Standort

[41] Vgl. Donsbach, 1997a.

Deutschland[42] positiver über Kohl als über Schröder berichtet und umgekehrt. Die überregionale Presse war damit zunächst in idealer Weise ausgewogen. Aber Kohl passierte das gleiche, was Scharping 1994 vermutlich den Sieg gekostet hatte: Wichtige Medien aus dem eigenen Lager versagten ihm die Gefolgschaft. Betrachten wir zunächst die – für den deutschen Journalismus – Normalsituation einer kontrastierenden Berichterstattung, dann haben sich Spiegel, Woche, FR, SZ und Stern so verhalten, wie man es von ihnen erwarten konnte: Sie brachten im Zusammenhang mit den drei Themen mehr positive als negative Berichte über Schröder und mehr negative als positive über Kohl. Das gleiche gilt mit umgekehrtem Vorzeichen für die Welt am Sonntag, die FAZ und – in geringerem Maße – für Bild am Sonntag.

Vermutlich hatte einen nicht unerheblichen Einfluß auf die Wahlentscheidung, daß sich vier üblicherweise konservative Medien ambivalent verhielten: Der Rheinische Merkur und Focus brachten über *beide* Kandidaten mehr negative Meldungen als positive. Sie verhielten sich damit in gleicher Weise wie die ausgeprägt linken Blätter Zeit und taz. Die Bildzeitung und die Welt brachten über *beide* Kandidaten im Zusammenhang mit Wirtschaft und Arbeit überwiegend positive Meldungen. Diese konservativen Medien sorgten damit – gewollt oder ungewollt – entweder dafür, daß Kohl auch in den eigenen Reihen bei diesen zentralen Themen an Boden verlor oder daß Schröder als kompetenter Wirtschaftspolitiker erscheinen mußte (Schaubild 9a).

Von einer ausgewogenen Berichterstattung kann dort, wo sie medienrechtlich erwartet wird, keine Rede sein. Alle vier Nachrichtensendungen und Nachrichtenmagazine von ARD und ZDF stellten Schröder bei den Themen Wirtschaftslage, Arbeitsmarkt und Standort Deutschland günstiger dar als Kohl. Besonders einseitig war die Berichterstattung der Tagesschau und des heute journal. Aber auch bei den Nachrichten der privaten Sender war für Kohl nicht viel zu gewinnen. Sat1 kontrastierte zwar seine Beiträge entsprechend seiner bekannten konservativen Tendenz. Dies war jedoch nichts gegen die Einseitigkeit des RTL-Nachtjournals zugunsten Schröders (Schaubild 9b).[43]

---

[42]   Wir schließen die Meldungen zum Standort Deutschland bei dieser Analyse ein, um die Basis zu verbreitern.

[43]   Bei der Zeit, dem Rheinischen Merkur und der Woche liegt die Anzahl der Beiträge, in denen der Kandidat im Zusammenhang mit Wirtschaftsthemen in positivem oder negativem Licht erschien, unter 10. Da es sich hier aber um eine Vollerhebung und keine Stichprobe handelt, entsteht kein Problem der Repräsentativität.

Schaubild 9a: Tendenzen der Kandidatendarstellung bei den Themen Arbeits-
markt, wirtschaftliche Lage
und Standort Deutschland in der Presse
Basis: Beiträge vom 02.03.1998 bis zum 26.09.1998.
Kohl = 259, Schröder = 280 Beiträge
– Differenz des Anteils positiver und negativer Berichterstattung –

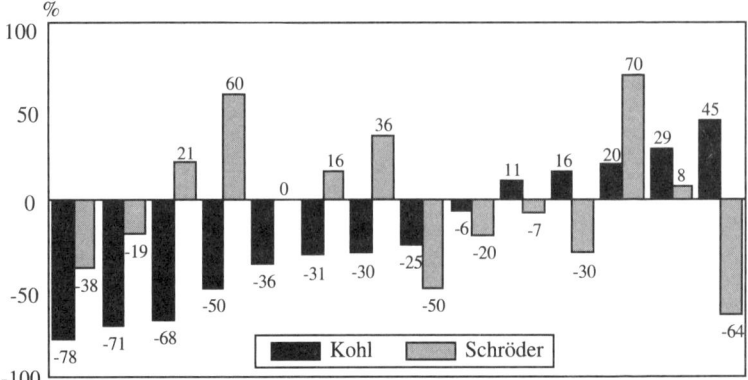

Schaubild 9b: Tendenzen der Kandidatendarstellung bei den Themen Arbeits-
markt,
wirtschaftliche Lage und Standort Deutschland im Fernsehen
Basis: Beiträge vom 02.03.1998 bis zum 26.09.1998.
Kohl = 239, Schröder = 200 Beiträge
– Differenz des Anteils positiver und negativer Berichterstattung –

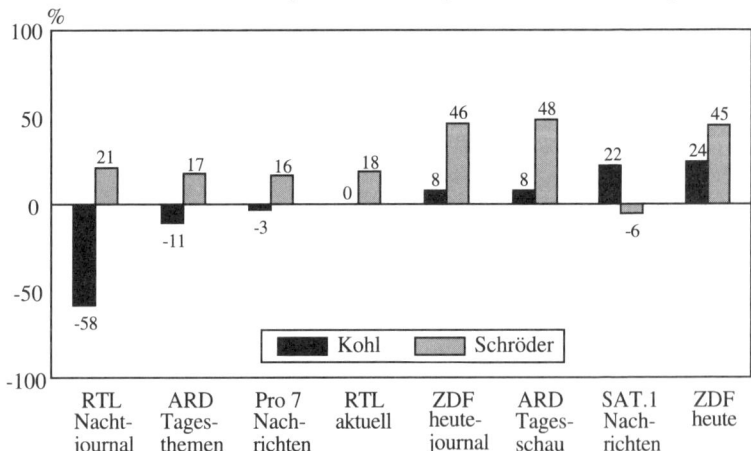

Ursachen der Mediendarstellung

Eigenschaften von Meldungen und von Journalisten

Wie wir eingangs beschrieben haben, hat Everett Ladd die Wirtschaftsberichterstattung im US-amerikanischen Wahlkampf von 1992 im wesentlichen auf Nachrichtenwerte und Journalistenmeinungen zurückgeführt. Als Nachrichtenwerte bezeichnet man die tradierten Überzeugungen von dem, was wichtig ist.[44] Ein Merkmal mit hohem Nachrichtenwert ist erfahrungsgemäß der »Negativismus«. Die meisten Studien über die Wirtschaft in den Medien boten eine eher verzerrte Darstellung der Wirtschaftswirklichkeit, vor allem eine Überbetonung schlechter Wirtschaftsnachrichten. Die amerikanischen Fernsehnachrichten berichteten zwischen 1973 und 1984 über negative Entwicklungen von Preisindex und Bruttosozialprodukt mehr als über positive.[45] Die New York Times thematisierte Rezessionen zwischen 1989 und 1993 um so stärker, je populärer der Präsident war.[46] Bei der Deutschen Presse Agentur (dpa) überwogen positive Meldungen über die Konjunktur nur in vier von 19 Quartalen, obwohl es in 16 der 19 Quartale positive Wachstumsraten des Bruttosozialprodukts gab.[47]

Schlechte Meldungen hatten auch vor der Wahl 1998 eine höhere Chance, publiziert zu werden als positive. Das häufig zu hörende Argument, daß Journalisten damit nur auf die Interessen des Publikums reagieren würden, entbehrt einer soliden Grundlage. Das (meist unbewußte)[48] Motiv, die eigene Lebensumwelt zu kontrollieren, führt bei wichtigen Themen auch zum Bedürfnis nach bestätigenden und positiven Meldungen. Daß Negativismus und Schaden nur sehr bedingt ein Auswahlkriterium für Zeitungsleser ist, hat gerade auch eine empirische Studie nachgewiesen.[49] Es wäre absurd anzunehmen, Zeitungsleser freuten sich morgens besonders auf Schlagzeilen, nach denen ihr Arbeitsplatz wegen der schlechten wirtschaftlichen Lage gefährdet sei.

Zu den Merkmalen, die den Nachrichtenwert erhöhen, gehören auch Faktizität und Vereinfachung. Beides mag erklären, warum in

---

[44] Vgl. Schulz, 1976; Staab, 1990.
[45] Vgl. Harrington, 1989.
[46] Vgl. Blood & Phillips, 1995. Die Autoren erklären dies mit einer grundsätzlich feindlichen (»adversarial«) Haltung der Journalisten gegenüber der Regierung.
[47] Vgl. Hagen, 1999: S. 9 f.
[48] Man bezeichnet dies als »automatische Vigilanz«, vgl. Pratto & John, 1991.
[49] Vgl. Eilders & Wirth, 1999: S. 52 f.

den Medien die Ursachen der Arbeitslosigkeit, der komplexe Zusammenhang zwischen volks- und betriebswirtschaftlichen Daten auf der einen und der Schaffung von Arbeitsplätzen auf der anderen Seite, praktisch keine Rolle spielten.

Außer von den äußerlichen Merkmalen der Meldungen werden Nachrichtenentscheidungen davon beeinflußt, wie sehr sie die Einstellungen des Journalisten und seine Wirkungsabsichten gegenüber dem Publikum stützen können. Journalisten tendieren dazu, Meldungen für diese Wirkungsabsichten zu »instrumentalisieren«.[50] Deutsche Journalisten sind, ähnlich wie ihre Kollegen in anderen Ländern, überwiegend links eingestellt. Bei einer Repräsentativbefragung der Universität Münster 1993 unter knapp 1.500 deutschen Journalisten gaben mehr als doppelt so viele Redakteure an, der SPD oder den Grünen nahezustehen als der CDU/CSU oder der FDP.[51] Für den (oft unbewußten) Einfluß der eigenen Meinung auf die Entscheidung, was man als Journalist wie berichtet, gibt es inzwischen zahlreiche wissenschaftliche Nachweise.[52] Im internationalen Vergleich hat sich auch gezeigt, daß diese Tendenz bei deutschen Journalisten wesentlich ausgeprägter ist als beispielsweise bei ihren britischen oder amerikanischen Kollegen.[53]

Meldungen, die der SPD und Schröder nutzten oder Kohl und der alten Koalition schadeten, hatten also eine bessere Chance, von Journalisten beachtet zu werden. Die Themen Wirtschaft und Arbeitsmarkt eigneten sich aufgrund ihrer politischen Bedeutung im Wahlkampf ganz besonders für eine solche Instrumentalisierung. Dieser parteispezifische Einfluß der Subjektivität wird durch einen weiteren Zusammenhang verstärkt. Journalisten, die sich politisch links einordnen, neigen deutlich mehr als konservative dazu, Nachrichtenentscheidungen so zu treffen, daß sie ihrer eigenen Problemsicht nützen. Dieses Phänomen finden wir in verschiedenen Ländern, aber besonders ausgeprägt in Deutschland (Schaubild 10).

Einfluß der Parteien-PR

Ein weiterer Einflußfaktor auf Nachrichtenentscheidungen von Journalisten stellt die Öffentlichkeitsarbeit der Parteien dar. Es gibt verschiedene Auffassungen und Befunde darüber, wie sehr sich

---

[50] Vgl. Kepplinger, 1989a.
[51] Vgl. Weischenberg, Löffelholz & Scholz, 1994.
[52] Vgl. Kepplinger, 1989a.
[53] Vgl. Donsbach, 1993a.

Schaubild 10: Instrumentalisierung von Nachrichten und politische Einstellungen von Journalisten
Basis: Befragung von 338 deutschen Nachrichtenjournalisten

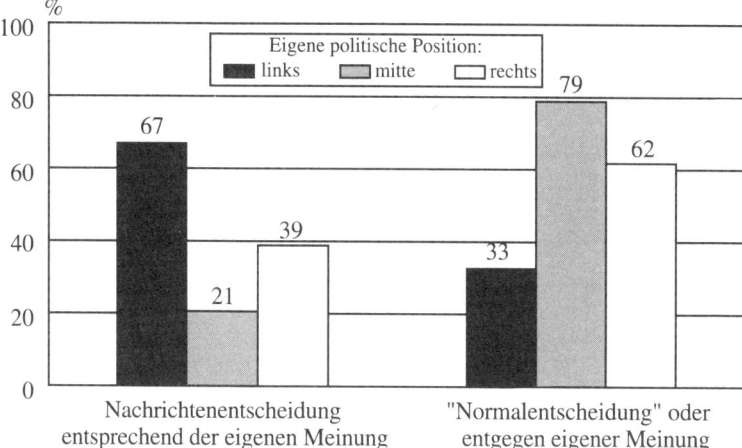

Auf der Grundlage von zehn realistischen Nachrichtensendungen wurde ein Index konstruiert. Jede Entscheidung konnte nach ihrer Instrumentalität für links oder rechts eingestellte Journalisten klassifiziert werden. Die Werte geben den Anteil derjenigen an, deren Indexwert im jeweiligen Bereich liegt. Ergebnisse des Projekts »Media and Democracy« von T. E. Patterson und W. Donsbach.

Journalisten von Public Relations leiten lassen. Untersuchungen, die einen starken Einfluß von Pressemitteilungen auf Medieninhalte nachweisen, stehen solche gegenüber, die einen Einfluß nur unter spezifischen Voraussetzungen finden. Wenn Pressemiteilungen in Zusammenhang mit etablierten Themen stehen, wenn sie Schaden und Mißerfolg thematisieren, und wenn sie aus einer bei Journalisten glaubwürdigen Quelle stammen, dann haben sie gute Chancen, berücksichtigt zu werden.[54] Zu den wenigen Studien, die sich bisher mit Pressemitteilungen im Wahlkampf beschäftigten, gehört die Studie von Knoche und Lindgens über Pressemitteilungen der Grünen im Wahlkampf 1987. Diese fanden nur sehr wenig Resonanz im Mediensystem.[55] Im Bundestagswahlkampf 1998 war dies anders, zumindest soweit es die SPD betraf.

Um den Einfluß der Parteien-PR auf die Berichterstattung zu prüfen, haben wir alle Pressemitteilungen der Wahlkampfzentralen von SPD, CDU/CSU, FDP, Grünen und PDS zwischen März und September mit weitgehend dem gleichen Analyseschema unter-

---

[54] Vgl. Gazlig, 1999: S. 194; als Übersicht Donsbach, 1997b.
[55] Knoche & Lindgens, 1988.

sucht wie die Medien. Insgesamt waren dies über 1000 Pressemitteilungen.[56] Von diesen haben wir nur solche Pressemitteilungen berücksichtigt, die einen politischen Inhalt hatten und nicht nur reine Ankündigungen bzw. Einladungen – zum Beispiel zu Pressekonferenzen – enthielten.[57] Auch konzentrieren wir uns hier zur Vereinfachung auf die beiden großen Parteien CDU/CSU und SPD. Die nachfolgende Analyse basiert so auf 150 Pressemitteilungen der CDU/CSU und 253 der SPD. Dies zeigt bereits, daß die beiden Parteien ganz unterschiedlich aktiv waren. Die Union lag mit der Frequenz ihrer Pressemitteilungen eher im Bereich der kleinen Parteien.[58] Der Informationsfluß von der SPD zu den Medien war damit deutlich am stärksten.

Betrachtet man nur die Pressemitteilungen, in denen überhaupt Sachthemen angesprochen wurden, dann waren der Standort Deutschland (zur Zusammensetzung dieser Kategorie siehe oben) und der Arbeitsmarkt Hauptthemen bei beiden großen Parteien. Die CDU/CSU gab sogar mehr Pressemitteilungen heraus, in denen der Arbeitsmarkt vorkam als die SPD. Man kann also nicht sagen, daß sie dieses Thema mied, vielleicht um von einem für sie nachteiligen Politikbereich abzulenken.

Umgekehrt vermied es aber die SPD, sich mit der wirtschaftlichen Lage zu beschäftigen. Sie kam gerade einmal in 9 Prozent der Pressemitteilungen aus dem Ollenhauer-Haus vor. Bei der Union waren es mit 31 Prozent mehr als dreimal so viele Mitteilungen zu diesem Thema (Tabelle 2). Damit läßt sich festhalten, daß die Medien eher den Thematisierungsversuchen der SPD-Pressearbeit folgten als denen der Union. Die Anstrengungen von CDU/CSU, die günstige wirtschaftliche Lage stärker zu thematisieren und für ihre eigene Kampagne auszunutzen, liefen weitgehend ins Leere. Am Ende beschäftigten sich nur 7 Prozent der Medienbeiträge damit. Das ist ziemlich exakt der Anteil, den das Thema auch in den SPD-Pressemitteilungen hatte (vgl. Schaubild 5).

Tabelle 2 zeigt auch, daß die Parteien die Themen ganz unterschiedlich darstellten. Die Union zeichnete von allen drei Wirt-

---

[56] Bei der CDU lagen uns neun, bei der SPD sechs Pressemitteilungen nicht vor. Die kodierten Pressemitteilungen beider Parteien haben wir in Kopie von der Parteizentrale der SPD bzw. von der Konrad-Adenauer-Stiftung erhalten. Wir danken den Mitarbeitern dort für ihre Unterstützung. Die Pressemitteilungen der FDP und der Bündnisgrünen haben wir aus den Internetseiten der beiden Parteien kopiert.

[57] Ein politischer Inhalt war definiert als Äußerung zur Parteipolitik, zur Wahl und zum Wahlkampf, zu den Kandidaten oder zu politischen Sachthemen.

[58] Die FDP gab 121, die Bündnisgrünen 95 Mitteilungen heraus.

Tabelle 2: Themen und Thementendenzen in den Pressemitteilungen von Union und SPD
Basis: Erwähnungen in Pressemitteilungen mit Sachthemen-Bezug zwischen dem 02.03.1998 und dem 26.09.1998*

Themen (Auszüge)	CDU/CSU			SPD		
	Anteil** %	% positiv	% negativ	Anteil** %	% positiv	% negativ
Arbeitsmarkt: Lage	46	85	15	37*	2	93
Arbeitsmarkt: Prognose		78	19		91	4
Wirtschaftliche Lage	31	88	7	9*	6	75
Wirtschaftliche Entwicklung		77	18		75	25
Standort Deutschland: Lage	47	65	30	40*	10	81
Standort Deutschland: Prognose		50	49		70	21

* Basis sind hier die Erwähnungen. Die Tendenzen (% positiv und % negativ) müssen aus datentechnischen Gründen auf die Anzahl der Themenerwähnungen und nicht der Pressemitteilungen prozentuiert werden. Eine Summenspalte erübrigt sich hier, weil in jeder Mitteilung mehrere Themen vorkommen konnten.
** Die Spalte »Anteile« gibt den Prozentsatz wieder, mit dem der gesamte Themenbereich (Lage *und* Prognose) in allen Pressemitteilungen vorkam, die überhaupt Sachthemen enthielten. Die Themen addieren auf über 100 Prozent, weil in jeder Pressemitteilung mehrere Themen angesprochen werden konnten.

schaftsthemen überwiegend ein positives Bild für Gegenwart und Zukunft. Lediglich bei der weiteren Entwicklung des Standorts Deutschland waren ihre Mitteilungen ambivalent. Die SPD stellte demgegenüber die Gegenwart als düster und die Zukunft als rosig dar. Sie verband also eine positive Entwicklung mit den Maßnahmen, die sie in der Regierung treffen würde. So waren beispielsweise 93 Prozent der Lagebeschreibungen zum Arbeitsmarkt negativ und 91 Prozent der Behauptungen über die Zukunft positiv. Dies ist eine im Wahlkampf normale Rhetorik. Nicht normal ist jedoch, daß sich diese schlichte Rhetorik so eindeutig in den Medien niederschlagen konnte. Die herausragend positive Bewertung, die Schröder im Kontext der Wirtschaftsthemen erfuhr, ist die direkte Folge dieser PR.

Die Pressemitteilungen der SPD kann man noch in einem weiteren Punkt als Urheber der Struktur in der Wirtschaftsberichterstattung vor der Wahl sehen. In nur sieben Prozent der Pressemitteilungen kam das Thema Arbeitsmarkt im Kontext von wirtschaftlicher Lage und in nur 30 Prozent im Kontext des Standorts Deutschland vor. Ganz anders war dies bei der CDU/CSU: Sie verband in 44 Prozent der Pressemitteilungen das Thema Arbeitsmarkt mit der wirtschaftlichen Lage und gar in 59 Prozent mit dem Standort Deutschland (Schaubild 11). Mit anderen Worten: Während die CDU die Ursachen der Arbeitslosigkeit thematisierte, stellte die SPD das Problem mehr oder weniger losgelöst von den Faktoren dar, die es beeinflussen. Auch hier war die Struktur der Medienberichterstattung ein Abbild der Struktur in den Pressemitteilungen der SPD (vgl. Schaubild 7). Die Folge war vermutlich, daß die Arbeitslosigkeit den Wählern als ein Problem erschien, das man unabhängig von seinen volks- und betriebswirtschaftlichen Ursachen beheben könne.

Schaubild 11: Arbeitsmarkt im Kontext von wirtschaftlicher Lage und Standort Deutschland

Basis: 67 Pressemitteilungen der CDU/CSU und 114 der SPD aus der Zeit vom 02.03.1998 bis zum 26.09.1998, in denen eines der drei Themen vorkam

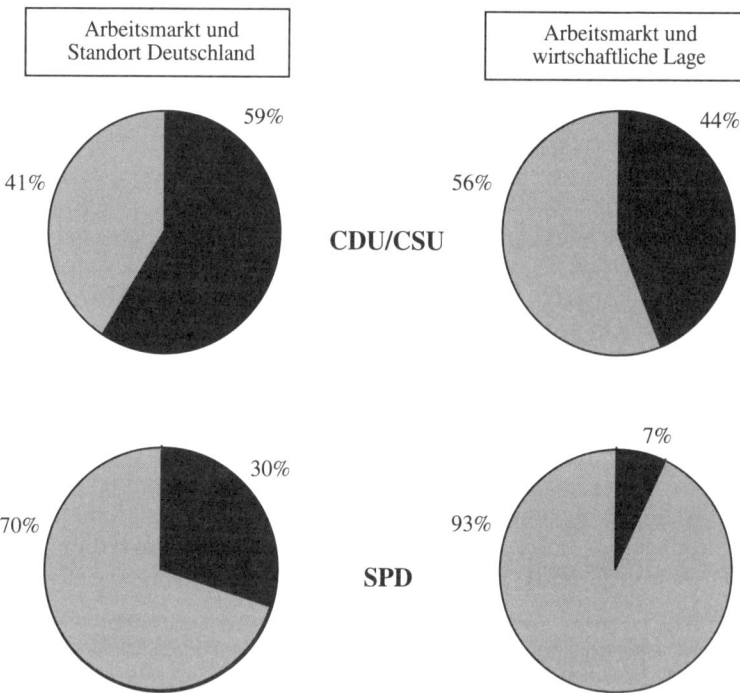

Lesebeispiel: In 59 Prozent der Pressemitteilungen der CDU, in denen das Thema Arbeitsmarkt behandelt wurde, kam *auch* das Thema Standort Deutschland vor.

Zusammenfassung und Folgerungen

Die wichtigsten Ergebnisse in Thesen

Die wichtigsten Befunde dieses Kapitels lassen sich in folgenden acht Punkten zusammenfassen:

1. Die wirtschaftliche Lage und insbesondere die Lage am Arbeitsmarkt, wie sie sich im Wahljahr 1998 darstellten, waren das Ergebnis eines Prozesses, zu dem auf nationaler Ebene unter anderem tiefgreifende strukturelle Maßnahmen vor allem in den frühen siebziger Jahren und die Wiedervereinigung sowie auf internationaler Ebene die Globalisierung beigetragen haben. Eine Folge dieser Entwicklung ist die anhaltend große Arbeitslosigkeit.

2. Trotz des eher schlechten Gesamtbildes zeigten sich im Wahljahr 1998 für alle Indikatoren des »magischen Vierecks« im Stabilitätsgesetz positive Entwicklungen ab: Es gab den stärksten Rückgang der Arbeitslosigkeit in den neunziger Jahren, ein stetiges Wirtschaftswachstum, eine ausgeglichene Zahlungsbilanz und stabile Preise, rückläufige Insolvenzen und eine ansteigende Produktivität. Die Fachinstitute machten daher im Jahr 1998 durchweg optimistische Äußerungen über Zustand und Entwicklung von Wirtschaft und Arbeitsmarkt in Deutschland.

3. Wirtschaftliche Themen dominierten die politische Berichterstattung im Wahljahr. Diese Berichterstattung spiegelte jedoch nur bedingt den realen Zustand der Wirtschaft wider. Die düsteren Beschreibungen des Arbeitsmarkts erschlugen die leicht optimistischen Prognosen über dessen weitere Entwicklung und die positiven Darstellungen von Zustand und Entwicklung der wirtschaftlichen Lage. Damit entkoppelten die Medien auch den kausalen Zusammenhang zwischen beiden. Hätten sie ihre positiven Kennzeichnungen der Wirtschaftslage auf den Arbeitsmarkt übertragen, hätte auch dessen Darstellung anders aussehen müssen.

4. Die Entkoppelung von volkswirtschaftlichen Zusammenhängen in der Medienberichterstattung ist vielleicht der wichtigste grundsätzliche Befund unserer Analyse. In fast keinem Beitrag über den Arbeitsmarkt ging es in substantieller Weise um Ursachen der Arbeitslosigkeit. Selbst die allgemeine wirtschaftliche Lage oder konkrete wirtschaftliche Standortfaktoren kamen selten in Beiträgen vor, die den Zustand des Arbeitsmarkts behandelten. Arbeitsmarkt

und Arbeitslosigkeit mußten dem Leser und Zuschauer daher wie ein von anderen Wirtschaftsfaktoren losgelöstes Phänomen erscheinen. Das Publikum erfuhr alles über die Höhe der Arbeitslosigkeit und kaum etwas über deren Ursachen.

5. Die Wirtschaft und der Arbeitsmarkt waren eindeutig »Schröder-Themen«. Die nationalen Medien präsentierten den SPD-Kandidat im Kontext von Wirtschaftsthemen viel besser als Kohl, aber auch besser als die SPD. Auch Kohl hatte ein besseres Medienbild als seine Partei. Die CDU und Kohl kamen am schlechtesten weg, wenn es um Strukturveränderungen am »Standort Deutschland« ging. Sie wurden damit für Maßnahmen gestraft, die zur weiteren Verringerung der Arbeitslosigkeit hätten beitragen können.

6. Wie in vorangegangen Wahlkämpfen zeigten die meisten überregionalen Medien auch 1998 ein klares parteipolitisches Profil. Vor allem die Woche, der Spiegel, der Stern und RTL bauten Schröder als Wirtschaftsfachmann auf. Welt am Sonntag und die FAZ kontrastierten die Kandidaten mit umgekehrtem Vorzeichen. Kohl widerfuhr aber ähnliches wie Scharping 1994: Wichtige publizistische Meinungsführer aus dem eigenen Lager, allen voran der Rheinische Merkur, Focus und Bild zeichneten von Kohl entweder ein so schlechtes Bild wie von Schröder oder von Schröder ein so gutes wie von Kohl. Sie bauten damit indirekt oder direkt die Kompetenz des SPD-Kandidaten für Wirtschaft und Arbeit auf.

7. Medieninhalte haben viele Ursachen. Der Nachrichtenfaktor Negativismus erklärt einen Teil der schiefen Darstellung der tatsächlichen Wirtschaftslage. Der Nachrichtenfaktor Vereinfachung erklärt möglicherweise, warum die Medien Entwicklungen des Arbeitsmarkts losgelöst von deren Ursachen behandelten. Eine besondere Rolle dürfte jedoch die Tatsache spielen, daß die deutschen Journalisten der SPD und den Grünen sehr viel näher stehen als der Union oder der FDP. Schlechte Nachrichten über Wirtschaft und Arbeitsmarkt ließen sich gut für die eigenen Wirkungsabsichten gegenüber dem Publikum instrumentalisieren. Zudem ist die Tendenz zur subjektiven Nachrichtenauswahl bei linken Journalisten deutlich ausgeprägter als bei konservativen.

8. Schließlich ist ein weiterer Erklärungsfaktor die erfolgreichere Pressearbeit der SPD. Hinsichtlich Thematisierung, Rhetorik und Struktur weist die Medienberichterstattung teilweise frappierende Ähnlichkeiten mit den SPD-Pressemitteilungen auf. Die »Kampa«

war also in dieser Hinsicht überaus erfolgreich. Da die Medienresonanz von Pressemitteilungen nicht nur von deren formaler Qualität und inhaltlicher Relevanz abhängt, sondern auch von der ideologischen Nähe zwischen Urheber und Journalisten, kann man dieses Ergebnis jedoch nur bedingt der Pressearbeit der Union anlasten.

Populismus oder Aufklärung?

Das Bruttoinlandsprodukt hat im ersten Quartal 1999 im Vergleich zum Vorjahr real nur noch um 0,7 Prozent zugelegt, das Wachstum sich also deutlich verringert. Es gibt weiterhin rund vier Millionen Arbeitslose. Die Anzahl der Insolvenzen stieg am Ende des Jahres 1998. Wirtschaftliche Lage und Arbeitsmarkt haben sich seit dem Oktober 1998 also nicht verbessert. Die neue Bundesregierung muß die Rücknahme angeblich unsozialer Maßnahmen der alten Regierung zum Teil wieder selbst zurücknehmen oder durch andere ersetzen. Nimmt man die Stimmung der wirtschaftlichen Akteure auf Arbeitgeber- und Arbeitnehmerseite in das Bild auf, dann ist die Lage eher düsterer geworden.

Dies alles verdeutlicht, daß der Bundestagswahlkampf 1998 in einem virtuellen Bereich geführt und gewonnen wurde. Die SPD gewann die Wahl, weil sie hinreichend viele Wähler davon überzeugen konnte, sie habe die geeigneten Konzepte, um gleichzeitig Arbeitsplätze und gerecht verteilten »Wohlstand für alle« zu schaffen. Die Rhetorik bestand darin, Maßnahmen zu propagieren, die ohne Folgen für Einkommen, Anforderungen und Sozialleistungen sind. Für diese Botschaft eignete sich zum Beispiel der Slogan »Bündnis für Arbeit – Innovation und Gerechtigkeit schmieden« aus dem SPD Programm. Damit machte die Partei in wirtschaftlichen Fragen unbedarfte Bürger glauben, man könne an »Runden Tischen« Arbeitsplätze schaffen und die Gesellschaft dabei gleichzeitig auch noch innovativer und gerechter machen. Alles zu haben, »die Wärme behaglicher sozialer Sicherheit und die Partizipation an Wachstum, Wohlstand und den Erfolgen unternehmerischer Kreativität«[59] ist die Botschaft des »Dritten Weges«. Sie ist so eingängig, daß im Westen 30 und im Osten 43 Prozent der Bürger einen solchen Weg zwischen Kapitalismus und Sozialismus befürworten.[60]

Die Eingängigkeit des Arguments wird aus zwei Quellen ge-

[59] Hank, 1998.
[60] Vgl. Köcher, 1998a.

speist. Erstens bedient die Botschaft das Sicherheitsbedürfnis der Menschen. Gerade in einer Zeit intensiven internationalen Leistungswettbewerbs, der sich vor allem auf dem Arbeitsmarkt und damit in einer für den einzelnen real erlebbaren Sphäre abspielt, spüren die Bürger ein erhöhtes Bedürfnis nach sozialer Absicherung.[61] Für diese Sicherheit und Geborgenheit sind sie sogar bereit, Elemente der Freiheit zu opfern. Dies erklärt, warum über die Jahre der Wert Gleichheit wichtiger und der Wert Freiheit weniger wichtig wurde, und warum für die Ostdeutschen die DDR in der Retrospektive ein immer positiveres Antlitz bekommt. In keinem anderen System spielen Sicherheits- und Fürsorgeversprechen eine so große Rolle wie im Sozialismus.

Zweitens entspricht das Argument dem geringen Wissensstand der meisten Bürger auf wirtschaftlichem Gebiet.[62] Für die Mehrheit der Bürger sind Arbeitsmarkt und Lohnhöhe nicht nur die zentralen, sondern auch die einzigen Gradmesser für eine erfolgreiche Wirtschaftspolitik.[63] Die Ursachen von Entwicklungen in diesen Bereichen interessieren dagegen kaum jemanden. Für Mertens sind »Interdependenzen und Vernetzungen, Saldenrechnungen (...) dem durchschnittlichen, auch gebildeten Bürger, Journalisten, Parlamentarier und Ministerialbeamten, wenn er nicht unmittelbar vom Fach ist, nicht durchschaubar und wenig geheuer.«[64] Rund die Hälfte der Deutschen glaubt, die Lohnkosten hätten nichts mit der Schaffung von Arbeitsplätzen zu tun und ein rechtlicher Kündigungsschutz sei geeignet, die Arbeitslosigkeit zu bekämpfen.[65] Dazu paßt die Ansicht, die wirtschaftliche Entwicklung hänge in erster Linie von den Politikern und dem Staat ab.[66]

Das »Blair-Schröder-Papier« vom Juni 1999 will mit diesen Vorstellungen aufräumen, in dem es notwendige Voraussetzungen für die Schaffung von Arbeitsplätzen und materiellem Wohlstand aufzeigt. Es ist somit das genaue Gegenteil dessen, was die SPD – und

---

[61] Vgl. Giersch 1999.
[62] Vgl. Schöhl, 1987: S. 23. Nur 4 Prozent der Deutschen kennen die Höhe des Anteils der Sozialleistungen am Bruttoarbeitslohn. Ungefähr ebenso viele haben eine richtige Vorstellung vom Gewinnanteil der Unternehmen am Umsatz.
[63] Vgl. Schmidtchen, 1965: S. 87.
[64] Mertens, 1991: S. 91 f.
[65] Vgl. Allensbacher Archiv, IfD-Umfrage Nr. 6033 vom August 1996 und Nr. 6025 vom Februar 1996. Führungskräfte aus Politik, Wirtschaft und Verwaltung glauben dagegen zu 70 Prozent, daß eine Lockerung des Kündigungsschutzes Arbeitsplätze schaffen würde. Vgl. IfD-Umfrage 3291 vom Juni 1997.
[66] Auf die Frage, von wem es abhänge, ob es in Deutschland wirtschaftlich vorwärts geht, antworten 46 Prozent »von den Politikern« und 29 Prozent »von den Managern«. Vgl. Allensbacher Archiv, IfD-Umfrage 6036 vom Oktober 1996.

Schröder – im Wahlkampf den Wählern versprachen und was die Medien so bereitwillig transportierten. Die Antwort auf die Frage, zu welchem Zeitpunkt die Einsicht beim Wahlsieger reifte, ist nur aus ethischen Gründen relevant. Für das wirtschaftliche Wohlergehen des Landes ist es wichtiger, was davon mit Zustimmung der Regierungsparteien und vor allem der Bevölkerung umgesetzt werden kann. Vermutlich zu recht schrieb Eckard Fuhr, was Schröder vor allem zu fürchten habe, sei »der Sozialdemokratismus des Volkes«.[67]

Mit der Botschaft, Arbeitslosigkeit könne mit einem »Bündnis für Arbeit« und damit durch Maßnahmen bekämpft werden, die »nicht weh tun«, wurde diese Haltung im Wahlkampf perfekt bedient. Die Einsicht, daß mehr Arbeitsplätze nur dort entstehen, wo sie den Betrieben mindestens so viel einbringen wie sie kosten, wurde dem Bürger vorenthalten. Die SPD-Kampagne hat so das Problem Arbeitslosigkeit von seinen realen Ursachen entkoppelt und die Medien haben diese Rhetorik weitgehend mitgetragen. Die CDU/CSU geriet dagegen im Wahlkampf »zwischen die Mühlsteine« (Köcher), weil ihre Maßnahmen zur Verbesserung des Standorts Deutschland der Wirtschaft nicht weit genug gingen und der Bevölkerung die gleichen Maßnahmen bereits als Ausdruck sozialer Kälte präsentiert wurden.[68] Die schlechte Bewertung, die die alte Regierungskoalition in den Medien gerade bei diesem Thema erhielt, zeigt, daß viele Journalisten auch hier den Botschaften der SPD folgten.

[67] Vgl. Fuhr, 1999.
[68] Vgl. Köcher, 1998a.

Hans Mathias Kepplinger
in Zusammenarbeit mit
Marcus Maurer und Thomas Roessing

Deutschland vor der Wahl
Eine Frame-Analyse
der Fernsehnachrichten

Der amerikanische Soziologe William I. Thomas formulierte zu Beginn des Jahrhunderts ein Axiom der empirischen Sozialwissenschaften, das als »Thomas-Theorem« in die Literatur einging: »Wenn Menschen Situationen als real begreifen, dann sind sie in ihren Konsequenzen real.« Der erste Teil verweist darauf, daß sich Menschen nicht an der Realität selbst, sondern an ihren Vorstellungen von der Realität orientieren. Der zweite Teil konstatiert, daß die Folgen dieser Vorstellungen auch dann real sind, wenn die Vorstellungen selbst falsch sind.[1] Dies gilt auch für Wahlentscheidungen. Trotzdem wurde das Thomas-Theorem in der Wahlforschung bisher nicht beachtet, obwohl nirgendwo sonst vorstellungsbasierte Verhaltensweisen so weitreichende Konsequenzen haben. Dies zeigt sich am deutlichsten in jenen Fällen, in denen sich die Vorstellungen nachträglich als falsch oder fragwürdig erweisen, ihre Konsequenzen jedoch dauerhaft fortwirken. Das spektakulärste Beispiel hierfür ist zweifellos die »Barschel-Wahl« vom 13. September 1987, die zumindest zum Teil auf falschen Vorstellungen von der Rolle Barschels und Engholms beruhte, die Landespolitik Schleswig-Holsteins aber dennoch auf Jahre hinaus prägte.[2]

---

[1] Zu den theoretischen Implikationen und praktischen Konsequenzen vgl. Merton, 1949.

[2] Nachdem der Spiegel mit der vermeintlich gut belegten Behauptung, Ministerpräsident Barschel habe seinen Gegenkandidaten Engholm bespitzeln und verleumden lassen, eine Welle von gleichlautenden Medienberichten ausgelöst hatte, war innerhalb weniger Tage ein Großteil der Bevölkerung davon überzeugt, daß Barschel sein Amt in skandalöser Weise mißbraucht hatte. Als Folge dieser Überzeugung verlor die CDU ihre absolute Mehrheit im schleswig-holsteinischen Landtag. Barschel trat nach einem mißglückten Rechtfertigungsversuch, der seine Schuld zu bestätigen schien, am 25. September zurück und wurde kurze Zeit darauf tot aufgefunden. Der Landtag löste sich angesichts der Pattsituation

Die wahlrelevanten Vorstellungen der Bevölkerung können theoretisch auf eigenen Anschauungen, auf Medienberichten oder auch auf Mitteilungen von Bekannten beruhen, die ihre Vorstellungen entweder auf eigene Erlebnisse oder auf Medienberichte stützen.[3] Zahlreichen wahlrelevanten Vorstellungen liegen zweifellos eigene Erfahrungen zugrunde. Dazu gehören vor allem die Vorstellungen von den Einkommen (Löhne, Gehälter, Renten usw.) und Ausgaben (Steuern, Abgaben, Preise usw.). Allerdings beruhen bereits die Vorstellungen von der zukünftigen Entwicklung z. B. der Renten und Steuern in hohem Maße auf Mediendarstellungen. Daneben finden sich wahlrelevante Vorstellungen, die generell medienvermittelt sind, weil zu ihren Gegenständen kein direkter Kontakt besteht oder weil sie direkt überhaupt nicht erfahrbar sind. Dazu gehören u. a. die Vorstellungen vom Charakter der Parteien und ihrer Kandidaten und von der wirtschaftlichen Lage eines Landes.

Als Quellen wahlkampfrelevanter Vorstellungen kommen vor allem die Fernsehnachrichten in Betracht, weil sie das größte Publikum haben und auch die politisch weniger interessierten Wähler erreichen. Zu denken ist dabei vor allem an die *Tagesschau* und *Tagesthemen* der ARD, an *heute* und *heute-journal* des ZDF, und *RTL aktuell* und *RTL Nachtjournal* sowie an die *Pro7 Nachrichten* und *SAT1 18:30*. Diese acht Nachrichtensendungen strahlten vom 2. März 1998 bis zum Tag vor der Bundestagswahl am 27. September insgesamt 6.829 wahlrelevante Beiträge aus.[4] Als wahlrelevant gelten alle Beiträge über die beiden Kanzlerkandidaten und die

zwischen Regierung und Opposition am 9. März auf. Aufgrund der inzwischen scheinbar erwiesenen Vergehen Barschels errang die SPD am 8. Mai 1988 die absolute Mehrheit im Kieler Landtag. Engholm wurde Ministerpräsident des Landes. Daß zumindest ein Teil der Vorwürfe gegen Barschel falsch war, daß das vermeintlich ahnungslose Opfer der Aktionen darüber informiert war, daß m. a. W. ein Großteil der Prämissen falsch war, änderte nichts an den Folgen der daraus abgeleiteten Entscheidungen. Auch als Engholm am 3. Mai 1993 selbst zurücktreten mußte, weil seine zweifelhafte Rolle offensichtlich geworden war, blieb die SPD an der Macht, die sie ohne die falschen Vorstellungen der schleswig-holsteinischen Wähler kaum errungen hätte. Vgl. zur Kieler Affäre z. B. Matthies, 1993. Weniger dramatisch und folgenreich, jedoch nach dem gleichen Muster, verlief die erste Direktwahl des Münchner Oberbürgermeisters. Vgl. Kepplinger, Eps & Augustin, 1995.
[3]   Eine systematische Analyse der Informationswege und Wirkungsweisen findet sich in Kepplinger, 1998: S. 206–226.
[4]   Als Beitrag wird jede inhaltlich und formal abgeschlossene Präsentation eines Themas verstanden. Die An- und Abmoderationen z. B. einer Reportage stellen folglich eigene Beiträge dar, ebenso eine Nachricht und ein Kommentar zum gleichen Thema.

neun wichtigsten Parteien,[5] sowie über die wichtigsten Themenbereiche der aktuellen Berichterstattung.[6] Die ARD (n=2.036) und das ZDF (n=1.790) sendeten in ihren beiden Nachrichtensendungen erheblich mehr wahlrelevante Beiträge als RTL (n=1.376). SAT1 und Pro 7 brachten deutlich weniger (n=889 bzw. n=738), weil sie nur eine Hauptnachrichtensendung ausstrahlten. Dies sollte bei der Interpretation der Ergebnisse beachtet werden.

Die Verarbeitung von Fernsehnachrichten

Wie entwickeln die Fernsehzuschauer anhand der aktuellen Berichterstattung eine Vorstellung vom wahlrelevanten Geschehen, und wie hängt diese Vorstellung mit ihrer Wahlentscheidung zusammen? Dies ist eine der zentralen, jedoch weitgehend vernachlässigten Fragen der Wahlforschung. Theoretisch kann man die Verarbeitung der Fernsehberichte durch zwei entgegengesetzte Ansätze erklären, die man als Theorien der analytischen und der schemageleiteten Informationsverarbeitung bezeichnen kann. Nach der *Theorie der analytischen Informationsverarbeitung* nehmen die Fernsehzuschauer alle bildlichen und sprachlichen Informationen einzeln wahr, setzen sie zu ihrer Vorstellung vom berichteten Geschehen zusammen und leiten daraus die Folgerungen für ihre Wahlentscheidung ab. Diese Theorie betrachtet die Informationsverarbeitung der Fernsehzuschauer in Analogie zur wissenschaftlichen Rationalität.[7] Die Theorie der analytischen Informationsver-

---

[5] CDU, CSU, SPD, FDP, Bündnis'90/Die Grünen, PDS, DVU, NPD, Die Republikaner.

[6] Arbeitsmarkt, Steuern und Abgaben, Sozialsystem, Staatsverschuldung und Finanzkrise, Standort Deutschland, Innere Sicherheit, Menschenverursachte Risiken, Ausländer und Asylanten, Euro, Europäische Integration, Deutschlands Stellung in der Welt, Innere Einheit, Rechtsradikalismus, Linksradikalismus, Innovationskraft, Zustand von Staat und Politik, Sozialer Zustand des Gemeinwesens, Sonstiges.

[7] Bezogen auf einen Beitrag könnten die Fernsehzuschauer z. B. eine positive Aussage über Schröders Redestil, eine negative Aussage über den Inhalt seiner Rede, ein positives Bild von seiner persönlichen Erscheinung und ein positives Bild von aufmerksamen Zuhörern zu einem positiven Gesamteindruck zusammensetzen, dem der Wert +3 (4 positive – 1 negative Information) entspricht. Bezogen auf mehrere Beiträge könnten sie z. B. innerhalb einer Woche drei positive und sieben negative Aussagen über den Inhalt seiner Rede zu einem negativen Gesamtbild von seinem politischen Programm zusammenfügen, dem der Wert – 4 entspricht (3 positive – 7 negative Aussagen). Beide Kalkulationen beruhen auf der Annahme, daß positive Informationen das gleiche Wirkungspotential besitzen wie negative. Diese Annahme ist höchstwahrscheinlich falsch, weil

arbeitung liegt u. a. der Theorie des rationalen Wählers zugrunde.[8] Aus ihr kann man ableiten, daß die Wähler die aktuelle Berichterstattung nutzen, um Informationsmängel zu beseitigen.[9] Die Theorie der analytischen Informationsverarbeitung erfordert eine differenzierte Analyse der Medienangebote. Die Möglichkeiten der Differenzierung gehen weit über die tatsächlichen Anforderungen hinaus und liefern dadurch einen nahezu beliebigen Analysespielraum.[10] So kann man nicht nur feststellen, ob ein Politiker in einem Beitrag einmal oder mehrfach bewertet wurde. Man kann auch ermitteln, ob die Bewertung einer Eigenschaft meist mit der Bewertung einer anderen einhergeht, ob beide Eigenschaften gleich oder unterschiedlich bewertet werden, in welchem thematischen Kontext solche Bewertungen erfolgen und ob diese Bewertungsmuster im Laufe der Zeit gleich bleiben.[11]

Die Theorie der rationalen Verarbeitung von Fernsehnachrichten entspricht dem Selbstbild der meisten Menschen, wird jedoch seit einigen Jahren aus mehreren Gründen bezweifelt. Ein Grund ist die unvollständige Wahrnehmung der vorhandenen Informationen.[12] Empirische Analysen belegen, daß ein Großteil der Fernsehzuschauer und Zeitungsleser nur einen Teil der Informationen aufnimmt, die die aktuellen Berichte enthalten. Ein weiterer Grund ist das begrenzte Verständnis der aufgenommenen Informationen. Die Fernsehzuschauer und Zeitungsleser erkennen oft den politischen Sinn beispielsweise von Stellungnahmen zur aktuellen Lage nicht und interpretieren gelegentlich einen Sinn in sie hinein, den sie nicht haben. Dabei greifen sie häufig auf frühere Medieninformationen zurück, wodurch die vorangegangene Berichterstattung zum Interpretationsrahmen für die aktuellen Berichte wird. Ein letzter Grund ist schließlich das lückenhafte Gedächtnis. Ein Großteil der Fernsehzuschauer erinnert wenige Minuten nach einer Nachrichtensendung nur noch einen Bruchteil der gesehenen und gehörten Informationen, so daß die Informationen für die Vorstellungsbildung nicht mehr zur Verfügung stehen. Aus diesen und ähnlichen Befun-

negative Aussagen eher wahrgenommen und besser behalten werden. Vgl. dazu Donsbach, 1991. Weil die Größe des erwähnten Unterschiedes nicht hinreichend bekannt ist, würde jede Gewichtung z. B. der negativen Informationen eine unkalkulierbare Fehlerquelle darstellen. Deshalb verzichtet man in der Praxis auf eine Gewichtung.

[8] Vgl. Downs, 1957.
[9] Vgl. Atkin, 1973.
[10] Vgl. hierzu die zusammenfassende Darstellung von Schulz, 1997a.
[11] Vgl. hierzu Kepplinger & Reinemann, 1999.
[12] Vgl. hierzu und zum folgenden Kepplinger & Gregor Daschmann, 1997; Kepplinger, Tullius & Augustin, 1994.

den muß man folgern, daß die menschlichen Fähigkeiten weit hinter dem zurückbleiben, was zu einer rationalen Informationsverarbeitung erforderlich wäre. Untermauert wird die Kritik an der Theorie der analytischen Informationsverarbeitung und der darauf aufbauenden Rational-Choice-Theorie durch differenzierte Analysen der Urteilsbildung von Wählern. Diese Untersuchungen belegen, daß die Wähler für ihre Entscheidungen nur einen Bruchteil der verfügbaren Informationen heranziehen. Zudem nutzen sie die Informationen nicht systematisch. Statt die Einzelinformationen entsprechend ihrer individuellen Bedeutung heranzuziehen, gruppieren sie sie zu komplexeren Sinneinheiten, wobei ein Teil ihres Informationsgehaltes verlorengeht.[13] Ihre Wahlentscheidung beruht demnach nicht vorrangig auf logischen Folgerungen aus möglichst vollständigen Informationen, sondern auf intuitiven Strukturierungen zur Vereinfachung der Problemlage.

Nach der *Theorie der schemageleiteten Informationsverarbeitung* nehmen die Fernsehzuschauer generelle Strukturen mit bedeutungshaltigen Schlüsselelementen wahr – sogenannte *Schemata* oder *Frames*.[14] Frames steuern die Wahrnehmung, Interpretation und Erinnerung der Einzelinformationen. Je besser einzelne Informationen in das Schema passen, desto besser werden sie wahrgenommen, verstanden und erinnert. Nicht passende Einzelinformationen werden gelegentlich umgedeutet und dadurch passend gemacht, fehlende Informationen werden sinngemäß ergänzt. Diese Theorie betrachtet die Informationsverarbeitung der Fernsehzuschauer in Analogie zur Rationalität des Alltagslebens.[15] Die Theorie der schematischen Informationsverarbeitung liegt u. a. solchen Theorien zugrunde, die die Entscheidungen der Wähler u. a. durch

---

[13] Vgl. hierzu Kepplinger, Brosius & Dahlem, 1994; vgl. auch die Literatur in den folgenden Fußnoten.

[14] Vgl. hierzu und zum Folgenden Brosius, 1995: S. 78–146; Rhee & Cappella, 1997; Price & Tewksbury, 1997; Scheufele, 1999.

[15] Bezogen auf einen Beitrag könnten die Fernsehzuschauer z. B. einen positiven Eindruck von Schröders Rede gewinnen, der auf seinem Redestil beruht und durch aufmerksame Zuhörer sowie eine entsprechende Äußerung des Reporters bestärkt wird. Dieser positive Eindruck kann negative Aussagen des Journalisten über den Inhalt der Rede überlagern – sie werden entweder überhaupt nicht bemerkt, uminterpretiert oder als unpassend zurückgewiesen. Zurück bliebe ein sehr positiver, durch nichts nachhaltig gestörter Gesamteindruck. Bezogen auf mehrere Beiträge würden die Fernsehzuschauer z. B. innerhalb einer Woche sieben positive Beiträge über Schröders Reden sehen, die eine insgesamt positive Vorstellung hinterlassen, weil die kritische Anmerkungen über die mangelnde Substanz seiner Ausführungen darin untergehen. Beiden Vorstellungen könnten z. B. Werte von + 7 oder + 8 entsprechen.

die medienvermittelten Vorstellungen der Wähler von der Persönlichkeit der Kandidaten erklären.[16] Die Theorie der schemageleiteten Informationsverarbeitung erfordert ein anderes methodisches Vorgehen als die Theorie der analytischen Informationsverarbeitung. Hier kommt es nicht darauf an, alle relevanten Einzelinformationen der Medienberichte zu erfassen, weil viele bei den Zuschauern nicht oder nicht richtig ankommen und folglich auch nicht als Ursache ihrer Vorstellungen betrachtet werden können.[17] Statt dessen müssen die Schemata oder Frames identifiziert werden, die die Wahrnehmung, Verarbeitung und Erinnerung der Beiträge steuern. Ein Beispiel hierfür ist die Charakterisierung von Reformen als Chance oder als Risiko, als Schritte, die Hoffnungen oder Befürchtungen wecken. Derartige Sichtweisen oder Frames geben die Perspektive vor, aus der man das Geschehen wahrnehmen und darstellen kann. Sie sind nicht notwendigerweise richtig oder falsch, legen jedoch ganz bestimmte Folgerungen nahe. So wird ein Beobachter, der eine Innovation wie z. B. den Transrapid als wirtschaftliche Chance betrachtet, den Bau der Strecke Berlin-Hamburg eher billigen als ein Beobachter, der darin ein wirtschaftliches, ökologisches oder rechtliches Risiko sieht.[18]

Für die Identifikation der Frames sind eher ganzheitliche Verfahren erforderlich, die sich deutlich von der zergliedernden Vorgehensweise traditioneller Inhaltsanalysen unterscheiden. Grundlage der Klassifikation ist hier der einzelne Beitrag, wobei ein Beitrag mehrere Perspektiven aufweisen, d. h. Frames enthalten kann. Für die Entwicklung eines Analyseinstruments müssen zunächst die Frames identifiziert werden, die in der Berichterstattung häufig vorkommen. Für die vorliegende Studie wurden insgesamt sechs Frames identifiziert und definiert, von denen sich vier als besonders fruchtbar erwiesen haben. Sie werden folglich hier vorgestellt – der Schuldframe, der Zuständigkeitsframe, der Anspruchsframe und der Gerechtigkeitsframe.[19] Dann müssen Verfahren entwickelt werden, mit denen man die jeweiligen Perspektiven ermitteln kann. Im

---

[16] Vgl. hierzu Kepplinger, Brosius & Dahlem, 1994: S. 143–150.

[17] Aus der Sicht der schemagesteuerten Informationsverarbeitung führt deshalb die zunehmende Meßgenauigkeit der quantitativen Inhaltsanalyse zu einem Verlust an Validität der Messung: Gemessen wird nicht mehr, was gemessen werden soll – die möglichen Ursachen der Zuschauervorstellungen. Gemessen werden vielmehr Informationen, die der Zuschauer z. T. überhaupt nicht erkennt und die folglich als Ursache der Zuschauervorstellungen ausscheiden.

[18] Vgl. hierzu Shah, Domke & Wackman, 1996; Price, Tewksbury & Powers, 1997.

[19] Außerdem ermittelt wurden der Zukunftsframe und der Differenzierungsframe.

vorliegenden Fall handelt es sich um 5-stufige Schätz-Skalen.[20] Falls ein Beitrag einen Frame nicht enthielt, wurde dies gesondert erfaßt. Ausgewiesen werden folglich nur die Beiträge, die die jeweiligen Perspektiven aufwiesen. Das Ziel der Frameanalyse besteht in der Identifikation der Perspektive, aus der heraus das aktuelle Geschehen dargestellt und wahrgenommen wird. Es geht also um das, was der Sozialwissenschaftler Bernard Berelson vor fünfzig Jahren den »common meeting-ground« der Berichterstattung genannt hat,[21] jene Bedeutungen, die alle gleichermaßen erkennen. Man kann deshalb annehmen, daß verschiedene Codierer die Frames gleichartig klassifizieren und dabei auch das erfassen, was die weitaus meisten Fernsehzuschauer erkennen. Diese Annahme trifft, wie ein Reliabilitätstest belegt, zu. Die Reliabilitätskoeffizienten sind ähnlich hoch wie bei konventionellen Inhaltsanalysen, so daß die Messungen als zuverlässig betrachtet werden können.[22]

[20]   Ihre Stufen waren z.B. beim Zukunftsframe folgendermaßen beschriftet: »Chance steht eindeutig im Vordergrund«, »Chance steht eher im Vordergrund«, »gleichgewichtig / ambivalent«, »Gefahr steht eher im Vordergrund«, »Gefahr steht eindeutig im Vordergrund«. Zur Vereinfachung der Darstellung werden generell die beiden positiven und die beiden negativen Ausprägungen jeweils zusammengefaßt.
[21]   Vgl. Berelson, 1952: S. 19.
[22]   Dies bestätigen auch einige Analysen, in denen die logische Stimmigkeit der Codierungen überprüft wurden. Wurde z.B. der Regierung die Schuld an Mißständen zugeschrieben (Schuldframe) und zugleich ein möglicher Machtwechsel thematisiert, dann wurde er in 81 Prozent aller Beiträge als Chance charakterisiert. Wurde der Opposition die Schuld an Mißständen zugeschrieben, war dies nur in 8 Prozent der entsprechenden Beiträge der Fall. Wurden Veränderungen als Risiken dargestellt (Zukunftsframe) und Prognosen abgegeben, waren sie zu 85 Prozent negativ. Wurden Veränderungen als Chance charakterisiert, traf dies nur auf 5 Prozent zu.
Die sechs Codierer untersuchten 30 Beiträge, jeder Codierer codierte davon mit jedem anderen Codierer zwei Beiträge gemeinsam. Die Reliabilitätskoeffizienten – berechnet nach der Holsti-Formel – für die einzelnen Frames betragen: Differenzierungsframe .82; Anspruchsframe .77; Zukunftsframe .68; Zuständigkeitsframe .64; Schuldframe .64; Gerechtigkeitsframe .59. Grundlage der Berechnungen sind – so wie die Daten hier präsentiert werden – die beiden positiven und negativen Ausprägungen der Skalen zusammengefaßt. Die relativ hohen Reliabilitätskoeffizienten sind u.a. darauf zurückzuführen, daß die Codierer gut erkannt hatten, wenn kein entsprechender Frame vorlag.

Die Lage der Nation

Die Lage in Deutschland ist eine Chimäre, die alles umfassen kann und nichts umfassen muß. Trotzdem hat jeder eine Vorstellung davon und spricht darüber, als sei es nichts Besonderes. Die Lage in Deutschland kann man als Summe positiver und negativer Zustände verstehen – angefangen von den allgemeinen Standortbedingungen über den Arbeitsmarkt und die innere Sicherheit bis zum Stand der inneren Einheit. Leicht kann man das Blickfeld verengen und einzelne Aspekte herausgreifen, die man für besonders wichtig hält. Probleme bereitet das im Alltag folglich kaum, obwohl das Konzept diffus und die Vorgehensweise ungeklärt ist. Hier geht es jedoch nicht um die Lage selbst, sondern um ihre Darstellung in den Fernsehnachrichten. Bei der Analyse wurde die Darstellung von 17 Bereichen ermittelt, die zu einem Gesamtbild zusammengefaßt, jedoch auch getrennt ausgewiesen werden können. Lagebeschreibungen, die andere Bereiche betrafen, wurden global festgehalten. Dies war jedoch nur sehr selten der Fall, nämlich in knapp 5 Prozent der relevanten Berichte. Weil ein Beitrag die Lage in Deutschland auf mehreren Gebieten behandeln konnte, wurden bis zu drei konkrete Beschreibungen festgehalten. Dies kam sehr selten vor, die Zahl der Lagebeschreibungen ist aber trotzdem größer als die Zahl der Beiträge, die solche Aussagen enthielten. [23]

Die fünf Fernsehsender befaßten sich in 4.470 ihrer 6.829 Beiträge mit wahlrelevanten Sachthemen. [24] Fast alle Beiträge über Sachthemen (3.647 bzw. 82 %) enthielten Hinweise auf die Lage in Deutschland in den angesprochenen Bereichen. Diese Beiträge bilden die Grundlage der folgenden Analyse. Ihre Basis ist nicht mehr die Zahl der Beiträge, sondern der Lagebeschreibungen in den Beiträgen. Über die Hälfte der Lagebeschreibungen (57 %) charakterisierten die Situation in Deutschland als mehr oder weniger schlecht. Die aktuelle Fernsehberichterstattung zeichnete damit – aus welchen Gründen auch immer – ein ausgesprochen düsteres Gesamtbild. Dabei gab es nur geringe Unterschiede zwischen den fünf Sendern. Allerdings stellten die ARD (58 %), RTL (60 %) und Pro 7

---

[23] Die Charakterisierung der Lage wurde mit Hilfe einer 5-stufigen Schätz-Skala ermittelt, deren beide positive und negative Ausprägungen für die folgende Betrachtung zusammengefaßt werden. Die Stufen waren folgendermaßen benannt:»eindeutig positiv«,»eher positiv«,»ambivalent«,»eher negativ«,»eindeutig negativ«. Ambivalent bedeutet, daß sich positive und negative Darstellungen die Waage hielten. Falls keine erkennbare Lagebeschreibung vorlag, wurde dies gesondert erfaßt. Basis der Klassifikation war der gesamte Beitrag.
[24] Die anderen Beiträge betrafen ausschließlich Kandidaten oder Parteien.

(59 %) die Lage in Deutschland noch etwas negativer dar als das ZDF (54 %) und SAT 1 (55 %). Positive Lagebeschreibungen fanden sich vergleichsweise selten. Nur etwa jede fünfte Lagebeschreibung (22 %) charakterisierte die Situation in Deutschland mehr oder weniger positiv. Dies war in der Berichterstattung des ZDF, von SAT 1 und Pro 7 (jeweils 24 %) etwas häufiger der Fall als in der Berichterstattung von ARD und RTL (20 bzw. 22 %). Das ZDF und SAT 1 stellten damit die aktuelle Situation nicht ganz so bedrückend dar wie die anderen Sender. Bereits hier deutet sich ein bemerkenswerter Unterschied in der Berichterstattung der Sender an, der bei der Darstellung der Kandidaten, Parteien und einzelner Sachthemen jedoch wesentlich deutlicher war (Tabelle 1).

Tabelle 1: Darstellung der Lage in Deutschland in den Fernsehnachrichten

Basis: 6.829 Beiträge mit 5.822 Darstellungen von Sachthemen vom 02.03.1998 bis zum 26.09.1998*

Lagebeschreibung	ARD (n=1.512) %	ZDF (n=1.167) %	RTL (n=931) %	SAT 1 (n=530) %	PRO 7 (n=493) %	Summe (n=4.633) %
positiv**	20	24	22	24	24	22
ambivalent	22	23	18	21	17	21
negativ**	58	54	60	55	59	57
Summe	100	101	100	100	100	100

* Ohne Darstellungen von Sachthemen, die keine Hinweise auf die Lage enthielten (n=1.189)
** Zusammengefaßt: »eindeutig« und »eher«

Noch bemerkenswerter als das überwiegend schlechte Gesamtbild und die geringen Unterschiede zwischen den Sendern ist die konsonante Charakterisierung zahlreicher Lebensbereiche. Gleichgültig ob es sich um menschenverursachte Risiken wie die Atomkraft und den Straßenverkehr handelte, um den Arbeitsmarkt oder die innere Sicherheit, um die Steuern oder die Situation der Ausländer – immer dominierten negative Darstellungen der aktuellen Lage. Von diesem unerfreulichen Gesamtbild hob sich nur die Darstellung einiger weniger Bereiche ab – des Standortes Deutschland, der Einführung des Euro, der Stellung Deutschlands in der Welt und der Innovationskraft des Landes. Folgte man den Fernsehnachrichten, dann war der Standort Deutschland keineswegs ernsthaft bedroht. Um so unglaubwürdiger mußten die gelegentlichen Berichte über solche Warnungen klingen und um so überflüssiger mußten die daraus abgeleiteten Folgerungen erscheinen.

Ein Grund für die negative Darstellung der Lage in Deutschland waren die Klagen, Warnungen und Forderungen von Interessenvertretern aller Art – aus der Anti-Atombewegung, von den Gewerkschaften, von den Sozialverbänden usw. Die zunehmende Professionalisierung ihrer Öffentlichkeitsarbeit – die Inszenierung medienwirksamer Ereignisse, der Appell an diffuse Ängste und die Dramatisierung marginaler Probleme usw. – läßt die Lage in Deutschland seit Jahrzehnten immer bedrohlicher erscheinen, obwohl der Lebensstandard der Bevölkerung steigt oder auf sehr hohem Niveau stagniert.[25] Allerdings waren die Klagen der Interessenvertreter nicht die einzige Ursache der düsteren Lagebeschreibungen. Dies verdeutlicht der Blick auf die Darstellung des Standortes Deutschland, dessen Zustand von Vertretern der Wirtschaft massiv kritisiert wurde. Dazu gehören Klagen über die steuerliche Belastung der Unternehmen, ihre Behinderung durch Gesetze und Verordnungen, ihre Abwanderung in das benachbarte Ausland usw. Dies alles schlug sich in den Fernsehnachrichten jedoch nur am Rande nieder. Die Klagen der Interessenvertreter alleine erklären folglich das negative Gesamtbild nicht. Hinzukommen mußte die Bereitschaft der Nachrichtenredaktionen, diesen Stimmen besondere Publizität zu verschaffen. Sie war bei den Vertretern einiger Interessengruppen offensichtlich größer als bei anderen (Tabelle 2).

Die Schuld an der Misere

Die Handlungsfähigkeit jeder demokratischen Regierung wird durch institutionelle Regeln eingeschränkt. In Deutschland kommen zu den allgemein üblichen Restriktionen vor allem die Kompetenzkonflikte zwischen dem Bund und den Ländern hinzu. Die Bundesratsmehrheit kann die Bundestagsmehrheit blockieren, die Folge ist eine Pattsituation. Dies hat die CDU/CSU in den siebziger Jahren gegen die SPD-FDP-Koalition vorgeführt und die SPD mit Bündnis 90/Die Grünen in den neunziger Jahren gegen die CDU/CSU-FDP-Koalition wiederholt. In beiden Phasen waren die jeweiligen Regierungen nicht an allen Versäumnissen selbst Schuld. Trotzdem wurden die Versäumnisse vor allem ihnen angekreidet. Die 1997 nach monatelangem Gezerre gescheiterte Steuerreform

[25] Vgl. zu dieser Entwicklung Kepplinger, 1998: S. 56–79.

Tabelle 2: Darstellung der Lage in Deutschland in verschiedenen Lebensbereichen

Basis: 6.829 Beiträge mit 5.822 Darstellungen von Sachthemen vom 02.03.1998 bis zum 26.09.1998*

| | Lagebeschreibung | | | |
	positiv** %	ambivalent %	negativ** %	Summe %
überwiegend negativ:				
Menschenverursachte Risiken (n=583)	5	11	84	100
Arbeitsmarkt (n=365)	16	22	62	100
Innere Sicherheit (n=355)	25	25	50	100
Steuern (n=280)	9	25	65	99
Sozialabgaben (n=250)	14	24	62	100
Europäische Integration (n=201)	33	29	38	100
Rechtsradikalismus (n=189)	5	7	88	100
Ausländer (n=144)	9	19	72	100
Zustand von Staat u. Politik (n=137)	10	15	75	100
Innere Einheit (n=104)	8	37	56	101
Staatsverschuldung (n=99)	5	15	80	100
Sozialer Zustand des Gemeinwesens (n=72)	1	7	92	100
Linksradikalismus (n=52)	6	6	89	101
Sonstiges (n=213)	36	21	44	101
überwiegend positiv:				
Standort Deutschland (n=648)	41	21	38	100
EURO (n=491)	41	27	32	100
Deutschlands Stellung in der Welt (n=99)	43	39	17	99
Innovationskraft (n=81)	53	9	38	100
Summe (n=4.633)	22	21	57	100

* Ohne Darstellungen von Sachthemen, die keine Hinweise auf die Lage enthielten (n=1.189)
** Zusammengefaßt: »eindeutig« und »eher«

ist nur ein, wenngleich ein besonders bemerkenswertes Beispiel hierfür, auf das noch zurückgekommen wird.[26] Die Handlungsfähigkeit aller Regierungen hat zudem durch die Folgewirkungen vorangegangener Entscheidungen abgenommen: Je mehr Haushaltsmittel durch frühere Entscheidungen langfristig gebunden sind, desto weniger Masse bleibt für neue Pläne; je mehr Lebensbereiche durch Gesetze und Verordnungen geregelt sind, desto weniger Optionen bleiben offen; je tiefer die Politik in den ehemals staatsfreien Raum der privaten Lebensgestaltung eindringt, desto mehr macht sie sich zum Gefangenen privater Erwartungen.[27] Einige Zahlen können dies illustrieren: Der Bundestag verabschiedete bis 1994 4.896 Gesetze und Verordnungen. Eingeschlossen sind darin neue Gesetze und die Änderung bestehender Gesetze. Dadurch wuchs der Bestand des geltenden Bundesrechtes auf 2.059 Gesetze. Hinzu kommen 3.004 Rechtsverordnungen mit über 80.000 Einzelvorschriften, die nicht nur den Handlungsspielraum der Unternehmen, Vereinigungen und Bürger, sondern auch die Gestaltungsfreiheit des Gesetzgebers einschränken.

Trotz der begrenzten Handlungsmöglichkeiten demokratischer Regierungen wird vor allem ihnen die Schuld an Mißständen und Fehlentwicklungen zugeschrieben. Sie haben die Macht, an sie richten sich die Erwartungen. Sie tragen die Verantwortung für Versäumnisse, und sie werden dafür bei den nächsten Wahlen zur Verantwortung gezogen. Ob eine Regierung über die praktischen Möglichkeiten verfügt, die Fehlentwicklungen und Mißstände zu beseitigen, die ihr angelastet werden, ist dabei zweitrangig, zumal alle Regierungen dazu neigen, den Wählern Versprechungen zu machen, die sie nicht halten können, und einen Eindruck von Handlungsfähigkeit zu vermitteln, die sie in Wirklichkeit nicht besitzen. Dies gehört zwar nicht zu den Regeln, jedoch zur Praxis demokratischer Herrschaft[28] und schlug sich entsprechend auch in den Fernsehnachrichten vor der Wahl nieder: Fast jede zweite Schuldzuschreibung galt der amtierenden Regierung, nur jede zwanzigste der damaligen Opposition.[29] Dieses Ungleichgewicht ist nicht er-

---

[26] Zur Darstellung von Verdiensten der Politik um Problemlösungen und ihrer Schuld an der Entstehung bzw. dem Fortbestand von Problemen zwischen 1951 und 1995 vgl. Kepplinger, 1998: S. 74 ff.

[27] Vgl. ebd.: S. 80–103.

[28] Zu den Schuldzuweisungen an die Regierung in den Medien vgl. Iyengar, 1991; Iyengar, 1996.

[29] Ermittelt wurde dies mit dem »Schuldframe«. Der Schuldframe wurde – wie in allen anderen Fällen – bipolar mit einer 5-stufigen Schätz-Skala erfaßt. Ihre Stufen waren folgendermaßen benannt: »eindeutig Regierungsschuld«, »eher

staunlich und wäre kaum erwähnenswert, wenn die einzelnen Fernsehsender ähnlich verfahren wären. Dies war jedoch nicht der Fall. Die ARD und vor allem RTL schrieben in ihren Nachrichtensendungen der amtierenden Regierung wesentlich häufiger die Schuld an Fehlentwicklungen und Mißständen zu als ZDF und SAT 1, die häufiger auf externe Ursachen verwiesen – den internationalen Wettbewerb, die Asienkrise, saisonale Faktoren usw. Pro 7 nahm in dieser Hinsicht eine Mittelposition ein (Tabelle 3).

Tabelle 3: Betonung der Schuld von Regierung und Opposition an Fehlentwicklungen in den Fernsehnachrichten

Basis: 6.829 Beiträge mit 5.822 Darstellungen von Sachthemen vom 02.03.1998 bis zum 26.09.1998*

Schuldzuweisung an ...	ARD (n=361) %	ZDF (n=332) %	RTL (n=299) %	SAT 1 (n=175) %	PRO 7 (n=112) %	Summe (n=1.279) %
Politiker						
Regierung**	46	35	54	38	42	44
Opposition**	3	7	3	6	9	5
ambivalent	9	9	5	9	3	8
externe Ursachen	42	49	38	47	46	44
Summe	100	100	100	100	100	101

* Ohne Darstellungen von Sachthemen, die keine Hinweise auf die Schuld an Mißständen enthielten (n=4.543)
** Zusammengefaßt: »eindeutig und eher«

Die Schuldzuweisungen an die Regierung waren in mehr als zwei Drittel aller Fälle (70 %) mit wertenden Stellungnahmen zur CDU/CSU und in knapp einem Drittel (31 %) mit wertenden Äußerungen zur SPD verbunden.[30] Die CDU/CSU wurde nahezu immer negativ (86 % der Fälle), die SPD überwiegend positiv (58 %

Regierungsschuld« »gleichgewichtig/ambivalent«, »eher Oppositionsschuld«, »eindeutig Oppositionsschuld«. Schuldzuschreibungen an externe Faktoren wurden alternativ ermittelt. Gesondert codiert wurde »Frame kommt nicht vor«.

[30] Die Tendenz der Darstellung der Parteien und ihrer Spitzenpolitiker wurde mit 5-stufigen Schätz-Skalen ermittelt. Die Stufen waren beschriftet: »eindeutig positiv«, »eher positiv«, »nicht entscheidbar/ambivalent«, »eher negativ«, »eindeutig negativ«. Gesondert codiert wurde »Keine Tendenz erkennbar«. Zur Vereinfachung der Darstellung werden hier die beiden negativen und positiven Ausprägungen jeweils zusammengefaßt.

der Fälle) charakterisiert.[31] Verstärkt wurde der negative Eindruck durch den Tenor der Beiträge. Darunter wird der optimistische bzw. pessimistische Charakter eines Beitrags verstanden.[32] Fast vier Fünftel (77 %) aller Beiträge mit Schuldzuweisungen an die Regierung wiesen einen pessimistischen Tenor auf – sie vermittelten den Eindruck, daß positive Entwicklungen unwahrscheinlich, die anstehenden Probleme nicht lösbar oder die angebotenen Lösungen nicht akzeptabel sind. In den wenigen Beiträgen, die Schuldzuweisungen an die Opposition enthielten, war das deutlich seltener der Fall (57 %). Die Beiträge mit Schuldzuweisungen an die Regierung wiesen damit eine Gemengelage von Vorwürfen, Wertungen und Vermutungen auf. Deshalb bildeten sie über ihren konkreten Anlaß hinaus ein wichtiges Vehikel zur Vermittlung der kontrastierenden Bewertung der beiden Hauptkonkurrenten bei der anstehenden Bundestagswahl. An den einseitigen Schuldzuweisungen an die Regierung waren die Koalitionsparteien zum Teil mitschuldig. Dies belegt ein Blick auf die Berichterstattung über die Steuerreform, die 1997 im Bundesrat an der SPD und Bündnis 90/Die Grünen gescheitert war. Noch im März 1998 wurde die Schuld an Mißständen im Bereich der Steuern im Verhältnis zwei zu eins der Opposition angelastet. Weil die Regierungsparteien diesen Vorteil nicht nutzten – es gab beispielsweise keine Anzeigen, die die entgangenen Entlastungen dokumentiert hätten – und damit der SPD das Feld überließen, wurde die Schuld an dem Reformstau bereits im April 1998 überwiegend der Regierung angelastet. Kurz vor der Wahl war von einer Schuld der Opposition fast nicht mehr die Rede. Nun ging es im Verhältnis von neun zu eins fast nur noch um die Schuld der Regierung.

Die Gerechtigkeitslücke

Die SPD konzentrierte sich nach Darstellung von Malte Ristau, einem Mitarbeiter der *Kampa*, bereits in der ersten Phase ihrer Wahlkampfplanung auf vier Schlüsselbegriffe: Gerechtigkeit, Inno-

---

[31] Das umgekehrte Muster fand sich bei den Schuldzuweisungen an die Opposition, die jedoch nur selten waren (n= 62) und deshalb hier vernachlässigt werden können.
[32] Der Tenor der Beiträge wurde mit 5-stufigen Schätz-Skalen ermittelt. Die Stufen waren beschriftet:»eindeutig optimistischer Charakter«,»eher optimistisch«,»nicht entscheidbar«,»eher pessimistisch«,»eindeutig pessimistischer Charakter«.

vation, Politikwechsel und politische Führung.[33] Dabei bildeten Innovation und Gerechtigkeit die Begründung für die Notwendigkeit eines Politikwechsels. Im Laufe des Wahlkampfes wurde aufgrund von demoskopischen Untersuchungen die Gerechtigkeit sowie der Politikwechsel in den Vordergrund gerückt, wodurch die Ablösung der amtierenden Regierung als Voraussetzung für mehr Gerechtigkeit erschien. Das rhetorische Gegenstück zur versprochenen Gerechtigkeit war die Thematisierung einer sogenannten Gerechtigkeitslücke, die als Versäumnis der amtierenden Regierung gebrandmarkt wurde. Anlässe hierfür bildeten vor allem Sparmaßnahmen bei künftigen Rentenerhöhungen, erhöhte Zuzahlungen zu Medikamenten sowie die geplante Reduzierung des Spitzensteuersatzes. Das zentrale Thema des SPD-Wahlkampfes – die Gerechtigkeit – war auch ein zentrales Thema der Fernsehnachrichten. Dabei dominierte die Sichtweise der SPD. Grundlage dieser Feststellung ist die Darstellung der Verteilung von materiellen und immateriellen Gütern in Deutschland. Dabei handelte es sich unter anderem um die Gerechtigkeit der Einkommen, die Chancen vor Gericht, die Möglichkeit körperlicher Unversehrtheit und die Mittel zur politischen Beteiligung (Gerechtigkeitsframe).[34] Die Verteilung der materiellen und immateriellen Güter in Deutschland wurde in mehr als der Hälfte aller Fälle als ungerecht charakterisiert.[35] In den Nachrichtensendungen von RTL war diese Sichtweise besonders stark ausgeprägt, in den Nachrichtensendungen des ZDF war sie dagegen relativ wenig präsent. Trotzdem schien auch dort noch jeder zweite Beitrag, der die Güterverteilung ansprach, die zentrale Wahlkampfaussage der SPD zu bestätigen, ohne daß dies immer auf Stellungnahmen sozialdemokratischer Politiker beruhte. Die SPD profitierte vielmehr davon, daß sie eine Forderung zum Leitmotiv ihres Wahlkampfes gemacht hatte, die auch zahlreiche andere Einrichtungen erhoben – angefangen von den Gewerkschaften über die Wohlfahrtsverbände bis zu den Kirchen (Tabelle 4).

[33] Ristau, 1998.
[34] Ermittelt wurde dies mit dem »Gerechtigkeitsframe«. Die Darstellung der »Verteilung von materiellen oder immateriellen Gütern als gerecht oder ungerecht« wurde mit einer 5-stufigen Schätz-Skala erfaßt. Ihre Stufen waren folgendermaßen beschriftet: »Gerechtigkeit steht eindeutig im Vordergrund«, »Gerechtigkeit steht eher im Vordergrund«, »gleichgewichtig/ambivalent«, »Ungerechtigkeit steht eher im Vordergrund«, »Ungerechtigkeit steht eindeutig im Vordergrund«. Gesondert codiert wurde »Frame kommt nicht vor«.
[35] Ein vergleichbares Ergebnis zeigt die Analyse der Opfer von Problemen und der Nutznießer von Problemlösungen in der Politikberichterstattung führender Tageszeitungen: Seit den frühen sechziger Jahren werden die Bürger immer seltener als Nutznießer und immer häufiger als Opfer dargestellt. Mitte der neun-

Tabelle 4: Darstellung von Gerechtigkeit oder Ungerechtigkeit in den Fernsehnachrichten

Basis: 6.829 Beiträge mit 5.822 Darstellungen von Sachthemen vom 02.03.1998 bis zum 26.09.1998*

Im Vordergrund steht …	ARD (n=469) %	ZDF (n=398) %	RTL (n=309) %	SAT 1 (n=227) %	PRO 7 (n=185) %	Summe (n=1.588) %
Gerechtigkeit**	32	38	28	31	40	34
ambivalent	12	9	6	12	5	9
Ungerechtigkeit**	57	53	66	57	55	57
Summe	101	100	100	100	100	100

* Ohne Darstellungen von Sachthemen, die keine Hinweise auf Gerechtigkeit oder Ungerechtigkeit enthielten (n=4.234)
** Zusammengefaßt:»eindeutig« und»eher«

Die Beiträge, in denen die Verteilung der materiellen und immateriellen Güter als ungerecht charakterisiert wurden, enthielten gelegentlich Aussagen über die Kompetenz der Parteien (n=161).[36] In mehr als zwei Dritteln dieser Beiträge (68 %) wurde die Kompetenz zur Beseitigung von Ungerechtigkeiten der SPD zugesprochen, nur in einem Zehntel (12 %) der CDU. In den restlichen Fällen wurde sie beiden (6 %) oder keiner der beiden Parteien (14 %) zugesprochen. Der Kompetenzvorsprung der SPD zeigte sich in der Berichterstattung über fast alle Themen, und zwar auch auf Gebieten, auf denen die Kompetenz früher eher der CDU/CSU zugesprochen worden war – der Sicherung des Standortes Deutschland oder der Verwirklichung der inneren Einheit. Damit kann man feststellen, daß die SPD das Thema Gerechtigkeit erfolgreich besetzt hatte. Sie erschien, wenn es um die Beseitigung von Ungerechtigkeiten

ziger Jahre geschah dies im Verhältnis 4 zu 1. Vgl. hierzu Kepplinger, 1998: S. 56–79.
[36] Die Zuschreibung von Kompetenz an die beiden Volksparteien wurde mit einer 6-stufigen Schätz-Skala ermittelt. Die Stufen waren folgendermaßen beschriftet:»Kompetenz eindeutig der CDU/CSU zugesprochen/der SPD abgesprochen«,»Kompetenz eher der CDU/CSU zugesprochen/der SPD abgesprochen«,»Kompetenz eher der SPD zugesprochen/der CDU/CSU abgesprochen«,»Kompetenz eindeutig der SPD zugesprochen/der CDU/CSU abgesprochen«,»Kompetenz wird beiden abgesprochen«,»Kompetenz wird beiden gleich zugesprochen«. Gesondert codiert wurde»Keine Kompetenzzuschreibung erkennbar«.

aller Art ging, ganz eindeutig als die kompetentere der beiden großen Parteien.

Die individuellen Ansprüche
und die Leistungskraft der Institutionen

Ein zentrales Problem demokratischer Staaten ist der Konflikt zwischen den Ansprüchen der Individuen an die Politik und der Leistungskraft des Staates.[37] Die Ansprüche der Individuen an den Staat steigen aus mehreren Gründen: weil in der Vergangenheit die Leistungen und mit ihnen die Erwartungen gestiegen sind, weil Politiker durch Versprechungen Wähler gewinnen und dadurch ihre Machtbasis verbreitern wollen, weil ein Großteil der Medien aus Eigeninteresse für die Interessen ihrer Leser, Hörer und Zuschauer eintritt, weil die Interessenverbände durch Forderungen an den Staat ihre Existenz gegenüber ihrer Klienten rechtfertigen und weil immer mehr Segmente der Gesellschaft ihre Interessen durch Lobbyisten professionell vertreten lassen. So stieg zum Beispiel zwischen 1974 und 1994 die Zahl der Interessenvertretungen, die beim Bundestagspräsidenten in der sogenannten Lobbyliste registriert sind, von 635 auf 1.572, was einer Zunahme um 148 Prozent entspricht.[38] Die Leistungskraft des Staates hält – von dynamischen Wachstumsphasen abgesehen – mit den steigenden Ansprüchen nicht Schritt. Auch hierfür gibt es zahlreiche Gründe – weil der Anteil der berufstätigen Leistungsträger aufgrund der Altersstruktur der Bevölkerung abnimmt, weil die wachsenden Staatsschulden und die damit steigenden Ausgaben für Zins- und Tilgungszahlungen einen zunehmenden Teil der Steuereinnahmen verzehren und weil die Folgelasten ausgabenwirksamer Entscheidungen der Vergangenheit den Anteil der frei verfügbaren Mittel reduzieren.

Als Folge der steigenden Erwartungen bei stagnierenden Möglichkeiten ist in nahezu allen Industriestaaten eine Anspruchs-Lükke entstanden, die zu einem Dilemma der Politik geführt hat: Entweder ziehen die politischen Parteien die sachlich notwendigen Konsequenzen, beschränken die Ausgaben des Staates und enttäuschen damit die Erwartungen der Wähler, oder sie setzen sich über die sachlichen Erfordernisse hinweg, folgen den Erwartungen der Wähler und versprechen ausgabenwirksame Leistungen. Die Regierungsparteien verschiedener Länder haben in den vergangenen Jah-

[37] Vgl. hierzu Leisner, 1998; Lambsdorff, 1998.
[38] Vgl. hierzu Kepplinger, 1998: S. 81.

ren auf dieses Dilemma unterschiedlich reagiert. In Großbritannien, Schweden und einigen anderen Staaten wurden die staatlichen Leistungen der Leistungsfähigkeit der Staaten angepaßt und zu Lasten der individuellen Ansprüche reduziert. Dies geschah unter anderem durch die Verlagerung staatlicher Leistungen auf private Träger und die Umstellung von Umlagesystemen auf versicherungswirtschaftliche Lösungen – etwa bei den Renten. In Frankreich, Japan und einigen anderen Staaten wurden die Entscheidungen unter dem Druck von zum Teil gewaltsamen Protesten vertagt. Deutschland schlug einen kurvenreichen Mittelweg ein. Hier entschloß sich die Bundesregierung nach einer erheblichen Ausweitung des Leistungsangebotes durch die Pflegeversicherung zu Einschnitten in das Sozialsystem, ohne dessen Grundlagen anzutasten. Anders als in Großbritannien wurden diese Maßnahmen nicht als Aufbruch zu neuen Ufern präsentiert, sondern als Beitrag zur Bewahrung des Bestehenden. Jede Regierung, die die staatlichen Leistungen reduziert und an die Leistungskraft des Staates anpaßt, riskiert einen Machtverlust. Dies ist vor allem dann der Fall, wenn die schmerzhaften Einschnitte überflüssig erscheinen und wenn positive Folgen vor den nächsten Wahlen nicht erkennbar sind, weil die Maßnahmen zu spät beschlossen wurden oder generell einen längeren Atem erfordern. Die Reduzierung staatlicher Leistungen gehört zu den wenigen politischen Entscheidungen, deren Folgen die meisten Bürger am eigenen Leib erfahren. Um so wichtiger ist ihre Legitimität. Sie hängt im wesentlichen davon ab, ob die Einschnitte notwendig und richtig erscheinen. Dies wiederum hängt unter anderem davon ab, wie sie in der aktuellen Berichterstattung dargestellt werden.

Konflikte zwischen den Ansprüchen der Individuen und der Leistungskraft der Institutionen kann man aus gegensätzlichen Sichtweisen darstellen: aus der Perspektive der einzelnen Bürger, die legitim erscheinende Interessen vertreten, oder aus der Perspektive der staatlichen Einrichtungen, deren Leistungskraft begrenzt ist (Anspruchsframe). Welche dieser Sichtweisen in der Berichterstattung die größere Rolle spielt, wurde in der Inhaltsanalyse anhand der einzelnen Beiträge ermittelt, d. h. nicht auf der Grundlage der Einzelaussagen in den Beiträgen, weil es hier wie in den vorangegangenen Fällen nicht um die isolierten Argumente, sondern um ihre Einbettung in einen Sinnzusammenhang geht.[39] In der Bericht-

---

[39] Ermittelt wurde dies mit dem »Anspruchsframe«. Die Darstellung des Vorrangs individueller Ansprüche oder institutioneller Leistungskraft wurde mit einer 5-stufigen Schätz-Skala erfaßt. Ihre Stufen waren folgendermaßen benannt:»Der moralische oder rechtliche Anspruch der Individuen ist eindeutig

erstattung der Fernsehnachrichten erschienen die Ansprüche der einzelnen fast immer wichtiger als die Leistungskraft der gesellschaftlichen Einrichtungen. Mehr als zwei Drittel der Beiträge weckten den Eindruck, daß die Ansprüche der einzelnen den Vorrang besitzen vor der Leistungskraft der Institutionen. Dabei tat sich die ARD besonders hervor. Nach Darstellung der meisten Fernsehberichte müssen sich die Ansprüche der einzelnen demnach nicht an der Leistungskraft der gesellschaftlichen Einrichtungen orientieren. Die gesellschaftlichen Einrichtungen haben vielmehr die moralische und rechtliche Pflicht, diese Ansprüche zu befriedigen. Die entgegengesetzte Sichtweise wies nur ein Viertel aller Konfliktdarstellungen auf. Dies war bei RTL – entgegen den sonstigen Ausrichtungen seiner Nachrichtenprogramme – etwas häufiger der Fall als bei den anderen Sendern (Tabelle 5).

Tabelle 5: Betonung des Vorrangs individueller Ansprüche und institutioneller Leistungskraft in den Fernsehnachrichten

Basis: 6.829 Beiträge mit 5.822 Darstellungen von Sachthemen vom 02.03.1998 bis zum 26.09.1998*

Im Vordergrund steht ...	ARD (n=529) %	ZDF (n=326) %	RTL (n=164) %	SAT 1 (n=176) %	PRO 7 (n=104) %	Summe (n=1.299) %
der Anspruch der Individuen**	75	68	65	70	70	71
ambivalent	9	8	8	10	5	8
die institutionelle Leistungskraft**	16	23	27	20	25	20
Summe	100	99	100	100	100	99

* Ohne Darstellungen von Sachthemen, die keine Hinweise auf den Vorrang von Ansprüchen oder Leistungskraft enthielten (n=4.523)
** Zusammengefaßt: »eindeutig« und »eher«

Die Perspektive, aus der heraus die Berichterstatter Konflikte zwischen individuellen Ansprüchen und institutioneller Leistungskraft darstellten, besaß einen erheblichen Einfluß auf die wertende Dar-

entscheidend«, »Der Anspruch der Individuen erscheint bedeutsamer als die institutionelle Leistungskraft«, »gleichgewichtig/ambivalent«, »Die institutionelle Leistungskraft erscheint bedeutsamer als der individuelle Anspruch der Individuen«, »Die institutionelle Leistungskraft ist eindeutig entscheidend«. Gesondert codiert wurde »Frame kommt nicht vor«.

stellung der beiden Volksparteien. Wenn die Berichte den Eindruck vermittelten, daß sich die Ansprüche der einzelnen an der Leistungskraft der gesellschaftlichen Einrichtung orientieren müssen – was selten vorkam – unterschied sich die Tendenz der Aussagen über die beiden Volksparteien praktisch nicht. Wenn die Berichte dagegen den Eindruck erweckten, daß die Ansprüche der einzelnen vorgehen – was meist der Fall war – dann wurde die CDU/CSU negativ, die SPD aber positiv charakterisiert. Die Perspektive der Berichterstattung über Konflikte zwischen individuellen Ansprüchen und institutioneller Leistungskraft besaß damit eine Steuerungsfunktion: Mit dem Vorrang der Kompensierung von Risiken und Benachteiligungen der einzelnen durch die Kollektivierung der Kosten war die Tendenz der Darstellung der beiden Volksparteien weitgehend vorgegeben (Tabelle 6).

Tabelle 6: Charakterisierung von CDU/CSU und SPD in Beiträgen, die den Vorrang individueller Ansprüche oder institutioneller Leistungskraft betonen

Basis: 6.829 Beiträge mit 5.822 Darstellungen von Sachthemen vom 02.03.1998 bis zum 26.09.1998*

| | Vorrang von | | | |
| | individuellen Ansprüchen | | institutioneller Leistungskraft | |
Tendenz der Parteidarstellung	SPD (n=178) %	CDU/CSU (n=269) %	SPD (n=52) %	CDU/CSU (n=63) %
positiv**	46	28	27	25
ambivalent	33	23	35	37
negativ**	21	49	39	38
Summe	100	100	100	100

* Ohne Darstellungen von Sachthemen, die keine Tendenz der Parteien oder keinen eindeutigen Vorrang von Ansprüchen oder Leistungskraft enthielten (n=5.260)
** Zusammengefaßt: »eindeutig« und »eher«

Die Zuständigkeit für Problemlösungen

Die Entscheidung darüber, wer in einer Gesellschaft für die Verbesserung der Lebensqualität der Benachteiligten zuständig ist – die Betroffenen oder der Staat – ist Ausdruck einer politischen Grundhaltung, die mit generellen Annahmen über die Natur des Menschen und den Erfolgsbedingungen einer Gesellschaft zusammenhängt.[40] Dabei stehen sich zwei entgegengesetzte Positionen gegenüber. Die erste läßt sich vereinfacht folgendermaßen charakterisieren: Alle Bürger können, wenn sie genügend Anreize und Spielräume vorfinden, ihre Lage selbst verbessern und dienen damit auch der Gesamtgesellschaft. Folglich kommt es darauf an, die Anreize zu erhöhen und die Handlungsbedingungen zu verbessern. Hierfür muß der Staat Regeln setzen, auf weitere Interventionen jedoch verzichten. Die zweite Position kann man wie folgt umreißen: Die Mehrheit der Bürger ist dem Wettbewerb mit einer privilegierten oder besonders erfolgstüchtigen Minderheit nicht gewachsen. Deshalb kommt es darauf an, die Anreize für die Minderheit zu begrenzen und die Mehrheit an den trotzdem vorhandenen Wettbewerbsgewinnen zu beteiligen. Dies ist eine der zentralen Aufgaben des Staates. Dazwischen finden sich zahlreiche vermittelnde Positionen, die jedoch hier nicht dargestellt werden können.

Die Förderung der individuellen Handlungschancen durch materielle Anreize und rechtliche Freiräume gehört zu den Grundforderungen der liberalen Parteien. Die Kompensierung von Benachteiligungen durch Umverteilung von Gewinnen ist ein charakteristisches Element sozialdemokratischer Programmatik. Ihre historischen Wurzeln hat diese Politik in Deutschland jedoch vor allem in der Praxis konservativer Regierungen von der Sozialgesetzgebung Bismarcks bis zur Sozialpolitik Blüms. Die Ausweitungen der staatlichen Aktivitäten durch sozialdemokratische Regierungen war eher eine Verstärkung dieses Trends als eine Neuausrichtung. Dies belegt ein Blick auf die Darstellung der Politikberichterstattung führender Tageszeitungen. Bereits in den frühen fünfziger Jahren richteten sich die Problemlösungserwartungen in gut einem Fünftel aller Fälle an Staat und Politik. Die Gesellschaft insgesamt, ihre verschiedenen Einrichtungen sowie einzelne Staatsbürger wurden dagegen kaum genannt. Seither nahm die Zahl der Beiträge, die Problemlösungen von Staat und Politik forderten, relativ unabhängig von der Couleur der jeweiligen Bundesregierungen zu, während die Zahl der Beiträge, die Problemlösungen aus der Gesellschaft verlangten, nahezu konstant blieb.[41] Die besondere sozialpolitische Tradition Deutschlands schlägt sich auch in den gegenwärtigen Erwartungen der Bevölkerung nieder. In wirtschaftsliberalen Staaten wie den USA und Australien sind Forderungen an den Staat deutlich weniger weit verbreitet als in den

[40] Vgl. hierzu und zum Folgenden auch Kepplinger, 1998: S. 80–103.
[41] Ebd.: S. 99–102.

westeuropäischen Ländern. Unter den westeuropäischen Ländern nimmt Deutschland eine Spitzenposition ein, wobei die neuen Länder noch einmal eine Sonderstellung innehaben: In kaum einem anderen Land machen mehr Menschen den Staat für die Schaffung von Arbeitsplätzen verantwortlich, in kaum einem anderen Land finden Staatsausgaben zur Schaffung von Arbeitsplätzen breitere Unterstützung.[42]

Angesichts der in Deutschland tief verwurzelten und weit verbreiteten Vorstellung, nicht die einzelnen Bürger sondern der Staat sei für die Lösung von Problemen zuständig, hängen die Chancen einer Umorientierung wesentlich von der Darstellung der Zuständigkeit in den Medien ab. Die Bedeutung der Berichterstattung über diesen Aspekt der Innenpolitik geht deshalb weit über die letzte Bundestagswahl hinaus. Legt man die Problemdarstellung in den Fernsehnachrichten zugrunde, darf man bei der Mehrheit der Bevölkerung kein großes Verständnis für einen Abbau staatlicher Zuständigkeiten erwarten: In nahezu vier Fünftel aller Berichte erschien der Staat für die Lösung der erwähnten Probleme zuständig, nur in knapp einem Fünftel war es die Gesellschaft. Dabei bestanden – von einer Ausnahme abgesehen – keine großen Unterschiede zwischen den einzelnen Sendern (Tabelle 7).

Tabelle 7: Darstellung der Zuständigkeit von Staat und Gesellschaft für Problemlösungen in den Fernsehnachrichten

Basis: 6.829 Beiträge mit 5.822 Darstellungen von Sachthemen vom 02.03.1998 bis zum 26.09.1998*

Zuständigkeit für Problemlösungen	ARD (n=949) %	ZDF (n=702) %	RTL (n=521) %	SAT 1 (n=234) %	PRO 7 (n=239) %	Summe (n=2.745) %
Staat**	80	80	79	76	65	78
ambivalent	5	7	4	6	11	6
Individuen, Gesellschaft**	15	13	17	17	24	16
Summe	100	100	100	99	100	100

* Ohne Darstellungen von Sachthemen, die keine Hinweise auf die Zuständigkeit für Problemlösungen enthielten (n=3.077)
** Zusammengefaßt: »eindeutig« und »eher«

---

[42] Vgl. hierzu und zum Folgenden Lapinski, Riemann, Shapiro, Stevens & Jacobs, 1998.

Die Darstellung der Zuständigkeit für die Lösung von Problemen dürfte in einem engen Zusammenhang stehen mit der Darstellung des Vorrangs der individuellen Ansprüche: Falls sich die Ansprüche der Individuen der Leistungskraft der Institutionen anpassen müssen, wird man eine Lösung der Probleme durch die Bürger erwarten. Falls die Ansprüche der Individuen wichtiger sind als die Leistungskraft der Institutionen, wird man den Staat für die Problemlösungen in Anspruch nehmen. Diese Annahmen folgen zwar den Gesetzen der Logik, entsprechen jedoch nicht dem Tenor der Fernsehnachrichten. Unabhängig davon, was im Konflikt zwischen individuellen Ansprüche und institutioneller Leistungskraft wichtiger erschien, der Staat wurde fast immer für die Lösung von Problemen verantwortlich gemacht. Dies deutet darauf hin, daß es sich bei der Vorstellung, der Staat sei für die Lösung aller möglichen Probleme zuständig, um eine tief verankerte Erwartung handelt, der mit rein logischen Argumenten kaum zu begegnen ist (Tabelle 8).

Tabelle 8: Darstellung der Zuständigkeit für Problemlösungen bei der Betonung individueller Ansprüche bzw. institutioneller Leistungskraft

Basis: 6.829 Beiträge mit 5.822 Darstellungen von Sachthemen vom 02.03.1998 bis zum 26.09.1998*

Zuständigkeit für Problemlösungen	Vorrang von			Summe
	individuellen Ansprüchen** (n=702) %	ambivalent (n=88) %	institutioneller Leistungskraft** (n=210) %	(n=1.000) %
Staat**	80	57	73	77
ambivalent	5	34	5	7
Individuen, Gesellschaft**	15	9	22	16
Summe	100	100	100	100

* Ohne Darstellungen von Sachthemen, die keine Hinweise auf die Zuständigkeit für Problemlösungen oder den Vorrang von Ansprüchen bzw. Leistungskraft enthielten (n= 4.822)
** Zusammengefaßt: »eindeutig« und »eher«

Angesichts der Überzeugung eines Großteils der Bevölkerung von der Zuständigkeit des Staates für die Lösung von Problemen drängt sich die Frage auf, welcher der beiden Volksparteien in diesem Zusammenhang eher die erforderliche Problemlösungskompetenz zugeschrieben wurde, der SPD oder der CDU/CSU. Aufgrund ihrer Programmatik könnte man hier eher an die SPD denken, aufgrund ihrer langjährigen Praxis als Regierungspartei eher an die CDU/CSU. Tatsächlich sind die Dinge komplexer: In Beiträgen, die die Verantwortung des Staates betonten, wurden beide Volksparteien ähnlich häufig als kompetent dargestellt. Unerwarteterweise zeichneten jedoch die Beiträge, die die Verantwortung der einzelnen betonten, ein differenzierteres Bild: Hier wurde der CDU/CSU wesentlich häufiger eine Problemlösungskompetenz zugeschrieben als der SPD. Dieser Vorteil der CDU/CSU spielte jedoch keine Rolle, weil solche Beiträge so selten waren, daß sie kaum ins Gewicht fielen. Eine Schwäche der Wahlkampfstrategie der Unionsparteien bestand folglich darin, daß es ihr nicht gelungen ist, jene Problemlösungsstrategien zu propagieren, für deren Umsetzung sie als kompetent erschien. Damit hätten die Unionsparteien angesichts der Staatsfixierung eines Großteils der Bevölkerung zwar nicht die Wahl gewonnen, jedoch zumindest ihr Profil geschärft (Tabelle 9).

Tabelle 9:   Darstellung der Kompetenz von CDU/CSU bzw. SPD in Beiträgen, die die Zuständigkeit des Staates oder der Individuen für Problemlösungen betonen.

Basis: 6.829 Beiträge mit 5.822 Darstellungen von Sachthemen vom 02.03.1998 bis zum 26.09.1998*

| | Zuständig für Problemlösungen | | | |
| | Staat** | ambivalent | Individuen, Gesellschaft** | Summe |
Kompetenz-zuschreibung an	(n=660) %	(n=36) %	(n=31) %	(n=727) %
CDU/CSU**	42	44	58	43
SPD**	43	36	26	42
beide	8	3	7	8
keinen von beiden	6	17	10	7
Summe	99	100	101	100

* Ohne Darstellungen, die keine Kompetenzzuschreibung oder Hinweise auf die Zuständigkeit für Problemlösungen enthielten (n=5.095)
** Zusammengefaßt:»eindeutig« und»eher«

Journalisten stellen die Welt so dar, wie sie sie sehen. Deshalb schlagen sich ihre Sichtweisen auch in der Auswahl und Aufbereitung von Nachrichten und Berichten nieder: Sie rücken Informationen in den Vordergrund, die sie für wichtig halten,[43] lassen vorwiegend Akteure zu Wort kommen, deren Ansichten sie teilen,[44] und bevorzugen Überschriften, die ihre Sichtweise spiegeln.[45] Eine Folge davon ist die von Klaus Schönbach festgestellte Synchronisation von Nachricht und Meinung, die Ausrichtung der Nachrichtengebung an der Kommentarlinie.[46] Diese generellen Befunde werfen eine konkrete Frage auf: Charakterisierten die Fernsehnachrichten meist den Staat als verantwortlich, weil die zuständigen Redakteure diese Sichtweise vertraten, oder war ihre Darstellung nur eine Folge der vorgefundenen Meinungsverteilung? Im ersten Fall hätten die Berichterstatter vor allem jene zu Wort kommen lassen, die – wie sie selbst – für staatliche Lösungen waren. Im zweiten Fall hätte ihre Berichterstattung maßstabgerecht die Sichtweisen der gesellschaftlichen Akteure wiedergegeben. Die Sichtweisen der Redaktionen kommen am ehesten in reinen Meinungsbeiträgen zum Ausdruck, *Kommentaren* und *Glossen*. Etwas weniger deutlich, jedoch noch immer markant sind sie in *Reportagen* und *Features*, die in der Regel eine subjektive Färbung durch Einschätzungen und Wertungen ihrer Autoren aufweisen. Noch geringer ist der Anteil journalistischer Wertungen in *Interviews* und *Dokumentationen*. Am geringsten ist er in *Nachrichten* und *Berichten*. Die Kommentare und Glossen werden zwar nicht immer die Meinungen der Redaktionen wiedergeben. Meist dürfte dies jedoch der Fall sein.

Falls die *Kommentare* und *Glossen* noch intensiver als die Nachrichten und Berichte die Zuständigkeit des Staates forderten, wird man aufgrund der oben skizzierten Befunde folgern müssen, daß sich diese Sichtweise der Redaktionen auch in der Masse der Nachrichten und Berichte niederschlug. In diesem Fall wäre zumindest ein Teil der einseitigen Forderungen nach einer Zuständigkeit des Staates auf die Perspektiven der Redaktionen zurückzuführen. Falls dagegen die *Kommentare* und *Glossen* stärker die Zuständigkeit der Individuen einforderten, hätte diese Sichtweise der Redaktionen dazu geführt, daß die gesellschaftlichen Forderungen nach staatlichen Maßnahmen in der Masse der Beiträge – trotz ihrer Dominanz – nicht hinreichend deutlich wurden. Die vergleichende Analyse der Perspektiven in den Meinungs- und Nachrichtenformen[47] führt zu einem klaren Ergebnis: Die Verfasser von *Kom-*

---

[43] Vgl. hierzu Kepplinger, Brosius, Staab & Linke, 1989; Kepplinger, 1994a.
[44] Vgl. Hagen, 1993.
[45] Vgl. Patterson & Donsbach, 1996.
[46] Vgl. Schönbach, 1977: S. 48–70.
[47] Nicht berücksichtigt werden hier An- und Ab-Moderationen, weil es sich hierbei z. T. um reine Ansagen und z. T. um meinungshaltige Einbettungen handelt.

mentaren und *Glossen* und die Autoren von *Reportagen* und *Features* forderten noch einseitiger staatliche Maßnahmen zur Lösung von Problemen als die Akteure, die in *Nachrichten* und *Berichten*, bzw. in *Interviews* und *Dokumentationen* zu Wort kamen. Deshalb ist zu vermuten, daß die staatsbetonte Perspektive der Masse der Beiträge zumindest teilweise eine Folge der Sichtweise der Redaktionen war: Sie räumten gesellschaftlichen Akteuren eine prägende Rolle ein, die staatliche Maßnahmen forderten, und sie präsentierten entsprechende Informationen so, daß sie als ausschlaggebende Gesichtspunkte erschienen (Tabelle 10).

Tabelle 10: Darstellung der Zuständigkeit von Staat und Gesellschaft für Problemlösungen in Meinungsbeiträgen und Nachrichtenformen

Basis: 6.829 Beiträge mit 5.822 Darstellungen von Sachthemen vom 02.03.1998 bis zum 26.09.1998*

Zuständigkeit für Problemlösungen	Kommentar, Glosse (n=90) %	Reportage, Feature (n=107) %	Interview und Dokumentation (n=156) %	Nachricht, Bericht (n=1.670) %	Summe (n=2.023) %
Staat**	84	82	76	77	78
ambivalent	4	9	7	6	6
Individuen, Gesellschaft**	11	8	17	17	16
Summe	99	99	100	100	100

* Ohne Moderationen und ohne Darstellungen von Sachthemen, die keine Hinweise auf die Zuständigkeit für Problemlösungen enthielten (n=3.799)
** Zusammengefaßt: »eindeutig« und »eher«

Zusammenfassung und Folgerungen

Die vorliegende Studie sollte die Frage klären, welche Vorstellungen die Fernsehnachrichten in den Monaten vor der Wahl vermittelten. Dies ist eine unabdingbare Voraussetzung für eine Antwort auf die Frage, weshalb die CDU/CSU im Unterschied zu den vorangegangenen Wahlen ihr Tief nicht überwinden und die SPD kurz vor der Wahl überflügeln konnte. Die theoretische Grundlage der Studie bildete die Erkenntnis, daß die meisten Fernsehzuschauer Nachrichten und Kommentare ganzheitlich wahrnehmen: Sie identifizieren die vorherrschende Perspektive, sogenannte »Frames«, und interpretieren Einzelinformationen in ihrem Kontext. Für die

Analyse der Fernsehberichterstattung wurden insgesamt sechs Frames identifiziert und operationalisiert, d.h. meßbar gemacht. Zusätzlich wurden mehrere Skalen zur Analyse anderer Aspekte der Berichterstattung entwickelt. Die wichtigsten Befunde kann man in zehn Feststellungen zusammenfassen:

1. Alle Fernsehsender stellten in ihren Nachrichtensendungen die Lage in Deutschland als negativ dar. Im Vordergrund standen Probleme, Mängel und andere negative Zustände. Dabei gab es nur geringe Unterschiede zwischen den Sendern.

2. Die Fernsehsender stellten die Lage auf fast allen Gebieten negativ dar. Besonders deutlich war dies in der Berichterstattung über den gesamten Sozialbereich. Eine bemerkenswerte Ausnahme war die positive Darstellung des Standortes Deutschland: Sie ließ Forderungen nach einschneidenden Maßnahmen zur Sicherung des Standortes als unbegründet erscheinen.

3. Die Schuld an Fehlentwicklungen wurde etwa in gleichem Maße der Regierung und externen Faktoren zugeschrieben – der Asienkrise, dem internationalen Wettbewerb usw. Dabei bestanden erhebliche Unterschiede zwischen den Sendern. Die ARD und vor allem RTL veröffentlichten häufiger Schuldvorwürfe an die Regierung als die anderen Sender.

4. Alle Sender charakterisierten die Verteilung von materiellen und nichtmateriellen Gütern in Deutschland überwiegend als ungerecht. Besonders ausgeprägt war dies bei RTL, weniger deutlich bei PRO 7.

5. Bei der Darstellung von Ungerechtigkeiten wurde die Kompetenz zur Lösung von fast allen Problemen eher der SPD als der CDU/CSU zugesprochen. Eine Ausnahme bildete nur die Berichterstattung über die innere Sicherheit, wo die Kompetenzvermutung eher bei der CDU/CSU lag.

6. Alle Sender betonten den Vorrang der Ansprüche der Individuen vor der Sicherung der Leistungskraft der gesellschaftlichen Institutionen. Besonders deutlich war dies bei der ARD, weniger ausgeprägt bei RTL.

7. In Beiträgen, die den Vorrang der individuellen Ansprüche vor der Sicherung der institutionellen Leistungskraft hervorhoben,

wurde die SPD meist positiv und die CDU/CSU meist negativ charakterisiert. Die Wahl der erwähnten Perspektive stellte deshalb eine Vorentscheidung über die Tendenz der Parteiendarstellung dar.

8. Alle Sender betonten die Zuständigkeit des Staates für die Lösung von Problemen. Eine Zuständigkeit der Staatsbürger oder vorstaatlicher Einrichtungen wurde dagegen nur selten hervorgehoben.

9. Falls der Staat für die Lösung von Problemen verantwortlich gemacht wurde, wurde den beiden Volksparteien etwa in gleichem Maße eine Problemlösungskompetenz zugeschrieben. Falls die Problemlösungen von den Individuen erwartet wurde, wurde der CDU/CSU eher eine Problemlösungskompetenz zugeschrieben als der SPD. Dies war jedoch sachlich bedeutungslos, weil derartige Berichte selten waren.

10. Forderungen nach staatlichen Maßnahmen zur Lösung von Problemen waren in Meinungsbeiträgen (Kommentare und Glossen) noch ausgeprägter als in Nachrichten und Berichten. Dies deutet darauf hin, daß die staatsfixierte Perspektive der Nachrichten und Berichte auch eine Folge der dominierenden Problemsicht der Redaktionen war: Die Nachrichten und Berichte spiegelten nicht nur die Ansichten der relevanten gesellschaftlichen Akteure wieder. Gesellschaftliche Akteure mit den erwähnten Ansichten wurden von den Redaktionen für besonders relevant gehalten und in den aktuellen Berichten dominant präsentiert.

Die vorliegende Analyse der Fernsehberichterstattung erfaßt nur die letzten sieben Monate vor der Bundestagswahl am 27. September 1998. In den Jahren davor haben die untersuchten Fernsehsender die aktuelle Lage in Deutschland aber mit hoher Wahrscheinlichkeit ähnlich dargestellt. Geht man von dieser Annahme aus, kann man aus den Befunden einige generelle Folgerungen ableiten. Angesichts der Darstellung der aktuellen Lage in den Fernsehnachrichten mußte ein unbefangener Wähler im Laufe der Zeit die Überzeugung gewinnen, daß ein Regierungswechsel sachlich notwendig ist. Dazu bedurfte es keiner ausdrücklichen Aufforderungen, die allerdings auch nicht selten waren.[48] Gegen diese Überzeu-

---

[48] Vgl. S. 163.

gung, die auf einer fundierten Einsicht in die Lage des Landes zu beruhen schien und folglich als eine eigene Einsicht in die Natur der Sache erlebt wurde, sprach allenfalls die langfristige Bindung an eine der Regierungsparteien, sowie die Präferenz ihrer Kandidaten – bzw. eine tiefsitzende Abneigung gegen die Oppositionsparteien und ihre Repräsentanten. Die entscheidende Frage lautete deshalb 1998 nicht, weshalb die Regierungsparteien im Unterschied zu den beiden vorangegangenen Wahlen den Vorsprung der Oppositionsparteien nicht mehr aufholen konnten. Sie lautete vielmehr, weshalb die Regierungsparteien im Laufe des Wahlkampfes leicht zulegen konnten und ihre Niederlage deshalb nicht noch größer wurde.

Die Darstellung der Lage des Landes, der die SPD ihren Wahlsieg in erheblichem Maße verdankt, stellt die schwerwiegendste Hypothek ihrer Regierungtätigkeit dar. Zum einen wird ihr Handlungsspielraum nun von genau jenen Realitätsdarstellungen beschränkt, die den Handlungsspielraum der vorangegangenen Regierung eingeengt hatten. Dies ist der Anteil der Umstände an dem Dilemma, in dem die SPD steckt. Zum anderen hat sie selbst im Einklang mit der Fernsehberichterstattung Widerstände gegen Reformen des Sozialsystems bestärkt und Erwartungen an ihre Revision geweckt, die sie unter den gegebenen Bedingungen nicht erfüllen kann. Dies ist ihr eigener Anteil daran. Sie ist mit einer Rhetorik an die Regierungsmacht gelangt, die eine aktive Regierung im Sozialbereich extrem schwer macht: Die SPD steht vor der Wahl, in wesentlichen Bereichen der Innenpolitik unglaubwürdig zu werden oder untätig zu bleiben.

Nach der Wahl stellen die Fernsehsender die Lage in Deutschland ähnlich dar wie vorher. Dies läßt sich mit den verfügbaren Daten zwar nicht beweisen, wird jedoch durch zahlreiche Beobachtungen gestützt. Daraus resultiert eine doppelte Problematik. Zum einen erschwert und verzögert dies Reformen vor allem des Sozialsystems, die nach Ansicht der weitaus meisten Fachleute unumgänglich sind. Dadurch wächst die Gefahr schwerwiegender Krisen, auf die die Mehrheit der Bevölkerung nicht vorbereitet ist, weil sie die Notwendigkeit für solche Reformen nicht erkennt und folglich aus tiefster Überzeugung ihre Berechtigung bestreitet. Zum anderen ermuntert dies nach der Bundestagswahl die CDU/CSU-Opposition zur Imitation der Rhetorik der SPD-Opposition vor der Bundestagswahl. Denn ein solches Verhalten fördert – so lange die beschriebene Lagedarstellung das Bild beherrscht – die Akzeptanz in der Bevölkerung, erhöht entsprechend die Wahlchancen und führt sie im Falle eines Wahlsieges in das gleiche Dilemma wie die jetzige SPD-Regierung. Es würde jedoch – sobald sich die Lagedarstellung ändern und einer Sichtweise Platz machen würde, die an den Grenzen der Leistungskraft der sozialen Systeme orientiert ist und die individuellen Beiträge zur Lösung von Problemen einfordert – die Unionsparteien als Repräsentanten eines überholten Zeitgeistes zurücklassen, denen die Zukunftsfähigkeit fehlt.

Hans Mathias Kepplinger
in Zusammenarbeit mit
Marcus Maurer und Thomas Roessing

Die Kontrahenten in der Fernsehberichterstattung
Analyse einer Legende

Bundestagswahlen werden durch Entscheidungen zwischen Parteien gewonnen, die Wähler entscheiden sich jedoch zunehmend zwischen Kandidaten. Auf diese Formel kann man die Divergenz von Wahlsystem und Wahlentscheidung in der Bundesrepublik Deutschland bringen. Diese Divergenz hat mehrere Gründe: Die Bindung der Wähler an eine bestimmte Partei auf der Grundlage von individuellen Werthaltungen, Gewohnheiten und Milieueinflüssen hat in den alten Ländern seit Jahren langsam, aber kontinuierlich abgenommen.[1] In den neuen Ländern ist eine solche Bindung bisher kaum entstanden. Dadurch ist im Lauf der Jahrzehnte der Anteil der parteilich ungebundenen Wähler erheblich gestiegen. Dieses Potential muß bei jeder Wahl für die Parteien neu gewonnen werden. Dabei spielen die aktuelle Lage des Landes und die Spitzenkandidaten der großen Parteien eine immer wichtigere Rolle. Sie können unter günstigen Voraussetzungen die mangelnde Nähe zu einer Partei kompensieren.

Die programmatischen Unterschiede zwischen den Hauptrivalen um die politische Macht sind in den vergangenen Jahrzehnten geringer geworden: In der SPD besitzen die Anhänger marxistischer Ideen heute einen deutlich geringeren Einfluß als früher, in der CDU/CSU ist der Einfluß kirchlicher Wertvorstellungen erheblich geschwunden. Zwischen den einflußreichen Sozialpolitikern der beiden Volksparteien bestehen oft mehr Gemeinsamkeiten als zwischen ihnen und Gruppierungen innerhalb ihrer eigenen Partei.[2] Die noch bestehenden programmatischen Unterschiede werden zudem heute in der aktuellen Berichterstattung weniger deutlich: Frü-

[1] Vgl. u. a. Roth, 1998a; siehe hierzu auch Falter & Rattinger, 1994.
[2] Vgl. Klingemann & Volkens, 1997.

her besaßen die Parteien eigene Zeitungen, die diese Unterschiede betonten, heute ist die Öffentlichkeit auf die parteilich ungebundenen Medien angewiesen, die sie eher verwischen.[3] Dies vermindert zugleich die Karrierechancen von Parteipolitikern, die programmatische Unterschiede zwischen den Parteien betonen – ihre publizistische Plattform ist weitgehend verschwunden.

Die publizistische Präsenz der Spitzenkandidaten der großen Parteien hat durch die Ausbreitung des Fernsehens erheblich zugenommen. Früher konnten sie sich selbst bei Massenveranstaltungen nacheinander immer nur einem lokalen Publikum präsentieren, heute sind sie in Nachrichtensendungen, Magazinen, Talkshows usw. nahezu allgegenwärtig. Medien- und vor allem Fernsehpräsenz, ist zu einer nahezu unabdingbaren Voraussetzung für die Zugehörigkeit zur »Öffentlichkeitselite« geworden. Dies gilt für alle gesellschaftlichen Bereiche, vor allem aber für die Politik.[4] Starpolitiker unterscheiden sich deshalb – bei gleicher Einschätzung ihrer politischen Sachkompetenz – von anderen Politikern vor allem durch ihre Fähigkeit zu fernsehgerechten Auftritten.[5] Die Prominenz bzw. der Starruhm eines Politikers bilden ein »Beziehungskapital«, das sie für ihre eigene Karriere bzw. den Wahlerfolg ihrer Partei einsetzen können. Die Entscheidung für Schröder und gegen Lafontaine als Kanzlerkandidat der SPD ist ein aktuelles Beispiel hierfür.

Im Unterschied zu den tief verankerten und – trotz ihres langfristigen Verfalls – relativ stabilen Bindungen an eine Partei handelt es sich bei den Präferenzen für einen Kandidaten um eher oberflächliche und entsprechend instabile Vorlieben, vergleichbar mit den Augenblicksurteilen über den Zustand der Parteien. Beide beruhen in erheblichem Maße auf medienvermittelten Vorstellungen und schwanken entsprechend stark.[6] Die Parteibindung ist – bildlich gesprochen – ein relativ stabiler Wähler-Sockel, der durch die augenblicklichen Urteile über die Parteien und ihre Kandidaten mehr oder weniger erhöht werden kann.[7] Daraus resultiert die Frage, was im konkreten Fall mehr zur Erhöhung des Wähler-Sockels bei-

---

[3] vgl. Meyn, 1996: S. 86 f.
[4] Vgl. Peters, 1994.
[5] Vgl. Kepplinger, 1997.
[6] Zum Einfluß der Medienberichterstattung auf die Entwicklung der Akzeptanz von Politikern vgl. Kepplinger, Donsbach, Brosius & Staab, 1986; Kepplinger, Eps & Augustin, 1995; Kepplinger, Eps & Pankowski, 1998.
[7] Theoretisch kann der Sockel durch negative Urteile über die Parteien und Kandidaten auch abgetragen werden. Damit ist vor allem dann zu rechnen, wenn die Parteibindung noch nicht sehr lange besteht und noch nicht tief verankert ist. Dies wird hier, um die Darstellung nicht zu überlasten, vernachlässigt.

trägt – die Meinungen über die Parteien oder über die Kandidaten. Verwandt damit ist die Frage, ob die Kandidaten das Bild der Parteien beeinträchtigen oder umgekehrt.

Im Vorfeld der Bundestagswahl 1998 lagen die SPD und Schröder in der Gunst der Wähler weit vor der CDU/CSU und Kohl. Zwar verringerte sich der Abstand gegen Ende des Wahlkampfes, einholen und überholen konnten die Unionsparteien und der Kanzler jedoch seinen Herausforderer und dessen Partei nicht mehr. Dagegen erreichte Kohls designierter Nachfolger Schäuble seit Mitte 1997 immer höhere Sympathiewerte und überflügelte kurz vor der Wahl auch Schröder.[8] Dies stimulierte während des Wahlkampfes Forderungen nach einem Wechsel des Kanzlerkandidaten der Unionsparteien und führte nach der Wahl zu der Behauptung einiger Wahlforscher, nicht die Regierung oder die Unionsparteien, sondern Kohl habe die Wahl verloren.[9] Auf den ersten Blick erscheint das plausibel und wurde nach der Wahl auch von der Mehrheit der Unionsanhänger ähnlich gesehen. Im Oktober 1998 meinten 60 Prozent der CDU/CSU-Wähler, die Wähler hätten »andere Politiker, andere Gesichter« gewollt. Nur 32 Prozent glaubten, sie hätten für »eine andere, neue Politik« gestimmt. Die Wähler der SPD sahen dies genau umgekehrt (23 bzw. 70 %).[10] Eigentümlicherweise finden sich hierfür jedoch in den Detailanalysen der Ursachen individueller Wahlpräferenzen keine tragfähigen Belege. Danach hat Schröder der SPD weniger, Kohl der CDU/CSU aber mehr genutzt als gemeinhin vermutet wird. Zwar wollten mehr Wähler Schröder als Kohl als Kanzler. Die Präferenz für Schröder hat jedoch – im Unterschied zur Präferenz für Kohl – die ohnehin vorhandene Absicht, seine Partei zu wählen, nicht nennenswert erhöht.[11] Zudem belegen Fragebogenexperimente während des Wahlkampfes, daß auch Schäuble nicht besser abgeschnitten hätte als Kohl: Im Juli bevorzugten bei der Konstellation Schröder-Kohl 42 Prozent Schröder und 27 Prozent Kohl. Bei der Konstellation Schröder-Schäuble betrug das Verhältnis 41 zu 25 Prozent.[12]

Was sind die Ursachen der unterschiedlichen Diagnosen, und wie konnte Kohl den Unionsparteien trotz seiner schlechten Sympathiewerte nutzen? Die Vermutung, mit Schäuble hätten die Regierungsparteien die Wahl gewonnen oder zumindest erheblich besser abge-

[8] Vgl. Jung & Roth, 1998; Süddeutsche Zeitung, 17.08.1998: S. 9.
[9] Vgl. Jung & Roth, 1998.
[10] Allensbacher Archiv, IfD-Umfrage Nr. 6069.
[11] Vgl. Gabriel & Brettschneider, 1998; Brettschneider, 1999.
[12] Allensbacher Archiv, IfD-Umfrage Nr. 6060.

schnitten, beruht auf der unausgesprochenen Annahme, Schäuble hätte als Kanzlerkandidat der Unionsparteien genauso viele Sympathien genossen wie als Stellvertreter Kohls. Nur dann hätte er die mangelnde Zustimmung zu den Unionsparteien effektiv kompensieren können. Diese Annahme ist jedoch weder theoretisch sinnvoll, noch empirisch haltbar. Empirisch nicht haltbar ist sie, weil die Erfahrung das Gegenteil belegt: Nachdem Strauß 1980 den damals unpopulären Kohl als Kanzlerkandidaten der Unionsparteien verdrängt hatte, nahm die Beliebtheit Kohls stark zu. Als Kohl erneut der führende Politiker der Unionsparteien geworden war, ging seine Beliebtheit wieder erheblich zurück.[13] Eine Ursache dieses generellen Sachverhaltes besteht darin, daß die Mehrheit der meinungsbildenden Medien die potentiellen Konkurrenten der Spitzenpolitiker der Unionsparteien als positive Alternative präsentieren, bis diese Konkurrenten selbst eine Spitzenposition erreicht haben. Das hat zur Folge, daß auch die beliebtesten Politiker der zweiten Reihe an Zustimmung verlieren, sobald sie die Spitzenposition übernommen haben. Genau das widerfuhr auch Schäuble. Kaum war er nach der Wahl aus dem Schatten Kohls herausgetreten und zum Parteivorsitzenden der CDU gewählt worden, nahm seine Beliebtheit ab. Ein halbes Jahr danach erhielt er nicht mehr Zustimmung als sein Vorgänger.[14]

Theoretisch nicht sinnvoll ist die Annahme, die CDU/CSU hätte mit Schäuble als Kandidat besser abgeschnitten, weil sie den Blick auf die komplexen Ursachen des Ansehens von Politikern in der Bevölkerung verstellt. Die Beliebtheit von Politikern ist die Folge von Wechselwirkungen zwischen der Eigendynamik des politischen Handelns, der intervenierenden Kraft der Medien und den Reaktionen der Bevölkerung darauf. Die Medien stellen zwar das politische Handeln dar, die Handelnden und ihre Verhaltensweisen sind jedoch nicht unabhängig von den Medien. Zum einen orientieren die Politiker ihr Handeln an den Erwartungen und Bedürfnissen der Medien. Dies hat im Laufe der Jahrzehnte den Charakter der Politik verändert[15] und schlägt sich zunehmend auch in der Wahlkampfführung nieder. Zum anderen wirkt die Berichterstattung über das politische Geschehen auf die dort Handelnden zurück. Die »reziproken Effekte«[16] einer positiven Berichterstattung er-

---

[13] Vgl. hierzu Kepplinger, Donsbach, Brosius & Staab, 1986.
[14] Vgl. Politbarometer vom 16. April 1999.
[15] Vgl. hierzu Kepplinger, 1998: S. 145–163.
[16] Vgl. hierzu Protess, Cook, Curtin, Gordon, Leff, McCombs & Miller, 1987; Kepplinger, 1999.

leichtern öffentliche Auftritte von Politikern, die entsprechenden Effekte einer negativen Darstellung erschweren sie. Die gleichen Akteure erscheinen locker und gelassen oder verkrampft und angespannt. Die Auftritte Scharpings als Verteidigungsminister (gelassen) und als Kanzlerkandidat (verkrampft) sind anschauliche Belege hierfür. Ausschlaggebend für die offenkundigen Verhaltensunterschiede ist nicht die Größe der Verantwortung, sondern die Resonanz der Öffentlichkeit.[17]

Die Gesamttendenz der Parteien- und Kandidatendarstellung

Der überraschende Befund, daß Schröder der SPD weniger, Kohl der CDU/CSU aber mehr genutzt hat als gemeinhin vermutet wird, läßt sich mit theoretischen Überlegungen allein nicht erklären. Hierfür ist eine empirische Analyse der wichtigsten Grundlage der Urteilsbildung der Wähler erforderlich – der aktuellen Berichterstattung des Fernsehens über die Kandidaten und ihre Parteien. Dies geschieht anhand der abendlichen Nachrichtensendungen von ARD, ZDF, RTL, SAT 1 und Pro 7.[18] Eine wichtige Grundlage für die Orientierung der Fernsehzuschauer bildet die *Gesamttendenz* bei der Darstellung der Parteien und ihrer Kandidaten. In sie gehen sowohl die expliziten Werturteile von Journalisten als auch die neutralen Darstellungen werthaltiger Sachverhalte ein. Hierbei kann es sich um die Meinungen anderer Personen handeln, jedoch auch um Geschehnisse, die allgemein als positiv oder negativ gelten. Hierzu gehören beispielsweise Erfolge und Mißerfolge aller Art. Die Gesamttendenz der Beiträge über die Parteien und ihre Kandidaten wurde mit Hilfe von 5-stufigen Schätz-Skalen ermittelt.[19] Zur Vereinfachung der Darstellung werden in den nachfolgenden Tabellen die beiden positiven und negativen Skalenstufen jeweils zusammengefaßt. Beiträge, die keinerlei Tendenz erkennen ließen, wurden gesondert erfaßt. Sie gehen in die folgende Analyse nicht ein.

---

[17] Man könnte einwenden, entscheidend sei nicht die Reaktion der Öffentlichkeit sondern das Ministeramt. Dem widersprechen jedoch die verkrampften Auftritte von Lafontaine, nachdem seine Finanzpolitik massiv kritisiert worden war.

[18] Zu den Einzelheiten siehe S. 237–248.

[19] Die Skalenstufen waren folgendermaßen beschriftet: »eindeutig positiv«, »eher positiv«, »nicht entscheidbar/ambivalent«, »eher negativ«, »eindeutig negativ«. Als »ambivalent« wurden Beiträge eingestuft, wenn sich positive und negative Tendenzen die Waage hielten.

Die Gesamttendenz der Berichterstattung über die CDU/CSU kann man als Spiegelbild der Gesamttendenz der Berichterstattung über die SPD betrachten: Fast die Hälfte aller Beiträge über die Unionsparteien waren negativ, nahezu der gleiche Anteil aller Beiträge über die Sozialdemokraten war positiv. Dabei bestanden – von einer Ausnahme abgesehen – keine großen Unterschiede zwischen den verschiedenen Sendern. Die erwähnte Ausnahme waren die Nachrichten von RTL, die die CDU/CSU besonders negativ und die SPD besonders positiv charakterisierten (Tabelle 1).

Tabelle 1:   Tendenz der Darstellung von CDU/CSU und SPD in den Fernsehnachrichten

Basis: 6.829 Beiträge vom 02.03.1998 bis zum 26.09.1998

CDU/CSU	ARD	ZDF	RTL	SAT 1	PRO 7	Summe
	(n=718)	(n=706)	(n=524)	(n=318)	(n=256)	(n=2.522)
	%	%	%	%	%	%
positiv*	23	25	21	24	22	23
ambivalent	32	34	26	31	28	31
negativ*	45	41	53	45	50	46
Summe	100	100	100	100	100	100

SPD						
	(n=456)	(n=506)	(n=389)	(n=217)	(n=192)	(n=1.760)
	%	%	%	%	%	%
positiv*	40	41	48	40	39	42
ambivalent	35	34	27	34	26	32
negativ*	26	25	25	26	35	26
Summe	101	100	100	100	100	100

* Zusammengefaßt: »eindeutig« und »eher«

Die wertende Berichterstattung über die Spitzenkandidaten unterschied sich in zweifacher Hinsicht von der wertenden Darstellung ihrer Parteien: Die Gesamttendenz der Berichterstattung über beide Kandidaten war erstens positiv, wobei jedoch Schröder deutlich besser abschnitt als Kohl.[20] Zweitens bestanden zwischen den einzelnen Sendern erhebliche Unterschiede in der wertenden Darstellung der beiden Spitzenkandidaten. Während das ZDF, SAT 1 und

[20]   Eine positivere Darstellung Schröders weisen auch andere Inhaltsanalysen aus, obwohl sie zum Teil anders angelegt sind. Vgl. dazu Krüger & Zapf-Schramm, 1999: Tabelle 5; Schneider, Schönbach & Semetko, 1999: Abb. 3. Allerdings ermittelten Schneider, Schönbach & Semetko mit Hilfe einer Aussagen-Analyse einen leicht höheren Anteil negativer Wertungen, allerdings mit kleinen Fallzahlen und einem kürzeren Beobachtungszeitraum.

Pro 7 Kohl zumindest annähernd so positiv charakterisierten wie
Schröder, stellten die ARD und RTL Schröder wesentlich positiver
dar als Kohl. Die Berichterstattung von ARD und RTL über die
beiden großen Parteien und ihre Kandidaten war damit deutlich
einseitiger als die Berichterstattung der anderen Sender. Kein Sender berichtete jedoch annähernd so einseitig wie RTL, das als ein-
ziger Sender nicht nur die CDU/CSU, sondern auch Kohl überwiegend negativ präsentierte (Tabelle 2).

Tabelle 2: Tendenz der Darstellung von Helmut Kohl und Gerhard Schröder
in den Fernsehnachrichten

Basis: 6.829 Beiträge vom 02.03.1998 bis zum 26.09.1998

	ARD	ZDF	RTL	SAT 1	PRO 7	Summe
Kohl	(n=353)	(n=362)	(n=324)	(n=181)	(n=181)	(n=1.401)
	%	%	%	%	%	%
positiv*	35	47	32	48	43	40
ambivalent	30	28	28	25	27	28
negativ*	35	26	40	27	31	32
Summe	100	101	100	100	101	100
Schröder	(n=230)	(n=295)	(n=283)	(n=127)	(n=130)	(n=1.065)
	%	%	%	%	%	%
positiv*	46	52	53	59	48	50
ambivalent	30	28	25	26	27	27
negativ*	24	20	22	25	25	23
Summe	100	100	100	100	100	100

* Zusammengefaßt:»eindeutig« und»eher«

Bei Wahlen können die Parteien von der publizistischen Präsenz
ihrer Spitzenkandidaten profitieren und die Spitzenkandidaten
von der publizistischen Präsenz ihrer Parteien. Im ersten Fall sind
die Parteien eher eine Belastung als ein Gewinn für ihre Kandidaten. Im zweiten Fall sind die Kandidaten eher eine Belastung als ein
Gewinn für ihre Parteien.[21] Bei der Bundestagswahl 1998 waren die
Gewichte einseitig verteilt. Die überwiegend positiven Beiträge
über die SPD und Schröder ergänzten und stützten sich gegenseitig.
Folglich spielte es keine große Rolle, daß sich die Sender mit der

---

[21] Zur Bundestagswahl 1990 vgl. Kindelmann, 1994; Semetko & Schönbach,
1994; Kepplinger, Brosius & Dahlem, 1994. Zur Bundestagswahl 1994 siehe u. a.
die Beiträge in Holtz-Bacha & Kaid, 1996. Zu beiden Wahlen vgl. auch die relevanten Ausgaben des Medien Tenor.

Partei häufiger befaßten als mit ihrem Spitzenkandidaten. Die überwiegend negativen Beiträge über die CDU/CSU stellten dagegen eine erhebliche Schwächung der überwiegend positiven Charakterisierung Kohls dar. Dabei spielte es eine große Rolle, daß sich die Sender sehr häufig mit den tatsächlichen oder vermeintlichen Schwächen und Mängeln der Unionsparteien befaßten (Tabelle 3).

Tabelle 3: Tendenz der Darstellung der Volksparteien und ihrer Spitzenkandidat

Basis: 6.829 Beiträge vom 02.03.1998 bis zum 26.09.1998

	SPD	Schröder	CDU/CSU	Kohl
	(n=1.760)	(n=1.065)	(n=2.522)	(n=1.401)
	%	%	%	%
positiv*	42	50	23	40
ambivalent	32	27	31	28
negativ*	26	23	46	32
Summe	100	100	100	100

* Zusammengefaßt: »eindeutig« und »eher«

Eine wesentliche Ursache der negativen Darstellung der CDU/CSU und der positiven Charakterisierung der SPD war der Zustand der beiden Partien. Während die SPD trotz ihrer Doppelspitze geschlossen auftrat, profilierten sich Unionspolitiker auf Kosten ihrer Partei durch Kritik am eigenen Lager. Die medienwirksamen Vorstöße richteten sich u. a. gegen die erneute Kandidatur Kohls, gegen die Reformen im Sozialbereich und gegen die Wahlkampfführung.[22] Während führende Unionspolitiker das eigene Lager in Frage stellten und dadurch maßgeblich zum schlechten Erscheinungsbild ihrer Partei beitrugen, blieben Angriffe auf das gegnerische Lager selten und zudem farblos. Die Kritik an den Zielen der SPD kam über den generellen Vorwurf der Konturlosigkeit nicht hinaus, eine Gegenüberstellung der Unterschiede zwischen Schröder und Lafontaine gab es nur ansatzweise, ihre politischen Biographien spielten keine nennenswerte Rolle. Die Unionsparteien trugen dadurch dazu bei, daß die Personal- und Sachkonflikte der SPD vor der Wahl nicht öffentlich diskutiert wurden, sondern erst nach der Wahl aufbrachen.

[22] Einen deutlichen Zusammenhang zwischen Auseinandersetzungen in der CDU/CSU und dem zeitweise negativen Erscheinungsbild Kohls belegt die Studie von Krüger & Zapf-Schramm, 1999: Abb. 4.

Die beiden Arenen der Politik

Nach jedem Machtwechsel müssen die neuen Amtsinhaber mit Problemen rechnen, die die Regierungsarbeit erschweren: die Unwilligkeit von Ministerialbeamten, deren Loyalität der alten Mehrheit gilt, die Hinhaltetaktik von Verbänden, ohne deren Informationen die Konsequenzen von Reformen kaum abschätzbar sind, das öffentliche Störfeuer der Interessengruppen, die ihre Pfründe und Privilegien gefährdet sehen usw.

Keine Regierung der Nachkriegszeit hatte jedoch einen derart katastrophalen Fehlstart wie das Kabinett Schröder, und keine wurde dafür so massiv kritisiert – auch von den Medien, die vor der Wahl ausdrücklich für einen Regierungswechsel geworben hatten – darunter *Die Woche*, *Die Zeit* und *Der Spiegel*. Eine Ursache des Fehlstarts dürfte die latente Rivalität zwischen dem SPD-Kanzler und dem SPD-Vorsitzenden gewesen sein, eine weitere Ursache die dahinter aufleuchtenden Zielkonflikte der neuen Regierung. Beides erklärt jedoch nicht die ungewöhnliche Intensität von Starrsinn und Hilflosigkeit bei zahlreichen Vorhaben – vor allem beim Ausstieg aus der Kernenergie, der Einschränkung der Scheinselbständigkeit, der Neuregelung des 630-Mark-Gesetzes und der Reform des Steuerrechtes. In einem monatelangen Zick-Zack-Kurs wurden Maßnahmen so lange verkündet, geändert, storniert und erneut geändert, bis kaum ein Beobachter wußte, was wirklich beschlossen werden sollte oder bereits beschlossen worden war. Eine weitere Ursache des Fehlstarts dürfte vor der Regierungsübernahme liegen und mit der Art des Wahlkampfes sowie seiner Darstellung in den Medien zu tun haben.

Alle Politiker agieren in zwei Arenen.[23] In der einen Arena geht es um die sachgerechte Lösung von Problemen – die Sicherung der Renten, den Abbau der Zölle, die Verbesserung des Umweltschutzes usw. In der anderen Arena geht es um die Zustimmung zu den handelnden Personen, um die Mehrheit innerhalb der eigenen Partei, im Parlament und unter den Wählern. Jede Arena hat ihre eigenen Regeln und damit ihre eigenen Erfolgsbedingungen. Der dauerhafte Erfolg bei der Lösung politischer Sachfragen erfordert ein hohes Maß an Sachkenntnis, Einsatzwillen, Fortune usw. Die dauerhafte Zustimmung der Mehrheit verlangt ähnliche, jedoch nicht notwendigerweise die gleichen Eigenschaften. Hier sind unter Umständen rhetorisches Talent, Schlagfertigkeit und Witz wichtiger. Die Eigenschaften und Fähigkeiten, die ein Politiker braucht, um in den beiden Arenen Erfolg zu haben, schließen sich zwar nicht

[23] Vgl. hierzu Kepplinger, Brosius & Dahlem, 1994: S. 11–25, 117–150.

aus. Sie sind jedoch auch nicht identisch, und je mehr sie auseinanderklaffen, desto schwieriger wird die Lösung politischer Probleme: Diejenigen, die Probleme lösen könnten, finden keine Zustimmung, und diejenigen, die Zustimmung finden, können die Probleme nicht lösen.

Eine Ursache dieses Dilemmas ist die Wahlkampfführung der Parteien und die Präsentation ihrer Kandidaten in den Medien, vor allem dem Fernsehen: Je häufiger Politiker in der aktuellen Berichterstattung in Zusammenhang mit Sachfragen bewertet werden, desto eher bildet die sachliche Kompetenz oder Inkompetenz der Kandidaten die Grundlage der Urteilsbildung der Wähler. Je seltener es geschieht, desto bedeutender sind andere Faktoren.

Welches Bild haben die Parteien von sich selbst und ihren Konkurrenten im Wahlkampf 1998 gezeichnet? Wie hat sich dies in der Berichterstattung niedergeschlagen? Auf welcher Informationsgrundlage haben sich die Wähler entschieden? Eine Antwort auf diese Fragen gibt die Bewertung der Spitzenkandidaten in Beiträgen über Sachthemen und in Beiträgen über Personen. Unberücksichtigt bleiben dabei Beiträge, in denen beides gleichermaßen behandelt wurde.[24] Gegen die Kontrastierung von Beiträgen über Sachfragen mit Beiträgen über Personalfragen kann man einwenden, daß gerade in der Politik Personalfragen Sachfragen sind. Dies ist zwar richtig, geht jedoch an der Problematik vorbei, weil die Masse der Wähler die Sachpositionen von Politikern nur dann einschätzen kann, wenn sie in den Nachrichten auch als solche charakterisiert werden. Das traf jedoch meist nicht zu. Die beiden Spitzenkandidaten wurden nur relativ selten in Beiträgen bewertet, in deren Mittelpunkt Sachthemen standen. In über der Hälfte der Beiträge (56 %) ging es ausschließlich oder überwiegend um Personen. Bei diesen Personen handelte es sich um die Spitzenkandidaten selbst, häufig jedoch auch um andere Politiker aus dem eigenen und auch aus dem gegnerischen Lager.

Erhebliche Unterschiede bestanden in den Kontexten, in denen Kohl und Schröder bewertet wurden. Kohl wurde in der Berichterstattung häufiger im Zusammenhang mit Sachthemen bewertet als Schröder (33 vs. 28 %). Dies ist teilweise auf sein Amt und die damit verbundene Beteiligung an Sachentscheidungen zurückzuführen. Teilweise manifestierte sich darin jedoch auch die Wahlkampfstrategie der SPD: die Kampagne mit einer Doppelspitze, die Präsentation medienwirksamer Außenseiter im Schattenkabinett und das

---

[24] Hierbei handelt es sich um 260 Beiträge mit Bewertungen von Kohl sowie 173 Beiträge mit Bewertungen von Schröder.

Vermeiden von konkreten Sachaussagen. Der Kontext der Präsentation der beiden Spitzenkandidaten besaß einen erheblichen Einfluß auf ihre Bewertung: In Beiträgen über Sachthemen wurde Kohl etwas besser beurteilt als Schröder. In Beiträgen über Personen wurde Schröder erheblich besser bewertet als Kohl. Die positive Gesamttendenz der Darstellung Kohls beruhte damit auf der überwiegend positiven Charakterisierung seiner Person in zahlreichen Beiträgen über politische Sachfragen. Die sehr positive Gesamttendenz der Darstellung Schröders beruhte dagegen auf der sehr positiven Charakterisierung seiner Person in zahlreichen Beiträgen über Personen.[25] In der Arena der Sachfragen besaß Kohl folglich einen Vorteil gegenüber Schröder. Dies wird noch deutlicher, wenn man neben der Tendenz die große Zahl der Beiträge über Sachfragen berücksichtigt, in denen Kohl bewertet wurde. Kohls Erfolg in der Arena der Sachfragen reichte jedoch nicht aus, um Schröders Erfolg in der Berichterstattung über Personen auszugleichen. Dazu gab es zu viele Beiträge über Personen, und dafür war die Tendenz der Darstellung Schröders und seiner Mannschaft zu positiv (Tabelle 4).

Tabelle 4:   Tendenz der Darstellung von Kohl und Schröder in personen- und sachorientierten Beiträgen

Basis: 6.829 Beiträge vom 02.03.1998 bis zum 26.09.1998

	Helmut Kohl		Gerhard Schröder	
	personenorientiert (n=675) %	sachorientiert (n=466) %	personenorientiert (n=598) %	sachorientiert (n=294) %
positiv*	35	49	53	44
ambivalent	30	25	29	25
negativ*	35	27	18	31
Summe	100	101	100	100

* Zusammengefaßt: eindeutig und eher

Eine Ursache der seltenen Bewertung von Schröder in Beiträgen über Sachthemen bestand – darauf wurde bereits hingewiesen – in der Strategie der SPD, eine Sachdiskussion soweit wie möglich zu vermeiden und in der Unfähigkeit der CDU/CSU, sie dazu zu zwin-

---

[25] In Beiträgen, die Personal- und Sachfragen gleichgewichtig behandelten, wurden die Kandidaten genauso bewertet wie in den Beiträgen, die nur oder fast nur Personen zum Gegenstand hatten. Ihre Einbeziehung hätte folglich die Bedeutung der Beiträge über Personen noch stärker hervortreten lassen.

gen. Damit wurde die Diskussion der Vor- und Nachteile von Sachentscheidungen jedoch nicht überflüssig, sondern nur auf den Zeitpunkt nach der Wahl verschoben, wo sie mit Vehemenz über die neue Regierung hereinbrach und ihre Arbeit trotz hektischer Aktivitäten monatelang behinderte. Eine der Grundlagen des Wahlerfolges der SPD – die Vermeidung von Sachauseinandersetzungen in der Partei vor der Wahl – war aus dieser Perspektive betrachtet eine Ursache des Fehlstarts der Regierung nach der Wahl. Für diese These spricht auch die Tatsache, daß Bündnis 90/Die Grünen – trotz Trittins Mißgriffen – diese Probleme nicht hatten. Falls man dieser Interpretation folgt, stellen sich einige Fragen, die über die vergangene Bundestagswahl hinausreichen: Ist aus Sicht der Parteien unter den skizzierten Voraussetzungen die Klärung und Offenlegung von Sachpositionen vor einer Bundestagswahl erstrebenswert? Können unter diesen Voraussetzungen die Wähler sachlich begründete Wahlentscheidungen treffen? Muß man aus den genannten Gründen nach jedem zukünftigen Regierungswechsel mit ähnlichen Anlaufschwierigkeiten rechnen?

Das Erscheinungsbild Kohls und Schröders

In die Gesamttendenz eines Beitrags über Parteien und ihre Kandidaten gehen zahlreiche Faktoren ein – das Auftreten und die Aussagen der angesprochenen Politiker, ihrer politischen Gegner und anderer Akteure, die wertenden Stellungnahmen von Journalisten und ihre neutralen Hinweise auf werthaltige Sachverhalte, die Einbettung der einzelnen Aussagen und Bilder in die Dramaturgie des Beitrags usw. Die Erfassung der Gesamttendenz eines Beitrags ist dann sinnvoll, wenn es um den Eindruck geht, den der gesamte Beitrag vermittelt. Sie ist nicht sinnvoll, wenn es darum geht, welche Figur ein Politiker in den Fernsehnachrichten macht. Genau dies ist jedoch ein wesentliches Element der Berichterstattung des Fernsehens.[26] Deshalb wurde in dieser Untersuchung das Erscheinungsbild der beiden Spitzenkandidaten gesondert ermittelt. Theoretisch kann man die Verhaltensweisen von Personen in Fernsehberichten mit zwei Verfahren analysieren, die unterschiedliche Aufschlüsse verschaffen. Das eine Verfahren zielt auf die Erfassung einzelner Elemente der Gestik, Mimik, Sprechweise, Aussagen usw. Dies er-

---

[26] Zum Einfluß der kurzfristigen Wahrnehmung der Kandidaten auf die dauerhaften Vorstellungen von den Kandidaten und zum Einfluß dieser Vorstellungen auf die Wahlentscheidungen vgl. Kepplinger, Brosius & Dahlem, 1994: S. 91–141.

möglicht genaue Analysen z. B. der Kopfbewegungen von Politikern bei Interviews mit Journalisten, die dem eigenen Lager oder dem gegnerischen Lager nahestehen.[27] Allerdings sagt das wenig über die kommunikative Bedeutung der Verhaltensweisen aus: Ob ein häufig nickender Politiker einen sicheren oder unsicheren, sympathischen oder unsympathischen Eindruck vermittelt, wird nicht deutlich. Das andere Verfahren zielt auf die Erfassung genau dieser Eindrücke, wobei man mehrere Aspekte unterscheiden kann – den Eindruck der Vertrauenswürdigkeit, Durchsetzungsfähigkeit, Gelassenheit usw. Allerdings bleibt hier unklar, welche Verhaltensweisen die Ursachen dieser Eindrücke sind.[28] Für die vorliegende Studie wurde das zweite Verfahren gewählt.

Das *Erscheinungsbild*, das Kohl und Schröder auf Standbildern, in Filmberichten, in Interviews usw. vermittelten, wurde mit Hilfe von neun 5-stufigen Schätz-Skalen festgestellt.[29] Mit Hilfe dieser Skalen wurde eingestuft, ob die bildliche Darstellung den Eindruck vermittelte, daß Kohl oder Schröder unsicher, vertrauenswürdig, sympathisch usw. sind. Die Einstufungen reichten von »trifft voll und ganz zu« bis »trifft überhaupt nicht zu«. Beiträge, in denen die fraglichen Eigenschaften nicht erkennbar waren, wurden gesondert erfaßt und werden hier nicht berücksichtigt. Grundlage der Analyse bilden alle Fernsehbeiträge, in denen Kohl oder Schröder im Bild zu sehen sind. Kohl war in 1.048, Schröder in 750 Beiträgen im Bild zu sehen. Dieses Verhältnis entspricht etwa der Zahl der Beiträge mit wertenden Aussagen (vgl. Tabelle 2) über Kohl und Schröder. Schröder erreichte folglich – trotz der fernsehbetonten Wahlkampagne der SPD – nicht die Fernsehpräsenz von Kohl, dessen Amt ihm in dieser Hinsicht einen uneinholbaren Vorsprung verschaffte.

Beide Spitzenkandidaten vermittelten relativ häufig positive und vergleichsweise selten negative Eindrücke. Einige positive Eindrücke waren in den Fernsehnachrichten wesentlich häufiger erkennbar als andere. Beide Kandidaten erschienen sehr oft seriös, vertrauenswürdig und gelassen, jedoch deutlich seltener energisch und durch-

---

[27] Vgl. hierzu Ostertag, 1992: S. 56 ff.

[28] Theoretisch kann man beide Verfahren kombinieren und die Eindrücke regressionsanalytisch auf bestimmte Verhaltensweisen zurückführen. Dies ist jedoch, wegen des dafür erforderlichen Aufwandes, nur exemplarisch an einigen Fällen möglich. Vgl. hierzu Ostertag, 1992: S. 150 ff.

[29] Die Skalen sind Teil einer umfassenderen Skalen-Batterie, die für die Analyse der Fernsehberichterstattung über die Bundestagswahl 1990 entwickelt wurde. Dort findet sich auch eine ausführliche Analyse des (geringen) Einflusses der dauerhaften Vorstellungen der Codierer auf die Codierungen sowie der (hohen) Test-Retest-Stabilität der Einstufungen. Vgl. Kepplinger, Brosius & Dahlem, 1994: S. 69–80.

setzungsfähig. Die Ursachen dieser Unterschiede sind unklar. Möglicherweise ist das Fernsehen wenig geeignet, Energie und Durchsetzungsfähigkeit zu vermitteln, möglicherweise haben aber auch deutsche Politiker noch keine Mittel gefunden, diese Eigenschaften fernsehgerecht zu präsentieren.[30] Die insgesamt positiven Eindrükke, die vermutlich auch die meisten anderen Spitzenpolitiker hinterlassen, könnten ein Grund dafür sein, daß die Politikverdrossenheit der Bevölkerung bei allen Bundestagswahlen deutlich zurückgeht:[31] Möglicherweise drängen die große Präsenz der führenden Politiker und ihre eher positive Rezeption negative Vorstellungen von Politik, die sich in der Zwischenzeit eingestellt haben, in den Hintergrund. Schröder vermittelte in der Bildberichterstattung des Fernsehens einen positiveren Eindruck als Kohl. Allerdings waren die Unterschiede nicht sehr groß, wobei jedoch zu beachten ist, daß Schröder als Herausforderer die ungünstigere Ausgangslage vorfand. Schröder wirkte sympathischer, vertrauenswürdiger, gelassener und energischer als Kohl. Kohl erschien dagegen öfter verärgert als Schröder. Bemerkenswert ist, daß Schröder als Herausforderer nicht unsicherer erschien als der Amtsinhaber, der immerhin einen amtierenden Kanzler in der Wählergunst überflügelt (Schmidt) und vier frühere Herausforderer (Vogel, Rau, Lafontaine, Scharping) geschlagen hatte. Bemerkenswert ist auch, daß Schröder, dem von Journalisten häufig Show-Auftritte vorgeworfen wurden, nicht unseriöser wirkte als Kohl. Offensichtlich war es ihm gelungen, die medialen Ursachen seines Verhaltens, die den Beobachtern vor Ort nicht verborgen blieben, hinter dem Verhalten zurücktreten zu lassen. Er schien mit seiner Rolle identisch, seine Auftritte wirkten dementsprechend authentisch (Schaubild 1).

Das Erscheinungsbild von Kohl und Schröder, also ihre optische Präsenz, stand in einem deutlichen Zusammenhang mit der Gesamttendenz der Beiträge: Beiträge mit positiver Gesamttendenz vermittelten einen günstigeren Eindruck von beiden Spitzenkandidaten als Beiträge mit negativer Gesamttendenz. Beide Politiker erschienen in Beiträgen mit positiver Gesamttendenz vor allem vertrauenswürdiger und sympathischer, daneben auch energischer, seriöser und durchsetzungsfähiger. Kohl wirkte außerdem gelassener. Analog dazu machten Beiträge mit negativer Gesamttendenz negative Eigenschaften Kohls deutlicher – dort erschien er relativ häufig unsicher, unbeherrscht und verärgert. Dies war in der Berichterstattung über Schröder anders. Beiträge mit negativer Gesamttendenz

---

[30] Zur Möglichkeit solcher Präsentationen vgl. Ripper, 1998.
[31] Vgl. hierzu die Literaturübersicht in Kepplinger, 1998: S. 15–33.

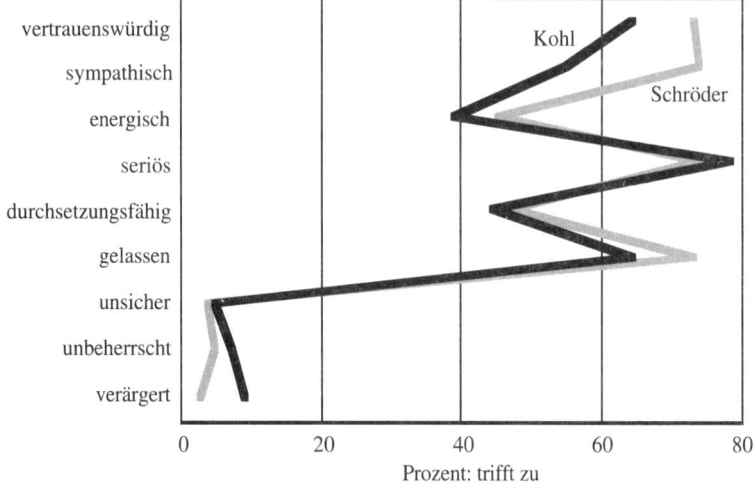

Schaubild 1: Erscheinungsbild von Kohl und Schröder
in den Fernsehnachrichten
Basis: Beiträge vom 02.02.1998 bis zum 26.09.1998,
in denen Kohl (n=1048) bzw. Schröder (n=750) im Bild zu sehen
sind

machten negative Eigenschaften von Schröder nicht deutlicher. Er
erschien in ihnen vielmehr sogar noch etwas seltener unbeherrscht
als in Beiträgen mit positiver Gesamttendenz. Angesichts des generellen Zusammenhangs zwischen dem Erscheinungsbild der Kandidaten und der Gesamttendenz der Beiträge werden die Befunde,
trotz der erwähnten Unterschiede, zur Vereinfachung der Darstellung zusammengefaßt (Schaubild 2).

Der Zusammenhang zwischen der Gesamttendenz der Beiträge
und dem Erscheinungsbild der Kandidaten legt die Vermutung nahe, daß das Erscheinungsbild der Kandidaten eine wichtige Quelle
der Gesamttendenz der Beiträge war: Weil die Kandidaten einen
positiven Eindruck vermittelten, wurde auch die Gesamttendenz
der Beiträge als positiv beurteilt. Für Kohl wäre zu ergänzen: Weil
er gelegentlich einen negativen Eindruck vermittelte, war auch die
Gesamttendenz der Beiträge negativ. Das Erscheinungsbild von
Politikern im Fernsehen beruht jedoch nicht allein auf ihrem Auftreten – daneben spielen andere Faktoren wie die Art der Aufnahmen, die Auswahl aus dem Bildmaterial usw. eine Rolle.[32] Deshalb
kann man das Erscheinungsbild der Kandidaten nicht als alleinige

[32] Vgl. hierzu Kepplinger, 1980 sowie die Literaturübersicht in Kepplinger,
1994b.

Schaubild 2: Erscheinungsbild von Kohl und Schröder in Beiträgen mit positiver und negativer Gesamttendenz*
Basis: 6829 Beiträge vom 02.03.1998 bis zum 26.09.1998

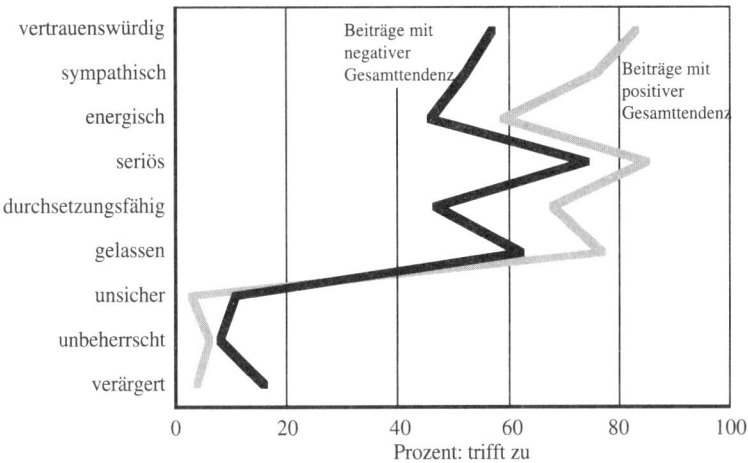

* ohne ambivalente Beiträge

Ursache der Gesamttendenz betrachten – hinter dem Erscheinungsbild liegen möglicherweise Faktoren, auf die die Kandidaten keinen Einfluß besitzen und deren Auswirkungen ihnen nicht zuzurechnen sind. Es geht vielmehr um den Anteil, den das Erscheinungsbild an der Gesamttendenz eines Beitrages hatte. Diesen Anteil kann man mit Hilfe von Regressionsgleichungen abschätzen. In die Berechnungen gehen auch die Eigenschaften ein, die unter Umständen nicht zu erkennen sind. Nur so wird deutlich, welchen Einfluß sie auf die Gesamttendenz der Berichterstattung insgesamt hatten. Das Erscheinungsbild von Kohl und Schröder besaß einen zwar schwachen, jedoch statistisch signifikanten Anteil an der Gesamttendenz der Beiträge, in denen sie im Bild zu sehen waren. Dieser Anteil war bei beiden Kandidaten gleich groß. Zudem ging er vorwiegend von der Wahrnehmung der gleichen Eigenschaften aus: Je vertrauenswürdiger und durchsetzungsfähiger Kohl und Schröder erschienen, desto positiver war die Gesamttendenz der Beiträge über sie. Die Gesamttendenz der Beiträge über Schröder war zudem positiver, wenn er sympathisch wirkte, während die Gesamttendenz der Beiträge über Kohl darunter litt, wenn er unsicher erschien. Das Erscheinungsbild der Kandidaten war damit zwar nicht die ausschlaggebende oder gar einzige Quelle der Gesamttendenz der Fernsehnachrichten über sie. Es besaß jedoch einen durchaus bemerkenswerten Anteil daran (Tabelle 5).

Anteil des Erscheinungsbildes an der Gesamttendenz der Beiträge über die Kandidaten

Basis: Beiträge vom 02.03.1998 bis zum 26.09.1998, in denen Kohl (n=1.048) oder Schröder (n=750) im Bild zu sehen sind

	Schröder	Kohl
	beta	beta
vertrauenswürdig	.20***	.16***
durchsetzungsfähig	.17***	.18***
sympathisch	.15**	.01
unsicher	.02	−.10**
energisch	−.02	−.07*
unbeherrscht	.08	.04
verärgert	−.01	−.04
gelassen	−.04	.03
seriös	−.03	.03
multiples r	.33***	.33***
r²	.11***	.11***

* signifikant auf dem .05-Niveau
** signifikant auf dem .01-Niveau
*** signifikant auf dem .001-Niveau

Die Ursachen von Charakterfiktionen

Was waren die Ursachen des Erscheinungsbildes von Kohl und Schröder in den Fernsehnachrichten? Eine der Ursachen waren zweifellos sie selbst – ihr Aussehen, ihre Gestik und Mimik, ihre Ausdrucksweise usw. Sie waren eine notwendige, aber waren sie auch eine hinreichende Ursache? Zweifel daran wecken Experimente und Inhaltsanalysen zur Darstellung und Wahrnehmung von Personen. Von jeder Person gibt es typische und untypische Bilder, die einen unterschiedlichen Eindruck hervorrufen. Dies gilt für Fotos, trifft jedoch auch auf Film- und Fernsehaufnahmen zu. Aus einer hinreichend großen Zahl von Aufnahmen kann man durch einfache Sortiervorgänge mindestens zwei Serien herstellen, die signifikant unterschiedliche Eindrücke vermitteln. Hierbei handelt es sich um Charakterfiktionen – extrem unterschiedliche und trotzdem realitätsgesättigte Ansichten von einer Person.[33] Charakterfik-

[33] Kepplinger & Hartmann, 1987.

tionen finden sich auch in der aktuellen Bildberichterstattung der Medien. So vermittelte z. B. *Der Stern* durch seine Bildauswahl eine deutlich andere Vorstellung von der Persönlichkeit Reagans und Breshnews als *Time*. Der *Stern* ließ Reagan als einen eher trübsinnigen, unbeherrschten und inkompetenten Mann erscheinen. *Time* zeigte ihn eher als einen heiteren, beherrschten und intelligenten Politiker. *Time* präsentierte Breshnew als einen verkrampften, verschlossenen und angriffslustigen Mann, der *Stern* stellte den gleichen Mann als deutlich lockerer und friedlicher vor.[34] Diese und ähnliche Experimente[35] werfen die Frage auf, ob das Erscheinungsbild der beiden Spitzenkandidaten auch durch andere Faktoren als ihr eigenes Auftreten geprägt wurde. Ein solcher Faktor könnte das Format ihrer Darstellung gewesen sein – ihre Präsentation auf Fotos oder in Filmen.

Eine getrennte Analyse ihres Erscheinungsbildes auf Bewegt- und Standbildern bestätigt die Vermutung: Nachrichtenfilme vermittelten sowohl von Kohl als auch von Schröder einen besseren Eindruck als Standbilder.[36] Dies machte sich vor allem bei der Wahrnehmung positiver Eigenschaften bemerkbar: Beide Kandidaten wirkten in Nachrichtenfilmen deutlich vertrauenswürdiger, sympathischer, energischer, seriöser und durchsetzungsfähiger als auf Standbildern. Dabei gewann Kohl mehr an Seriosität als Schröder, Schröder mehr an Energie als Kohl. Hierbei handelt es sich jedoch nur um marginale Unterschiede zwischen den Kandidaten. Die Befunde für beide werden deshalb hier wieder zusammengefaßt. Als Ergebnis der Analyse kann man festhalten, daß die Eindrücke, die die Kandidaten anhand der Bildberichterstattung vermittelten, zwar von ihrer Persönlichkeit geprägt, dadurch jedoch nicht determiniert wurden. Vielmehr hingen diese Eindrücke in bemerkenswerter Weise vom Format ihrer Darstellung ab – Standbild oder Nachrichtenfilm (Schaubild 3).

Die Ursachen der erwähnten Unterschiede können im Rahmen

---

[34] Vgl. Kepplinger, Hartmann, Schindler & Nies, 1987.

[35] Vgl. hierzu auch Holicki, 1993; Hartmann, 1995; Ostertag, 1992; Donsbach, Brosius & Mattenklott, 1993.

[36] Das Erscheinungsbild von Kohl und Schröder anhand der Nachrichtenfilme besaß einen statistisch signifikanten Anteil an der Gesamttendenz der Nachrichtenfilme (Kohl: r^2=.12; Schröder: r^2=.15). Bei Schröder hatte das Erscheinungsbild anhand der Standfotos keinen signifikanten, bei Kohl einen gerade noch signifikanten Anteil daran. Der Anteil des Erscheinungsbildes der Kandidaten an der Gesamttendenz der Berichte muß von ihrem Einfluß auf die Fernsehzuschauer unterschieden werden. Auf die Vorstellungen der Fernsehzuschauer von den Kandidaten besaßen die Standbilder wegen ihrer großen Zahl vermutlich einen bemerkenswerten Einfluß.

Schaubild 3: Erscheinungsbild von Kohl und Schröder auf Standbildern und in Nachrichtenfilmen
Basis: Beiträge vom 02.03.1998 bis zum 26.09.1998, in denen Kohl (n=1048) oder Schröder (n=750) im Bild zu sehen sind

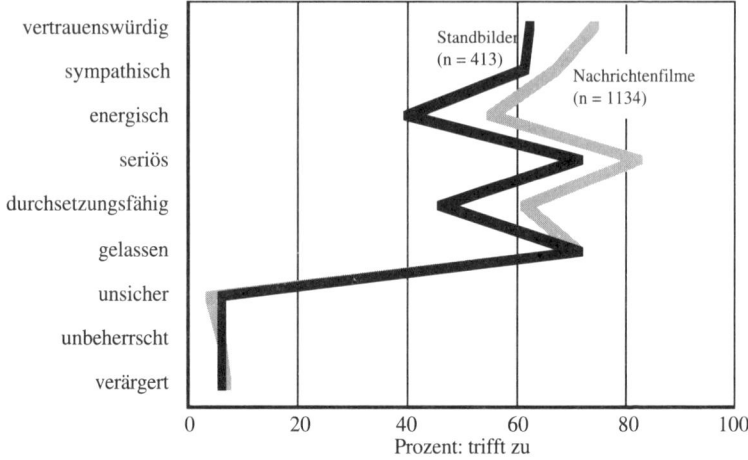

dieser Studie nicht abschließend geklärt werden. Hierfür wären Analysen von journalistischen Selektionskriterien und redaktionellen Entscheidungsabläufen notwendig, die eigene Untersuchungen erfordern würden. Denkbar sind zumindest zwei Gründe. Möglicherweise können Standbilder generell positive Eindrücke nicht so gut vermitteln wie Nachrichtenfilme. Möglicherweise bevorzugen aber Nachrichtenredaktionen Standbilder, die sie für typisch und ausdrucksstark halten, die jedoch eher negativ wirken. Hinweise auf die Ursachen geben folgende Überlegungen: Falls Standbilder generell nicht in der Lage sind, positive Eindrücke zu vermitteln, dann müßten die Eindrücke anhand der Standbilder aller Nachrichtensendungen gleich schlecht und zudem schlechter sein als anhand von Nachrichtenfilmen. Falls sich die Eindrücke anhand der Standbilder der verschiedenen Sender aber deutlich unterscheiden und falls sie in Einzelfällen einen ähnlich positiven Eindruck vermitteln wie Nachrichtenfilme, dann ist zu vermuten, daß die Unterschiede zwischen den Standbildern sowie die Unterschiede zwischen ihnen und den Nachrichtenfilmen auf der Auswahl der Standbilder beruhen.

Für die folgende Analyse wird der Eindruck der vier positiven Eigenschaften, die bei Standbildern weniger deutlich wahrgenommen wurden als bei Nachrichtenfilmen, näher betrachtet. Dazu werden die Eindrücke anhand der Standbilder in den Nachrichten verschiedener Sender miteinander verglichen. Als Vergleichsmaßstab wird die Wahrnehmung dieser Eigenschaften anhand aller Nachrichtenfilme aller Sender herangezogen. Sie stellen sozusagen die Summe des öffentlichen Erscheinungsbildes der Kandidaten dar. Die Ergebnisse der Vergleiche kann man in drei Feststellungen fassen: Erstens unterschieden sich die Eindrücke, die die beiden Kandidaten anhand der Standbilder verschiedener Sender vermittelten, z. T. sehr stark. Zweitens vermittelten einzelne Sender mit ihren Standbildern ähnlich positive Eindrücke wie alle Sender zusammen mit ihren Nachrichtenfilmen. In einigen Fällen waren sie sogar noch günstiger. Drittens traf dies mehr oder weniger auf beide Kandidaten zu. Aus den Ergebnissen kann man folgern, daß Standbilder nicht notwendigerweise einen ungünstigeren Eindruck vermittelten als Nachrichtenfilme. Eine bemerkenswerte Ursache des insgesamt ungünstigeren Eindrucks war vielmehr die Bildauswahl einzelner Redaktionen. Tabelle 6 zeigt den Anteil der Standbilder bzw. Nachrichtenfilme, die den jeweiligen Eindruck hervorriefen (Tabelle 6).

Tabelle 6: Erscheinungsbild von Kohl und Schröder in den Fernsehnachrichten der einzelnen Sender

Basis: Beiträge vom 02.03.1998 bis zum 26.09.1998, in denen Kohl (n=1048) oder Schröder (n=750) im Bild zu sehen sind

| | Standbilder | | | | | | Nachrichten-filme |
	ARD %	ZDF %	RTL %	SAT 1 %	PRO 7 %	Summe %	Summe %
Kohl							
vertrauenswürdig	63	40	51	80	55	57	71
sympathisch	53	28	55	87	41	52	59
energisch	40	35	42	46	41	41	51
durchsetzungsfähig	52	44	42	63	46	48	58
Durchschnitt	52	37	48	69	46	50	60
Schröder							
vertrauenswürdig	75	76	55	68	63	67	79
sympathisch	78	76	61	68	73	71	78
energisch	39	44	44	11	39	38	61
durchsetzungsfähig	46	42	44	42	37	43	64
Durchschnitt	60	60	51	47	53	55	71

Die Überlegungen zu den Ursachen der negativen Eindrücke anhand von Standbildern kann man analog auch auf die Ursachen der positiven Eindrücke anhand von Nachrichtenfilmen übertragen. Auch hier wäre zu fragen, ob sich in ihnen mehr die Persönlichkeit der Kandidaten oder die Art der Aufnahmen, die Auswahl der Szenen und die Aufbereitung des Filmmaterials niederschlug. Die Anwendung der oben skizzierten Analyselogik führt auch hier zu einem eindeutigen, jedoch ganz anderen Ergebnis: Die Nachrichtenfilme aller Sender vermittelten relativ ähnliche Eindrücke von den Kandidaten. Die Eindrücke anhand der Nachrichtenfilme waren nahezu immer positiver als anhand der Summe aller Standbilder. Das traf auf beide Kandidaten zu.[37] Dieser Befund schließt einen Einfluß der Redaktionen auf das positive Erscheinungsbild der Kandidaten in Nachrichtenfilmen nicht aus, er machte sich jedoch in den Nachrichtenfilmen weniger bemerkbar als in den Standbildern. Wie kann man diesen Unterschied erklären? Eine mögliche Antwort liegt im Entscheidungsspielraum der Redaktionen. Bei der Auswahl der Standbilder sind die Redaktionen sehr frei. Bei Spitzenpolitikern können sie aus einem riesigen Archivbestand auswählen und auch von aktuellen Ereignisse liegen meist viele und oft auch sehr unterschiedliche Aufnahmen vor. In dem Eindruck, den die Standbilder vermitteln, schlägt sich folglich die Sichtweise der einzelnen Redaktionen relativ deutlich nieder. Bei der Gestaltung der Nachrichtenfilme sind die Redakteure dagegen nahezu immer an das aktuelle, relativ beschränkte Material gebunden. Ältere Aufnahmen scheiden meist aus, alternative Aufnahmen liegen vergleichsweise selten vor. Der Eindruck, den die Nachrichtenfilme vermitteln, wird folglich stärker von der Persönlichkeit der Kandidaten geprägt.

Die Etikettierung der Kandidaten

Wahlkämpfe sind ritualisierte Konflikte, in denen die Kontrahenten sachliche und personelle Angebote machen und die entsprechenden Angebote der politischen Gegner diskreditieren. Ein wesentliches Mittel hierzu ist die positive Etikettierung des eigenen und die negative Etikettierung des gegnerischen Spitzenkandidaten. Für die Positivwerbung wählten die beiden Volksparteien im Bun-

---

[37] Unter den 40 Fällen fanden sich nur 2 Ausnahmen: Die ARD vermittelte in ihren Nachrichtenfilmen einen weniger sympathischen und gelassenen Eindruck von Kohl als die Summe aller Standbilder.

destagswahlkampf 1998 unterschiedliche Perspektiven – den Blick auf die Vergangenheit und den Blick in die Zukunft. Die CDU/CSU warb vor allem mit der langjährigen politischen Erfahrung Kohls, die SPD mit der zukunftsgerichteten Gestaltungskraft Schröders. Kohl wurde als Politiker mit internationalen Erfolgen und weltweitem Ansehen präsentiert, Schröder als Mann der Zukunft und Hoffnungsträger. Bei der Negativwerbung konzentrierten sich beide Volksparteien auf die ungewisse Zukunft bei einer Kanzlerschaft des Kontrahenten. Die CDU/CSU warf Schröder vor allem vor, er habe kein programmatisches Konzept. Die SPD behauptete in vielfältigen Variationen, Kohl sei verbraucht, ein »Mann von gestern«, ein »Auslaufmodell«.[38]

Die Positiv-Etikettierungen von Kohl wurden etwas häufiger thematisiert als die von Schröder (291 bzw. 203). Dabei wurde der Positiv-Etikettierung beider Politiker in mehr als 90 Prozent aller Fälle nicht widersprochen. Die negativen Etikettierungen der Spitzenkandidaten besaßen deutlich mehr publizistische Resonanz als ihre positiven Etikettierungen (766 vs. 494 Aussagen). Ihnen wurde allerdings wesentlich häufiger, nämlich in gut einem Drittel aller Fälle, widersprochen. Hierbei bestanden alles in allem keine großen Unterschiede zwischen den beiden Spitzenkandidaten. Trotzdem vermittelten die häufigsten Negativ-Etikettierungen der beiden Spitzenkandidaten ein sehr unterschiedliches Bild. Die wichtigste Negativ-Etikettierung Kohls, die Behauptung, er sei nach 16 Jahren Kanzlerschaft verbraucht, wurde erstens wesentlich häufiger mitgeteilt als die wichtigste Negativ-Etikettierung Schröders, die Behauptung, er habe kein programmatisches Konzept (238 bzw. 170 Fälle). Der relativ seltenen Negativ-Etikettierung Schröders wurde zweitens wesentlich häufiger widersprochen als der Negativ-Etikettierung Kohls (46 vs. 33 %). Die wichtigste Negativ-Etikettierung Kohls besaß mit 160 unwidersprochenen Aussagen folglich erheblich größere Durchschlagskraft als die wichtigste Negativ-Etikettierung Schröders mit 92 unwidersprochenen Aussagen. Die zentralen Botschaften des SPD-Wahlkampfes schlugen sich damit massiv und eindeutig im Sinne der SPD in der Fernsehberichterstattung nieder. Damit hatte die SPD den Kampf um die zentralen Botschaften klar für sich entschieden. Schaubild 4 zeigt die Durchschlagskraft der zentralen Wahlaussagen der SPD in den Fernsehnachrichten, wobei zu beachten ist, daß es einmal um die Zustimmung oder Ablehnung einer positiven Aussage und einmal um die Zustimmung oder Ab-

---

[38] Vgl. hierzu Ristau, 1998.

lehnung einer negativen Aussage geht. Dies wurde in der Darstellung berücksichtigt.

Schaubild 4: Die Etikettierung der Spitzenkandidaten

Basis: 6829 Beiträge vom 02.03.1998 bis zum 26.09.1998

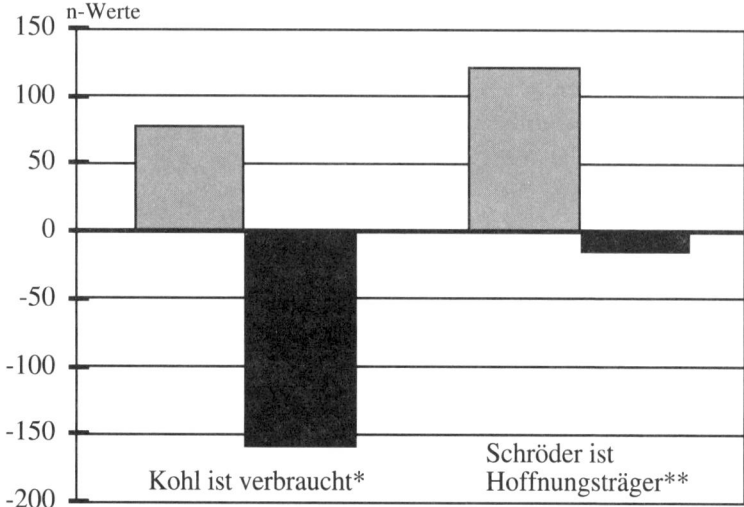

n-Werte

150
100
50
0
-50
-100
-150
-200

Kohl ist verbraucht*

Schröder ist
Hoffnungsträger**

* Positiv (n=78) bedeutet: Die These »Kohl ist nach 16 Jahren Kanzlerschaft verbraucht (Auslaufmodell)« wird zurückgewiesen. Negativ (n=169) bedeutet, daß diese These vertreten wird.
** Positiv (n=122) bedeutet: Die These »Schröder ist ein Hoffnungsträger (Mann für die Zukunft)« wird vertreten. Negativ (n=16) bedeutet, daß diese These zurückgewiesen wird.

Der publizistische Weg zum Wahlsieg

Im Frühjahr 1998 schien die Bundestagswahl entschieden. Die SPD lag in der Wählergunst weit vor der CDU/CSU, und Schröder fand deutlich mehr Zustimmung als Kohl. Wesentliche Gesetzesvorhaben der amtierenden Regierung waren gescheitert oder wurden von weiten Teilen der Bevölkerung abgelehnt. Kritik kam sowohl aus der Wirtschaft, der die Reformen der Regierung nicht weit genug gingen, als auch von den traditionellen Wählern der Union, die sie als schmerzliche Einschnitte in das soziale Netz empfanden. Zwar erholte sich die Wirtschaft, aber die Arbeitslosigkeit nahm nicht ab. Großunternehmen feierten demonstrativ ihre globalen Erfolge, die Masse der Arbeitnehmer fühlte sich dagegen als Modernisierungsverlierer. Die SPD begann mit der Kandidatur Schröders einen organisatorisch und thematisch zukunftsweisenden Wahlkampf, die CDU/CSU verzettelte sich stattdessen in rückwärtsgewandten Abwehrschlachten. In dieser Situation hätte vermutlich kein Beobachter einen erneuten Wahlsieg der CDU/CSU für möglich gehalten, wenn Kohl nicht zweimal aus einer ähnlich schlechten Ausgangslage eine Wahl gewonnen hätte. Aber damals waren außergewöhnliche Ereignisse geschehen, an denen er maßgeblichen Anteil hatte und die auch von den meinungsbildenden Medien nicht nachhaltig in Frage gestellt wurden. 1990 bestimmte die deutsche Vereinigung, 1994 der wirtschaftliche Aufschwung das Meinungsklima. Solche Ereignisse waren 1998 nicht absehbar und traten auch nicht ein. Trotzdem konnten die Unionsparteien Hoffnung schöpfen.

Das ausgezeichnete Erscheinungsbild, das die SPD im März und April im Fernsehen gezeigt hatte, sackte im Mai zusammen und erreichte bis zum Wahltag nicht mehr die alten Konturen: Die Zahl der positiven Beiträge in den Fernsehnachrichten übertraf kaum die Zahl der negativen Berichte. Erst im August konnte die Partei noch einmal leicht zulegen, so daß sie mit einer eindeutig positiven Fernsehpräsenz in die Wahl ging. Das katastrophale Fernsehbild, das die CDU/CSU im Juni abgab, erholte sich dagegen in den beiden folgenden Monaten zusehends und stabilisierte sich kurz vor der Wahl. Zwar übertraf auch dann die Zahl der negativen Berichte noch immer die Zahl der positiven Beiträge. Der ursprünglich riesige Abstand zwischen beiden Hauptkontrahenten hatte sich jedoch bis auf einen schmalen Spalt verringert. Grundlage dafür ist die Gesamttendenz der Beiträge, die am Anfang dieses Kapitels näher charakterisiert wurde (Schaubild 5).

Die wertende Darstellung von Kohl und Schröder entwickelte sich zunächst ähnlich. Schröders brillanter Starterfolg war bis zum Mai verspielt. Zwar verbesserte sich seine Fernsehpräsenz im Juni, aber bereits im Juli verfiel sie wieder. Die Zahl der positiven Beiträge war kaum größer als die Zahl der negativen Berichte. Wenige Wochen vor der Wahl, als die Gefahr bestand, daß sich diese Entwicklung in den negativen Bereich fortsetzt, kehrte sich der Trend der Darstellung jedoch erneut um. Schröders mediale Präsenz gewann fast wieder den Glanz der Anfangsphase. Kohl hatte einen im Vergleich zu Schröder schlechten Start. In den folgenden Monaten verbesserte sich jedoch seine Darstellung deutlich, im Mai war sie sogar besser als die von Schröder, im Juli immerhin ähnlich gut. Danach entwickelte sich die Fernsehpräsenz der beiden Spitzenkandidaten auseinander: Während die Berichterstattung über Schröder sehr viel positiver wurde, wurde die Berichterstattung über Kohl negativer. Zwar erschienen über Kohl – anders als über die Union

Schaubild 5: Gesamttendenz der Darstellung der CDU/CSU und der SPD in den Fernsehnachrichten
Basis: 6829 Beiträge vom 02.03.1998 bis zum 26.09.1998
– Saldo aus den Anteilen positiver und negativer Beiträge über die Parteien –

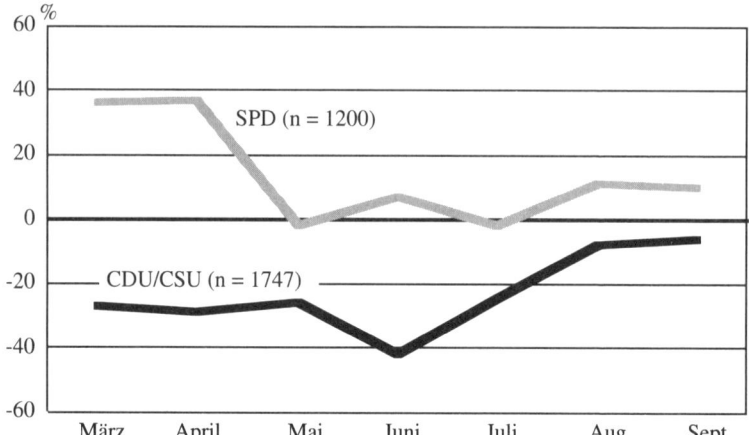

– auch dann noch mehr positive als negative Beiträge. Zwischen der positiveren Darstellung Schröders und der negativeren Darstellung Kohls öffnete sich jedoch eine Schere. Kurz vor der Wahl klaffte zwischen der Darstellung Schröders und Kohls eine Lücke, die fast so groß war, wie bei Schröders fulminantem Start (Schaubild 6).

Schaubild 6: Gesamttendenz der Darstellung Kohls und Schröders in den Fernsehnachrichten
Basis: 6829 Beiträge vom 02.03.1998 bis zum 26.09.1998
– Saldo aus den Anteilen positiver und negativer Beiträge über die Kandidaten –

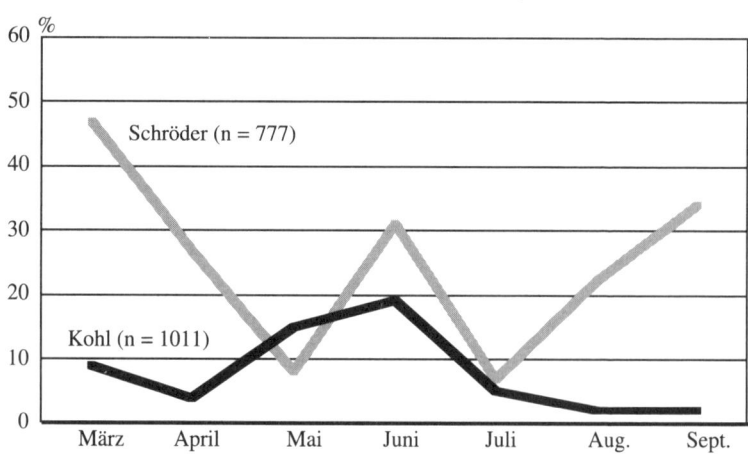

Auch wenn man die Fernsehberichterstattung über die beiden Volksparteien und ihre Spitzenkandidaten nicht als einzige Ursache des Wahlausgangs betrachten kann – hierbei spielten politische Entscheidungen in der Vergangenheit und die Darstellung der aktuellen Lage des Landes eine große Rolle – wird man vermuten können, daß die wachsende Kluft in der Darstellung Kohls und Schröders einen Einfluß auf das Wahlergebnis besaß: Die Chance, daß Kohl das Steuer noch einmal herumreißen konnte, war damit endgültig vorbei. Damit stellt sich die Frage, was die Ursache der wachsenden Kluft in der Fernsehberichterstattung war. Eine Ursache könnte darin bestanden haben, daß Schröder unter dem Eindruck des nahen Sieges einen immer positiveren Eindruck vermittelte, während Kohl angesichts der drohenden Niederlage immer unvorteilhafter agierte. Dies könnte – angesichts des Einflusses des Erscheinungsbildes der Politiker auf die Gesamttendenz der Beiträge – eine, wenn nicht die entscheidende Ursache des gegenläufigen Verlaufs der Darstellung der Spitzenkandidaten gewesen sein. Falls das veränderte Erscheinungsbild der beiden Politiker – d. h. der Eindruck, den sie im Bild vermittelten – die Ursache der gegenläufigen Gesamttendenzen der Berichterstattung war, müßten sich die Gesamttendenzen der Darstellung von Kohl und Schröder parallel zu ihrem Erscheinungsbild entwickelt haben. Die Berichterstattung über Schröder bestätigt diese Vermutung weitgehend: Von Juni bis August entwickelten sich beide Aspekte parallel, allerdings verbesserte sich das publizistische Erscheinungsbild Schröders im September etwas stärker als die Gesamttendenz der Berichterstattung über ihn. Die Berichterstattung über Kohl widerspricht der Vermutung jedoch eindeutig: Zwischen dem positiven Erscheinungsbild Kohls und der negativeren Gesamttendenz der Berichterstattung über ihn öffnete sich eine Schere, die immer weiter auseinanderklaffte, je näher der Wahltag rückte. Am Ende vermittelte Kohl ein ähnlich positives Erscheinungsbild wie Schröder, die Gesamttendenz der Berichterstattung über ihn war jedoch erheblich schlechter. Die Schaubilder 7 a und b illustrieren diese Entwicklung, die im Juni begann und mit dem Wahltag endete (Schaubild 7).

Aus den skizzierten Gründen kann man das positivere Erscheinungsbild Schröders als eine Quelle der positiveren Gesamttendenz der Berichterstattung über ihn betrachten, die negativere Gesamttendenz der Berichterstattung über Kohl aber nicht auf sein Erscheinungsbild zurückführen. Sie hatte andere Ursachen und verlangt folglich andere Erklärungen. Ansätze dazu finden sich im Kontext der Berichterstattung über die beiden Spitzenkandidaten. Die Gesamttendenz der Berichterstattung über Kohl war bekanntlich in

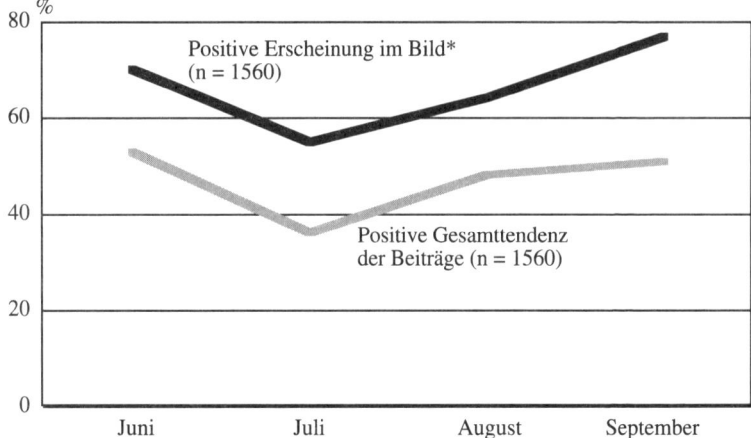

Schaubild 7a: Gesamttendenz der Darstellung Gerhard Schröders
und sein Erscheinungsbild in den Beiträgen
Basis: 6829 Beiträge vom 02.03.1998 bis zum 26.09.1998

Positive Erscheinung im Bild*
(n = 1560)

Positive Gesamttendenz
der Beiträge (n = 1560)

* Anteil der positiven Wahrnehmungen positiver Eigenschaften

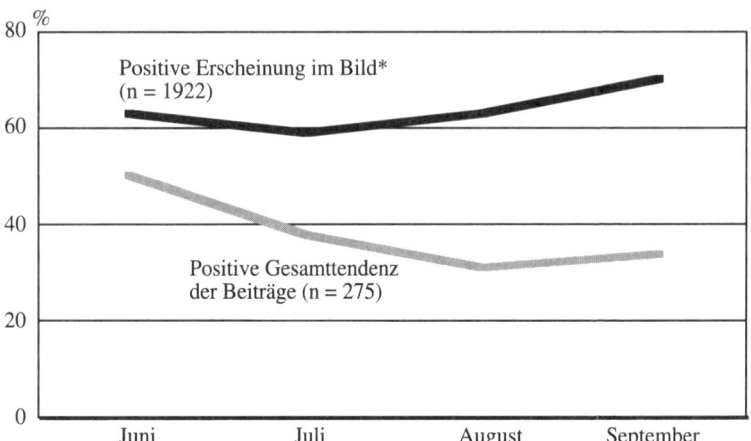

Schaubild 7b: Gesamttendenz der Darstellung Helmut Kohls
und sein Erscheinungsbild in den Beiträgen
Basis: 6829 Beiträge vom 02.03.1998 bis zum 26.09.1998

Positive Erscheinung im Bild*
(n = 1922)

Positive Gesamttendenz
der Beiträge (n = 275)

* Anteil der positiven Wahrnehmungen positiver Eigenschaften

Beiträgen über die Sachpolitik positiver als in Beiträgen über Personen. Dagegen war die Gesamttendenz der Berichterstattung über Schröder in Beiträgen über Personen besser als in Beiträgen über die Sachpolitik (vgl. Tabelle 4). Weil die Gesamttendenz der Berichterstattung über Kohl und Schröder deutlich vom Thema der Beiträge abhing, mußte sich eine Verlagerung der Fernsehberichterstattung von Sach- auf Personalfragen zugunsten von Schröder und zuungunsten von Kohl auswirken – und genau dies trat ein: Je näher die Wahl rückte, desto mehr beherrschten Personen die Fernsehnachrichten. Zwar änderte sich die Tendenz der Darstellung Kohls und Schröders in Beiträgen über Personen nicht gravierend. Aufgrund des größeren Anteils dieser Beiträge an der Gesamtberichterstattung wirkten sich die Vorteile Schröders auf diesem Gebiet aber immer mehr zu seinen Gunsten aus (Schaubild 8).

Schaubild 8: Personalisierung der Kandidatendarstellung
im Verlauf des Wahlkampfes
Basis: 6829 Beiträge vom 02.03.1998 bis zum 26.09.1998*

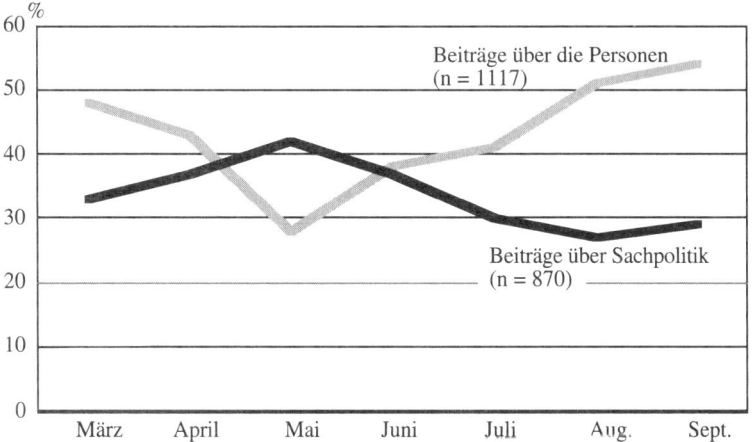

* Nicht ausgewiesen ist der Prozentsatz der ambivalenten Beiträge (n=585)

Alle Bundestagswahlkämpfe haben ihre eigene Stimmung, eine charakteristische Atmosphäre, die jeder spürt und die viele beeinflußt – diese Atmosphäre war 1972 melodramatisch, 1976 kämpferisch, 1980 aggressiv, 1983 trotzig, 1987 verkrampft, 1990 euphorisch und 1994 verbissen. Wie war die Stimmung 1998? Charakteristisch hierfür ist eine kleine Begebenheit am Abend der Landtagswahl in Sachsen-Anhalt. Nachdem Franz Müntefering im Erich-Ollenhauer-Haus aufgrund von Hochrechnungen erklärt hatte, die Sozialdemokraten befänden »sich weiter auf der Siegerstraße« brandete plötzlich Applaus auf. Auf diese spontane Geste der anwesenden Journalisten reagierte der Parteimanager sichtlich überrascht. »Eigentlich hatte ich jetzt Ihre Fragen erwartet – aber den Beifall nehme ich natürlich auch gerne entgegen.«[39] Über dem Wahlkampf 1998 lag ein eigentümlicher Unernst, der vergessen ließ, worum es in der Sache ging. Daß vieles anders werden mußte, war vielen klar. Was wie geändert werden sollte, blieb jedoch im Dunkeln – wenn man von dem Versprechen absieht, einige der Reformen der alten Regierung rückgängig zu machen.

Die SPD brachte die Stimmung mit ihren zentralen Wahlaussagen – Schröder ist ein Hoffungsträger, Kohl ein Auslaufmodell – auf den Punkt. Zwar schienen die Positiv-Etikettierung Schröders als Hoffungsträger und die Negativ-Etikettierung Kohls als Auslaufmodell bis Mai an Bedeutung zu verlieren: Die Salden der zustimmenden und ablehnenden Aussagen gingen gegen Null. Danach fanden aber sowohl die Positiv-Etikettierung Schröders als auch die Negativ-Etikettierung Kohls immer mehr publizistische Resonanz: Je näher die Wahl rückte, desto deutlicher präsentierten die Fernsehnachrichten Schröder als Hoffnungsträger und Kohl als Auslaufmodell. Kurz vor der Wahl klaffte zwischen den Positiv- und Negativ-Etikettierungen der beiden Spitzenkandidaten eine Lücke, die an der Botschaft keinen Zweifel mehr ließ. Die Positiv-Etikettierung Schröders blieb von dem Einbruch seines Erscheinungsbildes im Juli nahezu unberührt und entsprach der Entwicklung seines persönlichen Erscheinungsbildes. Die Negativ-Etikettierung Kohls vollzog sich dagegen im Gegensatz zu seinem persönlichen Erscheinungsbild. Allerdings entsprach sie der zunehmend negativen Gesamttendenz der Berichterstattung über ihn.

Der Verlauf der Etikettierungen von Kohl und Schröder deutet darauf hin, daß diese Etikettierung ein Indikator für die Sichtweise und die Stimmung in den meisten Fernsehredaktionen war. Zwar betrachtet die Mehrheit der deutschen Journalisten die SPD schon lange nicht mehr als Repräsentant und Garant der politischen Moral, für die man kämpfen muß. Aber trotzdem hatten seit den frühen siebziger Jahren nie mehr so viele Journalisten einen Wahlsieg der SPD herbeigesehnt. Die Zeit erschien ihnen reif für einen Wechsel, und dies erschien wichtiger als das konkrete Ziel. So schrieb Wolfgang Wischmeyer bereits vor der Nominierung Schröders zum Kanzlerkandidaten der SPD: »Bei keiner anderen Kandidatenkür hat die Medienwirkung eine solch große Rolle gespielt. Schröder wäre der Kandidat der Medien, erst in zweiter Linie der

[39] Vgl. Sieger und Verlierer am Rhein. In: Stuttgarter Zeitung, 27. 4. 1998.

Partei, wenn die sich denn für ihn entschiede. Ob ›Spiegel‹, ob ›Stern‹ ob Funkhäuser in Hamburg oder Köln, die Schröder mit Macht zugeschriebene oder zugesprochene Popularität wird kaum noch in Frage gestellt.«[40] Die Mehrheit der Redakteure wollte den Wechsel und wurde sich dessen immer sicherer. Dies läßt sich nicht schlüssig beweisen. Anders kann man jedoch kaum erklären, weshalb sich die Fernsehredaktionen beim Näherrücken der Wahl immer mehr zum Sprachrohr der Wahlparolen einer Partei machten.[41] Falls diese Vermutung zutrifft, dann dürfte die Stimmung in den Fernsehredaktionen – neben anderen Gründen – eine Ursache der scherenartigen Entwicklung der Gesamttendenz der Berichterstattung über die Kandidaten gewesen sein. Schaubild 9 zeigt die Etikettierung der beiden Spitzenkandidaten im Zeitverlauf. Der Überhang der zustimmenden Äußerungen zur Negativ-Etikettierung Kohls wurde, um die wachsende Kluft zu den zustimmenden Äußerungen zur Positiv-Etikettierung Schröders deutlich zu machen, nach unten abgetragen (Schaubild 9).

Schaubild 9: Der Weg zum Wunschkandidaten
Basis: 6829 Beiträge vom 02.03.1998 bis zum 26.09.1998

– Saldo der Aussagen »Kohl ist verbraucht« und »Schröder ist ein Hoffnungsträger« –

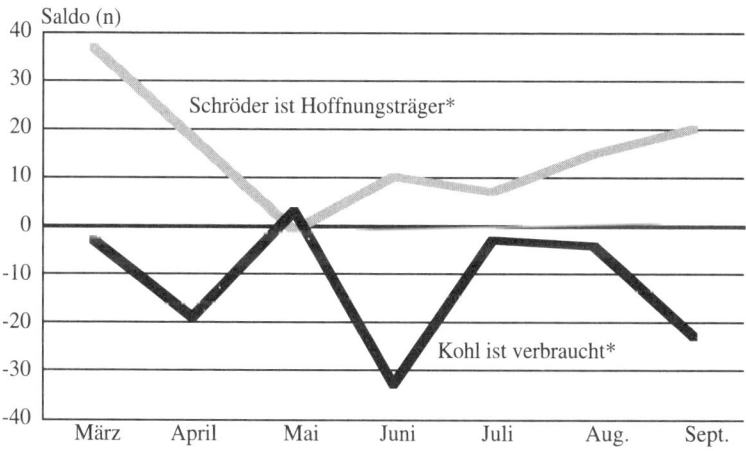

*Schröder: Differenz von zustimmenden und ablehnenden Aussagen
*Kohl: Differenz von ablehnenden und zustimmenden Aussagen

Zusammenfassung und Folgerungen

Die vorliegende Studie sollte die Frage klären, wie die Fernsehsender in ihren Nachrichtensendungen die CDU/CSU und die SPD sowie ihre jeweiligen Spitzenkandidaten dargestellt hatten. Hierzu wurde die Gesamttendenz der Beiträge über die Parteien und die Politiker untersucht, das Erscheinungsbild der Politiker anhand von Bewegt- und Standbildern analysiert, die Positiv- und Negativ-Etikettierung von Kohl und Schröder ermittelt und der Verlauf der Darstellung der Parteien und ihrer Kandidaten vom März bis zum Wahltag nachgezeichnet. Die wichtigsten Befunde kann man in 15 Feststellungen zusammenfassen:

1. Alle Fernsehsender stellten die CDU/CSU überwiegend negativ und die SPD überwiegend positiv dar. Besonders einseitig war die Berichterstattung von RTL. Grundlage dieser und der folgenden Feststellungen ist die Gesamttendenz der Beiträge.

2. Fast alle Fernsehsender stellten Kohl und Schröder positiv dar. Die Darstellung von Schröder war jedoch erheblich positiver als die Darstellung von Kohl. Relativ ausgewogen war die Berichterstattung des ZDF, extrem einseitig war die Darstellung von RTL.

3. Beide Spitzenkandidaten wurden häufiger in Beiträgen über Personen bewertet als in Beiträgen über Sachfragen. Kohl wurde in Beiträgen über Sachfragen positiver dargestellt als in Beiträgen über Personen. Bei Schröder war es umgekehrt. Er wurde in Beiträgen über Personen erheblich positiver beurteilt als in Beiträgen über Sachfragen.

4. Die SPD wurde ähnlich positiv charakterisiert wie Schröder. Die CDU/CSU wurde dagegen erheblich negativer dargestellt als Kohl. Die Berichterstattung über die SPD ergänzte und bereicherte folglich die Wahrnehmung Schröders, die Berichterstattung über die CDU/CSU belastete dagegen die Wahrnehmung Kohls.

5. Beide Spitzenkandidaten vermittelten in der Bildberichterstattung relativ häufig positive und vergleichsweise selten negative Eindrücke. Beide Kandidaten erschienen sehr oft seriös, vertrauenswürdig und gelassen, jedoch deutlich seltener energisch und durchsetzungsfähig.

6. Schröders Erscheinungsbild in den Fernsehnachrichten war positiver als Kohls Erscheinungsbild. Allerdings war dieser Unterschied nicht so groß, wie man aufgrund einiger Kommentare hätte vermuten können.

7. Das Erscheinungsbild der Kandidaten hatte einen statistisch signifikanten, jedoch nicht sehr starken Anteil an der Gesamttendenz der Beiträge. Einen positiven Einfluß auf die Gesamttendenz besaßen vor allem Verhaltensweisen, die die Politiker sympathisch und vertrauenswürdig erscheinen ließen.

8. Nachrichtenfilme vermittelten ein insgesamt positiveres Erscheinungsbild von den beiden Spitzenkandidaten als Standbilder. Sie machten vor allem ihre positiven Eigenschaften deutlicher.

9. Eine Ursache des insgesamt negativeren Erscheinungsbildes der beiden Politiker bei den Standbildern war vermutlich die Bildauswahl einiger Redaktionen. Dies galt mit Blick auf Kohl vor allem für das ZDF und PRO 7, mit Blick auf Schröder vor allem für RTL und SAT 1.

10. Die Gesamttendenz der Berichterstattung über CDU/CSU und SPD näherte sich im Laufe der Zeit an. Die ursprünglich sehr positive Darstellung der SPD verlor an Glanz, die ursprünglich sehr negative Darstellung der CDU/CSU hellte sich auf, blieb aber negativ.

11. Die Gesamttendenz der Berichterstattung über Kohl und Schröder näherte sich zunächst an, lief aber in den letzten Monaten vor der Wahl wieder stark auseinander. Schröder wurde immer positiver, Kohl immer negativer dargestellt. Dadurch klaffte in der Tendenz der Darstellung der beiden Spitzenkandidaten kurz vor der Wahl eine große Lücke.

12. Die positivere Gesamttendenz der Berichterstattung über Schröder in den letzten Monaten vor der Wahl kann man als eine Folge des positiveren Erscheinungsbildes von Schröder betrachten. Dies war bei Kohl nicht der Fall. Die Gesamttendenz der Berichterstattung über Kohl wurde schlechter, obwohl sein Erscheinungsbild positiver wurde.

13. Eine wesentliche Ursache der gegenläufigen Entwicklung der Gesamttendenz der Darstellung Kohls und Schröders in den

letzten Monaten vor der Wahl war die Verlagerung der Berichterstattung von politischen Sachfragen auf Personen. Zwar änderte sich die Tendenz der Darstellung der Kandidaten in diesen Beiträgen nicht, die positivere Darstellung Schröders in Beiträgen über Personen wirkte sich jedoch immer mehr zu seinen Gunsten aus.

14. Mit Beginn der heißen Phase des Wahlkampfes wuchs die publizistische Resonanz der beiden zentralen Wahlkampfaussagen der SPD in den Fernsehnachrichten. Die Fernsehnachrichten etikettierten Schröder immer positiver und Kohl immer negativer. Die beiden Wahlkampfaussagen gaben dadurch den Ton der Gesamtberichterstattung vor, den sie teilweise auch mitprägten.

Betrachtet man die Fernsehpräsenz der Spitzenkandidaten und ihrer Parteien als eine Ursache des Wahlausgangs, kann man feststellen und folgern: Das Bild, das die CDU/CSU in der Öffentlichkeit abgab, war wesentlich schlechter als das Bild, das Kohl vermittelte, während das Bild, das die SPD vorführte, ähnlich positiv war wie das Bild Schröders. Schröder wurde von der publizistischen Zustimmung zur SPD getragen – und umgekehrt, während die publizistische Ablehnung der CDU/CSU Kohl anhing. Dies war vermutlich ein wichtiger Grund für den nur scheinbar paradoxen Befund, daß Schröder für die SPD nicht viele Wähler hinzugewinnen konnte – die meisten SPD-Wähler hatten sich aufgrund der Ausgangslage und des hervorragenden Erscheinungsbildes der Sozialdemokraten sowieso für die SPD entschieden. Der eigentliche Wahlsieger war deshalb nicht Schröder, sondern Lafontaine, der die Sozialdemokraten auf Erfolgskurs gebracht hatte. Kohl brachte den Unionsparteien immerhin die Stimmen, die sie aufgrund der Ausgangslage und des miserablen Erscheinungsbildes der CDU/CSU eigentlich nicht wählen wollten, was jedoch für eine entscheidende Trendwende nicht ausreichte. Kohl war nicht die Ursache der Wahlniederlage einer ansonsten aussichtsreichen CDU/CSU – er war der Kristallisationskern des Unmuts in weiten Teilen der Bevölkerung über die Politik der amtierenden Regierung. Dies bedeutet nicht, daß Kohl keine Schuld an der Wahlniederlage der Unionsparteien hatte – letztlich war er für die Entscheidungen seiner Regierung, die Präsentation der Regierungspolitik und die Wahlkampfführung seiner Partei verantwortlich. Diese Verantwortung betraf jedoch Aspekte, die mit seiner Rolle als Kanzlerkandidat der CDU/CSU und mit dem Einfluß seiner erneuten Kandidatur auf den Wahlausgang nur indirekt zu tun hatten.

Wolfgang Donsbach
in Zusammenarbeit mit
Olaf Jandura

Drehbücher und Inszenierungen
Die Union in der Defensive

Mediatisierung der Politik

Eine neue Ära der Wahlkampfführung?

Den Sieg der Labour Party in Großbritannien 1997 sehen viele als einen lehrbuchartigen Triumph der Verpackung gegenüber dem Inhalt, des Spins gegenüber der Substanz und der Imagebildung gegenüber der Ideologie. Auch wenn die britische Wahlforschung diese These nur bedingt unterstützt,[1] war das Grund genug für die deutschen Sozialdemokraten, dem Weg von New Labour zwar nicht programmatisch, aber doch wahlstrategisch zu folgen. Dies wurde offen eingestanden, die Offenheit aber nachträglich bedauert, nachdem der Stil der Wahlkampfführung durch die »Kampa« dem politischen Gegner als Munition diente.[2] Noch im Verlauf des Wahljahres erschienen wissenschaftliche Artikel, die das Phänomen unter dem Stichwort »Mediatisierung der Politik« oder »Amerikanisierung des Wahlkampfs« behandelten.[3] Die politischen und publizistischen Gegner sprachen von der Entleerung der Politik. Fast alle waren sich einig, daß man eine für Deutschland neue Form der politischen Auseinandersetzung erlebte.

Die meisten Beiträge in unserem Band beschäftigen sich mit den *Inhalten* der politischen Berichterstattung vor der Wahl 1998: der Darstellung der Kandidaten Kohl und Schröder, dem »Framing« von Sachthemen oder der Realitätsnähe der Berichte über Wirtschaft und Arbeitsmarkt. In diesem Kapitel steht nicht so sehr das *Was* sondern das *Wie* im Mittelpunkt. Wir wollen die Strukturen der

---

[1] Vgl. Norris et al., 1999; Curtice, 1997.
[2] Vgl. Müller, 1998: S. 36 f.
[3] Vgl. Brettschneider, 1998; Gleich, 1998a; Falter, 1998; Bertelsmann-Stiftung, 1996; Rettich & Schatz, 1998.

politischen Berichterstattung analysieren und dabei vor allem Antworten auf die Fragen finden, was überhaupt zur Berichterstattung führte, welche Chance Sachthemen gegenüber Personalisierung und Wahlkampftstrategien hatten, wie häufig Attacken gegen den politischen Gegner waren und welche Rolle die Demoskopie spielte. Mit anderen Worten: Wir wollen untersuchen, welche politischen Strategien und Stile sich hinter der öffentlichen Darstellung verbargen, und was die Medien daraus machten.

Bei der Beantwortung dieser Frage mit der Methode der Medieninhaltsanalyse gibt es ein Kausalitätsproblem. Medienberichterstattung ist ein Produkt aus dem Handeln von Politikern und Journalisten. Dabei handeln Politiker nicht nur unter sachlichen Gesichtspunkten, sondern wollen auch öffentliche Zustimmung gewinnen. Und die Journalisten wählen aus dem politischen Geschehen nicht nur das aus, was politisch oder demokratietheoretisch wichtig ist, sondern auch das, was ihr Publikum bei der Stange hält und ihren eigenen Ansichten entspricht. Wer von beiden Gruppen mehr auf den jeweils anderen reagiert, wer dominiert, läßt sich nicht immer schlüssig feststellen. Daß es sich um einen wechselseitigen Prozeß handelt, in dem beide Seiten sich gegenseitig beeinflussen, ist offensichtlich. Die amerikanische Politologin Doris Graber beschreibt den Prozeß als ein ›faszinierendes Katz- und Maus-Spiel‹, in dem mal die Politiker, mal die Journalisten den Sieg davon tragen, aber fast immer auf Kosten der sachlichen Information des Publikums.[4] Wir werden dennoch fragen, wer in diesem Prozeß eher die treibende Kraft ist. Wie im Kapitel über die Darstellung der Wirtschaftslage werden wir hierfür die Pressemitteilungen der Parteien heranziehen. Sie repräsentieren zwar nur einen Teil des tatsächlichen politischen Handelns, aber sie enthalten vor allem das, was die Politiker und Parteien im Wahlkampf öffentlich kommunizieren wollten. Was die Medien dann druckten und sendeten, war zwar letztlich deren Sache. Aber oftmals folgt ja auch eine Seite bereitwillig der anderen. Dafür sprach bereits einiges bei der Darstellung der Wirtschaftslage im Wahljahr 1998.[5]

[4] Vgl. Graber, 1992: S. 9.
[5] Vgl. das Kapitel »Sieg der Illusion« in diesem Band.

Amerikanisierung, Mediatisierung, Mediokratie

Schröder habe es von Blair gelernt, Blair von Clinton und vielleicht Clinton von Reagan: einen neuen Stil der Wahlkampf-Kommunikation im Zeitalter der Mediendemokratie.[6] Der amerikanische Kommunikationswissenschaftler Michael Schudson beschreibt so den Unterschied zwischen »Politik als Politik« und »Politik als Nachricht«: »Wenn politisches Handeln zur Nachricht wird, dann werden Konflikte wichtiger als Harmonie, gewaltsame Auseinandersetzungen wichtiger als zivilisierte Dispute, Wandel wichtiger als Stabilität.«[7] In den frühen siebziger Jahren habe sich, so Schudson, die dominante Rolle der Medien, insbesondere des Fernsehens, als Forum der amerikanischen Politik etabliert. Ein Indikator: Die New York Times stellte 1972 einen Reporter dazu ab, die gesamte Wahlkampagne im Fernsehen zu beobachten und zu beschreiben. Nur so würde man erfahren, wie sich der Wahlkampf dem normalen Bürger präsentiere.[8]

Thomas Patterson hält in seinem heute schon zu den Klassikern zählenden Buch »Out of Order« die Medien für eine Fehlbesetzung, eine »miscast institution«. Sie hätten sich zwar mehr oder weniger bereitwillig die Rolle überstülpen lassen, die früher den Parteien oblag – Herstellung eines öffentlichen Diskurses und politische Willensbildung – seien dafür aber nicht gemacht. Auf Grund ihrer kommerziellen Interessen gehorchten sie dem Publikumsgeschmack viel eher als den Erfordernissen der Demokratie. So dominierten Negativismus und Skandale statt fairer Personendarstellung und politisches Ballyhoo statt Sachthemen. Der Wahlkampf würde wie ein sportlicher Wettkampf mit unsportlichen Mitteln dargestellt: Eine Seite will die andere austricksen – zum Vergnügen des Publikums. Pattersons Fazit: »… The United States cannot have a sensible campaign as long as it is built around the news media.«[9]

Diesen Autoren geht es also weniger um die Frage, wer die Medieninhalte stärker bestimmt – Politiker oder Journalisten – sondern wie sich das ganze politische System unter dem Einfluß der Medien und die Darstellung von Politik unter dem Einfluß der politischen Akteure verändern. Tatsächlich ist dieser Prozeß noch viel komplizierter und differenzierter, weil auch soziale Veränderungen hinzutreten. Die »Mediatisierung« der Politik wird noch dadurch

---

[6] Vgl. Ripper, 1998.
[7] Schudson, 1998: S. 283 (Übersetzung des Verfassers).
[8] Ebd.
[9] Patterson, 1993: S. 25.

gefördert, daß die Parteien ihre Stammwähler verlieren, weil dauerhafte ideologische Bindungen an Organisationen seltener werden und die Menschen von den Organisationen in erster Linie Dienstleistungen,»Output«, erwarten.[10] Dies führt zu einer Öffentlichkeit, die stärker als früher fluktuiert oder»oszilliert«[11] und deren Aufmerksamkeit nur mit sehr großem Aufwand gewonnen werden kann. Hinzu kommt die wachsende Konkurrenz, die den Parteien aus den unorthodox auftretenden sozialen Bewegungen erwächst, die oft bei Journalisten einen hohen Nachrichtenwert genießen.[12] Als Folge dieser Entwicklungen werden die *Formen* der kommunikativen Ansprache immer wichtiger. Wenn die inhaltliche, weltanschauliche Bindung an Bedeutung verliert, steigt der Einfluß der politischen Marketing-Konzepte und der kommunikativen Verpackung. Die»Berichterstattung (der Medien) entwickelte sich von einer Begleiterscheinung des Handelns der Interessenvertreter und Politiker zu einer funktionalen Voraussetzung für deren Erfolg.«[13] Dies zeigt sich vor allem im Wahlkampf.

In den USA hat dieser Prozeß wegen der dort größeren Bedeutung der Medien früher begonnen und ist durch zusätzliche Faktoren, wie ein anderes Wahlsystem und den dortigen Bedeutungsverlust der Parteien, noch beschleunigt worden.[14] Daher spricht man häufig von einer»Amerikanisierung« der Politik und vor allem des Wahlkampfs, sobald man ähnliche Phänomene bei uns beobachtet.[15] Winfried Schulz faßt diese Phänomene in sechs Punkten zusammen: (1) Personalisierung: Im Mittelpunkt steht der Spitzenkandidat und nicht die Partei; (2) Wahlkampf als Wettstreit: Die Kampagne konzentriert sich auf die Frage, wer gewinnen wird; der Demoskopie kommt daher eine große Bedeutung zu; (3) Angriffswahlkampf: Kritik und Diskreditierung des Gegners sind wichtiger als Propagierung der eigenen Ziele; (4) Professionalisierung: Planung und Durchführung der Kampagne liegen in den Händen von Kommunikations-Profis; (5) Marketing-Ansatz: Der Wahlkampf folgt erprobten Mustern von Werbekampagnen; (6) Ereignis- und Themenmanagement: durch Pseudoereignisse und mediengerechte Gestaltung politischen Handelns wird versucht, die Medieninhalte zu beeinflussen.[16]

[10] Vgl. Jarren, 1994: S. 5; Roth, 1998b: S. 44.
[11] Baecker, 1996.
[12] Vgl. Donsbach & Gattwinkel, 1998: S. 23 ff.
[13] Vgl. Kepplinger, 1998: S. 221
[14] Vgl. Donsbach, 1993b; Paletz & Vinson, 1994.
[15] Vgl. Jarren, 1998: S. 88.
[16] Vgl. Schulz, 1997b: S. 186 f.

Diese Merkmale lassen leicht erkennen, daß die Medien, vor allem das Fernsehen, wichtigstes Instrument der Wahlkampfführung sind. Aber die Politiker reagieren mit ihren Strategien damit zum Teil nur auf Verhältnisse, die die Medien selbst kreiert haben. Wie der italienische Politologe Gianpietro Mazzoleni schreibt, folgen sie der »Medienlogik« statt ihrer tradierten Parteienlogik.[17] Die Medienlogik wiederum folgt unter anderem der Devise, ein möglichst breites Publikum zu erreichen. Aus der Nachrichtenwertforschung und aus psychologischen Experimenten weiß man, daß zum Beispiel Personalisierung und Vereinfachung, Faktenreiches und Konkretes, Streit und Konflikt bessere Chancen haben, die Aufmerksamkeit vor allem des Fernsehzuschauers zu gewinnen als sachliche Darlegungen politischer Themen. So wird »der politische Wettbewerb zu einem politischen Kommunikationsdrama (transformiert)« (Plasser)[18], an dem die politischen Akteure und die Medien mitwirken. Was Präsenz und Logik der Medien selbst erzeugt haben, wird dann in einer zweiten Ebene zum Hauptthema der politischen Berichterstattung (Reziprozitätseffekt).

Am Beispiel der Personalisierung läßt sich diese interdependente Beziehung gut aufzeigen. Meldungen und Programme, in denen prominente Personen vorkommen, werden vom Publikum eher aufgenommen als die Behandlung von reinen Sachthemen. Für die Medien, vor allem das Fernsehen, ist es also funktional, solche »personalisierten« Inhalte zu präsentieren. Die Häufung von Talkshows im deutschen Fernsehen ist dafür ein Indikator. Gleichzeitig ist dieser Mechanismus für Politiker eine Chance, ihre Images zu kreieren oder zu verändern. Dafür ist wiederum das häufige und bereitwillige Auftreten von Politikern in solchen Talkshows ein Indikator.[19]

Es ist begrifflich sicher unsauber, von einer Amerikanisierung des Wahlkampfs zu sprechen, nur weil dort die beschriebenen Phänomene zuerst auftraten. Ihre Ursache liegt ja nicht in der amerikanischen Kultur, sondern in der früheren und weitergehenden Durchdringung der dortigen Gesellschaft mit modernen Medien. Dies ist aber eine technologisch-kommerzielle Entwicklung und keine kulturell-soziale. Der Begriff der »Mediatisierung« wird der Sache eher gerecht. »Mediendemokratie« oder »Mediokratie« beschreiben dann die sich aus diesem Prozeß ergebenden Strukturen eines veränderten politischen Systems.[20]

[17] Vgl. Mazzoleni, 1987.
[18] Plasser, 1989: S. 217; vgl. auch Plasser, Sommer & Scheucher, 1995.
[19] Vgl. ARD-Forschungsdienst, 1998.
[20] Vgl. hierzu Sarcinelli, 1998 sowie weitere Beiträge in dem von ihm herausgegebenen Band »Politikvermittlung und Demokratie in der Mediengesellschaft«.

Die weiter oben erwähnten Merkmale der »Amerikanisierung«, wie sie Winfried Schulz zusammengestellt hat, betreffen die Wahlkampfführung, also das Handeln der Politiker. In Kombination und Interaktion mit den Auswahlkriterien der Journalisten führen diese zu den folgenden Eigenschaften der Medieninhalte:

(1) Die Darstellung des Wahlkampfs als Wettstreit zeigt sich erstens daran, daß Strategien und Taktiken der Parteien wichtiger sind als Sachthemen. Zwischen 1960 und 1992 ist in den USA der Anteil der Beiträge in der New York Times, die sich vorrangig entweder mit Strategien oder Wahlerfolgen des jeweiligen Kandidaten beschäftigten (»game schema«), von unter 50 auf über 80 Prozent gestiegen.[21] Sie zeigt sich zweitens an der steigenden Bedeutung, die Umfragen und Wahlprognosen für die Medien haben.[22]

(2) Das Medienmanagement der Politiker führt zu einer Häufung von Beiträgen über Ereignisse und Stellungnahmen, die vorrangig mit Blick auf die Medien inszeniert wurden. Seit Mitte der achtziger Jahre ist der Anteil von Politiker-Stellungnahmen zu Ereignissen, die selbst mit Blick auf die Medien gestaltet worden waren, angestiegen.[23] Im Konflikt um die Rolle des Shell-Konzerns in Nigeria basierten 40 Prozent der über 4.000 Pressebeiträge auf solchen »mediatisierten Ereignissen«.[24]

(3) Personen spielen in der Berichterstattung eine zunehmend wichtigere Rolle als Sachthemen. In der Berichterstattung über den Bundestagswahlkampf 1994 stieg der Anteil von Meldungen, in denen persönliche Eigenschaften von Kohl oder Scharping im Mittelpunkt standen, von rund 40 auf rund 65 Prozent an.[25]

(4) Über Kandidaten und Parteien wird überwiegend Negatives und Kritisches gesagt oder zitiert. In den USA ist der Anteil von »bad news« über die Präsidentschaftskandidaten zwischen 1960 und 1992 von einem Viertel auf rund zwei Drittel gestiegen.[26] Auch in Deutschland ist der Saldo zwischen nega-

[21] Vgl. Patterson, 1993: S. 74.
[22] Vgl. Brettschneider, 1996; Rhee 1996; Lipari, 1999.
[23] Vgl. Kepplinger, 1998: S. 171.
[24] Vgl. Donsbach & Gattwinkel, 1998: S. 101.
[25] Vgl. Donsbach, 1997a.
[26] Vgl. Patterson, 1993: S. 20.

tiven und positiven Aussagen über Politiker mehr oder weniger stetig angewachsen, vor Wahlen dominieren schlechte Nachrichten über Parteien und Politiker.[27]

(5) Die Medien präsentieren mit Vorliebe gegenseitige Angriffe und Konflikte zwischen den Politikern.[28] Vergleiche mit den Aussagen in der Wahlwerbung, in Reden und Debatten zeigen, daß die Medien solche Attacken deutlich häufiger berichten als sie im tatsächlichen Handeln der Politiker vorkommen.[29]

Die Folgen dieser Medienberichterstattung sind vielfältig und können hier nicht umfassend behandelt werden. Allerdings ist ganz offensichtlich, daß die Menschen negativere Vorstellungen nicht nur von Kandidaten und Parteien, sondern auch von den meisten politischen Institutionen entwickelt haben. Mitte der sechziger Jahre meinten nur 23 Prozent der Amerikaner, ihre Regierung mache ›selten oder nie das Richtige‹. Ende der Neunziger waren es 66 Prozent.[30] Anfang der sechziger Jahre meinten 22 Prozent der Deutschen, man brauche keine »großen Fähigkeiten«, um Bundestagsabgeordneter zu sein. Mitte der Neunziger waren es 52 Prozent.[31] Zynismus und mangelnde »Efficacy« – der Glaube, keinen Einfluß auf den Lauf der Dinge zu haben – können in einem zweiten Schritt zur Abwendung von der Politik führen: 1996 sagten zum ersten Mal seit Ende der sechziger Jahre weniger als 40 Prozent der Deutschen, sie interessierten sich für Politik. Bei den 16 bis 29-jährigen waren es sogar nur 30 Prozent.[32]

Im folgenden werden wir mit Hilfe der Inhaltsanalyse von Pressemitteilungen und Medienbeiträgen zu klären versuchen, wie die Parteien den Wahlkampf inszenieren wollten und was die Medien daraus machten. Letztlich geht es also darum, wie sich der Wahlkampf 1998 dem Normalbürger präsentierte. Die genannten fünf Punkte werden dabei unsere Analyse gliedern.

[27] Vgl. Kepplinger, 1998: S. 189; Donsbach, 1997a: S. 159.
[28] Vgl. Kepplinger, 1998: S. 198.
[29] Vgl. Annenberg Public Policy Center of the University of Pennsylvania, 1998: S. 9 ff.; Lichter & Smith, 1996: S. 26 ff.
[30] Vgl. Blendon et al., 1999: S. 15; vgl. auch Klingemann, 1998: S. 47.
[31] Vgl. Kepplinger, 1998: S. 190; vgl. auch ders., 1996; Pöttker, 1996; Friedrichsen, 1996.
[32] Vgl. Institut für Demoskopie Allensbach, Allensbacher Archiv, IfD-Umfrage Nr. 6025.

Strategie oder Substanz?

Pressemitteilungen: Strategie vor Substanz

Pressemitteilungen sind nur eine unter mehreren Kanälen, über die die Parteien mit ihren Wählern in Verbindung treten können. Sie sind – anders als die Wahlwerbung auf Plakaten und in Fernsehspots oder öffentliche Auftritte von Politikern – auch eine indirekte, vermittelte Form der Ansprache. Zwischen den Parteien und den Wählern stehen die Medien, die die Botschaften der Pressemitteilungen beachten oder mißachten, sich zu eigen machen oder konterkarieren können. Wir stellen hier die rhetorische Struktur der Pressemitteilungen vor, die die Wahlkampfzentralen von Union und SPD zwischen März und September 1998 herausgaben.

Wir haben dazu alle Pressemitteilungen der Wahlkampfzentralen gesammelt und mit weitgehend dem gleichen Analyseschema untersucht wie die Medien. Insgesamt waren dies über 1000 Pressemitteilungen.[33] Von diesen haben wir nur solche Pressemitteilungen berücksichtigt, die einen politischen Inhalt hatten und nicht nur reine Ankündigungen bzw. Einladungen – zum Beispiel zu Pressekonferenzen – enthielten.[34] Auch konzentrieren wir uns hier zur Vereinfachung auf die beiden großen Parteien CDU/CSU und SPD. Die nachfolgende Analyse basiert so auf 150 Pressemitteilungen der CDU/CSU und 253 der SPD.

Thomas Patterson ermittelte, daß die amerikanischen Medien den Wahlkampf überwiegend als ein strategisches Spiel darstellen, in dem die Kandidaten vor allem danach handeln, wie sie sich Vorteile gegenüber ihren Kontrahenten verschaffen können. Sachthemen würden dabei mehr oder weniger untergehen. Er beobachtete auch, daß dies nicht unbedingt das tatsächliche Verhalten der Politiker wiedergibt. Die Kandidaten im Wahlkampf 1992 redeten fast ausschließlich über Sachthemen. Nur berichteten die Zeitungen nicht darüber. Sie räsonnierten statt dessen darüber, welche Strategien hinter bestimmten Themen und Aktionen stecken könnten.[35]

---

[33] Bei der CDU lagen uns neun, bei der SPD sechs Pressemitteilungen nicht vor. Die kodierten Pressemitteilungen beider Parteien haben wir in Kopie von der Parteizentrale der SPD bzw. von der Konrad-Adenauer-Stiftung erhalten. Wir danken den Mitarbeitern dort für ihre Unterstützung. Die Pressemitteilungen der FDP und der Bündnisgrünen haben wir aus den Internetseiten der beiden Parteien kopiert.

[34] Ein politischer Inhalt war definiert als Äußerung zur Parteipolitik, zur Wahl und zum Wahlkampf, zu den Kandidaten oder zu politischen Sachthemen.

[35] Vgl. Patterson, 1993: S. 5 ff.

Für Deutschland gilt diese Diskrepanz nicht – zumindest wenn man die Pressemitteilungen als Maßstab für die Medieninhalte heranzieht. In Anlehnung an Pattersons Kategorie haben wir bei jeder Pressemitteilung und jedem Medienbeitrag kodiert, ob dort vorrangig das behandelt wurde, was Parteien oder Politiker inhaltlich tun wollen *(Sachthemenorientierung)*, oder ob das Vorgehen der Parteien und Politiker im Wahlkampf im Mittelpunkt stand *(Wahlkampforientierung)*.[36] Das Bild ist eindeutig und zeigt auch zwischen den beiden großen Parteien keine Unterschiede: Bei den meisten Pressemitteilungen stand mit 72 (CDU/CSU) bzw. 70 Prozent (SPD) die Strategie und nicht die Substanz im Vordergrund. Mit anderen Worten: Wenn die Parteien Pressemitteilungen herausgaben, dann äußerten sie sich in rund sieben von zehn Fällen vor allem über ihr Vorgehen im Wahlkampf. Wenn sie doch Sachthemen ansprachen, dann taten sie dies vorrangig unter Wahlkampfgesichtspunkten (Schaubild 1).

Schaubild 1: Sachthemen oder Wahlkampf in Pressemitteilungen der Parteien?

Basis: 150 Pressemitteilungen der CDU/CSU und 253 Pressemitteilungen der SPD vom 02.03.1998 bis zum 26.09.1998

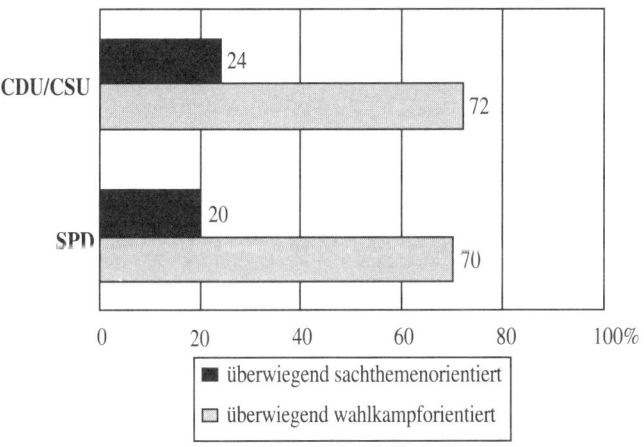

---

[36] Letzteres haben wir auch dann verschlüsselt, wenn Sachthemen so dargestellt wurden, als ob sie den jeweiligen Akteuren nur zu Wahlkampfzwecken dienten. Die Kodierung erfolgte auf einer Fünfer-Skala von »eindeutig sachthemenorientiert« bis »eindeutig wahlkampforientiert«. Zur Vereinfachung haben wir jeweils die Skalenpunkte 1 und 2 sowie 4 und 5 zusammengefaßt. Die Mittelkategorie »gleichgewichtig/nicht entscheidbar« berücksichtigen wir hier nicht.

Die geringe Bedeutung der Sachthemen in der Parteien-Kommunikation zeigt sich auch daran, daß bei der Union gut die Hälfte der Pressemitteilungen (52 Prozent), bei der SPD sogar nur 40 Prozent überhaupt ein Sachthema behandelten. Bei beiden waren dies überwiegend die Themen Standort Deutschland und Arbeitsmarkt.[37]

Medien: Substanz vor Strategie und Demoskopie

Auch die Medienberichterstattung war in den knapp sieben Monaten vor der Wahl nicht vorrangig bestimmt durch politische Sachthemen. Sie gingen fast unter in Berichten über die Parteien, ihre internen Auseinandersetzungen und Streits miteinander, den Reportagen über den Wahlkampf und die Kandidaten. In 38 Prozent aller Beiträge ging es auch oder ausschließlich um den Zustand einer der Parteien, in 31 Prozent um den Wahlkampf, in 18 Prozent um das Verhältnis der Parteien untereinander und in ebenso vielen um einen oder beide Kanzlerkandidaten. Das wichtigste Sachthema war mit einem Viertel der Beiträge auch hier der »Standort Deutschland«, ein Thema, das wir sehr weit gefaßt hatten und das daher häufig vorkommen konnte.[38] Wir können also zunächst festhalten, daß die politischen Institutionen und Akteure die Bühne beherrschten und dabei offensichtlich häufiger mit sich selbst und dem politischen Gegner beschäftigt waren als mit konkreten Sachthemen.

Allerdings stand bei den Medienbeiträgen mit 63 Prozent im Durchschnitt viel häufiger ein Sachthema im Vordergrund als bei den Pressemitteilungen. Bei immerhin sechs der 22 untersuchten Printmedien und Fernsehprogramme fanden wir sogar überwiegend Beiträge, in denen Sachthemen im Mittelpunkt standen. Am häufigsten war dies bei der taz (55 Prozent), der Frankfurter Rundschau (52) und der Tagesschau (52) der Fall. Die Tagesschau war überhaupt die einzige Fernsehsendung, bei der *nicht* die Darstellung des politischen Geschehens und politischer Sachthemen unter

---

[37] Vgl. das Kapitel »Sieg der Illusion« in diesem Band.

[38] Zum Thema *Standort Deutschland* haben wir Berichte über Sachverhalte zusammengefaßt, die die generelle Attraktivität Deutschlands für in- und ausländische Investitionen betreffen: Sie lassen sich noch einmal in drei Bereiche untergliedern: (1) Steuern (unter anderem Steuerform, Benzinbesteuerung, Spitzensteuersatz, Vereinfachung des Steuersystems), (2) Arbeitskosten (unter anderem Sozialleistungen wie Lohnfortzahlung im Krankheitsfall und Pflegeversicherung, Löhne, Urlaub, Gewerkschaften und Streikmaßnahmen), (3) Innovationskraft Deutschlands (unter anderem Qualität von Ausbildung und Forschung, Innovationskraft der Unternehmen). Vgl. das Kapitel »Sieg der Illusion« in diesem Band.

Wahlkampfgesichtspunkten im Vordergrund stand. Das andere Extrem bildeten die Nachrichten von RTL aktuell, bei denen fast zwei von drei Beiträgen unter den Aspekten Strategie, Taktik und Vorteilsuche produziert worden waren.

Es mag nicht überraschen, daß die Wahlkampforientierung der Berichterstattung mit näherrückendem Wahltermin zunahm. Aber erstaunlich ist schon, mit welcher Stringenz und Dynamik dies geschah. Schaubild 2 zeigt die Entwicklung getrennt für Pressemedien und Fernsehnachrichten. Drei Monate vor der Wahl begann im Fernsehen offensichtlich die »heiße Phase« des Wahlkampfs. Noch im Juni waren sachthema- bzw.- wahlkampforientierte Beiträge gleich häufig vertreten. Danach öffnete sich die Schere und zwar insbesondere in den privaten Programmen.[39] Die Pressemedien zogen einen Monat später nach. Dann öffnete sich bei ihnen die Schere in die gleiche Richtung (Schaubild 2).

Schaubild 2: Wahlkampforientierte Beiträge in den Medien
Basis: 7380 Presse- und 5479 Fernseh-Beiträge
vom 02.03.1998 bis zum 26.09.1998

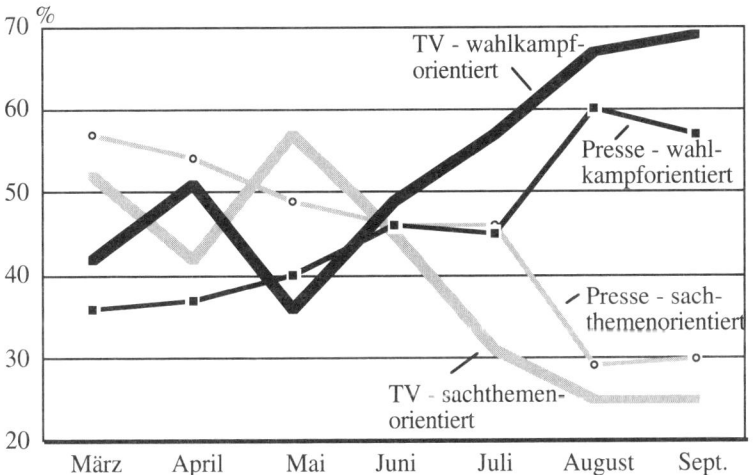

In seinen »Beobachtungen zum Bundestagswahlkampf 1998« für die Landesanstalt für Rundfunk in Nordrhein-Westfalen schrieb Albrecht Müller, im Gefolge der niedersächsischen Landtagswahl

[39] Im August und September stand in den privaten Sendern nur noch bei 18 Prozent der Beiträge das Sachthema im Mittelpunkt. Bei den öffentlich-rechtlichen Programmen ging die Entwicklung in die gleiche Richtung. Dort blieben aber auch in den drei Monaten vor der Wahl noch immerhin ein Drittel der Beiträge themenbezogen.

habe eine intensive Diskussion um den Charakter des zu erwartenden Bundestagswahlkampfes der SPD begonnen. Die Union habe mit allen Mitteln versucht, das Thema für sich auszuschlachten. »Das schlug sich in einer Fülle von Presseartikeln und Medienbeiträgen nieder.«[40] Die wissenschaftliche Überlegenheit quantitativer empirischer Forschung gegenüber qualitativen Eindrücken läßt sich manchmal ganz einfach nachweisen. Die »Fülle« von Beiträgen, die sich mit der Mediatisierung des Wahlkampfs befaßten, machte gerade einmal 1,2 Prozent aller 15.563 Beiträge in den nationalen Medien aus. Professionelle Wahlkampfmanager und Spin Doctors kamen mit 0,4 Prozent in noch weniger Beiträgen vor. Demgegenüber waren die inhaltlichen Wahlprogramme und -strategien mit 15 Prozent ein recht häufiges Thema. Der Wahlkampfstil aber, die sogenannte »Amerikanisierung« durch die Kampa, war kein Wahlkampfthema. Und wenn darüber berichtet wurde, war die SPD nicht häufiger das Thema als die Union, Schröder nicht häufiger als Kohl. Im Gegenteil: In 63 Prozent der Beiträge, in denen es um die Mediatisierung ging, kam die Union vor und in nur 59 Prozent die SPD. Beim Thema Spin Doctors und Wahlkampfmanager ist das Verhältnis ausgeglichen. Helmut Kohl wurde sogar häufiger als Schröder in Verbindung mit Wahlkampf-Profis gebracht.

Bei jedem Thema haben wir zusätzlich verschlüsselt, ob von den Parteien und Kandidaten dabei ein positiver oder negativer Eindruck zurückblieb. Insgesamt haben die nationalen Medien den Wahlkampf der SPD deutlich besser präsentiert als den der Union. Wenn wir alle Einzelthemen zusammenfassen, in denen es um eines der Wahlkampfthemen ging,[41] dann mußte dem Publikum die Kampagne der CDU/CSU als eindeutig mißglückt erscheinen. Auch hier war die Bewertung der Union noch einmal schlechter als die Kohls. Die Printmedien behandelten zwar im Saldo auch die SPD unvorteilhaft, aber in Relation zum politischen Gegner erschien sie deutlich besser. Einen ganz anderen Wahlkampf beschrieben dagegen die Fernsehnachrichten. Schröders Programm und Strategie, seine Wahlkampfführung und seine Auftritte zogen um 27 Prozentpunkte mehr positive als negative Beiträge nach sich. Dies strahlte auch auf die SPD ab, bei der die Differenz immerhin noch 12 Punkte betrug. Der Wahlkampf von Kohl und der Union war dagegen auch im Fernsehen eher ein Trauerstück (Schaubild 3). Nach diesen Ergeb-

---

[40] Vgl. Müller, 1998: S. 36.
[41] Für die Betrachtung der Einzelthemen wie z. B. »Mediatisierung« sind die Fallzahlen zu klein.

nissen kann man also kaum behaupten, die Medien wären den Thematisierungsversuchen der CDU gefolgt.

Der *Wahlkampf als Wettrennen* ist ein weiteres Merkmal der Politikdarstellung, das man unter dem Stichwort »Amerikanisierung« behandelt. Wichtigste Information bei einem Wettrennen ist die Antwort auf die Frage, wer vorne liegt. Dazu äußern sich aber nicht nur Demoskopen. Unter Politikern ist es eine beliebte Form der Mobilisierung ihrer potentiellen Wähler, Siegeszuversicht zu verbreiten und auf den bevorstehenden Wahlsieg hinzuweisen. Journalisten sehen ihre Aufgabe oft darin, auf mehr oder weniger solider Grundlage die öffentliche Meinung – sprich: die Stimmungen für oder gegen die Parteien – wiederzugeben. In einer Medieninhaltsanalyse zur Bundestagswahl 1976 stellten wir fest, daß die mit Abstand meisten Äußerungen über den zu erwartenden Wahlausgang und die Stimmungslage gar nicht von den Demoskopen stammten (nur 17 Prozent), sondern von den Politikern (43) und den Journalisten (33).[42]

Schaubild 3: Eindruck von Kandidaten und Parteien in Beiträgen
über den Wahlkampf
Basis: Beiträge aus Presse und Fernsehen
vom 02.03.1998 bis zum 26.09.1998.
Kohl = 1524, Union = 2256, Schröder = 1592, SPD = 2220

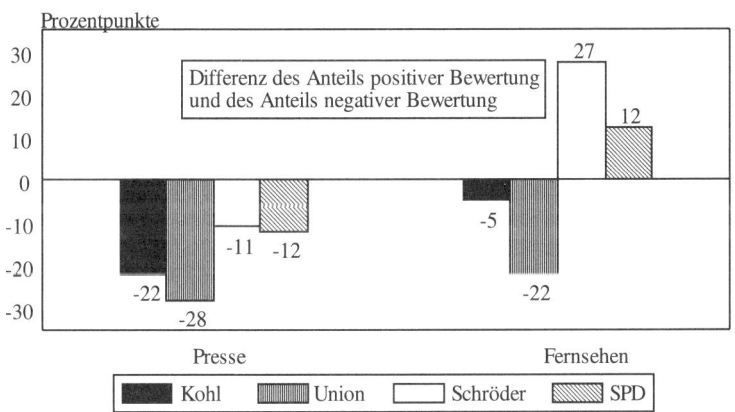

Die Verhältnisse haben sich seitdem verändert. Erstens veröffentlichen heute die Medien sehr viel häufiger als früher Ergebnisse aus Meinungsumfragen.[43] Zweitens nimmt die Bevölkerung von diesen Meinungsumfragen auch immer mehr Notiz. In den fünfziger Jahren sagten gerade einmal 17 Prozent, sie hätten Wahlumfragen in den Medien gesehen, bei der Bundestagswahl 1994 waren es 67 Prozent.[44] Was konnten die Wähler 1998 aus den Medien über das Rennen erfahren?

Unsere Kodierer prüften jeden Beitrag, ob darin explizit Aussagen über den zu erwartenden Wahlausgang vorkamen und wer sie machte. Von allen 15.583 Beiträgen enthielten 5 Prozent solche Aussagen. Da unsere Inhaltsanalyse eine andere Grundgesamtheit hat als frühere Studien, können wir keine direkten Vergleiche mit den Wahljahren davor anstellen. Für sich betrachtet ist jedoch die Tatsache, daß nur so wenige Beiträge Prognosen oder Behauptungen über den Wahlausgang enthielten, kein Anzeichen für eine Berichterstattung, die den Wahlkampf als Wettrennen verballhornt.

Allerdings haben sich bei den Urhebern solcher Aussagen die Gewichte gegenüber den siebziger Jahren erheblich verschoben. Heute sind es tatsächlich mehrheitlich die Demoskopen, die solche Aussagen machen. Jede zweite Äußerung über den möglichen Wahlausgang stammte 1998 von ihnen. Nach wie vor machen auch die Politiker sich selbst und ihren Anhängern Mut: Für immerhin noch ein Viertel der Aussagen zeichneten sie als Urheber. Die beiden politischen Lager standen sich dabei in nichts nach: 12 Prozent der Aussagen stammten von Union oder FDP, 13 Prozent von SPD oder Bündnisgrünen. Bei 15 Prozent waren es die Autoren des Beitrags, die solche Vermutungen anstellten (Tabelle 1). Mit näherrückendem Wahltermin nahm die Bedeutung der Wahlprognosen zu. Bis einschließlich Mai finden sich solche Aussagen mit nur 2 Prozent der Beiträge sehr selten. Im Juni sind es bereits 8 und im September dann immerhin 11 Prozent.

[43] Vgl. Brettschneider, 1996.
[44] Vgl. Brettschneider, 1991; ZUMA Sozialwissenschaften-Bus III/94.

Tabelle 1:   Urheber der Aussagen über den Wahlausgang

Basis: 1.638 Aussagen in 15.583 Beiträgen
vom 02.03.1998 bis zum 26.09.1998

Urheber	%
Demoskopie	51
CDU/CSU- Politiker	8
FDP-Politiker	4
SPD-Politiker	9
Politiker der Bündnisgrünen	4
Autor des Beitrags	15
Andere	9
Summe	100

Inszenierungen

Pressemitteilungen: Union in der Defensive

Aus welchem Grund eine Wahlkampfzentrale jeweils eine Pressemitteilung herausgab, können wir nicht im Detail zurückverfolgen.
Aber aus dem Inhalt ließ sich für unsere Kodierer zumindest erschließen, ob eine Pressemitteilung eher eine selbstbestimmte Aktion oder eine fremdbestimmte Reaktion darstellte. Im ersten Fall
würde die Partei als erste die Initiative bei einem bestimmten Sachverhalt ergreifen, zum Beispiel versuchen, ein neues Thema zu plazieren. Im zweiten Fall würde die Partei auf etwas reagieren, das
entweder der politische Gegner, eine Interessengruppe oder die
Medien bereits in der Öffentlichkeit behandelt oder gesagt haben
und das eine Äußerung seitens der betreffenden Partei zwingend
erforderlich macht.
    In dieser Hinsicht unterschied sich die Wahlkampf-Kommunikation von CDU/CSU auf der einen und SPD auf der anderen Seite
dramatisch. Die Anlässe für Pressemitteilungen waren praktisch
diametral entgegengesetzt. Während die SPD bei fast zwei Drittel
ihrer Pressemitteilungen aktiv das Heft bei einer Sache in der Hand
hatte, reagierte die CDU in ebenso vielen Fällen auf Aktionen an-

derer. Anders ausgedrückt: Die Wahlkampf-Kommunikation der SPD war offensiv, die der Union defensiv (Schaubild 4).

Schaubild 4: Anlässe für Pressemitteilungen der Parteien
Basis: 150 Pressemitteilungen der CDU/CSU und
253 Pressemitteilungen der SPD aus der Zeit
vom 02.03.1998 bis zum 26.09.1998

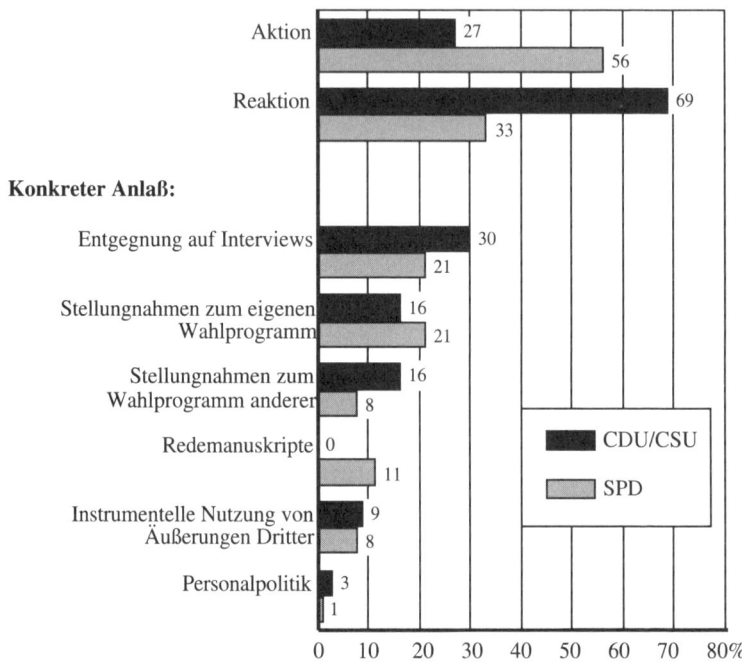

Zusätzlich haben wir noch den konkreten Anlaß der Pressemitteilungen kodiert. Schaubild 4 enthält auch diese Ergebnisse. Die defensive Haltung der Union zeigt sich darin, daß sie mit ihren Pressemitteilungen häufiger als die SPD auf Stellungnahmen und Interviews von anderen reagierte, und sich häufiger zum Wahlprogramm des politischen Gegners äußerte. Wie sehr die politischen Umstände und insbesondere die Medienberichterstattung den Parteien unterschiedliche Freiheitsgrade gewährten, die jeweilige Strategie selbst zu wählen, muß im Detail offen bleiben. Die Analysen in diesem Band deuten jedoch darauf hin, daß die Union durch die Medienberichterstattung in erheblichem Maße in die Defensive gedrängt war. Darin mag eine Ursache für diesen Befund liegen.

Medien: Vorsprung für Schröder bei Ereignissen
und Stellungnahmen im Fernsehen

Aktuelle Medien benötigen einen Anlaß für einen Beitrag. Der Anlaß ist der (vermutliche) Auslöser der Berichterstattung. Er kann
ein konkretes Einzelereignis sein, zum Beispiel eine Sitzung des
Parteivorstands, oder er kann auf eine mündliche bzw. schriftliche
Stellungnahme in Form von Interviewäußerungen oder Presseer-
klärungen zurückgehen.

Die Tatsache, daß irgend jemand zu irgend etwas eine Stellungnahme abgegeben hatte, war zwischen März und September mit 42
Prozent häufiger der Anlaß für einen politischen Beitrag als ein
genuines Ereignis (40 Prozent). Damit bestätigt sich auch für Wahl-
kampfzeiten der Befund, den Kepplinger in seiner Langzeitanalyse
für die politische Berichterstattung insgesamt ermittelte.[45] Allerdings brachten die Fernsehnachrichten mit 43 zu 37 Prozent häufiger Berichte über reale Ereignisse als die Printmedien. Dies kann
man darauf zurückführen, daß die Fernsehnachrichten in der Regel
Bilder zu den Meldungen benötigen und Bilder von Ereignissen an-
schaulicher sind als solche von Stellungnahmen. Daß mit 21 zu 15
Prozent die Printmedien häufiger als das Fernsehen Beiträge brachten, die keinen erkennbaren Anlaß hatten, läßt sich vermutlich auf
die dort häufigeren Hintergrundberichte zurückführen. Die ereig-
nisarmen Sommermonate (»saure Gurkenzeit«) schlugen sich auch
in den Anlässen der Medienberichterstattung nieder. Im Juli und
August kletterte der Anteil der Stellungnahmen jeweils sogar auf
53 Prozent.

Keine der beiden Seiten konnte sich offensichtlich über Stellungnahmen oder Ereignisse stärker ins Gespräch bringen als der politische Gegner. Gerhard Schröder kam in beiden Medien etwas häufiger als Helmut Kohl in Beiträgen vor, die auf Stellungnahmen
zurückgingen, Kohl dagegen etwas häufiger in ereignisbezogenen
Beiträgen. Solche leichten Unterschiede kann man aufgrund der
Rollenverteilung zwischen einem amtierenden Bundeskanzler und
einem Herausforderer ohne vergleichbar herausragendes Amt erwarten.

Vom Anlaß unterscheiden wir den Gegenstand eines Beitrags.
Der Gegenstand kann wiederum ein Ereignis (z. B. Gipfeltreffen)
oder eine Stellungnahme (z. B. Erklärung der Opposition zum Gipfeltreffen) sein. Der Gegenstand kann aber auch ein Thema sein
(z. B. eine internationale Umwelt-Vereinbarung). Bei welchen Ge-

[45] Vgl. Kepplinger, 1998: S. 167.

genständen der Berichterstattung kamen die beiden Spitzenkandidaten häufiger vor und wo wirkten sie besser oder schlechter? Schaubild 5 zeigt getrennt für Presse und Fernsehen die Häufigkeit und die Bewertung, mit der Kohl und Schröder im Zusammenhang mit Ereignissen, Stellungnahmen und Themen vorkamen. Man erkennt erstens, daß es bei den Printmedien gar keinen und beim Fernsehen nur einen leichten »Kanzler-Bonus« gab. Zweitens waren auch die Paritäten zwischen den drei Berichtsgegenständen etwa gleich, das heißt auch gleich verschieden bei Presse und Fernsehen. Während bei den Printmedien ein politisches Thema sowohl bei Kohl als auch bei Schröder häufigster Gegenstand war, rangierten politische Themen beim Fernsehen am Ende. Auf dem Bildschirm dominierten dagegen die Stellungnahmen.

Drittens läßt Schaubild 5 erkennen, daß Schröder vor allem mit Ereignissen und mit Stellungnahmen im Fernsehen Boden gut machte. Bei beiden Berichtsgegenständen betrug sein Vorsprung an positiven Beiträgen gegenüber Kohl 12 Punkte. Man kann daraus den Schluß ziehen, daß Schröder vor allem dann, wenn ihn das Fernsehen bei Ereignissen zeigte oder Stellungnahmen und Interviews von ihm brachte, seine Wähler überzeugte.

Schaubild 5: Gegenstand des Beitrags und Eindruck von Kohl und Schröder
Basis: Beiträge in Presse und Fernsehen
vom 02.03.1998 bis zum 26.09.1998

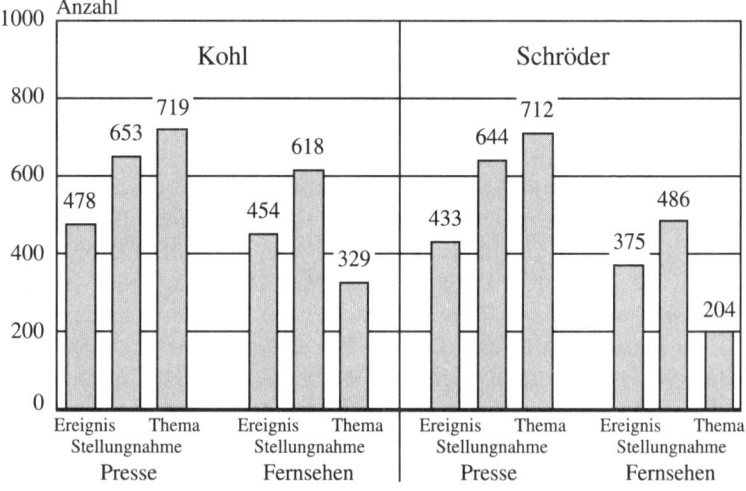

Personalisierung

Pressemitteilungen: Personalisierung als SPD-Strategie

Wie wir oben dargelegt haben, ist die Konzentration auf Personen statt auf Sachthemen ein weiteres Merkmal mediatisierter Wahlkämpfe. Für die politischen Akteure ist es wichtig, möglichst positive Images von sich selbst und möglichst nachteilige von ihren Kontrahenten zu kreieren. Andererseits wissen die Medien, daß sie mit personalisierten Beiträgen mehr Publikumsinteresse erzeugen können. Bei jeder Pressemitteilung und bei jedem Medienbeitrag, in dem einer der Spitzenpolitiker vorkam,[46] kodierten wir den Grad der Personalisierung, das heißt, wir hielten fest, ob Eigenschaften der jeweiligen Person im Mittelpunkt standen oder die sachpolitischen Vorhaben dieser Person.

Die SPD stellte ihre Wahlkampf-Kommunikation, zumindest soweit sie sich in den Pressemitteilungen ausdrückte, viel stärker auf Personen ab als die CDU/CSU. Von allen SPD-Mitteilungen, in denen die Spitzenpolitiker vorkamen, behandelten 47 Prozent vor allem persönliche Eigenschaften des betreffenden Politikers und 43 Prozent dessen sachpolitische Vorhaben. Bei der Union stand dagegen in der Mehrzahl der Fälle die Sachpolitik im Mittelpunkt (56 Prozent) und nur bei 30 Prozent die Personen.

Diese Personalisierung zeigt aber eine sehr überraschende Struktur. Die Pressemitteilungen beider Parteien stellten nicht den eigenen Kandidaten in den Mittelpunkt, sondern den politischen Gegner! Vor allem die SPD verfolgte diese Linie und schoß sich auf Helmut Kohl ein: In 96 ihrer 253 Pressemitteilungen kam Kohl vor, während der eigene Kanzlerkandidat Schröder nur 40 mal erwähnt wurde. Auch die Union gab mehr Pressemitteilungen über Schröder als über Kohl heraus. Der Unterschied war jedoch nicht so kraß wie bei den Sozialdemokraten.

Die Auseinandersetzungen mit dem jeweiligen politischen Gegner hatten dabei ganz unterschiedliche Inhalte. Die SPD griff Kohl als Person an während die CDU/CSU Schröder eher auf dem Gebiet der Sachpolitik attackierte. Dies können wir daran erkennen, daß der dominante Inhalt der Pressemitteilungen der SPD, in denen Kohl vorkam, eher personenorientiert war, während er bei den Pressemitteilungen der Union, in denen Schröder vorkam, eher sachpolitikorientiert war (Schaubild 6). Dieser Befund ist ein erster

---

[46] Dies waren bei der Union: Kohl, Schäuble, Geißler, Waigel, Stoiber, bei der SPD Schröder und Lafontaine.

Indikator für die überwiegend destruktive Rhetorik in der Wahl-kampf-Kommunikation der deutschen Parteien. Auf diese Rhetorik werden wir weiter unten zurückkommen.

Schaubild 6: Vorkommen von Kohl und Schröder in den Pressemitteilungen von CDU/CSU und SPD

Basis: Beiträge in Presse und Fernsehen vom 02.03.1998 bis zum 26.09.1998

– Absolute Zahlen –

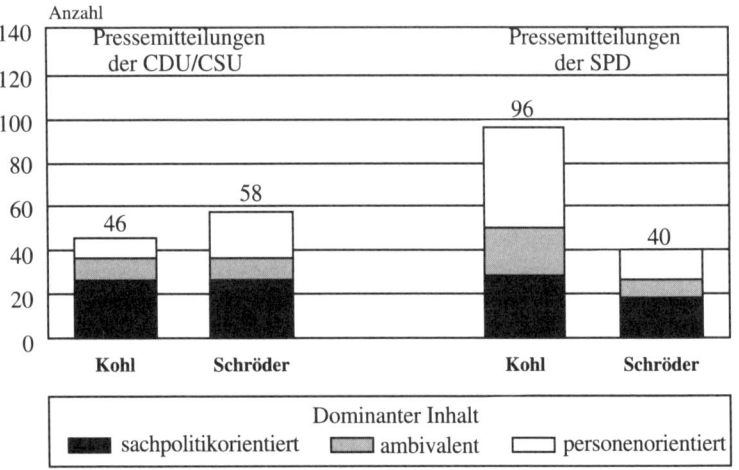

Medien: Fernsehen als Schröders Plattform

Die Personalisierung der Politik durch die deutschen Medien hielt sich in Grenzen. Die Printmedien stellten überwiegend die Sach-politik in den Mittelpunkt (40 zu 35 Prozent). Ausnahmen waren vor allem Bild am Sonntag, Stern und Spiegel, bei denen die person-enorientierten Beiträge ein deutliches Übergewicht hatten. Entge-gen unseren Erwartungen ging auch in den Fernsehnachrichten und -magazinen die Sachpolitik nicht im Personenkult unter. Beiträge beider Art hielten sich mit 38 zu 39 Prozent ziemlich exakt die Waa-ge. Selbst bei den Sendungen der privaten Sender hielt sich die Per-sonalisierung in Grenzen. Am stärksten ausgeprägt war sie bei RTL aktuell, den Sat.1 Nachrichten und dem RTL Nachtjournal.

Es bestätigt sich allerdings ein Trend, den wir bereits 1994 fan-den: Mit näherrückendem Wahltermin nahm der Anteil der Me-dienbeiträge zu, in denen die Person der Politiker im Mittelpunkt stand.[47] Für diesen Generaltrend war vor allem das Fernsehen verantwortlich. Wie Schaubild 7 zeigt, nahmen dort die personenbezogenen Beiträge von 36 Prozent im Juli über 46 im August auf 49 Prozent im Wahlmonat zu. Die überregionale Presse hielt dagegen ihre stärkere Gewichtung der Sachthemen mehr oder weniger gleichbleibend zwischen März und September bei. Man kann daher das Fernsehen als Medium ansehen, in dem vorrangig Images geprägt wurden, und die Presse vorrangig als das Medium, das die Sachthemendiskussion beförderte.[48]

Schaubild 7: Anteil personenorientierter Beiträge
Basis: 4829 Presse- und 3284 Fernsehbeiträge vom 02.03.1998 bis zum 26.09.1998

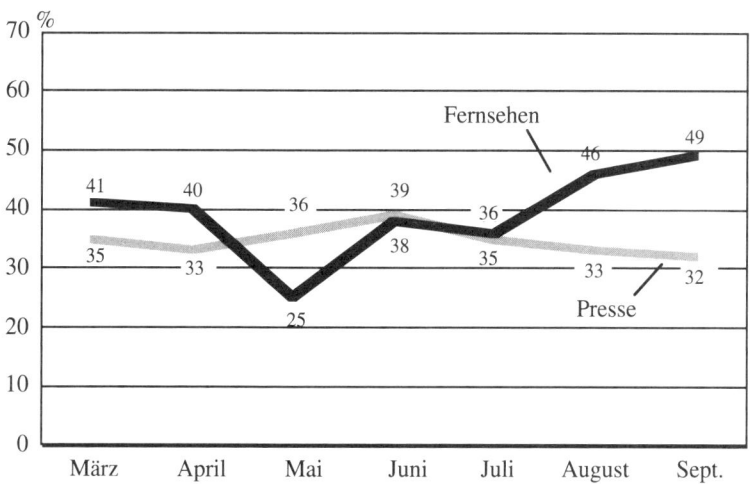

Die Personalisierung durch das Fernsehen war vermutlich ausschlaggebend für das positive Image Gerhard Schröders in der Bevölkerung. Bei Sachthemen erschien Schröder selbst in »seinem« Medium Fernsehen – ähnlich wie in der Presse – Kohl unterlegen. Aber bei den personenorientierten Beiträgen in den TV-Nachrichten war er Kohl um Längen voraus: Der Saldo an positiven Beiträgen betrug für ihn 35 Prozent, während Kohl nur auf ein ausgewogenes Verhältnis kam (Schaubild 8). Hinzu kam, daß diese positive Resonanz Schröders in den Fernsehnachrichten kurz vor der Wahl noch zunahm und im September mit 45 Prozentpunkten einen

[47] Vgl. Donsbach, 1997a: S. 158.
[48] Vgl. hierzu auch Brettschneider, 1998; Schneider, Schönbach & Semetko, 1999.

Höhepunkt erreichte, der nur noch vom März – der Kür Schröders zum Kanzlerkandidaten – übertroffen wurde. Daß Kohl dann, wenn es um Sachpolitik ging, in beiden Medien einen besseren Eindruck hinterließ als sein telegenerer Kontrahent, wird ihm nichts genützt haben.

Schaubild 8: Eindruck von den Kanzlerkandidaten in sachthemen- und personenorientierten Beiträgen
Basis: Fernseh- und Pressebeiträge
vom 02.03.1998 bis zum 26.09.1998

– Differenzen zwischen positiven und negativen Erwähnungen in Prozentpunkten –

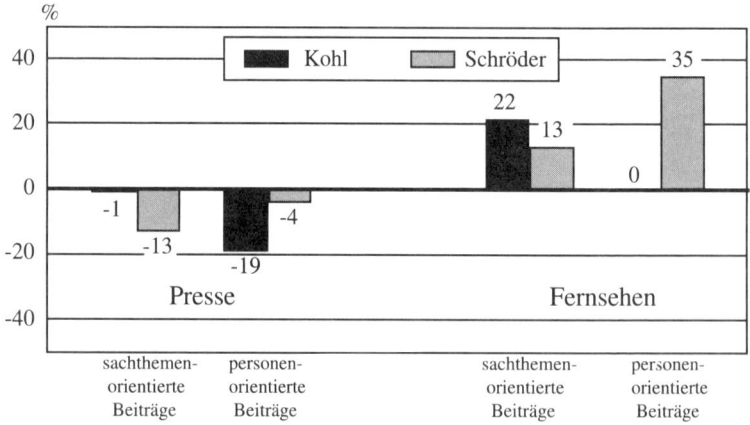

Negativismus: Mehr und weniger

Dies führt zur Frage, wie Personen und Parteien im Verlaufe des Wahlkampfes generell von den Medien dargestellt wurden.[49] Wiederum legen wir zugrunde, welchen Eindruck ein Leser oder Zuschauer bekommen mußte, der einen bestimmten Beitrag gelesen oder gesehen hat. Die Grundlage sind also nicht explizite werthaltige Aussagen, sondern generelle Erscheinungsbilder im gesamten Kontext eines Beitrags.

Die politischen Parteien wurden im Wahlkampf 1998 überwiegend negativ dargestellt oder mußten dem Rezipienten aufgrund

[49]   Auf eine Analyse der Pressemitteilungen verzichten wir bei diesem Thema. Es ist banal, daß eine Partei sich selbst und ihre eigenen Akteure positiv darstellt und den Gegner negativ. Mit welchen rhetorischen Figuren sie dies machten, behandeln wir im nächsten Abschnitt.

des Berichteten so erscheinen. Keine der heute im Bundestag vertretenen Parteien erreichte einen positiven Saldo aus für sie günstigen und ungünstigen Beiträgen. Allerdings waren die Unterschiede erheblich. Am schlechtesten erging es der PDS (–40), am besten der SPD, die mit -2 Prozentpunkten eine fast ausgewogene Mediendarstellung erfuhr. Dieses Ergebnis für die SPD läßt sich erst richtig einordnen, wenn man die Werte für die drei restlichen Parteien dagegen hält. Beiträge über die CDU/CSU hatten einen Saldo von -28, über die Bündnisgrünen von -25 und über die FDP von -21 Prozentpunkten. Mit anderen Worten: Alle Parteien außer den Sozialdemokraten mußten dem durchschnittlichen Leser oder Zuschauer als eigentlich nicht wählbar erscheinen.

Die Spitzenpolitiker wurden im Durchschnitt von den Medien etwas günstiger dargestellt. Während die Werte für Kohl im Gesamtbild aller Medien leicht im negativen (–6) und für Schröder leicht im positiven Bereich (+4) lagen, gab es Politiker, die die Medien in der einen oder anderen Richtung besonders herausstellten: Von Schäuble (+35), Gerhardt (+23) und Fischer (+20) gab es überwiegend Gutes zu sehen und zu lesen, von Gysi (–31), Trittin (–30) und Möllemann (–26) dagegen überwiegend Schlechtes.

Erwartungsgemäß fanden sich große Unterschiede zwischen den Medien. Mit internationalen Maßstäben betrachtet, ist der Grad der Parteilichkeit deutscher Medien immer wieder überraschend. So wies der Spiegel für die Union einen Saldo von -64 und für die SPD von +17 auf, während wir bei der Welt am Sonntag einen Saldo für die Union von +7 und für die SPD von -56 fanden (Schaubilder 9a und 9b). Eine ähnliche Parteilichkeit fanden wir bei der Darstellung der beiden Spitzenkandidaten. So wies der Spiegel einen positiven Saldo für Schröder von 19 Punkten und einen negativen für Kohl von -63 auf, die Welt am Sonntag dagegen einen negativen Saldo für Schröder von -59 und einen positiven für Kohl von 28 Punkten.[50] Im Gesamtbild bestätigt sich, was wir auch für die Behandlung der Themen Wirtschaft und Arbeitsmarkt in den Medien fanden. Kohl und der CDU/CSU widerfuhr 1998 ein ähnliches Schicksal wie Scharping und der SPD vier Jahre zuvor: Die Medien des eigenen Lagers ließen sie im Stich oder unterstützten sie nur halbherzig.[51]

---

[50] Aus Platzgründen verzichten wir hier auf weitere Detailergebnisse.
[51] Vgl. den Beitrag »Sieg der Illusion« in diesem Band.

Schaubild 9a: Eindruck von Union und SPD in den Printmedien
Basis: Zwischen 68 (Union/Rheinischer Merkur) und
422 (SPD/Welt)
Beiträge vom 02.03.1998 bis zum 26.09.1998

– Differenz zwischen positiven und negativen Beiträgen –

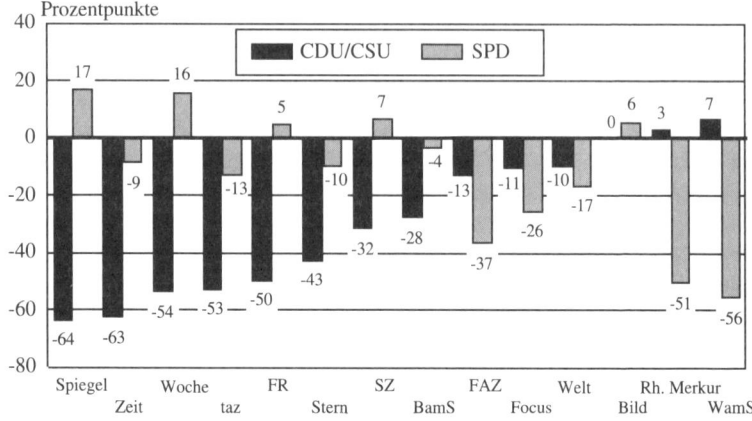

Schaubild 9b: Eindruck von Union und SPD im Fernsehen
Basis: Zwischen 189 (SPD/RTL Nachtjournal) und
325 (Union/Tagesthemen und heute)
Beiträge vom 02.03.1998 bis zum 26.09.1998

– Differenz zwischen positiven und negativen Beiträgen –

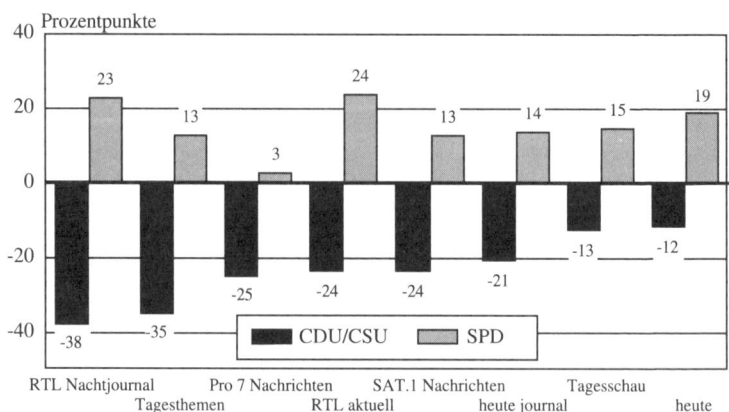

Pressemitteilungen: Angriff als beste Verteidigung

Wahlkämpfer können sich selbst anpreisen oder den Gegner angreifen. Die noch unveröffentlichte Studie der Annenberg School of Communication der University of Pennsylvania in den USA[52] ermittelte, daß die Kandidaten für die US-Präsidentschaft in ihren Reden, Diskussionsbeiträgen und Wahlwerbespots sehr viel häufiger über ihre eigenen Stärken redeten als dies in den Medien dargestellt wurde. Die Medien stürzten sich auf Kritik und Anschuldigungen gegenüber dem politischen Gegner. Mit vergleichenden Inhaltsanalysen kann man solche Verzerrungen der Medieninhalte feststellen. Auch wir haben mit der parallelen Inhaltsanalyse von Pressemitteilungen und Medieninhalten die Möglichkeit zum Vergleich. Diesen Vergleich können wir in zwei Dimensionen vornehmen: Erstens untersuchen wir, inwieweit sich die rhetorischen Strategien der beiden großen Parteien unterschieden, zweitens, wie sich diese Wahlkampf-Kommunikation der Parteien in den Darstellungen der Medien niederschlug.

Wir prüfen zunächst, ob die beiden großen Parteien eher konstruktiv oder eher destruktiv argumentierten. Bei einer konstruktiven Argumentation steht im Vordergrund, was die Partei selbst will und dieses Vorhaben wird von ihr als richtig und notwendig dargestellt. Ein Beispiel wäre der Hinweis der SPD, sie werde durch ein Bündnis für Arbeit die Arbeitslosigkeit bekämpfen. Bei einer destruktiven Argumentation steht dagegen die Kritik des politischen Gegners und dessen vergangener, gegenwärtiger oder geplanter Politik im Mittelpunkt. Ein Beispiel hierfür wären Anschuldigungen der SPD an die CDU, sie habe eine falsche Arbeitsmarktpolitik betrieben und sei damit für die hohe Arbeitslosigkeit verantwortlich.

Wie Schaubild 10 zeigt, unterschieden sich die beiden Parteien in dieser Hinsicht nur unwesentlich. Bei beiden gab es häufiger Pressemitteilungen mit einer eher destruktiven Argumentation als mit konstruktiver. Die SPD argumentierte dabei noch etwas häufiger konstruktiv als die Union, stellte also mehr ihr eigenes Vorhaben dar als daß sie den Gegner kritisierte. Mit 4 Prozentpunkten sind die Unterschiede jedoch marginal.

Eine zweite rhetorische Option der Parteien – sie ist von der er-

---

[52] Vgl. Annenberg Public Policy Center of the University of Pennsylvania, 1998: S. 9 ff.

sten nicht ganz unabhängig – besteht darin, auf die eigenen Leistungen der Vergangenheit zu verweisen (»Leistungsbilanzstrategie«), ihre politischen Vorhaben in der Zukunft anzupreisen (»Angriffsstrategie«) oder sich mit dem politischen Gegner zu vergleichen (»Vergleichsstrategie«).[53] Wie ebenfalls Schaubild 10 zeigt, unterschieden sich beide großen Parteien in dieser Hinsicht erheblich. Die Union verfolgte deutlich mehr als die SPD die Strategie, die eigenen Leistungen herauszustellen. Die SPD suchte ihr Heil dagegen häufiger im Angriff, das heißt in der Ankündigung ihrer Vorhaben nach der Wahl. Die Sozialdemokraten stellten mit 49 zu 38 Prozent auch etwas häufiger Vergleiche mit ihrem politischen Gegner an (Schaubild 10).

Schaubild 10: Rhetorische Strategien der Parteien
Basis: 150 Pressemitteilungen der CDU/CSU und 253 Pressemitteilungen der SPD vom 02. 03. 1998 bis zum 26. 09. 1998

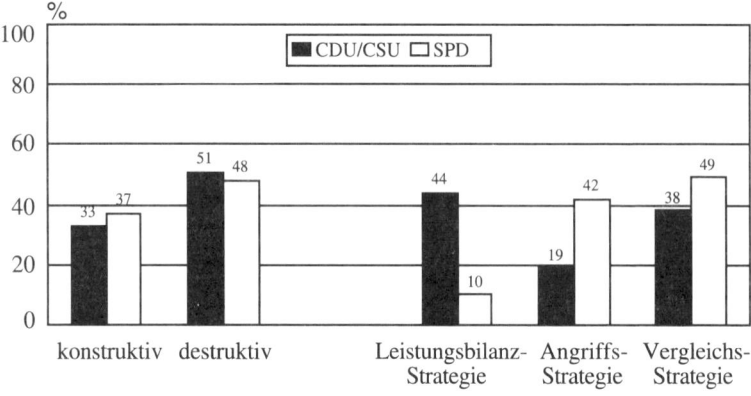

Einerseits entspricht die Rhetorik der Parteien damit im großen und ganzen dem, was man von Amtsinhaber und Herausforderer erwartet: Der Amtsinhaber verweist auf seine Leistungen, der Herausforderer auf seine Vorhaben. Andererseits ist es überraschend, daß die Union nicht häufiger auf ihre politischen Vorhaben verwies. Sie stellte sich damit in ihren Botschaften selbst als eine Partei der Vergangenheit ohne Zukunft dar.

[53] Vgl. Mathes & Freisens, 1989.

Medien: Konstruktiver als die Parteien

Die Medien berichteten deutlich konstruktiver als sich die Parteien in ihren Pressemitteilungen darstellten. Im Durchschnitt behandelten 42 Prozent der Beiträge überwiegend das, was eine Partei oder ein Politiker wollten und nicht das, was sie Negatives über den Gegner zu sagen hatten. Die deutschen Medien zeigen damit eine andere Struktur als die amerikanischen, die sich offensichtlich aus den Äußerungen der Politiker vor allem die Angriffe herauspicken. Jedoch unterscheiden sich hier Presse und Fernsehen. Bei den Zeitungen und Zeitschriften fanden wir mit 42 zu 39 Prozent einen Vorsprung an konstruktiven Berichten. Bei den Fernsehnachrichten- und magazinen überwogen dagegen eher die destruktiven Meldungen (Schaubild 11). Dies spricht für eine, wenngleich nicht sehr ausgeprägte Tendenz des Fernsehens, politische Vorgänge und Äußerungen unter Konfliktgesichtspunkten zu betrachten, während die Presse eher das Medium ist, aus dem man die eigenen Vorhaben eines Politikers oder seiner Partei erfahren kann.

Schaubild 11: Konstruktivität und Destruktivität von politischem Handeln in den Medien
Basis: 150 Pressemitteilungen der CDU/CSU,
253 Pressemitteilungen der SPD und 5988 Medienbeiträge
vom 02. 03. 1998 bis zum 26. 09. 1998

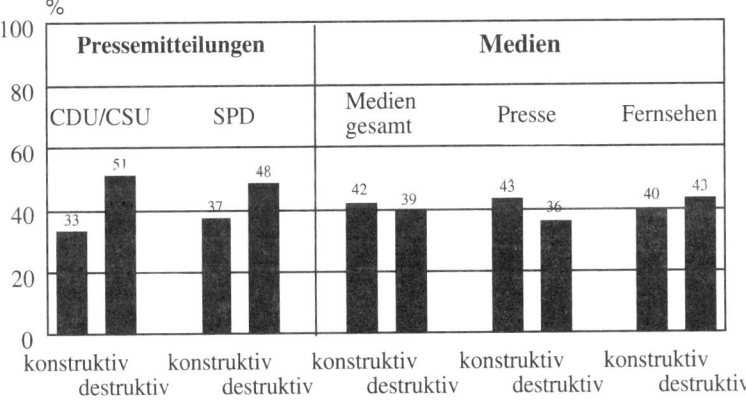

Der Stern, der Spiegel und der Rheinische Merkur sind Blätter, die auf besonders konstruktive Weise berichteten. Die Frankfurter Rundschau und die Welt am Sonntag zeichneten sich demgegenüber durch besonders destruktive Inhalte aus. Konstruktive oder destruktive Berichterstattung findet sich demnach auf allen Seiten des politischen Spektrums. Vermutlich ist entscheidend, ob sich ein Medium eher als Sprachrohr für eine politische Seite sieht und daher überwiegend konstruktive Inhalte aufweist, oder ob es sich eher als Kampftruppe versteht und daher überwiegend Kritik am politischen Gegner publiziert.[54] Zur letztgenannten Kategorie gehören auch die Fernsehsendungen RTL Nachtjournal, Pro7-Nachrichten und Tagesthemen, die sich eindeutig auf die Seite der SPD und Schröders geschlagen hatten.

Offensichtlich gibt es in einem Wahlkampf Phasen, in denen entweder eigene Vorhaben oder aber Angriffe gegen andere Parteien die Medienberichterstattung dominieren. Von Mai bis Juli 1998 gab es einen bemerkenswerten Anstieg an Beiträgen, in denen über Angriffe auf den jeweiligen Gegner berichtet wurde. Er fand bei beiden Medien statt, aber vor allem das Fernsehen transportierte solche Inhalte (Schaubild 12). Mitte Mai fand der Bundesparteitag der CDU in Bremen statt, am 26. Mai wurde Hauser Regierungssprecher, am 21. Juni benannte Schröder Jost Stollmann als Kandidaten für das Wirtschaftsministerium. Wir können nicht im Detail klären, ob diese Ereignisse für den rapiden Wandel der Berichterstattung verantwortlich waren. Es ist aber nicht auszuschließen, daß dadurch Kritik am politischen Gegner auch für die Medien interessanter wurde.

Zusammenfassung

Die wesentlichen Ergebnisse dieses Beitrags lassen sich in den folgenden 12 Thesen zusammenzufassen.

1. Die politischen Parteien stellten selbst häufiger den Wahlkampf, das heißt ihre eigenen und des Gegners Strategien in den Mittelpunkt ihrer Pressemitteilungen als politische Sachthemen. Demgegenüber konzentrierten sich die Medien stärker auf die Inhalte als auf die Strategien. Allerdings nahmen auch bei ihnen mit näherrückendem Wahltermin die wahlkampforientierten Beiträge zu und die Sachthemen ab. Hier war das Fernsehen der Vorreiter, bei dem dies früher und intensiver passierte.

---

[54] In unserer Datenanalyse konnten wir nicht identifizieren, auf wen sich Konstruktivität bzw. Destruktivität bezogen, da mehrere Parteien bzw. Politiker in einem Beitrag vorkommen konnten. Daher läßt sich diese Hypothese nicht empirisch prüfen.

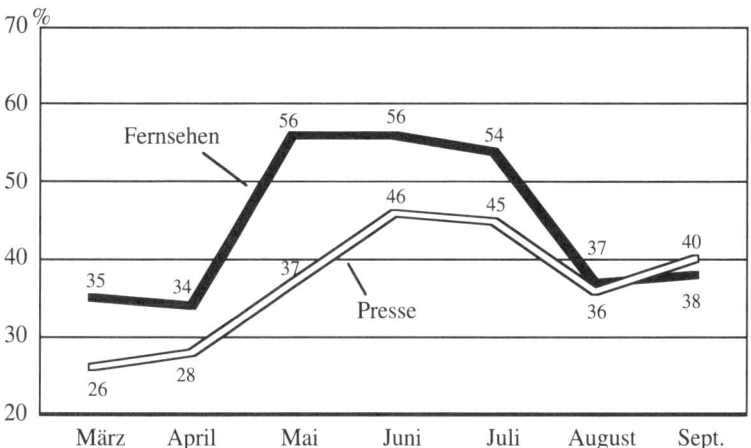

Schaubild 12: Destruktivität von politischem Handeln in den Medien
Basis: 3548 Presse- und 2440 Fernsehbeiträge vom 02.03.1998 bis
zum 26.09.1998

– Prozentualer Anteil von überwiegend destruktiven Beiträgen –

70 %

60

Fernsehen   56   56
                        54

50
                46   45

40   37   37   40
35   34
                Presse   36   38
30

26   28
20
März   April   Mai   Juni   Juli   August   Sept.

2. Der Wahlkampfstil der SPD war für die Medien kein Thema.
Nur ein Prozent der über 15.000 Beiträge beschäftigte sich überhaupt mit der Mediatisierung des Wahlkampfs und das nicht
häufiger mit Bezug zur SPD als zur Union. Die Medien und
vor allem das Fernsehen stellten den Wahlkampf der SPD sogar
deutlich häufiger als gelungen dar als den der CDU/CSU. Der
Wahlkampf der Union mußte dem Wähler als eher mißglückt
erscheinen.

3. Die Darstellung des Wahlkampfs als ein »Wettrennen« (horse
race) hielt sich in Grenzen. In fünf Prozent der Beiträge fanden
wir Äußerungen über den Wahlausgang. Im Gegensatz zu früheren Studien stammten aber die meisten dieser Aussagen von
Demoskopen und nur noch eine Minderzahl von Politikern und
Journalisten.

4. Die SPD nahm mit ihren Pressemitteilungen in offensiverer
Weise Einfluß auf die Wahlkampf-Kommunikation als die
Union. Sie agierte, während die Union auf das reagierte, was
andere bereits gesagt hatten. Inwieweit dies bei der Union Er-
gebnis einer verfehlten Strategie oder eines unausweichlichen
Drucks seitens der Medien war, läßt sich nur bedingt aufklären.

5. Stellungnahmen von Politikern waren auch im Wahlkampf 1998 häufigster Anlaß für die Berichterstattung. Vor allem in der »sauren Gurkenzeit« hatten sie Hochkonjunktur. Weder bei Kohl noch bei Schröder gab es besondere Anlässe, durch die sie in die Medien kamen. Es gab also keinen »Kanzlerbonus« hinsichtlich der Medienpräsenz. Allerdings hatte Schröder einen deutlichen Bonus, weil ihn das Fernsehen bei Ereignissen und Stellungnahmen viel besser präsentierte als Kohl.

6. Die SPD gab in ihren Pressemitteilungen mehr als die Union den Personen Vorrang vor den Sachthemen. Für beide Parteien gilt, daß die Personalisierung häufiger den politischen Gegner als die eigenen Leute betraf. Die SPD schoß sich dabei auf die Person Kohls ein, die CDU/CSU auf die Sachpolitik Schröders.

7. Diese Personalisierung machten die Medien nur begrenzt mit. Die Sachthemen hatten bei ihnen ein stärkeres Gewicht als in den Pressemitteilungen der Parteien. Allerdings änderte sich dies beim Fernsehen mit näherrückendem Wahltermin. Man kann daher das Fernsehen als das Medium bezeichnen, das besonders die Imagebildung beförderte, während in der Presse die Sachthemensdiskussion geführt wurde.

8. Wenn es um Sachthemen ging, war Schröder selbst in »seinem« Medium Fernsehen Kohl unterlegen. Aber sein Riesenvorsprung bei personalisierten Beiträgen des Fernsehens hat diesen Nachteil vermutlich in der Wirkung bedeutungslos gemacht.

9. Der Negativismus der Medien hängt davon ab, um wen es geht. Die SPD traf er im Wahlkampf 1998 *nicht*. Von ihr hinterließen gleich viele Beiträge einen guten wie einen schlechten Eindruck. Sie mußte daher dem Wähler als einzige wählbare Partei erscheinen.

10. Die ausgeprägte Parteilichkeit der überregionalen deutschen Medien zeigte sich auch 1998 wieder. Die Unterstützung der linken Medien für Schröder und die SPD war dabei deutlicher als die der konservativen für Kohl und die Union.

11. Beide Parteien argumentierten in ihren Pressemitteilungen eher destruktiv, das heißt sie griffen häufiger den politischen Gegner an, als daß sie sich selbst mit ihren eigenen Vorhaben

präsentierten. Die CDU verfolgte aus verständlichen Gründen häufiger eine Leistungsbilanzstrategie als die SPD.

12. Die deutschen Medien berichteten konstruktiver als sich die Parteien in ihren Pressemitteilungen selbst darstellten. Sie wiesen damit nicht die gleiche Konzentration auf Konflikt und Attacken auf wie die amerikanischen Medien. Allerdings brachte das Fernsehen etwas häufiger solche Beiträge als die Presse. Die Unterschiede zwischen einzelnen Medien weisen darauf hin, daß es parteiische Blätter und Sender gibt, die sich als Sprachrohr oder als Kampftruppe für eine politische Seite sehen.

Es zeigt sich ein zwiespältiges Bild: Einerseits haben die deutschen Nachrichtenmedien in mehrerer Hinsicht im Wahlkampf 1998 ein gutes Bild abgegeben. Sie haben mehr über Sachthemen berichtet als dies in den Selbstdarstellungen der Parteien der Fall war. Die Nachrichtenmedien haben damit die Personalisierung und die Wahlkampforientierung der Parteien teilweise konterkariert. Ebenso haben sie eher konstruktiv als destruktiv über die Parteien und ihre politischen Vorhaben berichtet und sich mit der Darstellung des Wahlkampfs als einem »Wettrennen« zurückgehalten. Den deutschen Medien, insbesondere den überregionalen Printmedien, kann man daher bescheinigen, daß sie nur begrenzt ihren amerikanischen Pendants gefolgt sind. Sie haben – zumindest soweit es diese Kriterien betrifft – im Wahlkampf 1998 eine wichtige Funktion für den demokratischen Prozeß erfüllt. Eine ganz andere Frage ist, ob sie mit der starken Gewichtung der Wahlkampfthematik ihren eigenen Ansprüchen an kritischen Journalismus gerecht geworden sind. Diese Frage können nur die Berichterstatter selbst beantworten.

Die Medien haben aber auch den Wahlkampf der Parteien ungleichgewichtig dargestellt. Die meisten der von uns untersuchten Medien stellten die Politiker und Parteien einseitig entweder positiv oder negativ dar. Die SPD erschien als einzige Partei überhaupt wählbar, Schröder wurde im wirkungsstärkeren Fernsehen sehr viel besser dargestellt als Kohl und die linken Medien berichteten viel einseitiger als die konservativen.

Elisabeth Noelle-Neumann
In Zusammenarbeit mit
Thomas Petersen und Wilhelm Haumann

Wahlkampf seit 1995
In drei Stufen zum Wahlsieg

In der Weihnachtspause 1997/98 schlug das politische Meinungs-klima in Deutschland um. Die Schlüsselfrage lautete:»Was glauben Sie, wer die kommende Bundestagswahl gewinnen wird, wer die meisten Stimmen bekommen wird: die CDU/CSU oder die SPD?« Mitte Dezember 1997 gab es einen Gleichstand zwischen CDU/CSU mit 31 Prozent gegenüber der SPD mit 29 Prozent. Als die Bevölkerung in der zweiten Januarwoche 1998 wieder aus der Feiertagsruhe auftauchte und der Alltag begann, hatte die SPD sich an die Spitze gesetzt. Mit einem Vorsprung von 8 Prozentpunkten wurde jetzt ein Wahlsieg der SPD bei der Bundestagswahl erwartet.[1]

Allerdings waren die Einstellungen nicht gleichmäßig über das Land verteilt, sondern es zeigte sich das zum ersten Mal im Frühjahr 1976 beobachtete Phänomen des doppelten Meinungsklimas.[2] Damals hatten zwischen März und Juli diejenigen, die häufig politische Fernsehsendungen ansahen, eine Klimaveränderung wahrgenommen: die SPD habe sich als wahrscheinlicher Sieger bei der Bundestagswahl 1976 vor die CDU/CSU geschoben. Bei den übrigen Bevölkerung war der Meinungsumschwung nicht wahrgenommen worden. Im bereits 1944 von Paul Lazarsfeld, Bernard Berelson und Hazel Gaudet beschriebenen sogenannten»Zwei-Stufen-Fluß der Kommunikation«, wonach Ideen von den Medien zu den Meinungsführern der Gesellschaft gelangen und danach von den Meinungsführern im persönlichen Gespräch zu den anderen, weniger aktiven und interessierten Teilen der Bevölkerung weitergetragen werden,[3] löste sich das doppelte Meinungsklima auf. Im Herbst 1976, nach der Bundestagswahl, unterschieden sich Viel-Fernseher und Wenig-Fernseher in ihren Wahrnehmungen nicht mehr.

[1] Allensbacher Archiv, IfD-Umfragen Nr. 6052, 6053.
[2] Noelle-Neumann, 1977.
[3] Lazarsfeld, Berelson & Gaudet, 1968: S. 151.

Als »Meinungsklimaänderung in der Weihnachtspause« wurde das Phänomen vor der Bundestagswahl 1987 abermals gesichtet. Bei dieser Bundestagswahl war es nahezu unvermeidlich, daß es ins Blickfeld kommen würde. Denn der Termin der Bundestagswahl war so angelegt, daß der im November 1986 gerade angelaufene Wahlkampf für etwa zwei Wochen um Weihnachten und Silvester herum unterbrochen wurde. Als die Wahlkämpfer nach dem 6. Januar die Kampagnen wieder aufnahmen, fanden sie sich in einer völlig veränderten Situation wieder. Für die Wahlkämpfer der SPD war das Meinungsklima beträchtlich günstiger geworden, die Wahlkämpfer der CDU/CSU merkten, daß sie ihren weiten Vorsprung, den sie Mitte Dezember besessen hatten, weitgehend verloren hatten und auch nicht mehr bis zum Wahltag, dem 25. Januar 1987, würden zurückgewinnen können.[4]

Verständlich, daß der Meinungsklimawechsel in der Weihnachtspause langsam das Interesse der Wahlforschung auf sich zog. Mit besonderer Aufmerksamkeit wurde von nun an am Institut für Demoskopie Allensbach die Veränderung des Meinungsklimas und der Parteisympathien über die Weihnachtstage beobachtet. Unmittelbar nach der Bundestagswahl 1994 war kein Stimmungswechsel in der Weihnachtspause zu beobachten. Die Wochen gleich nach einer Bundestagswahl, bei der die Regierung bestätigt worden ist, sind eher durch politische Windstille gekennzeichnet. Dann aber, zur Jahreswende 1995/96 und ebenso 1996/97 und 1997/98 stellte er sich regelmäßig ein: der Anteil der Befragten, die angaben, sie würden ihre Zweitstimme der CDU/CSU geben, wenn schon am folgenden Sonntag Bundestagswahl wäre, ging über die Feiertage signifikant zurück, der Anteil derer, die als Wahlabsicht SPD angaben, stieg deutlich (Schaubilder 1a und 1b).

Am Beginn des Wahljahres 1998 schien dann die politische Lage in Deutschland der Situation vier Jahre zuvor sehr zu ähneln: Die Ausgangslage für die Regierungskoalition war außerordentlich ungünstig, SPD und Grüne lagen in der Wählergunst weit vor den Regierungsparteien. Doch gleichzeitig übte die Vorstellung eines Regierungswechsels keine große Anziehungskraft auf die Bevölkerung aus. 51 Prozent der Befragten einer Allensbacher Repräsentativumfrage vom Dezember 1997 nannten entweder die SPD oder Bündnis 90/Die Grünen als die ihnen sympathischste Partei. Doch gleichzeitig antworteten auf die Frage »Wenn Sie einmal an die dringenden politischen Probleme und Aufgaben denken, die die Regierung zu bewältigen hat: Glauben Sie, daß eine rot-grüne Koa-

[4]   Noelle-Neumann & Reitzle, 1991.

Schaubild 1a: Die CDU/CSU verliert kontinuierlich über drei Jahre
Entwicklung der Zweitstimmen-Wahlabsicht für die CDU/CSU
1994–1998
Basis: Wahlberechtigte mit konkreter Parteiangabe

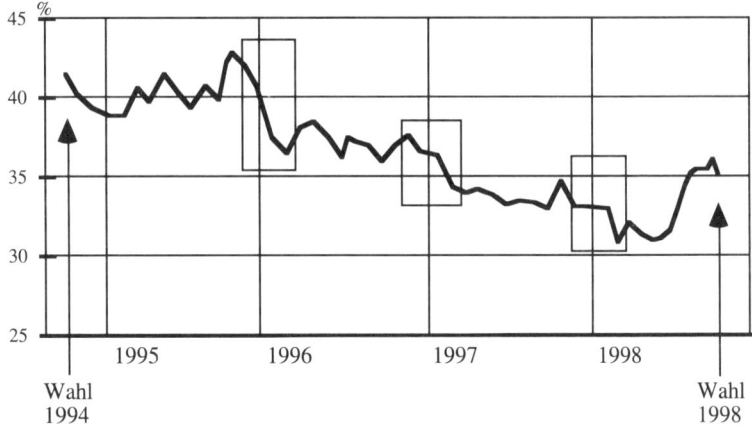

Quelle: Allensbacher Archiv, IfD-Umfragen

Schaubild 1b: Die SPD gewinnt über drei Jahre hinweg fast kontinuierlich
Entwicklung der Zweitstimmen-Wahlabsicht für die SPD 1994–
1998
Basis: Wahlberechtigte mit konkreter Parteiangabe

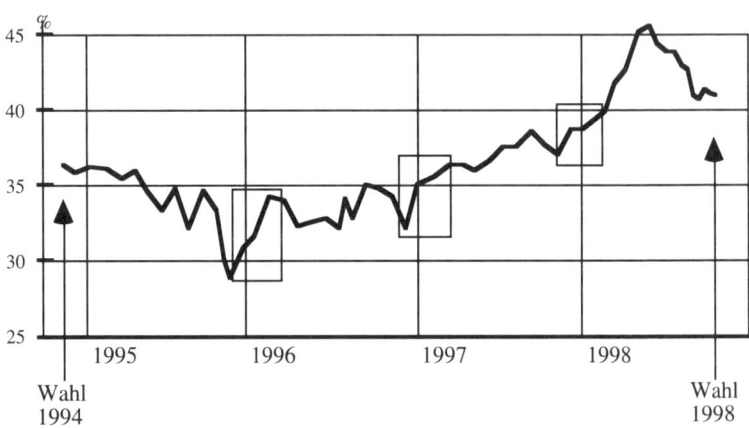

Quelle: Allensbacher Archiv, IfD-Umfragen

lition besser damit fertig werden würde oder schlechter, oder glauben Sie, daß es da wenig Unterschiede geben würde?« nur 24 Prozent, sie seien der Ansicht, eine rot-grüne Koalition würde besser mit den Problemen in Deutschland fertig.[5] Die Parteienverdrossenheit, der Anteil der Personen, die auf die Frage »Sind Sie enttäuscht von den Parteien?« mit »Ja« antworteten, hatte um die Jahreswende 1997/1998 den höchsten Stand seit Januar 1993 erreicht, doch spätestens seit dem Wahlkampf des Jahres 1994 war bekannt, daß – anders als gelegentlich in der öffentlichen Diskussion angenommen wird[6] – in Wahljahren die Politikverdrossenheit massiv zurückgeht (Schaubild 2) und die Zufriedenheit der Bevölkerung mit dem politischen System und der politischen Lage wächst, was potentiell den Regierungsparteien mehr nützt als den Oppositionsparteien.[7] Es erschien wahrscheinlich, daß eine ähnliche Entwicklung auch im Wahljahr 1998 einsetzen könnte. Trotz des großen Vorsprungs der Oppositionsparteien Anfang 1998 schien es manchen Grund zu geben, ein spannendes Wahljahr mit Analogien zum Wahljahr 1994 zu erwarten.[8]

Schaubild 2:   In Wahljahren sinkt die Parteienverdrossenheit

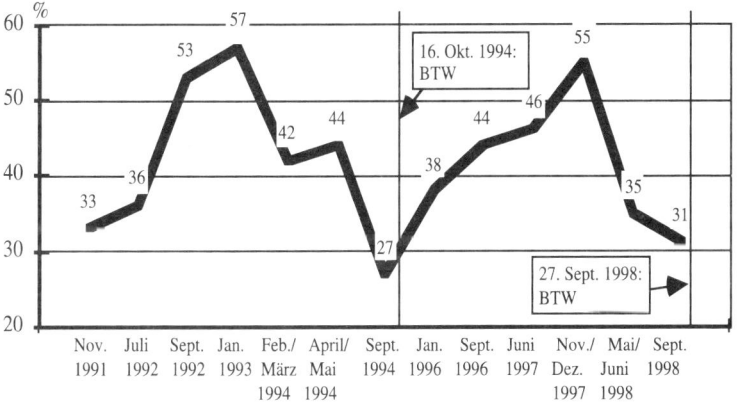

Frage:»Sind Sie enttäuscht von den fünf Parteien CDU/CSU, SPD, FDP, dem Bündnis 90/Die Grünen und der PDS, oder würden Sie das nicht sagen?«
Antwort: »Bin enttäuscht«

Quelle: Allensbacher Archiv, IfD-Umfragen

---

[5]   Allensbacher Archiv, IfD-Umfrage Nr. 6052.
[6]   Siehe z. B. Kinkel, 1998.
[7]   Vgl. Noelle-Neumann, 1994a.
[8]   Vgl. Köcher, 1998b.

Doch es kam anders. Nur ein geringer Teil derer, die den Unions-parteien im Laufe der Jahre den Rücken gekehrt hatten, kehrte vor der Wahl wieder zur CDU/CSU zurück. Auf den Seiten 215–236 die-ses Bandes werden einige Gründe für diese Abwanderungsbewe-gung untersucht. Für die Erforschung von Entscheidungsprozessen und die Motive einer Entscheidung sind Panel-Analysen, also Stu-dien, bei denen *dieselben* Personen mehrfach befragt werden, von besonderer Bedeutung. Denn nur sie ermöglichen es, Schritt für Schritt den Fortgang der Entscheidung der Befragten zu verfolgen, ohne daß man sich auf ihre Erinnerung verlassen müßte. Im Metho-denkapitel am Ende dieses Bandes wird gezeigt, daß Rückerinne-rungsfragen beispielsweise über das Wahlverhalten in früheren Jah-ren oft zu unzuverlässigen Ergebnissen führen.[9] Noch viel weniger als tatsächliches Verhalten lassen sich Entscheidungsmotive der Be-fragten mit direkten Fragen messen. Die Frage:»Warum wollen Sie dieses Jahr die SPD wählen?« ist ebenso wenig geeignet die tatsäch-lichen Motive der Befragten aufzudecken, wie die Frage»Warum sind Sie enttäuscht von den Parteien?« Denn teilweise wollen Men-schen ihre Motive nicht darlegen – vielleicht weil sie ihnen unver-nünftig erscheinen oder ihr Prestigegefühl oder ihr Anstandsgefühl es nicht erlauben, rückhaltlos Antwort zu geben, teilweise können sie ihre Motive auch gar nicht angeben, weil sie ihnen selber nicht bewußt sind – vielleicht weil sie sich nicht selbst zu beobachten ver-mögen, sie sich Selbsttäuschungen hingeben oder die Wurzeln des Verhaltens weit in der Vergangenheit liegen.[10] Paul Lazarsfeld hat bereits 1935 in einem Fachzeitschriftartikel namens»The Art of Asking Why« auf das Problem direkter Fragestellungen hinge-wiesen,[11] und er zog die Konsequenzen daraus, indem er fünf Jahre später seine berühmte Wahlstudie»The People's Choice« auf die Pa-nel-Methode stützte. Alle Konzepte, die er dort zur Erklärung des Wählerverhaltens entwickelte, wurden *indirekt* durch Panel-Analy-se erschlossen, nicht aus den Antworten auf direkte Fragen nach Motiven.

Für denjenigen, der diesem von Lazarsfeld vorgezeichneten Weg folgt und den Entscheidungsprozeß bei Wahlen indirekt mit Panel-Analysen untersucht, ist die Gruppe der»Wechsler« von besonde-rem Interesse, also derjenigen, die von einem Wahltermin zum nächsten ihre Wahlabsicht ändern. Ironischerweise hat der man-gelnde Gebrauch der Panel-Methode in der Wahlforschung und

---

[9] Siehe S. 256.
[10] Vgl. Noelle-Neumann & Petersen, 1998: S. 492–494.
[11] Lazarsfeld, 1935.

der verbreitete Versuch, sich ersatzweise auf rationalisierende Frageformulierungen zu verlassen, dazu geführt, daß sich ausgerechnet um diese Gruppe einer der Mythen der modernen Wahlforschung rankt, nämlich die Annahme, im Laufe der letzten Jahrzehnte habe der Anteil der Wechselwähler in der Bevölkerung deutlich zugenommen.[12] Mutmaßliche Grundlage dieser – theoretisch durchaus einleuchtenden – Annahme, sind die Ergebnisse aus Querschnittsbefragungen, wonach der Anteil derer wächst, die *sagen*, sie hätten bei früheren Wahlen schon verschiedene Parteien gewählt. Doch die Panelstudien des Instituts für Demoskopie Allensbach, die sich kontinuierlich bis zum Jahr 1969 zurückverfolgen lassen und damit die Beobachtung von *tatsächlichen* Veränderungen in der Parteiorientierung ab dem Wahljahr 1972 zulassen, zeigen, daß der Anteil der »Wechsler«, also derer, die vor einer Bundestagswahl eine andere Wahlabsicht äußern als vier Jahre zuvor, über 30 Jahre ungefähr gleich geblieben ist (Schaubild 3). Es trifft sicher zu, daß die sozial bedingte Bindung vieler Bürger an bestimmte Parteien mit der Verschiebung der Sozialstrukturen der Gesellschaft schwächer geworden ist; die früher recht klar voneinander abgegrenzten sozialen Milieus wie die klassische Arbeiterschaft oder der Katholizismus haben als integrierende politische Orientierungsmacht an Bedeutung verloren,[13] so daß die Parteien sich prinzipiell weniger als früher auf die Treue ihres Wählerpotentials verlassen können und ihre potentiellen Anhänger bei jeder Wahl neu und mit stärkerer Anstrengung als früher überzeugen müssen.[14] Doch letztlich scheint in den letzten drei Jahrzehnten eher die Norm der Parteitreue gelitten zu haben als die Parteitreue selbst: Regelmäßig ungefähr ein Fünftel der Wähler orientiert sich im Laufe einer Legislaturperiode um. Diese Personen sind es, die eine Wahl entscheiden, die Struktur ihres Entscheidungsprozesses steht im Mittelpunkt des Interesses der Wahlforscher.

Eine politische Umorientierung, der Wechsel von einer Partei zur anderen, findet sukzessive statt, in einem über längere Zeit, oft über Jahre andauernden Prozeß. Nur sehr selten entscheidet sich jemand spontan um und wandelt sich direkt vom CDU-Anhänger zum SPD-Anhänger oder umgekehrt.

Zwischen dem Herbst 1994 und dem Frühjahr 1998 gab es keine Befragung des politischen Panels des Institut für Demoskopie Allensbach, so daß sich die Wechselprozesse, die sich im Laufe der

---

[12] Vgl. z. B. Roth, 1998; Falter & Rattinger, 1994.
[13] Veen 1996; Vgl. auch Rattinger, 1994.
[14] Vgl. S. 108.

Schaubild 3: Zunehmendes Bekenntnis zum Wechselwählen,
doch der tatsächliche Anteil der »Wechsler« an den Befragten
bleibt über die Jahrzehnte relativ stabil

PANEL-ANALYSE

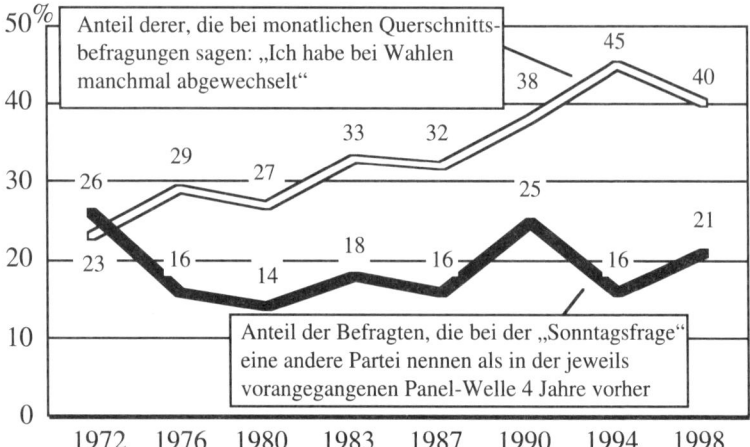

Quelle: Allensbacher Archiv, IfD-Umfragen

letzten Legislaturperiode zugetragen haben, nicht im Detail nach-
vollziehen lassen. Doch es gibt Hinweise darauf, daß sich die Umorientierung eines Teils der Bevölkerung von der CDU/CSU zur
SPD nach eben diesem Muster zugetragen hat. Wie bereits oben
gezeigt,[15] verlor die CDU/CSU seit der Jahreswende 1995/96 bis
zum März 1998 kontinuierlich an Zustimmung in der Bevölkerung,
mit besonders starken Rückgängen jeweils zum Jahreswechsel. Wie
Schaubild 4 zeigt, stand diesem Verlust der Union kein entsprechender Gewinn der SPD gegenüber. Der Anteil derer, die bei mo-
natlichen Querschnittsbefragungen des Allensbacher Instituts angaben, eine der beiden Volksparteien wählen zu wollen, ging bis
zum Sommer 1996 stetig zurück. Erst gegen Ende des Jahres 1997
wandte sich dann anscheinend eine größere Zahl der Befragten den
Sozialdemokraten zu. Bei der Bundestagswahl 1998 entsprach dann
der Anteil der Wählerstimmen, die auf die beiden Volksparteien
zusammengenommen entfielen, fast dem Wert von 1994 (76% gegenüber 77,9%). Man kann also annehmen, daß erst in einem über
mehrere Jahre andauernden Prozeß nach und nach eine zunehmende Zahl von Wählern der CDU/CSU den Rücken kehrte und in die

| [15] Siehe S. 174.

Gruppe derjenigen abwanderte, die unentschieden sind, welcher Partei sie bei der Bundestagswahl im Jahr 1998 ihre Stimme geben sollten. Schließlich gelang es den Sozialdemokraten, nahezu ebensoviele Personen aus diesem Reservoir der »Unentschiedenen« von sich zu überzeugen, wie die Union im Laufe der Jahre verloren hatte.

Schaubild 4: Zwischen den Wahlen sinkt die Summe der Parteistärken von SPD und CDU/CSU ab

Bis 1996 verliert die Union mehr als die SPD hinzugewinnt.
Ab Anfang 1998 gewinnt dann die SPD deutlich mehr als die CDU/CSU verliert

Basis: Wahlberechtigte mit konkreter Parteiangabe

– Zweitstimmen-Wahlabsicht für CDU/CSU und SPD: Summe der Anteile –

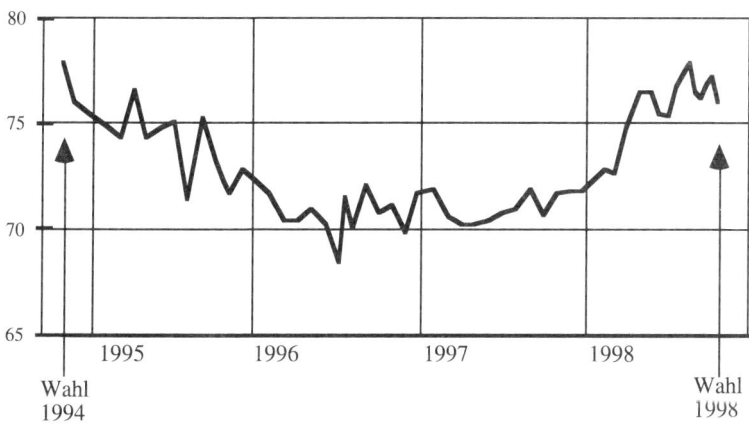

Quelle: Allensbacher Archiv, IfD-Umfragen

***

Als Lazarsfeld und seine Kollegen mit ihrer »Erie County« Panel-Wahlstudie begannen, da hatten sie sich eigentlich vorgenommen, vergleichend die Wirkung von Druckmedien und Radio auf die Wahlentscheidung zu erforschen.

Am Ende gelangten sie zu einem ganz anderen Thema, dem Einfluß der persönlichen Kommunikation auf die Wahlentscheidung. Ihre ursprüngliche Forschungsfrage vergaßen sie so sehr, daß nicht einmal die Ergebnisse der Inhaltsanalyse von Druckmedien und Radio in dem Buch »The People's Choice« wirklich dokumentiert wurden. Die Wirkung der persönlichen Kommunikation war in der hitzigen Auseinandersetzung über die Wirkung der Massenmedien, die unmittelbar nach dem Ersten Weltkrieg ausbrach, ganz in den Hintergrund getreten. Nun wurde das Thema »Wirkung der persönlichen Kommunikation« von Lazarsfeld, Berelson und Gaudet ganz auf die Vorderbühne der wissenschaftlichen Diskussion geholt, und auf der Vorderbühne blieb es die nächsten 30 Jahre. Zugleich etablierte sich die Überzeugung von der geringen Wirkung der Massenmedien. Erst ab Beginn der 60er Jahre setzte die Auseinandersetzung, wie stark eigentlich die Wirkung der Massenmedien wirklich sei, wieder ein. Inzwischen aber ist die empirische Kommunikationsforschung weit genug fortgeschritten, um die Wirkung der Massenmedien wie auch die Wirkung der persönlichen Kommunikation im Zusammenhang verstehen zu können.

Das nun folgende Kapitel »Die Wiederentdeckung der Meinungsführer und die Wirkung der persönlichen Kommunikation« wendet sich dieser Aufgabe zu.

Elisabeth Noelle-Neumann
in Zusammenarbeit mit
Wilhelm Haumann und Thomas Petersen

Die Wiederentdeckung der Meinungsführer und die Wirkung der persönlichen Kommunikation im Wahlkampf

Die Meinungsführer entdeckte der österreichisch-amerikanische Sozialpsychologe und Mathematiker Paul F. Lazarsfeld bei der bahnbrechenden Panelstudie:»The People's Choice. Wie sich Wähler im Präsidentschaftswahlkampf entscheiden, wie sie wählen werden.«[1] Die Methode der Panelforschung, bei der die Personen der Stichprobe nicht nur wie bei normalen Umfragen einmal, sondern in Zeitabständen immer wieder befragt werden, kannte Lazarsfeld aus der amerikanischen Marktforschung und Zeitschriftenleser-Forschung der dreißiger Jahre. Für seine Wahlforschung von 1940 wählte er sie, weil er erforschen wollte, wie Wähler ihre Wahlentscheidung treffen. Ihn interessierten besonders Wähler, die im Wahlkampf ihre Wahlabsicht *ändern*. Auf die direkten Erklärungen, warum sie ihre Wahlentscheidung geändert hätten, also Antworten auf Fragen in der Art:»Haben Sie in letzter Zeit Ihre Wahlabsicht geändert? Und warum?« wollte er sich nicht verlassen. Bei wiederholten Interviews mit denselben Befragten konnte man dagegen zuverlässig feststellen, ob der/die Befragte die Wahlabsicht geändert hatte, und man konnte aus den Antworten auf andere Fragen Zusammenhänge erkennen, welche Einflüsse die Änderung der Wahlabsicht bewirkt hatten. Bei seiner Analyse fiel Lazarsfeld auf, wie oft Änderungen der Wahlabsicht auf persönliche Gespräche zurückgingen. Daraus leitete er die Hypothese ab, daß es offenbar Personen von besonderer Kraft gibt, die in ihrem Bekanntenkreis

---

[1] Lazarsfeld, Berelson & Gaudet, 1968. Eine Beschreibung der Anlage dieser Studie findet sich auf S. 256–257.

die Wahlentscheidungen beeinflussen und mit ihren Gesprächen größeren Eindruck machen als der Inhalt der Massenmedien.

Der israelisch-amerikanische Kommunikationsforscher Elihu Katz, der seit Ende der vierziger Jahre mit Lazarsfeld an der Columbia-Universität New York zusammenarbeitete, schrieb in einem Rückblick 1994[2], Lazarsfeld habe nicht bewußt, zielgerichtet, von einer Theorie geleitet nach Opinion Leadern gesucht, sondern er habe sie bei der Analyse gleichsam mit der von dem amerikanischen Soziologen Robert Merton beschriebenen »Serendipity«, der unerwarteten glücklichen Entdeckung, gefunden. Das Wort »Serendipity« hatte Merton aus dem Indischen übernommen.[3] In jedem Fall erscheint der Begriff »Opinion Leader« zum ersten Mal in Lazarsfelds 1944 veröffentlichtem Klassiker »The People's Choice«, und zwar gleich verknüpft mit der Hypothese vom Zwei-Stufen-Fluß der Kommunikation: Ideen und Argumente fließen oft vom Radio oder aus der Presse zu den Meinungsführern und von den Meinungsführern, die den direkten Medieneinfluß filtern, zu den weniger aktiven Bevölkerungsgruppen.

Das Konzept Meinungsführer weckte von Anfang an größtes Interesse bei Kommunikationsforschern und allen denjenigen, die mit Kommunikation Wirkung erreichen wollen. Eine wunderbare Aussicht eröffnete sich. Ganz direkt konnte man sich nun an alle diejenigen wenden, die man mit seiner Botschaft erreichen wollte – egal ob als Propagandist für Parteien und Kandidaten oder für Kirche, Gewerkschaften und andere Verbände, mit Werbung für Produkte oder Dienstleistungen. Im Zwei-Stufen-Fluß der Kommunikation würden die Meinungsführer von sich aus in ihrem Kreis die Botschaften ausbreiten.

Es begann ein Jahrzehnte andauernder – man könnte es nennen – Marsch der Forscher durch die Wüste. Als der israelisch-amerikanische Soziologe Gabriel Weimann Anfang der 90er Jahre seine Geschichte der Meinungsführer-Forschung schrieb – »The Influentials« ist der Titel des 1994 erschienenen Buches –, fand er mehr als 3900 Studien, die letztlich vergeblich versuchten, die Meinungsführer zu identifizieren, das heißt, mit empirischer Sozialforschung zu erfassen und zu analysieren.[4] In seinem Vorwort zu dem Buch von Weimann beschrieb Elihu Katz die dringlichen Forderungen, die von allen Seiten an die Kommunikationsforscher gerichtet wurden: »Wenn die Forschung uns doch nur sagen würde, wer die Mei-

[2] Katz, 1994.
[3] Merton, 1949: S. 103–108.
[4] Weimann, 1994.

nungsführer sind und wie man sie erreichen kann, was wäre das nützlich für uns.«[5] In den 80er Jahren war nämlich das Interesse an den Meinungsführern langsam versandet. Mehr oder weniger hatte man aufgegeben, nach ihnen zu suchen. Die Schwierigkeit lag darin, daß es nicht gelang, die Meinungsführer zu identifizieren oder, wie man auch sagt: das Konzept Meinungsführer zu operationalisieren. Wenn man die Meinungsführer nicht eindeutig identifizieren kann, kann man sie auch nicht porträtieren oder den Prozeß, wie sie als Meinungsführer ihren Einfluß ausüben, untersuchen. Es handelte sich also um ein Meßproblem, ohne dessen Lösung die Forschung keinen Schritt vorankommen konnte.

Warum wurde dieses Meßproblem durch Jahrzehnte hindurch nicht gelöst? Nach allem, was man inzwischen aus der Wissenschaftsgeschichte weiß, ist es ein Irrweg, wenn die Auswahl der Themen der Forschung von dem Gedanken an den Nutzen bestimmt wird, wenn der Gedanke an den Nutzen als Motor der Forschung dienen soll. Die Auseinandersetzung, ob die Richtung von Forschung und auch die Höhe der finanziellen Forschungsförderung in erster Linie durch den Gedanken an den Nutzen bestimmt sein soll, geht zurück auf den englischen Physiker und Lordkanzler Francis Bacon (1561–1626). Er vertrat als Wissenschaftspolitiker die Forderung, Forschung müsse in erster Linie auf den Nutzen ausgerichtet sein. Darum müßten die Ziele der Forschung vom Staat festgelegt sein und sogar die Wege, die man in der Forschung einschlagen müsse, um dieses Ziel zu erreichen.[6] Das ist auf den ersten Blick überzeugend. Die deutsche Bevölkerung ist deshalb auch fast zur Hälfte der Meinung, von der Forschung müsse man vor allem Nützlichkeit verlangen. Überraschenderweise sagen aber auch viele (40 %), der Motor der Forschung müsse reines Erkenntnisstreben sein. Dies zeigte eine Anfang 1999 durchgeführte Allensbacher Umfrage für den Hochschulverband zur Einstellung der Bevölkerung zur Wissenschaft, zur Forschung, zu den Professoren.[7]

Tatsächlich braucht Forschung, die auf Neuland vordringen soll – was Forschung definitionsgemäß leisten soll –, als Motor die Erkenntnissuche des unabhängigen, nicht nach Nutzen strebenden Wissenschaftlers. Nur unter diesen Umständen kommt zustande, was Lazarsfeld immer wieder unter dem Stichwort »Continuities in Social Research«[8] betont hat und was Max Weber in seinem Vor-

[5] Ebd.: S. IX.
[6] Bacon, 1990: S. 33.
[7] Noelle-Neumann, 1999.
[8] Vgl. Lazarsfeld & Merton, 1950.

183

Tabelle 1:   Die wichtigste Aufgabe des Wissenschaftlers:
Nützliche Ergebnisse anstreben oder
wissenschaftliches Neuland erkunden?

Frage: *»Hier stehen einmal zwei Meinungen darüber, was die wichtigste
Aufgabe eines Wissenschaftlers ist.«*

Vorlage eines Bildblatts mit dem Text:

Meinung A: *Ich finde, die wichtigste Aufgabe eines Wissenschaftlers ist es, Ergebnisse zu liefern, die nützlich für die Menschheit sind. Die Wissenschaftler müssen sich die Themen danach wählen, wo Erkenntnisse am dringendsten gebraucht werden.*

Meinung B: *Ich finde, die wichtigste Aufgabe eines Wissenschaftlers ist, auf
wissenschaftliches Neuland vorzudringen und sich selbst dabei
Ziele zu setzen und zu entscheiden, welche Probleme er bearbeiten
will. Das ist gemeint mit »Freiheit der Forschung« in unserem
Grundgesetz. Wenn etwas neu ist, kann man doch nicht vorher
wissen, ob es nützlich sein wird.*

Frage: *»Wenn Sie das bitte einmal lesen. Welcher Meinung stimmen Sie eher zu,
der Meinung A oder der Meinung B?«*

Februar 1999
Bundesrepublik Deutschland
Bevölkerung ab 16 Jahre

%

Es stimmen zu, der …	
Meinung A (Ziel Nützlichkeit)	45
Meinung B (Ziel Erkenntnis von bislang Unbekanntem)	40
Unentschieden	15
	100
n =	2108

Quelle: Allensbacher Archiv, IfD-Umfrage 6074, Februar/März 1999

trag 1918 vor Münchner Studenten über »Wissenschaft als Beruf« in
den überraschenden Satz gekleidet hat: Der Forscher will überholt
werden.[9]

Charakteristisch für die auf den Nutzen hin orientierte Forschung
sind die direkten, rational überzeugenden Ansätze. Die Versuche,
die Meinungsführer zu identifizieren, setzten deshalb sehr plausibel
an der Beraterleistung der Meinungsführer ein. Die Fragen lauteten

[9] Weber, 1951: S. 576

also:»Hat Sie in der letzten Zeit jemand um Ratschläge gefragt? Haben Sie in der letzten Zeit jemand beraten? Und auf welchem Gebiet, bei welchen Fragen?« Und um die Gefolgsleute zu bestimmen, lauteten die Fragen:»Haben Sie in letzter Zeit jemand um Rat gefragt?«

Schon relativ früh, in den sechziger Jahren, wurde auf der Basis von repräsentativen Umfragen entdeckt, daß es weitgehend dieselben Personen waren, die sagten, sie hätten Rat gegeben und: sie hätten um Rat gebeten.[10] Dieses verblüffende Forschungsergebnis ging unter dem Stichwort»Givers and Askers« (Ratgeber sind zugleich Rat Erbittende) in die Geschichte der Meinungsführer-Forschung ein. Aber damit war praktisch noch nichts gewonnen. Denn wie man es auch formulierte und wie man auch die Fragen verfeinerte: bedeutsame Unterschiede zwischen den so oder so als Meinungsführer identifizierten Befragten und der übrigen Bevölkerung ließen sich nicht finden. Aber nur deutliche Unterschiede zwischen den als Meinungsführer identifizierten Befragten und der übrigen Bevölkerung hätten davon überzeugt: *Das* sind sie, *das* sind die Meinungsführer.

Heute, im Jahr 1999, heben wir aus jedem Allensbacher repräsentativen Querschnitt mühelos, mit einer kurzen Skala von Selbsteinstufungen identifiziert, die Meinungsführer aus allen sozialen Schichten, allen Altersgruppen, unter Männern und Frauen heraus. Mit einem statistischen Programm – GLIM[11] – läßt sich zeigen, daß Meinungsführerschaft ähnlich stark Menschen charakterisiert wie die bis dahin als besonders unterscheidungskräftig bekannten demographischen Merkmale: das Geschlecht, das Alter, die soziale Schicht. Meinungsführer zu sein ist ein echtes, starkes Merkmal.

Wie wurden diese Meinungsführer entdeckt? Sie wurden entdeckt, als sie nicht gesucht wurden.

Den Ausgangspunkt der Methodenentwicklung bildete Anfang der achtziger Jahre eine Initiative des Verlags des Nachrichten-Magazins Der Spiegel. Mit dem Anstieg des Lebensstandards insbesondere in den letzten zwanzig Jahren, mit der starken Zunahme höherer Schulbildung und mit der Angleichung der Lebensgewohnheiten der sozialen Schichten sei das Merkmal»sozio-ökonomischer Status« in Media-Analysen kraftlos geworden. Es bezeichne nicht mehr, was der Mediaplaner tatsächlich suche und brauche, nämlich eine qualitative Dimension der Leserschaft von Zeitungen

[10] Troldahl & Van Dam, 1965.
[11] Generalized Linear Interactive Modelling. Vgl. dazu Noelle-Neumann & Petersen 1998: S. 569–570; Arminger, 1983; Baker, 1979.

und Zeitschriften: Aktive Konsumenten, die in ihrer Umwelt Maßstäbe setzen. Die Aufgabe, die dem Allensbacher Institut vom Spiegel gesetzt wurde, lautete: Unter den gewandelten Bedingungen der achtziger Jahre eine Variable zu entwickeln, mit der diese aktiven, einflußreichen Konsumenten bestimmt werden können. An diese Variable wurde vom Spiegel die Anforderung gestellt, sie sollte so einfach sein, daß sie regelmäßig und ohne besonderen Aufwand in Media-Analysen eingeschlossen werden könne, ähnlich einfach zu erheben wie die Variablen Alter oder Berufsstellung.

Mit diesen Vorgaben machten wir uns an die Suche nach den Eigenschaften, die starke, einflußreiche Persönlichkeiten kennzeichnen sollten. In einer ersten Phase der Untersuchung wurde die Fachliteratur nach geeigneten Beschreibungen durchgesehen: Was kennzeichnet starke Persönlichkeiten? Quelle waren unter anderem sogenannte psychologische Persönlichkeitsinventare. Weiterhin wurde in Diskussionen sowie in ausführlichen Intensiv-Interviews eine große Zahl von Merkmalen, von Eigenschaften, von Verhaltensweisen gesammelt, die vielleicht für eine solche »Ich-Stärke« charakteristisch sein könnten. Etwa 150 Merkmale standen schließlich zur Auswahl. Aus dieser Sammlung wurden nun solche Merkmale aussortiert, bei denen sich in Bevölkerungsumfragen ein ursächlicher Zusammenhang mit anderen Umständen, etwa mit Besitz und gesellschaftlicher Stellung herausstellte. Es war erstaunlich, wieviele Merkmale, die am Anfang erwogen worden waren, einfach damit ausschieden, daß sie schichtspezifisch und deshalb zur Bestimmung einer allgemeinen Eigenschaft ungeeignet waren. Am Ende dieser Arbeitsphase standen 34 Merkmale zur Auswahl, die vielleicht zur »Persönlichkeitsstärke« würden führen können.

Im nächsten Schritt wurden diese 34 Merkmale in insgesamt 12.500 Interviews verschiedener Mehr-Themen-Umfragen eingeschlossen. Die Frage lautete:»Hier sind verschiedene Eigenschaften (der Interviewer übergibt Karten, auf denen die Merkmale beschrieben sind). Könnten Sie die bitte einmal durchsehen und mir die Punkte nennen, wo Sie sagen würden: ›Das paßt auf mich, das trifft auf mich zu‹« Damit ließ sich das Material gewinnen, um auf mathematisch-statistischem Wege mit der Hilfe von Faktoren-Analysen[12] zu ermitteln, welche der ausgewählten Karten oft miteinander herausgelegt wurden, so daß man als Ursache für dieses Auswahlverhalten eine gemeinsame Hintergrundgröße, einen gemeinsamen »Faktor« annehmen konnte. Die Berechnungen zeig-

[12] Das Verfahren der hier angewandten Faktorenanalyse wird genauer beschrieben in: Noelle-Neumann & Petersen, 1998: S. 558–561.

ten, daß den folgenden zehn Aussagen derselbe Faktor zugrunde-
liegt oder, wie der Statistiker es ausdrückt, daß sie auf denselben
Faktor laden:

1. »Gewöhnlich rechne ich bei dem, was ich mache, mit Erfolg.«
2. »Ich bin selten unsicher, wie ich mich verhalten soll.«
3. »Ich übernehme gern Verantwortung.«
4. »Ich übernehme bei gemeinsamen Unternehmungen gern die Führung.«
5. »Es macht mir Spaß, andere Menschen von meiner Meinung zu überzeugen.«
6. »Ich merke öfter, daß sich andere nach mir richten.«
7. »Ich kann mich gut durchsetzen.«
8. »Ich bin anderen oft um einen Schritt voraus.«
9. »Ich besitze vieles, worum mich andere beneiden.«
10. »Ich gebe anderen öfter Ratschläge, Empfehlungen.«

Wer mehrere von diesen Aussagen über sich selbst macht, erfüllt
zugleich auch zahlreiche andere Merkmale, die als Kennzeichen
starker Persönlichkeiten gelten. Fortan bildeten diese zehn Selbstaussagen die Allensbacher Skala der Persönlichkeitsstärke.[13]

Nachdem die Skala der Persönlichkeitsstärke gefunden war,
mußte das Material für die praktische Arbeit in der Werbeträgerfor-
schung und allgemein in der empirischen Sozialforschung handhab-
bar gemacht werden. Jeder der zehn Selbstaussagen der Skala wurde ein Punktwert zugeteilt, entsprechend der relativen Bedeutung
der genannten Eigenschaften für die Charakterisierung der Ich-
Starken. Grundlage waren die Ergebnisse (Faktoren-Ladungen)
der Faktorenanalyse. Je enger der Zusammenhang des Merkmals
mit den zusammengefaßten übrigen Skalenmerkmalen war, ein desto höherer Punktwert wurde diesem Merkmal, dieser Aussage zugesprochen. Für jeden Befragten ließ sich aus den von ihm mit den
zehn Selbstaussagen erzielten Punkten seine individuelle Persönlichkeitsstärke berechnen. Auf dieser Basis wurden die Befragten
vier verschiedenen, etwa gleichgroßen Gruppen zugeschlagen: große Persönlichkeitsstärke, überdurchschnittliche, mäßige oder geringe Persönlichkeitsstärke.

Das Ergebnis der Untersuchung wurde 1985 beim Jahreskongreß
der europäischen Gesellschaft für Meinungs- und Marktforschung

---

[13] Die Prüfung des inneren Zusammenhangs der Aussagen sowie der Validität
und der Reliabilität der Skala findet sich bei: Noelle-Neumann, 1985: S. 125–172.

in Wiesbaden vorgetragen.[14] Aber noch war nur von Persönlichkeitsstärke die Rede. Erst allmählich wie aus dem Nebel tauchte der Gedanke auf, die Personen mit dem höchsten Skalenwert von Persönlichkeitsstärke könnten die so lange gesuchten und nun identifizierten Meinungsführer sein. Das Referat von 1985 endete:»Jetzt finden wir praktisch alle Eigenschaften, die bei Meinungsführern erwartet worden waren, seitdem das Konzept durch Lazarsfeld, Berelson, Gaudet (1944) und Katz und Lazarsfeld (1955) in dem Buch ›Personal Influence‹ in die Forschung eingeführt worden war. Die durch die Skala Persönlichkeitsstärke bestimmten Meinungsführer haben einen großen Bekanntenkreis, der auch übergreift in andere soziale Schichten und andere Altersgruppen als die eigene. Sie sind vielseitige Ratgeber, sie interessieren sich für Neues und besitzen es auch tatsächlich früher als der Durchschnitt. Sie sind hilfsbereit und interessieren sich für andere Menschen, eine Voraussetzung dafür, daß sie ihr Wissen und Können weitergeben. Sie lesen nicht schlechthin mehr, sondern insbesondere informationsreiche Zeitungen und Zeitschriften und Bücher. Die Ergebnisse sprechen dafür, daß auch der Zwei-Stufen-Fluß der Kommunikation, wie er schon in dem Buch von Lazarsfeld, Berelson und Gaudet entworfen wurde, den Einflußvorgang realistisch beschreibt. Es mag ja sein, daß aktuelle politische und sonstige Ereignisse zuerst nicht von anderen Personen, sondern zuerst aus den Medien erfahren werden, wie durch eine große Zahl von Studien der letzten Jahrzehnte nachgewiesen wurde. Aber Persönlichkeitsstarke und Menschen mit geringer Persönlichkeitstärke lesen, hören und sehen selektiv, Persönlichkeitsstarke sehen und lesen genauer, mit weitem Interessenhorizont. Sie lernen lieber, interessieren sich für Neues, und daher wissen sie mehr, verstehen sie mehr und können mehr weitergeben – und zwar nicht nur Bewertung und Beratung, sondern auch ganz einfach Information, faktisches Wissen. In diesem Zusammenhang ist die weit überlegene Markenkenntnis der Persönlichkeitsstarken interessant. Aber auch in der Politik, in der Kultur, in der Kenntnis von Fremdwörtern erweisen sie sich als überlegen.« Die Schlußfrage des Vortrags lautete:»Sind die Persönlichkeitsstarken die so lange gesuchten Meinungsführer? Andere Meinungsführer als diejenigen, die jetzt mit der Skala als Menschen mit großer Persönlichkeitsstärke bestimmt werden, werden wir nicht finden. Aber diese Meinungsführer sind nun leicht zu identifizieren, und alles spricht dafür, daß sie einflußreich sind.«

War es uns also ergangen wie Kolumbus, der Indien gesucht hatte

| [14] Ebd.

und Amerika entdeckte? Der wichtigste Teil der Forschungsarbeit lag noch vor uns. Es mußten Beweise gefunden werden, die eindeutig zeigen, ob die zunächst nur so definierten »Meinungsführer« tatsächlich eine Funktion als Meinungsführer in der Gesellschaft hatten oder nicht. Es war klar, daß für solche Nachweise Netzwerk-Analysen erforderlich sind: Man mußte ganze Netzwerke von untereinander in Kontakt stehenden Menschen studieren und beobachten, ob die so definierten Meinungsführer wirklich einen so starken Einfluß ausüben, daß man sie zu Recht als Meinungsführer bezeichnen kann.

In Deutschland waren Jahre hindurch keine Forschungsmittel für solche Netzwerk-Studien zu erhalten. Da kam ein glücklicher Umstand zu Hilfe. Im Institut für Publizistik der Universität Mainz studierte 1988/89 für ein Jahr als Humboldt-Stipendiat Dr. Gabriel Weimann von der Universität Haifa. Wir dachten an die Kibbuzim in Israel und fragten Weimann: »Könnten Sie mit einer Netzwerk-Analyse im Kibbuz in Israel testen, ob diejenigen, die in der Skala Persönlichkeitsstärke die obersten Werte erreichen, wirklich Meinungsführer sind?« Spontan begeistert sagte Weimann zu, und schon nach einem Jahr berichtete er über die Ergebnisse: Er hatte zum Beispiel herausgefunden, daß die 25 Prozent der Kibbuz-Bewohner mit der höchsten Persönlichkeitsstärke etwa die Hälfte aller Anstöße gaben, die dann zu Entscheidungen führten. Während sich diese Personen nur selten an Klatschgesprächen beteiligten, vermittelten sie ihren Gesprächspartnern einen weit überdurchschnittlichen Anteil der relevanten Nachrichten und der Konsum-Informationen. Von denjenigen, die in den Netzwerken des Kibbuz die einflußreichen Zentralpositionen behaupteten, gehörten etwa 60 Prozent zur Gruppe mit der höchsten Persönlichkeitsstärke. Weimann stellte fest, daß die mit der Skala identifizierten Meinungsführer in weit überdurchschnittlichem Anteil zu Offizieren in der israelischen Armee befördert worden waren.[15] Weimann beschloß, die nächsten Jahre seiner wissenschaftlichen Arbeit ganz der Geschichte der Meinungsführer-Forschung zu widmen. 1994 lag sein Buch über fünfzig Jahre Meinungsführer-Forschung vor.[16]

Angesichts dieses Befundes muß allerdings einem naheliegenden Mißverständnis vorgebeugt werden. Allzu leicht wird angenommen, die Meinungsführer seien weitgehend identisch mit der Oberschicht. Gerade das ist nicht der Fall. Dem gemeinsam von Elihu Katz und Paul F. Lazarsfeld geschriebenen Buch »Personal Influen-

---

[15] Weimann, 1994: bes. S. 255–264.
[16] Ebd.

ce« aus der Mitte der 50er Jahre war als Motto ein Zitat von John Stuart Mill vorangestellt:»And what is a still greater novelty, the mass do not now take their opinions from dignitaries in Church or State, from ostensible leaders, or from books. Their thinking is done for them by men much like themselves, addressing them or speaking in their name, on the spur of the moment.«[17]

Das wichtigste Element in der Entdeckung der Meinungsführer ist gerade, daß jede Schicht ihre eigenen Meinungsführer hat und daß die Angehörigen einer Schicht vor allem nach dem Meinungsführer ihrer eigenen Schicht sehen und sich ihm anvertrauen. Bei unseren Arbeiten im Allensbacher Institut zur Entwicklung der Skala Persönlichkeitsstärke nahmen wir es deswegen geradezu zur Richtschnur, daß keinerlei Merkmale in der Skala enthalten sein sollten, die an die *Voraussetzungen* von Bildung oder hohem Status der Eltern der Befragten gebunden wären. Hätten wir diese rigorose Entscheidung nicht getroffen, hätten wir wahrscheinlich abermals eine der vielen Skalen reproduziert, die nur den sozialen Status des Befragten spiegeln und nicht seine Persönlichkeitsstärke. Aber dies ist nicht das Ende der Geschichte über die Entdeckung der Meinungsführer.

In der Wahlforschung zur Bundestagswahl 1998 lösten wir uns ab von der Skala der Persönlichkeitsstärke, deren Ergebnisse immer in den genannten vier Kategorien präsentiert worden waren: Persönlichkeitsstärke stark, überdurchschnittlich, mäßig, gering. Wir gingen über auf eine Zweiteilung: Personen der Kategorie hohe Persönlichkeitsstärke nannten wir jetzt Meinungsführer, und ihnen stellten wir die ganze übrige Bevölkerung gegenüber. Dann begannen wir am Material des Allensbacher Archivs zu prüfen, ob sich nachweisen läßt, daß die Meinungsführer der übrigen Bevölkerung in ihren Wahlabsichten und besonders in der *Änderung* der Wahlabsichten der übrigen Bevölkerung vorauseilen. Erst das wäre ja die wirkliche Probe, ob es sich um Meinungsführerschaft handelt.

Zuerst prüften wir die Entwicklung der Wahlabsicht der Meinungsführer und der übrigen Bevölkerung bei der Bundestagswahl 1990, und zwar im Zeitverlauf zwischen Mai und November 1990. Die Bundestagswahl fand statt am 2. Dezember 1990. Vom Mai bis September lagen CDU/CSU und SPD Kopf an Kopf – aber bei den Meinungsführern lag die CDU/CSU schon von Mai an in Führung. Dann plötzlich, Anfang Oktober gab es bei den Meinungsführern eine Hochstimmung für die CDU/CSU. Wodurch war diese Hoch-

[17] Mill, 1975. Hier nach: Katz & Lazarsfeld, 1955. In der Originalfassung bei John Stuart Mill endet der Satz:»through the newspapers.«

stimmung ausgelöst? Es waren die Tage, in denen die offizielle Wiedervereinigung der alten Bundesrepublik mit den neuen Bundesländern erfolgte. Etwa drei Tage lang zogen sich die Feierlichkeiten um den 3. Oktober 1990 herum hin. Interessanterweise ist bei der übrigen Bevölkerung zu diesem Zeitpunkt vom 3. Oktober nichts an Stimmungsbewegung zu erkennen. Erst drei Wochen später, Ende Oktober, schloß sich die übrige Bevölkerung der Pro-CDU/CSU-Stimmung bei den Meinungsführern an (Schaubild 1).

Schaubild 1: 1990 – Anzeichen für eine Vorläuferrolle der Meinungsführer in Westdeutschland

Wahlabsicht der Meinungsführer im Wahljahr 1990;
Westdeutschland:
Die Schere öffnet sich Anfang Oktober

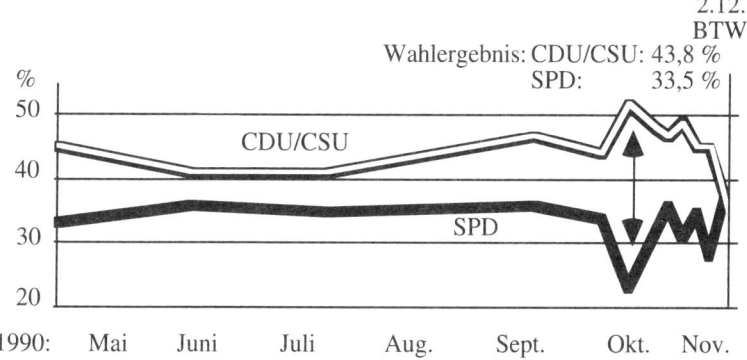

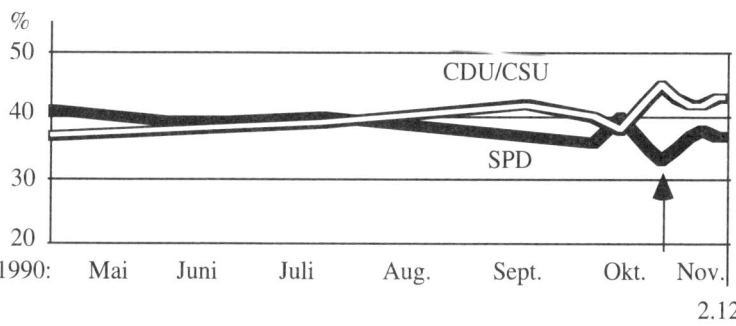

Quelle: Allensbacher Archiv, IfD-Umfragen

Als nächstes prüften wir die Bundestagswahl 1994. Man erinnert sich an die Dramatik dieses Wahlkampfes, der Anfang des Jahres 1994 die SPD in scheinbar uneinholbarer Führung zeigte. Ab Mitte Mai 1994 zeigte sich dann plötzlich ein Umschlag bei den Meinungsführern. Die Anfang Juni kommende Europa-Wahl setzte ein weiteres Signal für die neu gewonnene Führungsposition der CDU/CSU. Von Anfang Juni an lag die CDU/CSU bei den Meinungsführern klar in Führung – bei der übrigen Bevölkerung weiter Kopf an Kopf mit der SPD. Erst Ende Juli setzte sich auch bei der übrigen Bevölkerung die CDU/CSU durch (Schaubild 2).

Schaubild 2: 1994 – Die Meinungsführer laufen voraus

Wahlabsicht der Meinungsführer im Wahljahr 1994;
Gesamtdeutschland:
Die Schere öffnet sich Anfang Juni

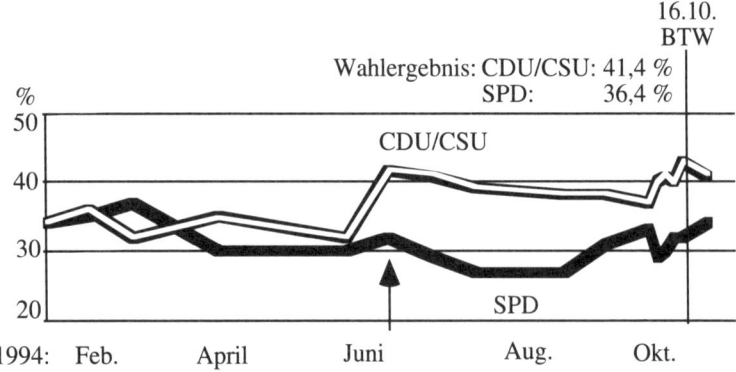

Wahlabsicht der übrigen Bevölkerung:
Die Schere öffnet sich einen Monat später

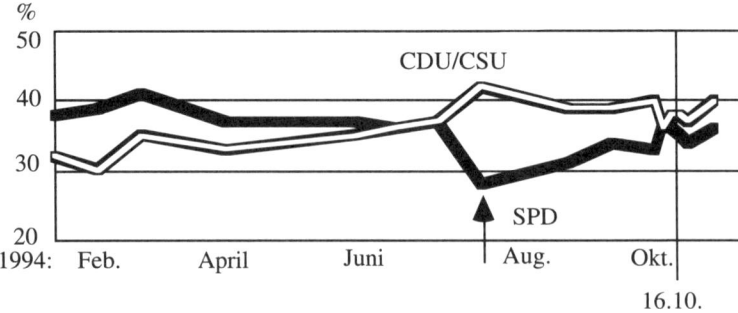

Quelle: Allensbacher Archiv, IfD-Umfragen

Das Wahljahr 1998 begann ähnlich wie 1994. Solange man die Wähler insgesamt betrachtete, hatte die SPD eine unbestrittene Führungsposition. Sobald man aber die Meinungsführer von der übrigen Bevölkerung trennte, zeigte sich ein ganz anderes Bild. Nur unter den Meinungsführern gab es ein Kopf-an-Kopf-Rennen. Am Anfang des Jahres besaß die CDU/CSU unter Meinungsführern sogar einen Vorsprung. Es war durchaus plausibel, mit einer Entwicklung wie 1994 zu rechnen, die Meinungsführer als Lokomotive zu einem Wahlsieg der Regierungskoalition.[18]

Aber schon vor dem Sieg Schröders in der Niedersachsen-Wahl und seiner Nominierung zum SPD-Kanzlerkandidaten begann bei den Meinungsführern der Aufstieg der SPD, der sich dann Anfang März ganz außerordentlich verstärkte. Indessen: anders als bei der übrigen Bevölkerung setzte sich bei den Meinungsführern die CDU/CSU bald wieder an die Spitze und blieb auch – bis auf einen Einbruch im Mai, als beide politische Lager etwa gleichauf lagen – die folgenden Wochen bis zum Ende der Sommerpause an der Spitze. Von Anfang August an aber zwang der nun voll entfaltete Wahlkampf der SPD die zur CDU/CSU tendierenden Meinungsführer immer wieder in die Knie. Sowohl Anfang August wie auch Anfang September lag unter Meinungsführern die SPD klar an der Spitze. Zwar verlor die SPD unter Meinungsführern im Laufe des September noch einmal an Boden, aber ihre Position bei der übrigen Bevölkerung war seit Anfang des Jahres mit so weitem Vorsprung führend, daß sie schließlich am 27. September 1998 einen klaren Wahlsieg errang. Der Wahlsieg der SPD 1998 war eindeutig nicht durch die Meinungsführer errungen, sondern durch die übrige Bevölkerung, die wesentlich weniger politisch interessiert ist.

[18] Köcher, 1998b.

Schaubild 3: 1998: Der Wahlkampf wird vor allem unter den Meinungsführern ausgetragen

Wahlabsicht der Meinungsführer im Wahljahr 1998; Gesamtdeutschland

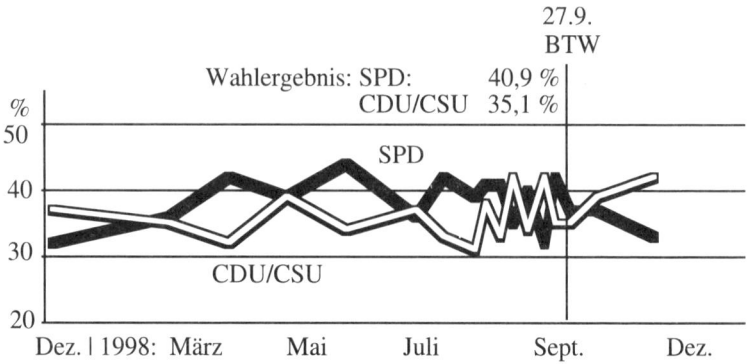

Wahlabsicht der übrigen Bevölkerung

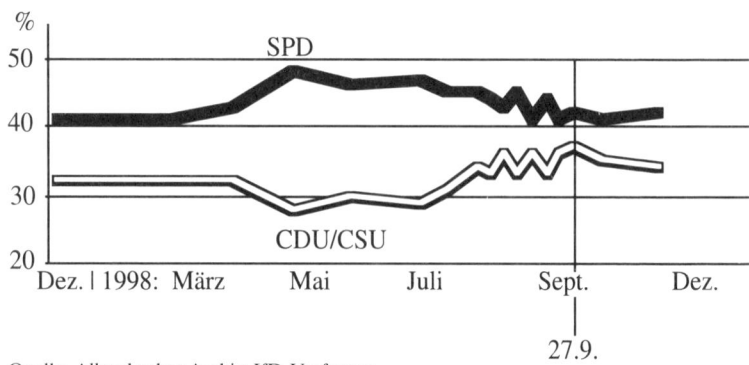

Quelle: Allensbacher Archiv, IfD-Umfragen

In der Schlußphase des Wahlkampfes brach eine öffentliche Kontroverse über die Rolle der Meinungsforschung bei dieser Bundestagswahl aus: Unter der Überschrift: »Alle anders als Allensbach« veröffentlichte der Spiegel eine Graphik mit dem Untertitel: »Für die CDU und die SPD ermittelte das Allensbacher Institut für Demoskopie in seinen letzten vier Umfragen Zahlen, die denen der vier anderen in der Wahlforschung tätigen Institute widersprachen.«

Alle anders als Allensbach

Für die CDU/CSU und die SPD ermittelte das Allensbacher Insitut für Demoskopie in seinen letzten vier Umfragen Zahlen, die denen der vier anderen in der Wahlforschung tätigen Institute widersprechen.

Schaubild 4: Grafiken im »Spiegel«

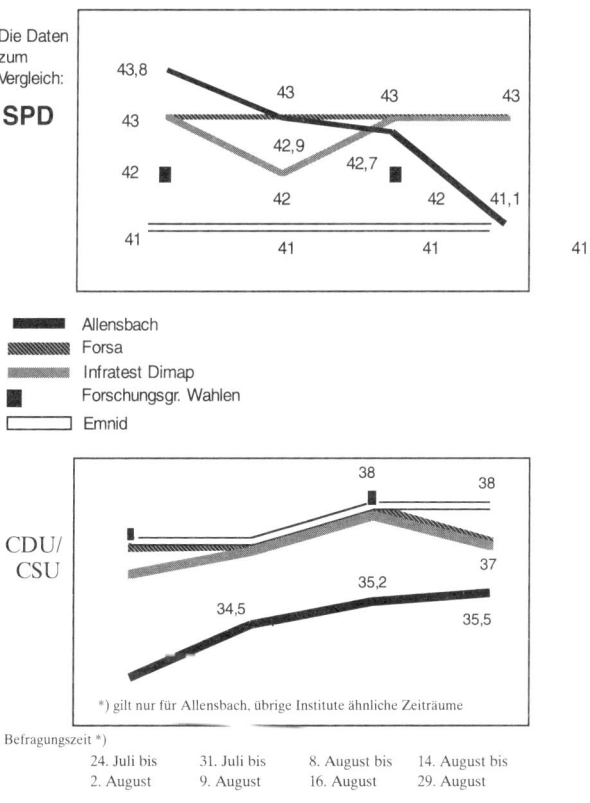

Quelle: »Der Spiegel«, Nr. 37, 1998: S. 43

Die Umfragen von Forsa, Infratest Dimap, Forschungsgruppe Wahlen und Emnid beschrieben eine knappe Wahlentscheidung, ein Kopf-an-Kopf-Rennen, das mit Chancen für einen Sieg des Regierungslagers kurz vor dem Wahltag endete. Nur die Allensbacher Daten zeigten einen klaren Vorsprung der Opposition. Am Wahlabend des 27. September erwies sich, daß die Allensbacher Wahlprognose die einzige ganz zutreffende war und damit die zwölfte

Allensbacher Bundestagsprognose seit 1957, die bei einer durchschnittlichen Abweichung von etwa einem Prozent das tatsächliche Ergebnis klar und zutreffend vorausgesagt hatte. (Tabelle 2)

Tabelle 2:   Allensbacher Bundestagswahl-Prognosen

Bundestagswahl	Größte Abweichung der Prognose für einen Parteiwert vom amtlichen Endergebnis	Durchschnittliche Abweichung aller Parteiwerte in der Prognose vom amtlichen Endergebnis
	%	%
Erststimmen		
1957	0,8	0,4
1961	1,5	0,75
1965	1,6	0,8
1969	1,9	0,96
1972	1,2	0,6
1976	0,3	0,18
1980	1,2	0,75
1983	1,3	0,6
Zweitstimmen		
1972	1,9	1,05
1976	1,8	0,95
1980	1,0	1,0
1983	1,8	1,08
1987	1,7	0,96
1990	3,4	1,5
1994	0,9	0,54
1998	0,8	0,4

1957–1965 und 1972–1980 war die Prognose auf vier Parteiwerte angelegt:
CDU/CSU, SPD, FDP und andere Parteien.
1969 war die Prognose auf fünf Parteiwerte angelegt: CDU/CSU, SPD, FDP, NPD
und andere Parteien.
1983 und 1987 war die Prognose auf fünf Parteiwerte angelegt:
CDU/CSU, SPD, FDP, Die Grünen und andere Parteien.
1990–1998 war die Prognose auf sechs Parteiwerte angelegt:
CDU/CSU, SPD, FDP, Bündnis 90/Die Grünen, PDS und andere Parteien.

Im Methodenbereich gab es einen wesentlichen Unterschied zwischen den Allensbacher Umfragen und den Umfragen der anderen Prognose-Institute. Allensbacher Umfragen stützten sich auf persönliche Befragungen (face to face), die anderen Wahlforschungsinstitute stützten sich vornehmlich auf telefonische Umfragen. Erhält man bei telefonischen Umfragen einen überproportional großen Anteil von Meinungsführern? Kam daher das Bild von einem Kopf-an-Kopf-Rennen mit wechselnder Führung der Regierungsparteien und der Opposition bei den anderen Instituten zustande – ganz wie es sich bei den Meinungsführern in der letzten Phase beobachten ließ? Erklärlich wäre das, weil die Meinungsführer in ihren Haushalten wahrscheinlich häufiger das Telefon beantworten als die übrigen Haushaltsmitglieder und sicher auch, falls es Rückfragen vom Interviewer gibt, bestätigen, sie seien die gesuchte Zielperson. Mit dieser Annahme würde sich auch ein anderer Befund erklären. Wenn man die Ergebnisse von Telefon- und mündlichpersönlichen Interviews miteinander vergleicht, fällt auf, daß die Prozentsätze der Unentschiedenen bei Telefonumfragen regelmäßig niedriger liegen als bei mündlich-persönlichen Interviews.[19] Das könnte sich durch eine Überrepräsentation der Meinungsführer am Telefon erklären;[20] denn die Meinungsführer sind auch allgemein bei mündlich-persönlichen Umfragen viel weniger unentschieden als die übrige Bevölkerung. Bei einer Stichprobe aus zwölf Allensbacher Fragen im Frühjahr 1998 sind die Meinungsführer zu 39 Prozent bei mehr als einer Frage unentschieden, die übrige Bevölkerung zu 52 Prozent.[21]

Im Strategiekonzept der KAMPA war alle Aufmerksamkeit auf

[19] Noelle-Neumann & Petersen, 1999
[20] Vgl. Petersen, 1999
[21] Allensbacher Archiv, IfD-Umfrage Nr. 5139. Fragen: -»Wenn am nächsten Sonntag Bundestagswahl ware: Welche Partei würden Sie wählen?« »Würden Sie zur Wahl gehen?« – »Würden Sie Erst- und Zweitstimme derselben Partei geben?« – »Sehen Sie den kommenden 12 Monaten mit Hoffnungen oder Befürchtungen entgegen?« »Ist die deutsche Wiedervereinigung für Sie eher Anlaß zur Freude oder eher zur Sorge?« – »Sind Sie im großen und ganzen mit der Politik von Bundeskanzler Kohl einverstanden oder nicht einverstanden?« – »Wie zufrieden sind Sie zur Zeit mit den Leistungen der Bundesregierung?« – »Wie zufrieden sind Sie zur Zeit mit den Leistungen der Opposition?« »Sind Sie für oder gegen eine einheitliche europäische Währung?« »Glauben Sie, wir brauchen in der Bundesrepublik eine FDP, oder geht es auch ohne?« »Einmal angenommen, Sie steigen in einen Zug und suchen einen Platz. In einem Abteil wird über Politik geredet, würden Sie sich gern dazusetzen oder lieber in ein anderes Abteil?« – »Es ist jetzt 16 Jahre her, daß Bundeskanzler Kohl die Regierung in Bonn übernommen hat. Was meinen Sie, wie wird man diese Zeit später wohl in den Geschichtsbüchern bewerten?«

die Inszenierung, die Instrumentalisierung der Massenmedien gerichtet. Mit der Wiederentdeckung der Meinungsführer rückt nun die *persönliche* Kommunikation als Einfluß auf die Wahlentscheidung in den Mittelpunkt des Interesses. Sie wurde schon vor der Bundestagswahl 1976 in die Analyse über die Siegeschancen der Parteien einbezogen.[22] Nachdem bei der lange vergeblichen Suche, wie man die Meinungsführer identifizieren könnte, die Skepsis gegenüber der Selbsteinschätzung (»Ich berate andere«) wach geworden war, wurden frühere Fragemodelle der Allensbacher Wahlforschung: »Haben Sie versucht, jemand zu überzeugen, wie er wählen soll?« zur Identifizierung des Mobilisierungsgrades der Anhängerschaft der Parteien weitgehend aufgegeben. Statt dessen wurde am Empfängerende von Überzeugungsversuchen angesetzt: »Hat in letzter Zeit irgendjemand versucht, Sie von einer bestimmten Partei zu überzeugen, ich meine, daß Sie dieser Partei Ihre Stimme geben sollten?« An Personen, die von Überzeugungsversuchen berichteten, wurde dann die Nachfrage gestellt: »Und für welche Partei?« Es wurde angenommen, daß die so gemessene Mobilisierung nicht durch Prahlerei verzerrt sein würde. Der Nachteil war allerdings, daß man mit dieser Frageform die aktiven Wahlkämpfer, von denen die Überzeugungsversuche ausgingen, nicht bestimmen konnte. Aber um so verläßlicher ließ sich der Wahleinsatz der Anhänger der verschiedenen Parteien als ganzes erkennen. Und es handelte sich einwandfrei um die Bedeutung persönlicher Kommunikation in dem jeweils analysierten Wahlkampf.

Tabelle 3 läßt erkennen, daß die persönliche Kommunikation im Wahlkampf 1998 eine ungleich größere Rolle als 1990 und 1994 spielte. Nahezu jeder vierte Wahlberechtigte (23 Prozent) erklärte kurz vor der Wahl, daß jemand versucht habe, seine Wahlentscheidung zu beeinflussen. Die Überzeugungsversuche verstärkten sich auch noch bis in die letzten Tage vor der Wahl. Ab Monatswechsel August/September gab es offenbar eine kurze Erschöpfung, aber gleich danach verstärkten sich die Anstrengungen aufs neue. Lange Zeit war der Mobilisierungsgrad von SPD und CDU/CSU nahezu gleich stark. Aber in der Woche unmittelbar vor der Wahl setzten sich schließlich die späteren Koalitionsparteien mit der Intensität persönlicher Überzeugungsversuche durch.

[22] Noelle-Neumann, 1980: S. 156.

Tabelle 3:   Überzeugungsversuche im Wahlkampf

Frage: *»Hat in letzter Zeit irgendjemand versucht, Sie von einer bestimmten Partei zu überzeugen, ich meine, daß Sie dieser Partei Ihre Stimme geben sollten?«*
An Personen, die von Überzeugungsversuchen berichten: *»Und für welche Partei?«*

	Überzeugungsversuche							
Ja	und zwar für:							Nein
	CDU/ CSU	SPD	FDP	B90/ Grüne	Rep.	PDS	Andere	
1990, Gesamtdeutschland %	%	%	%	%	%	%	%	%
8.–15. Sept. 12	5	3	x	2		x	1	88
15.–22. Sept. 15	5	4	1	3		x	2	85
22.–29. Sept. 14	5	5	1	3		x	1	86
29. Sept.–6. Okt. 16	6	4	1	3		x	2	84
6.–13. Okt. 16	5	5	1	3		1	2	84
13.–20. Okt. 16	6	5	1	3		1	2	84
20.–27. Okt. 18	7	6	1	2		1	2	82
27. Okt.–3. Nov. 15	7	3	1	3		x	2	85
5.–12. Nov. 16	5	4	2	3		x	2	84
10.–17. Nov. 15	5	5	1	3		x	2	85
20.–27. Nov. 16	5	6	1	3		x	2	84
1994, Gesamtdeutschland								
30. Juli–11. Aug. 10	3	3	1	1	1	1	1	90
20.–26. Aug. 10	3	3	1	1	1	1	1	90
2.–9. Sept. 13	5	4	1	2	2	1	1	87
9.–17. Sept. 15	5	5	1	3	2	2	1	85
16.–24. Sept. 14	5	4	1	2	2	1	x	86
23.–30. Sept. 16	5	7	1	2	3	1	2	84
30. Sept.–8. Okt. 17	5	5	2	2	1	1	1	83
7.–11. Okt. 14	5	5	2	2	1	1	x	86
1998, Gesamtdeutschland								
Mai Juni. 18	5	7	1	2	2	1	3	82
24. Juli–3. Aug. 17	6	6	1	3	2	1	1	83
31. Juli–9. Aug. 16	5	5	1	3	2	1	1	83
8.–16. Aug. 18	7	7	1	2	1	1	2	82
14.–21. Aug. 18	6	6	1	2	1	1	1	82
21.–28. Aug 20	5	7	1	3	2	2	3	80
28. Aug.–5. Sept. 16	4	6	1	2	3	1	2	84
4.–12. Sept. 21	7	7	1	3	3	2	3	79
11.–19. Sept. 23	7	9	1	4	3	2	2	77

x = weniger als 0,5 Prozent; Republikaner 1990 noch nicht eigens codiert
Quelle: Allensbacher Archiv, IfD-Umfragen

Die Mikro-Analyse, bei der die Meinungsführer mit verschiedener Parteineigung unmittelbar nach der Wahl befragt wurden,[23] erbrachte zwei interessante Ergebnisse: Die Meinungsführer waren durchgehend häufiger mit Überzeugungsversuchen angesprochen worden als die übrige Bevölkerung, und besonders oft sagten die Meinungsführer mit SPD- oder Bündnis 90/Die Grünen-Orientierung, sie seien zugunsten der CDU/CSU angesprochen worden. Man kann erkennen, daß die CDU/CSU-Anhänger bis zum Schluß den Kampf nicht aufgaben.

Welche entscheidende Rolle bei Wahlkämpfen die Meinungsführer des jeweiligen Lagers spielen, läßt sich an den Ergebnissen der Frage erkennen: »Wenn man Sie fragen würde, ob Sie für Ihre (die bevorzugte) Partei etwas tun möchten, zum Beispiel von diesen Karten hier (Interviewer übergibt Karten) – ist da irgendetwas dabei, was Sie für die Partei tun würden, die Sie für die beste halten?«

Tabelle 4: Die Meinungsführer treten öffentlich eher für ihre Partei ein als die übrige Bevölkerung

»Das würde ich für die Partei tun, die ich für die beste halte«	Meinungs-führer	Übrige Bevölkerung
– Auszug aus den Angaben –	%	%
An einer Versammlung dieser Partei teilnehmen	50	37
Jemanden überzeugen, wie er wählen soll	33	15
In einer Versammlung dieser Partei aufstehen und in der Diskussion etwas sagen	33	16
Einen Aufkleber ans Auto machen	29	17
Mich an einer Straßendiskussion beteiligen und für diese Partei eintreten	27	13
Für diese Partei Plakate kleben	24	11
Eine Angstecknadel, einen Ansteckknopf tragen	23	12
Den Standpunkt dieser Partei auch in Versammlungen anderer Parteien vertreten	22	7
Summe	241	128
Nichts davon	31	45
n =	419	1636

Quelle: Allensbacher Archiv, IfD-Umfrage 6060, Juli/August 1998

[23] Allensbacher Archiv, IfD-Umfrage Nr. 6069.

In jeder Art von persönlicher Kommunikation sind die Meinungsführer der übrigen Bevölkerung bei weitem überlegen. Die mit der neu entwickelten Skala bestimmten Meinungsführer wissen deutlich besser politisch Bescheid und können dadurch auch klarer argumentieren. Auch das trägt zu ihrer Meinungsführerschaft bei.

Tabelle 5:   Meinungsführer wissen mehr als die übrige Bevölkerung

Frage: »Haben Sie schon einmal den Begriff ›Gewaltmonopol des Staates‹ gehört?«

	Meinungsführer %	Übrige Bevölkerung %
Ja, Begriff schon einmal gehört	61	47
Nein, noch nicht gehört	39	53
	100	100

Frage: »Wie ist das eigentlich bei uns im Grundgesetz geregelt, haben wir eine repräsentative Demokratie oder eine direkte Demokratie?«

	Meinungsführer %	Übrige Bevölkerung %
Wir haben eine repräsentative Demokratie	54	39
Haben eine direkte Demokratie	16	15
Unentschieden, weiß nicht	30	46
	100	100
n =	492	1595

Quelle: Allensbacher Archiv, IfD-Umfrage 5139, Politisches Panel, Frühjahr 1998

Die Meinungsführer beginnen auch früher, über ein Thema zu sprechen als der Rest der Bevölkerung. Schon im März 1998 berichteten sie zu 50 Prozent, es werde viel über die kommende Bundestagswahl gesprochen; von der übrigen Bevölkerung sagten das zu diesem Zeitpunkt nur 28 Prozent. »Ob eine große Koalition gut für das Land wäre«, im Wahljahr 1998 ein Lieblingsthema der Sozialdemokraten, darüber sprachen die Meinungsführer schon im März häufiger zu 23 Prozent, bei der übrigen Bevölkerung war das noch gar kein Thema (13 Prozent).

Tabelle 6:   Meinungsführer greifen aktuelle Themen als erste auf

Frage: *»Worüber wird nach Ihren Beobachtungen bei uns im allgemeinen viel gesprochen?« (Listenvorlage)*

	Meinungsführer	Übrige Bevölkerung
Es antworten:	%	%
»Über die Bundestagswahl im Herbst«		
im März 1998	50	28
im August 1998	69	55
»Ob eine große Koalition gut für das Land wäre«		
im März 1998	23	13
im August 1998	38	26
n =	278	843

Quelle: Allensbacher Archiv, Politisches Panel, IfD-Umfragen 5139, 5146

Die Frage nach der Beziehung zwischen Massenmedien und persönlicher Kommunikation hatte schon Lazarsfeld, Berelson und Gaudet bei ihrer Wahlstudie von 1940 beschäftigt. Bei der deutschen Bundestagswahl von 1965, der berühmten Ludwig Erhard-Wahl, spielte diese Wechselwirkung eine entscheidende Rolle. Während die Umfragen vom Dezember 1964 bis Mitte August 1965 ein Kopf-an-Kopf-Rennen zwischen CDU/CSU und SPD zeigten, stiegen auf unerklärliche Weise im Sommer 1965 die Erwartungen in der Bevölkerung, die CDU/CSU werde die Wahl gewinnen, an. Im Dezember 1964 glaubten 32 Prozent: »Die CDU/CSU gewinnt.« Im Juli 1965 – bei unverändertem Kopf-an-Kopf-Rennen der beiden großen Parteien in der veröffentlichten Meinungsforschung – waren es über 50 Prozent, die an einen bevorstehenden CDU/CSU-Sieg glaubten.

Erst Anfang der siebziger Jahre wurde eine Theorie gefunden, die das Rätsel löste, die Theorie der »Schweigespirale«. Sie geht von der Annahme aus, daß alle Menschen mit Isolationsfurcht geboren werden. Sie möchten beliebt oder wenigstens in ihrer Umwelt gut gelitten sein. Um das zu sichern, beobachten sie unablässig ihre Umwelt, wie die meisten Menschen denken und vor allem: welche Einstellungen, Werte zu- und welche abnehmen. Wenn Menschen zu erkennen glauben, daß ihre eigenen Einstellungen sich ausbreiten, sprechen sie ihre Überzeugungen laut und zuversichtlich aus. Wenn sie das Gefühl haben, daß ihre Ansichten immer weniger geteilt werden, verfallen sie zunehmend in Schweigen. Und indem die einen sich laut und zuversichtlich äußern, wirkt dieses Lager immer stärker; stärker, als es wirklich ist. Zugleich wirken diejenigen, die in Schweigen verfallen, noch schwächer, als sie wirklich sind, bis schließlich wie in einem Spiralprozeß die einen ganz dominieren und die anderen untergehen bis auf einen kleinen harten Kern.

Die Schweigespirale ist gestützt auf persönliche Kommunikation, in der Regel allerdings hochgetragen von Massenmedien. Vor der Bundestagswahl 1965, der ersten, die unter der Wirkung des Mediums Fernsehen stand, kam die englische Königin zum ersten Mal seit dem Zweiten Weltkrieg zu Besuch nach Deutschland, ein Ereignis, das nicht nur die Bevölkerung allgemein, sondern ganz besonders die politisch so sehr interessierten Meinungsführer berührte. Fernsehwirkung und allgemeine Teilnahme, angeführt durch die Meinungsführer in allen Schichten, erzeugten ein Klima von wunderbarer Gemeinsamkeit, sommerlicher Festlichkeit. Von Station zu Station reiste Bundeskanzler Ludwig Erhard mit der Königin durch das ganze Land, und das Fernsehen war überall dabei. Die CDU/CSU-Anhänger fühlten sich getragen von Wogen der Begeisterung, die SPD-Anhänger waren in die Defensive gedrängt und wurden schweigsam, die Schweigespirale kam in Gang. Die Erwartungen, die CDU/CSU werde die Bundestagswahl gewinnen, stieg unabhängig von der regelmäßig in den Medien veröffentlichten Stärke der Parteien, gemessen durch die Meinungsforschung. Die Stärke der Parteien veränderte sich zunächst noch gar nicht. Es zeigte sich weiter ein Kopf-an-Kopf-Rennen, aber im August 1965 erwarteten mehr als 50 Prozent einen Sieg der CDU/CSU.

Aus mehreren Gründen unterbrach damals das Allensbacher Institut seine wöchentlichen Umfragen für den Stern zur Messung der Wahlabsicht. Als etwa zwölf Tage vor der Bundestagswahl die Umfragen, auf die sich die Allensbacher Wahlprognose stützen sollte, wieder aufgenommen wurden, hatte die CDU/CSU plötzlich einen Vorsprung von fast zehn Prozent vor der SPD. Ein echter »last minute swing« hatte sich zugetragen, die unpolitischen Wähler, die sich oft erst sehr spät entscheiden, waren vom Meinungsklima mitgerissen worden. Die zwei Tage vor der Wahl beim Bonner Notar Daniels hinterlegte Wahlprognose war wiederum auf ein Prozent genau.

Schon an diesem Beispiel kann man erkennen, daß die Meinungsführer die Wirkung der Massenmedien im Wahlkampf nicht verringern, wie Lazarsfeld annahm, sondern sie im Gegenteil oft verstärken. Durch ihre intensive Teilnahme am politischen Geschehen, die durch die Medien und besonders seit Mitte der sechziger Jahre durch das Fernsehen möglich wird, nehmen die Meinungsführer die von den Medien vermittelten Eindrücke lebhaft auf und verbreiten sie in dem großen Kreis weniger interessierter Menschen, mit denen sie als Meinungsführer im Umgang stehen.

Zum Konzept der auf die persönliche Kommunikation gestützten Schweigespirale kam als nächstes mit dem Regierungswechsel zur sozial-liberalen Koalition 1969 die Entdeckung der Bedeutung des »Meinungsklimas« für den Ausgang einer Bundestagswahl. Bis Ende der sechziger Jahre hatte bei Umfragen das Ergebnis der Frage: »Wie haben Sie bei der letzten Bundestagswahl gewählt?« weitgehend mit dem tatsächlichen letzten amtlichen Wahlergebnis übereingestimmt. Anfang der siebziger Jahre war das nicht mehr der Fall. Wie man beim letzten Mal gewählt hatte, verzerrte sich nach der Ausbreitung des Fernsehens und zwar nahezu immer in Richtung einer Übertreibung der Stimmabgabe für die SPD. Damit waren die Umfrageergebnisse, wie sie aus dem Computer kamen, verzerrt und keine verläßliche Grundlage mehr für Wahlprognosen. Vom Anfang der siebziger Jahre an wurden Allensbacher Umfragen deshalb grundsätzlich – nicht nur in den Monaten vor Bundestagswahlen – so umgewichtet, daß die Rückerinnerung an die letzte Wahlentscheidung dem tatsächlichen Wahlergebnis entsprach.

Die folgenden zwei Schaubilder zeigen eine Darstellung, die in der Arbeitssprache des Allensbacher Instituts den Namen »Bällchen-Grafik« erhielt. Schaubild 5 illustriert die Verzerrungen über mehrere Wahlperioden hinweg, Schaubild 5a zeigt die Verzerrungen seit Beginn der neunziger Jahre. Ohne die Gewichtung nach Meinungsklima wären die Allensbacher Bundestagswahl-Prognosen nie so genau gewesen, wie sie schließlich über vierzig Jahre hinweg und trotz der veränderten Bedingungen nach der Ausbreitung des Fernsehens waren.

Eine demoskopische Frage, mit der man das Meinungsklima nicht nur indirekt durch das Maß der Abweichung zwischen angeblich letzter Bundestagswahlentscheidung und tatsächlichem Bundestagswahlergebnis messen kann sondern auch unmittelbar, wurde erst Ende der achtziger Jahre gefunden, aber die Messung des Meinungsklimas durch das Ausmaß der Verzerrung der Auskünfte über die letzte Wahlentscheidung und dann anschließend die Umgewichtung wurden zur Routine.

Die Frage, mit der sich das Meinungsklima direkt messen läßt, stützt sich auch auf eine Frage der persönlichen Kommunikation.

Schaubild 5a: Über- oder Untertreibung der Stimmabgabe für eine Partei als Klima-Indikator

Das Schaubild illustriert, in welchem Umfang zwischen 1973 und 1976 die Behauptung, SPD gewählt zu haben, das tatsächliche amtliche Erststimmen-Ergebnis für die SPD (49 Prozent, als Linie markiert) übertrafen und in welchem Umfang sie für die CDU/CSU hinter dem amtlichen Erststimmen-Ergebnis zurückblieben (45 Prozent, als Doppellinie markiert). Im Trend zeigt sich eine zunehmende Ermutigung der CDU/CSU-Anhänger.

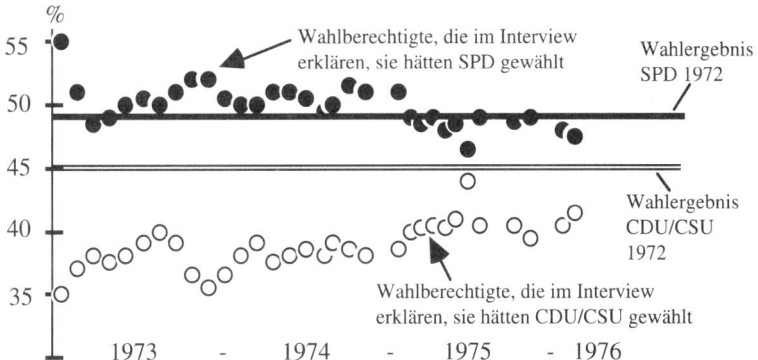

Quelle: Allensbacher Archiv, IfD-Umfragen

Schaubild 5b: Wenig Über- und Untertreibung der Stimmabgabe für die CDU/CSU und die SPD vor der Bundestagswahl 1998

- Westdeutschland -

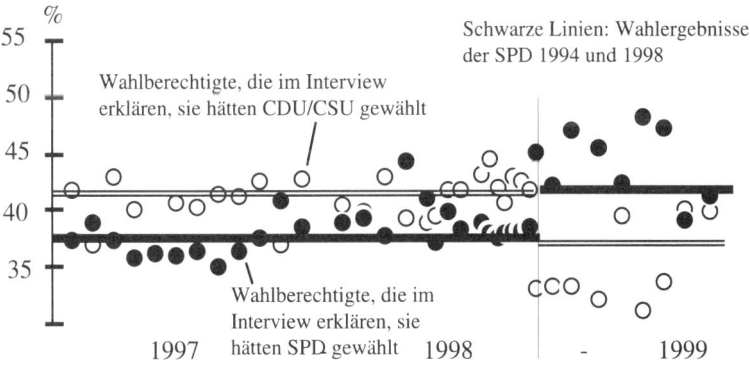

Quelle: Allensbacher Archiv, IfD-Umfragen

Sie wird im folgenden an dem Ergebnis einer Umfrage aus dem Wahljahr 1998 illustriert.

Tabelle 7:   Der Buhtest: Das Meinungsklima wird mit einem projektiven Test gemessen

Der Buhtest geht von der Annahme aus, auf die die Theorie der Schweigespirale gestützt ist: Menschen beobachten ununterbrochen, mit welchen Meinungen im kontroversen Bereich man sich isoliert. Sichere Indikatoren für Unpopularität sind: Ausbuhen, Auspfeifen. Die meisten Menschen ziehen es vor, zu schweigen, wenn sie Ansichten haben, die ausgebuht, ausgepfiffen werden,

Frage: *»Ich möchte Ihnen nun von einem Vorfall erzählen, der sich kürzlich bei einer großen öffentlichen Diskussion über die Bonner Politik ereignet. Zwei Hauptredner waren zu hören: Der eine sprach sich für die CDU aus, der andere Redner sprach für die SPD. Einer der Redner wurde vom Publikum ausgebuht, ausgepfiffen: Was meinen Sie, welcher von beiden wurde ausgepfiffen: Derjenige, der für die CDU sprach, oder derjenige, der für die SPD war?«*

	Gesamt-deutschland	West	Ost
Ausgepfiffen wurde der Redner, ...	%	%	%
der für die CDU sprach	36	37	33
der für die SPD sprach	11	11	10
Unmöglich zu sagen	53	52	57
	100	100	100
n =	2100	1013	1087

Quelle: Allensbacher Archiv, IfD-Umfrage 6066, September 1998

Mitte der siebziger Jahre kommentierten amerikanische Politikwissenschaftler, die die Bundestagswahl von 1976 auf Einladung der deutschen Bundesregierung beobachten konnten: In jedem Parteihauptquartier fanden wir die Strategen konzentriert auf die Aufgabe, die Schweigespirale zu bekämpfen.[24]

In den neunziger Jahren rückte die Frage nach der Wirksamkeit der Massenkommunikation und der Wirksamkeit persönlicher Kommunikation mehr und mehr in das Zentrum des Interesses. Besonders intensiv hat sich Michael Schenk (Universität Hohenheim,

[24] Conradt, 1978.

Stuttgart) in seinen Forschungsarbeiten zur Netzwerk-Analyse mit der Wechselwirkung zwischen Massenmedien und persönlicher Kommunikation beschäftigt.[25] Als Ort der persönlichen Kommunikation spielt der Stammtisch eine zentrale Rolle. 75 bis 80 Prozent versicherten vor den Bundestagswahlen 1994 und 1998 auf die Frage:»Haben Sie eigentlich einen festen Freundeskreis oder Gesprächskreis oder einen Stammtisch, mit dem Sie sich öfter treffen?«[26] – »Ja, habe ich.« Falls die Frage bejaht wurde, folgte die Nachfrage:»Und wie ist die politische Stimmung in diesem Freundeskreis? Würden Sie sagen, man ist da alles in allem für die CDU/CSU, SPD, FDP, Bündnis 90/Die Grünen, PDS, Republikaner oder andere Parteien?«»Es werden ganz verschiedene Richtungen vertreten«, erklärten sowohl 1994 wie 1998 rund 40 Prozent. 1994 sagten in den letzten Wochen vor der Wahl 13 Prozent, die Stimmung sei eher für die CDU/CSU, 9 Prozent:»Eher für die SPD.« 1998, etwa vier Wochen vor der Wahl war es genau umgekehrt: 9 Prozent»Eher für die CDU/CSU«, 13 Prozent»Eher für die SPD.«

Der Stammtisch, das Kaffeekränzchen war in der bisherigen Allensbacher Wahlforschung nur beiläufig als Forschungsfrage behandelt worden. Das wird in der Zukunft nach der jetzt leichten Identifizierung der Meinungsführer anders werden. Denn man kann erwarten, daß die persönliche Kommunikation am Stammtisch, im Kaffeekränzchen eine entscheidende Rolle für die Wirkung der Meinungsführer spielt.

Die Bedeutung der persönlichen Kommunikation für die Ausbreitung von Einstellungen, die zunächst durch Medieneinfluß geformt waren, wurde im Bundestagswahlkampf 1976 besonders gut sichtbar.[27] Zunächst hatte sich zwischen Frühjahr und Sommer 1976 nach der Analyse des Allensbacher politischen Panels bei Vielsehern von Fernsehnachrichten die Erwartung durchgesetzt, daß die SPD die Bundestagswahl gewinnen würde. Bei der nächsten Befragung des Panels im September 1976 kurz vor der Bundestagswahl hatte sich diese Überzeugung – wahrscheinlich überwiegend durch persönliche Kommunikation – bei der Mehrheit der Bevölkerung durchgesetzt.[28]

In Verbindung mit Medieninhaltsanalysen wird sich dann auch

---

[25] Schenk, 1995; Schenk & Rössler, 1994.
[26] Bei Interviews mit Frauen wird hinzugefügt:» ... oder ein Kaffeekränzchen ...«
[27] Noelle-Neumann, 1977.
[28] Allensbacher Archiv, IfD-Umfragen Nr. 2178, 2185.

klären lassen, ob neue Trends in den Medien diesen Gesprächen am Stammtisch vorauslaufen, oder ob neue Themen am Stammtisch von den Medien aufgenommen werden. Was die Themen betrifft, so führen die Meinungsführer nicht schlechthin das große Wort. Schon Gabriel Weimann fand bei seinen Netzwerkstudien im Kibbuz, daß sich die Meinungsführer an Gesprächen über Klatsch und Tratsch wenig beteiligten. Voll zum Zuge kamen sie, wenn es um Weitergabe von Konsuminformationen oder auch folgenschwere Entscheidungen ging.[29] Im deutschen Wahlkampf 1998 wurde über Urlaubsreisen von Meinungsführern und der übrigen Bevölkerung praktisch in gleichem Anteil gesprochen, aber über Gerhard Schröder und Helmut Kohl wurde von Meinungsführern sehr viel öfter diskutiert als unter der übrigen Bevölkerung. Ein für die Meinungsführer besonders wichtiges Thema war die wirtschaftliche Entwicklung.

Schaubild 6: Meinungsführer sprechen eher über Politik und Wirtschaft
Frage:»Hier ist eine Liste mit verschiedenen Themen.
Haben Sie sich in letzter Zeit über irgend etwas davon mit anderen
unterhalten?« (Listenvorlage)

– Es sprachen über –

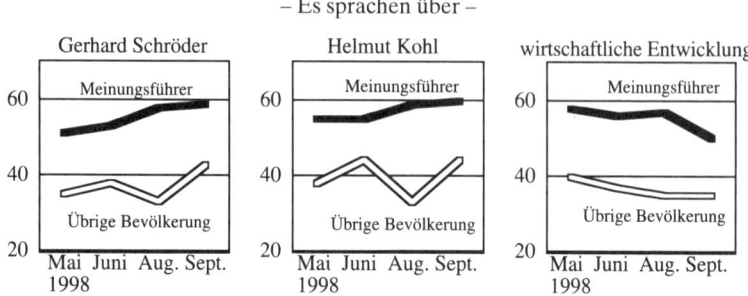

Quelle: Allensbacher Archiv, IfD-Umfragen

An dem starken Interesse der Meinungsführer für die wirtschaftliche Entwicklung während des Wahlkampfes erkennt man, was als Thema eines selbständigen Beitrages in diesem Band behandelt wird[30]. Die zentrale Rolle der Frage, ob sich die Wirtschaft aufwärts oder nicht aufwärts bewegt, zeigt sich auch bei den Antworten auf die Frage, worüber sich selbst gute Freunde zerstreiten können. Diese Frage dient seit 1979 zur Bestimmung jener Themen, bei denen sich die Wähler während des Wahlkampfes polarisieren, das

[29] Weimann, 1994: S. 262.
[30] Siehe S. 40–77.

heißt, jener Themen, bei denen der Prozeß der Schweigespirale voll zum Zuge kommt.

Tabelle 8:   Fragen, über die auch gute Freunde aneinandergeraten können

Frage: *»Auf dieser Liste haben wir verschiedene Themen aufgeschrieben – wenn Sie die bitte einmal lesen. Bei welchen würden Sie sagen, das sind wirklich Streitfragen, darüber können auch gute Freunde heftig aneinandergeraten?«*

	Meinungs-führer	Übrige Bevölkerung	Bevölkerung insgesamt
	%	%	%
Ob bei uns zu viele Ausländer leben	67	58	61
Ob der Liter Benzin 5 DM kosten darf	51	43	45
Ob es jetzt eine Wende auf dem Arbeits-markt gibt oder nicht	47	34	37
Wie man die Renten langfristig sichern kann	45	39	40
Über Helmut Kohl	43	29	33
Ob es in Ordnung ist, daß man bei Arzneimitteln so viel zuzahlen muß	42	38	39
Ob es mit unserer Wirtschaft nun wirklich bergauf geht oder nicht	41	31	34
Ob ein Regierungswechsel nötig ist	41	30	33
Ob man Parteien wie DVU, NPD, Republikaner wählen kann	40	33	34
Über Gerhard Schröder	39	29	32
Ob wir bei uns eine Autobahngebühr einführen sollen	39	29	31
Wer die bessere Regierungsmannschaft hat - Helmut Kohl oder Gerhard Schröder	38	29	32
Ob es sich lohnt, zur Wahl zu gehen	37	31	33
Ob es notwendig ist, die Sozialleistungen zu kürzen	37	26	29
Ob Unternehmer weniger Steuern zahlen sollen	34	21	25
Ob sich eine SPD-Regierung von der PDS tolerieren lassen darf	34	25	27
Ob man die PDS wählen kann	32	24	26
Ob eine große Koalition gut für das Land wäre	32	23	25
Ob man so schnell wie möglich aus der Kernenergie aussteigen soll	31	26	27
Wie gut der Aufbau Ost bisher gelaufen ist	30	23	25

	Meinungs-führer	Übrige Bevölkerung	Bevölkerung insgesamt
	%	%	%
Ob der Staat jetzt drastisch sparen soll, um Schulden abzubauen	29	23	25
Ob man den großen Parteien einen Denkzettel verpassen soll	28	15	19
Ob sich die Gewerkschaften im Wahlkampf für eine Partei einsetzen dürfen	24	15	17
Ob sich die FDP fest an die CDU/CSU binden soll	12	7	8
Summe	893	674	729
Nichts davon	7	15	13

Quelle: Allensbacher Archiv, IfD-Umfrage 6066, September 1998

Einige Beobachtungen aus dem Wahljahr sprechen dafür, daß 1998 eine Radikalisierung insbesondere der Meinungsführer nach rechts stattfand, zwar nur leicht, aber doch deutlich erkennbar, beispielsweise auch hier an dem Anteil der Meinungsführer, die sich auf der bekannten Links-Rechts-Skala im Wahlkampf weit rechts einstuften. Hierbei handelte es sich um eine Einstellung, die über den Wahltag hinaus Bestand hatte.

Immer wieder wird die Frage aufkommen, um welche Wähler es sich bei den Meinungsführern eigentlich handelt, aus welchen Schichten sie stammen. Und immer wieder ist in Erinnerung zu rufen, daß schon bei der Entdeckung der Meinungsführer im Wahlkampf 1940 durch Lazarsfeld und in der Studie »Personal Influence« von Katz und Lazarsfeld aus dem Jahr 1955 das zentrale Argument war, daß jede soziale Schicht, jede Altersgruppe ihre Meinungsführer aus ihrem eigenen Milieu wählt. Die Schaubilder 8 und 9 illustrieren die Meinungsbildung im Wahlkampf 1998 von Meinungsführern und der übrigen Bevölkerung aus der Arbeiterschaft, sowie von jüngeren Meinungsführern und der übrigen jüngeren Bevölkerung. Bei beiden Segmenten spielt sich der eigentliche Wahlkampf in den letzten Wochen unter den Meinungsführern ab.

Für jedes Segment gilt, daß die Meinungsführer vor allem durch eine Kombination bestimmter Eigenschaften wirksam sind:

– sie informieren sich gründlicher und können darum auch präziser und zutreffender argumentieren;

– ihr Medienkonsum wird in erster Linie durch die Suche nach Information bestimmt;

– sie haben einen weiten Interessenbereich, sie interessieren sich

Schaubild 7: Wie sich Meinungsführer und übrige Bevölkerung auf einer politischen Links-Rechts-Skala einstufen – Im Wahlkampf 1998 radika-
lisierten sich die Meinungsführer zwar leicht, aber deutlich erkennbar nach rechts

Frage: *»Parteien werden ja manchmal danach eingeteilt, ob sie links, in der Mitte
oder rechts stehen. Ich habe hier ein Blatt, auf dem ein Bandmaß aufge-
zeichnet ist. Wie würden Sie Ihren eigenen politischen Standort beschreiben, wo auf diesem Bandmaß würden Sie sich einstufen?« (Vorlage eines
Bildblatts, das ein Bandmaß von 0 = ganz links, bis 100 = ganz rechts
zeigt)*

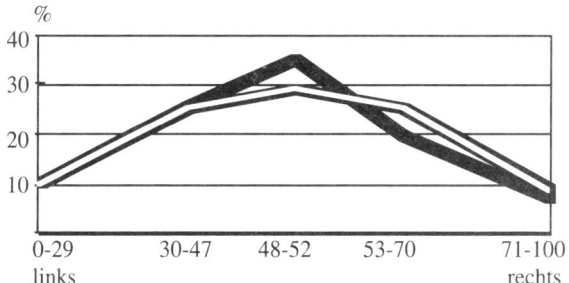

Feb./März 1998 – Vor dem Wahlkampf

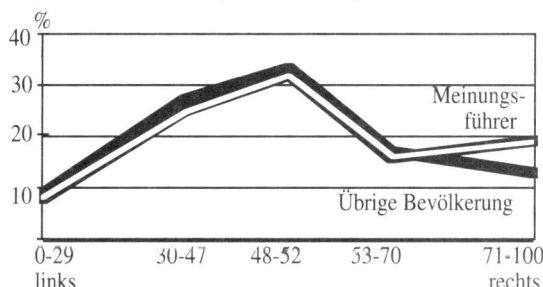

August 1998 – Verteilung im Wahlkampf

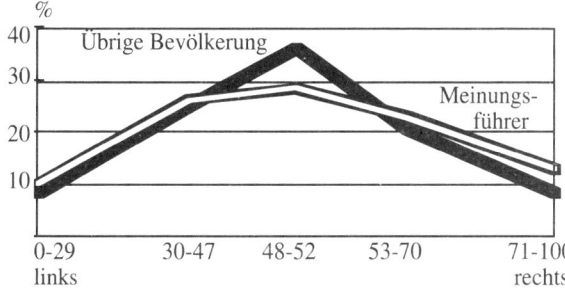

März/April 1999 – Verteilung nach der Wahl

Quelle: Allensbacher Archiv, IfD-Umfragen 6053, 6055, 6062, 6063, 6075, 6076

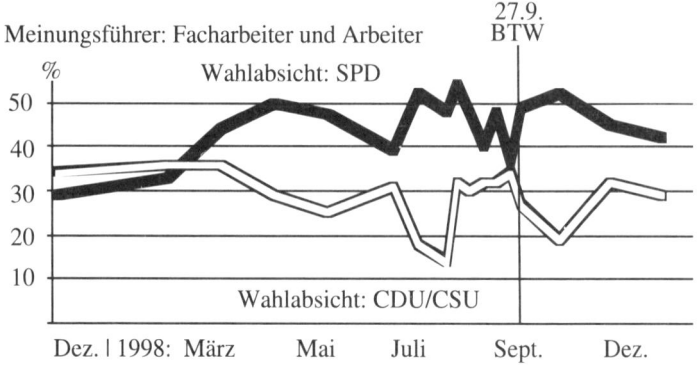

Meinungsführer: Facharbeiter und Arbeiter

27.9.
BTW

Wahlabsicht: SPD

Wahlabsicht: CDU/CSU

Dez. | 1998: März   Mai   Juli   Sept.   Dez.

Übrige Bevölkerung: Facharbeiter und Arbeiter

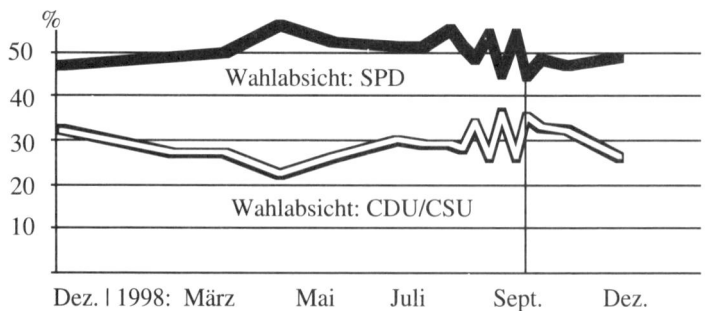

Wahlabsicht: SPD

Wahlabsicht: CDU/CSU

Dez. | 1998: März   Mai   Juli   Sept.   Dez.

Quelle: Allensbacher Archiv, IfD-Umfragen

besonders und auf allen Ebenen – lokal, regional, national und international – für Politik;
– sie sind besonders kommunikationsbegabt, sie können sich gut und interessant ausdrücken;
– sie haben leichten Zugang zu Menschen aus anderen Schichten, anderen Altersgruppen und überbrücken damit Kommunikationsbarrieren innerhalb der Gesellschaft;
– sie sind einfühlsam, interessieren sich für andere Menschen, sind weniger egozentrisch, sind eher hilfsbereit und wirken dadurch sympathisch. Viel häufiger als bei der übrigen Bevölkerung notieren die Interviewer am Schluß des Interviews:»Mit diesem Befragten würde ich mich gern noch einmal unterhalten.«
– sie erliegen weniger der Isolationsfurcht, geben weniger der

Schaubild 9: Entwicklung der Wahlabsicht bei den unter 45jährigen Meinungsführern im Vergleich zur übrigen Bevölkerung unter 45

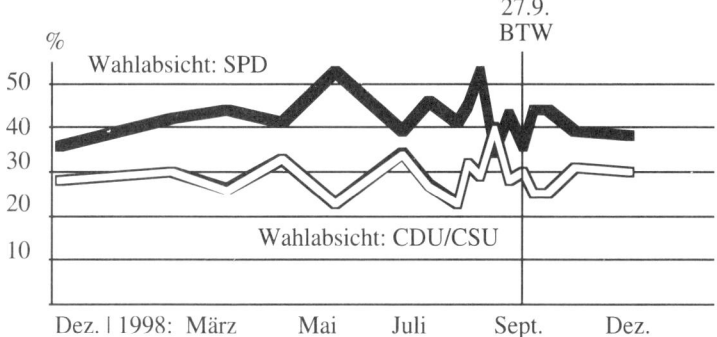

Meinungsführer aus der jungen Bevölkerung (unter 45)

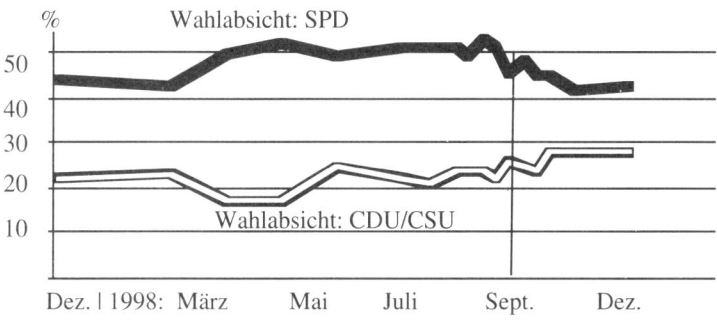

Übrige Befragte aus der jungen Bevölkerung (unter 45)

Quelle: Allensbacher Archiv, IfD-Umfragen

Schweigespirale nach und leisten darum auch einem Medientenor
eher Widerstand.

Damit ist auch schon plausibel, daß sie – anders als es noch Lazarsfeld annahm – nicht nur ihren Umkreis in seinen Ansichten bestätigen, bestärken, sondern auch die Fähigkeit haben, den Kreis
der Menschen um sie zu neuen, veränderten Einstellungen zu führen. Allerdings isolieren sie sich dabei nicht, sondern bilden in
ihrem Kreis unter dem Eindruck von Medientenor oder unter dem
Eindruck insbesondere gefährlicher Entwicklungen oder aktueller
Ereignisse neue Einstellungen. Die Meinungsführer wechseln also
nicht allein das Lager, sondern gehen mit ihrem ganzen Kreis gemeinsam in das neue Meinungslager über. Eine solche Annahme

würde erklären, warum, oft nach langer Inkubationszeit, ein Wechsel des Meinungsklimas, ein Wechsel der öffentlichen Meinung – was man im kontroversen Bereich öffentlich sagen kann, ohne sich zu isolieren – so plötzlich und weiträumig im ganzen Land vor sich geht.

Was sind die Folgerungen für Wahlkampfstrategien? Jedes politische Lager, das den Medientenor auf seiner Seite hat, wie die SPD 1998, muß sich und kann sich in seiner Strategie in erster Linie auf die Medienwirksamkeit konzentrieren. Die Gefahr einer gegen sie gerichteten Schweigespirale besteht für sie nicht. Auch Vorwürfe, daß die Kampagne bei annäherndem Wahltermin vor allem eine Weichspüler-Kampagne sei, gehen ins Leere. Es sind bekanntlich ohnehin die politisch wenig interessierten Wähler, die sich spät entscheiden und vom Meinungsklima getragen oder oft auch mitgerissen werden.

Ganz anders ist die Lage derjenigen Partei, die den Medientenor gegen sich hat. Sie muß eine Strategie entwickeln, die sich ausdrücklich auf Meinungsführer und persönliche Kommunikation stützt, sie muß – falls ihr Stab kraftvoll genug ist – früher mit dem Wahlkampf einsetzen, bewußt gegen Weihnachts- und Sommerpause angehen. Es war spannend zu beobachten, wie bei der Wahl 1998 bei den Gesprächen der Meinungsführer kein Sommerloch entstand. Die Intensität politischer Themen blieb – ganz anders als bei der übrigen Bevölkerung – auch in den Sommerwochen erhalten.

Die Strategie mit Schwerpunkt auf persönlicher Kommunikation muß mit einem Zeitplan und Frequenzen so sorgfältig entwickelt sein wie etwa die Organisation von Versammlungen, Plakatklebe-Aktionen, Fernsehspots. In jedem Fall kann man davon ausgehen, daß persönliche Kommunikation wirksamer als irgendeine Form der Massenkommunikation ist.

Hans Mathias Kepplinger
in Zusammenarbeit mit
Marcus Maurer und Thomas Roessing

Vom Kompetenz- zum Machtverlust

Einleitung

Die Wahlforschung bewegt sich theoretisch und praktisch zwischen Geschichtsschreibung und Sozialpsychologie. Mit der Geschichtsschreibung hat sie die Darstellung und Erklärung vergangener Ereignisse aus bruchstückhaften Überlieferungen gemeinsam. Dabei hilft die Kenntnis von wissenschaftlichen Theorien – etwa über den Zusammenhang zwischen dem Goldgehalt von Münzen und der Inflationsrate. Die Historiker formulieren solche Theorien meist nicht selbst, sondern übernehmen sie von anderen Disziplinen. Sie testen sie auch nicht im strengen Sinn, sondern unterstellen ihre Richtigkeit und wenden sie auf einen konkreten Fall an. Die Geschichtsschreibung ist deshalb nach Paul Veyne eher eine Kunst als eine Wissenschaft.[1] Zumindest ist sie, so könnte man einschränkend einwenden, keine nomothetische Wissenschaft, die auf die Entdeckung von allgemeinen Gesetzmäßigkeiten und auf die Entwicklung von generellen Theorien zielt.

Mit der Sozialpsychologie hat die Wahlforschung die Suche nach Gesetzmäßigkeiten im (Wahl-)Verhalten gemeinsam sowie den Versuch der Erklärung dieser Gesetzmäßigkeiten und des Verhaltens der einzelnen Wähler, das eben diesen Gesetzmäßigkeiten unterliegt. Daß es sich in beiden Fällen nicht um deterministische Gesetze handelt, die das Verhalten der einzelnen völlig bestimmen, sondern um statistische Gesetze, die Wahrscheinlichkeitsaussagen über das Verhalten von größeren Personenkategorien zulassen, sei am Rande vermerkt. Eine Reihe von Wahlstudien wurde vorrangig dazu durchgeführt, solche Theorien und Gesetze zu überprüfen. In ihrem Zentrum steht nicht die Erklärung des Verhaltens bei einer bestimmten Wahl, sondern die Überprüfung allgemeiner Annahmen. Die Besonderheiten der jeweiligen Wahl, um die es im ersten

---

[1] Vgl. Veyne, 1990.

Fall vor allem geht, sind dabei eher Störfaktoren, die die Verallgemeinerbarkeit der Befunde in Frage stellen. Ein prominentes Beispiel hierfür ist die Analyse des Wahlverhaltens in Erie County bei der amerikanischen Präsidentschaftswahl 1940. Sowohl der Ort, wie auch die Kandidaten und die Themen der Wahl sind unwichtig, relevant sind nur die allgemeinen theoretischen Annahmen und die generalisierbaren empirischen Befunde.[2]

Die meisten Wahlstudien lassen sich eindeutig weder der einen, noch der anderen Vorgehensweise zuordnen, weil sie beides enthalten – Erklärungen des Wahlverhaltens vor dem Hintergrund spezifischer politischer Konstellationen unter anderem mit Hilfe von allgemeinen Erkenntnissen sowie Tests allgemeiner Erklärungsansätze anhand eines konkreten Falles. Zudem führen auch theoriegeleitete Studien zuweilen zu empirischen Befunden und theoretischen Erkenntnissen, die in der forschungsleitenden Theorie nicht angelegt waren. Auch hierfür ist die bereits erwähnte Untersuchung anläßlich der Präsidentschaftswahl von 1940 ein prominentes Beispiel: Die theoretischen Annahmen über den Einfluß sozio-demographischer Merkmale auf das Wahlverhalten haben zwar nicht ihre Gültigkeit verloren, ebenso bedeutsam sind jedoch Zufallsbefunde wie die Entdeckung des »last minute swing«, der Wendung zahlreicher Wähler zu dem vermeintlichen Sieger kurz vor der Wahl, sowie die Bedeutung der Meinungsführer im Prozeß der politischen Kommunikation.

Das Entdeckungs- und Erklärungspotential einer Studie hängt aus den genannten Gründen nicht nur von ihrer Anlage ab, sondern mehr noch von der Kreativität der beteiligten Wissenschaftler: Viele theoriegeleitete Studien sind wenig erhellend, manche rein praxisorientierte Erklärung ist dagegen sehr aufschlußreich – und umgekehrt. Die Vermischung des Tests und der Anwendung von theoretischen Erkenntnissen ist jedoch trotzdem nicht unproblematisch: Man kann die Gültigkeit von Theorien nicht testen und die Theorien gleichzeitig zur Erklärung konkreter Fälle heranziehen. Hier sind zur Vermeidung von willkürlichen Interpretationen klare Entscheidungen für den Vorrang der einen oder anderen Sichtweise erforderlich. Zahlreiche Wahlstudien lassen sich, weil beides nicht eindeutig getrennt werden kann, auf verschiedene Weisen lesen – als Test allgemeiner Annahmen und als Erklärung spezifischer Abläufe. Dies gilt – wie noch gezeigt wird – auch für die vorliegende Untersuchung zur Vorgeschichte der Wahlniederlage der Unionsparteien.

2 Vgl. Lazarsfeld, Berelson & Gaudet, 1944.

Der Verfall des Wählerpotentials der CDU/CSU

Der Ausgang der Bundestagswahl 1998 war weder unerwartet, noch waren seine Ursachen typisch. Die Ursachen des Wahlausgangs waren nicht typisch, weil entgegen dem allgemeinen Trend zur Personalisierung der Wahlentscheidungen die Parteien wichtiger waren als die Kandidaten: Die Mehrheit der Wähler wollte eine andere Politik. Der Ausgang war nicht überraschend, weil er die Konsequenz eines jahrelangen Prozesses war. Die Zustimmung zur CDU/CSU hatte im Oktober 1995 einen Höhepunkt erreicht, zugleich war die Zustimmung zur SPD auf einem Tiefpunkt angelangt: 43 Prozent erklärten damals, sie würden – falls eine Wahl anstünde – die Unionsparteien wählen, nur 29 Prozent bekannten sich zu den Sozialdemokraten. Danach ging die Bereitschaft zur Wahl der Unionsparteien bis Ende 1997 nahezu stetig zurück. Gleichzeitig nahm die Absicht zur Wahl der Sozialdemokraten ähnlich kontinuierlich zu. Bereits im Frühjahr 1997 hatte die SPD die CDU/CSU in der Wählergunst ein- und überholt, und im Dezember 1997 hatte sie einen so großen Vorsprung erreicht, daß auch das Abbröckeln ihrer Anziehungskraft kurz vor der Wahl ihren Sieg nicht mehr gefährden konnte: Nun erklärten nur noch 33 Prozent, sie würden – falls eine Bundestagswahl anstünde – die Unionsparteien wählen. Dagegen bekannten sich jetzt 39 Prozent zu den Sozialdemokraten. Damit hatten sich – ohne eine dramatische Veränderung der Ereignislage – innerhalb von drei Jahren die früheren Stärkeverhältnisse umgekehrt.[3]

Das Ziel der vorliegenden Studie ist weder eine möglichst vollständige Erklärung des Verfalls des Wählerpotentials der Unionsparteien, noch der Test einer theoretischen Annahme. Für das erste Vorhaben wäre eine Zusammenstellung und Gewichtung aller Faktoren erforderlich, die einen Einfluß gehabt haben könnten – angefangen von der Entwicklung der Probleme des Landes über die Politik der Bundesregierung und das Verhalten der Parteien bis zur Bewertung der Bundesregierung und der sie tragenden Parteien in der Berichterstattung der meinungsbildenden Medien. Eine solche Studie käme vermutlich zu dem Ergebnis, daß die Entwicklung eine Folge des Zusammenwirkens mehrerer Faktoren war, die bei zukünftigen Wahlen in dieser Konstellation nicht anzunehmen ist. Sie würde zwar die vergangene Entwicklung möglicherweise gut erklären, könnte jedoch über zukünftige Fälle wenig aussagen.

---

[3] Grundlage sind die Zweitstimmen-Wahlabsichten ermittelt durch das Institut für Demoskopie Allensbach. Vgl. auch S. 174.

Für das zweite Vorhaben wäre eine systematische Analyse der Wirkung einer oder mehrerer Faktoren erforderlich, die den strengen Anforderungen an einen Hypothesentest genügen müßte. Hierbei könnte man z.b. den theoretisch begründeten und mehrfach bestätigten Einfluß der wertenden Darstellung von Politikern und Parteien in meinungsbildenden Medien auf die Urteile der Bevölkerung überprüfen.[4] Eine solche Studie käme vermutlich – weil die Tendenz der Darstellung der CDU/CSU vom 4. Quartal 1994 bis zum 2. Quartal 1997 immer negativer wurde,[5] zu dem Ergebnis, daß der Medien-Tenor der Bevölkerungsmeinung im Trend vorauslief, was die erwähnte Annahme erneut bestätigen würde. Dies soll hier nicht versucht werden. Stattdessen soll eine Wirkungskette zur Diskussion gestellt werden, die von der Thematisierung und Wahrnehmung von Problemen über die Darstellung und Wahrnehmung der Kompetenz der Parteien bis zum Wechsel der Wahlabsichten reicht. Dies geschieht anhand von Panelerhebungen – der wiederholten Befragung der gleichen Personen zu verschiedenen Zeitpunkten – sowie von Inhaltsanalysen der Fernsehberichterstattung. Durch die Verwendung von Paneldaten ist es möglich, auch kleine Meinungsänderungen präzise aufzuzeigen und ihren Einfluß auf die Wahlabsichten darzustellen. Dabei werden die Meinungsänderungen von Personen, die viel und wenig Informationssendungen des Fernsehens verfolgt hatten, miteinander verglichen und mit den Fernsehinhalten in Beziehung gesetzt.

Die Problemsicht der Bevölkerung

Die Bevölkerung hat konkrete Vorstellungen davon, welche Probleme besonders lösungsbedürftig sind und welche Parteien dazu am ehesten in der Lage sind. Beides wirkt sich auf die Wahlentscheidungen aus.[6] Dies wirft die Frage auf, wie sich vor der letzten Bundestagswahl die Problemsicht und die Kompetenzvorstellungen der Bevölkerung entwickelt haben. Mit Blick auf die Problemsicht der Bevölkerung kann man zwei Aspekte unterscheiden: Probleme, die die einzelnen Menschen bedrücken und Probleme, die das ganze Land angehen. Beide können identisch sein, sie sind es jedoch vielfach nicht, weil sich das Nah- und Fernbild der Bevölkerung unterscheidet. So glaubten z.b. Ende der achtziger Jahre fast zwei Drittel

---

4   Vgl. Kepplinger, Donsbach, Brosius & Staab, 1986; Kepplinger, Brosius, 1990.
5   Vgl. Medien Tenor Nr. 80 vom 15. Januar 1999: S. 18.
6   Vgl. u. a. Iyengar & Kinder, 1987.

der Deutschen, die Umwelt sei bei uns »ziemlich zerstört«. Gleichzeitig erklärten die meisten, in ihrer näheren Umgebung sei sie »im großen und ganzen in Ordnung«.[7] Bei der Ermittlung der Problemsicht der Bevölkerung müssen beide Vorstellungen – die Probleme des Landes und die Probleme der Befragten – unterschieden und gesondert erfaßt werden. Andernfalls werden unter Umständen Zustände als unerträglich ausgewiesen, die die Bevölkerung zwar als Probleme des Landes betrachtet, die die einzelnen Befragten selbst jedoch nicht wirklich bedrücken.

Nicht alle Probleme lassen sich politisch lösen, allerdings sind die Erwartungen an die Problemlösungsfähigkeit der Politik in den vergangenen Jahrzehnten erheblich gestiegen.[8] Was noch in den fünfziger und sechziger Jahren als Herausforderung für die einzelnen Bürger, Unternehmen und Vereine galt, wird heute vielfach wie selbstverständlich als Aufgabe des Staates betrachtet – die Pflege der Alten, die Schaffung von Arbeitsplätzen, die Einrichtung von Sportanlagen usw. Die Erwartungen an die Politik betreffen deshalb immer häufiger neben den Problemen des Landes auch die Probleme der einzelnen Bürger. Nicht alle Erwartungen an die Politik gelten der Beseitigung bestehender Probleme. Gelegentlich richten sie sich auch auf die Verwirklichung von neuen Möglichkeiten, wie etwa die Abschaffung der Grenzkontrollen oder die Einführung einer einheitlichen Währung. Solche Fälle sind jedoch relativ selten. Trotzdem spricht man, auch wenn damit meist die Beseitigung von Problemen gemeint ist, besser allgemein von den Zielen der Politik.

Das Institut für Demoskopie Allensbach ermittelt die Problemsicht der Bevölkerung mit einem mehrstufigen Fragemodell. Die Befragten erhalten zunächst einen Stapel von rund 30 Karten, auf denen verschiedene politische Ziele stehen. Dazu stellt der Interviewer folgende Frage: »Hier auf diesen Karten sind verschiedene politische Ziele aufgeschrieben. Welche dieser Ziele halten Sie für wichtig? Wenn Sie bitte einmal alle Karten mit wichtigen Zielen herauslegen.« Nachdem die Befragten die Karten herausgelegt haben, gibt der Interviewer den Befragten nur noch diese Karten und bittet sie, ein zweites Mal zu sortieren. Nun sollen sie angeben, ob sie ein Thema ganz allgemein für bedeutsam halten oder ob es sie selbst besonders beschäftigt. Tabelle 1 zeigt die wichtigsten individuellen und nationalen Probleme im September 1994 und im August 1998. Dabei werden drei Sachverhalte deutlich. Erstens bestand ein zum Teil erheblicher Unterschied zwischen den Proble-

[7] Vgl. Noelle-Neumann & Köcher, 1997: S. 911.
[8] Vgl. Kepplinger, 1998: S. 56–79.

men, die die Befragten bedrückten und den Problemen, die sie allgemein wahrnahmen. So bedrückten die Bevölkerung 1998 die Belastung durch Steuern und Abgaben sowie die Stabilität der Preise erheblich mehr als die hohe Arbeitslosigkeit, die jedoch als allgemeines Problem ganz oben rangierte. Zweitens änderten sich – wie die hohen Rangkorrelationen belegen – die Sichtweisen von 1994 zu 1998 insgesamt nur wenig. Dies ist deshalb wichtig, weil hier die gleichen Personen mehrfach befragt wurden, wodurch Schwankungen ausscheiden, die beim Vergleich unterschiedlicher Stichproben unvermeidlich sind. Drittens gab es trotz der großen Konstanz der Sichtweisen einige bemerkenswerte Veränderungen. So ging vor allem die Bedeutung des Umweltschutzes als allgemeines und als persönliches Problem deutlich zurück. Dafür nahm die persönliche Sorge um die Arbeitslosigkeit, die Renten und die soziale Gerechtigkeit etwas zu.

Der Einfluß des Fernsehens auf den Wandel
der Problemsicht der Bevölkerung

1972 veröffentlichten Maxwell E. McCombs und Donald L. Shaw eine Studie, die der Medienwirkungsforschung durch die Formulierung des sogenannten »Agenda Setting«-Ansatzes eine neue theoretische Richtung gab.[9] Im Zentrum stand nun nicht mehr die Frage, wie die Medien Einstellungen verändern, sondern wie sie Vorstellungen prägen. Es ging nicht mehr vorrangig darum, wie die Menschen das aktuelle Geschehen beurteilen, sondern was sie für wichtig und dringlich halten: Weil die meisten Menschen die allgemeinen Probleme eines Landes nicht aus eigener Erfahrung kennen, und weil sich niemand gleichzeitig für alle Probleme interessieren kann, halten die meisten Menschen die Probleme für besonders wichtig, über die die Medien häufig berichten. Dies besitzt, wie Shanto Iyengar und Donald Kinder einige Jahre darauf gezeigt haben,[10] einen bemerkenswerten Einfluß auf Wahlentscheidungen: Die Vermutungen der Wähler über die Problemlösungskompetenz der Parteien wirken sich um so stärker auf ihre Wahlentscheidungen aus, je dringlicher ihnen die Lösung des betreffenden Problems erscheint. Die Berichterstattung der Medien beeinflußt auf diese Weise die Entscheidungen der Wähler auch dann, wenn sich deren Kompetenzvermutungen nicht ändern.

[9] McCombs & Shaw, 1972.
[10] Vgl. Iyengar & Kinder , 1987.

Tabelle 1:   Allgemeine und individuelle Probleme 1994 und 1998

Fragen: »*Hier auf diesen Karten sind verschiedene politische Ziele aufgeschrieben. Welche dieser Ziele halten Sie für wichtig? Wenn Sie bitte einmal alle Karten mit wichtigen Zielen herauslegen.*«
»*Hier sind noch einmal die Karten mit den wichtigsten politischen Zielen. Verteilen Sie die Karten bitte auf dieses Blatt hier, je nachdem, ob etwas ganz allgemein von großer Bedeutung ist, oder ob es auch Sie besonders beschäftigt.*«

Rang		Allgemein wichtige Ziele		Persönlich wichtige Ziele	
		1994 %	1998 (August) %	1994 %	1998 (August) %
1.	Bekämpfung der Arbeitslosigkeit	66	68	28	31
2.	Dafür sorgen, daß die Staatsverschuldung nicht weiter steigt	56	50	14	12
3.	Die Wirtschaft ankurbeln	54	54	16	15
4.	Gute Außenpolitik machen, die Stellung Deutschlands in der Welt stärken	45	37	8	8
5.	Für soziale Gerechtigkeit sorgen	44	48	30	33
6.	Die Renten sichern	41	41	46	50
7.	Den Umweltschutz entschieden durchsetzen	41	33	32	25
8.	Daß die Belastungen durch Steuern und Abgaben nicht weiter steigen	34	36	46	43
9.	Daß die Bürger besser vor Kriminellen geschützt werden	34	36	37	32
10.	Dafür sorgen, daß die Preise stabil bleiben, daß es keine Inflation gibt*	*	38	*	38
Rangkorrelation			R=.80		R=.87

* 1994 nicht erhoben

Die Agenda-Setting Funktion der Medien zeigt sich auf zweifache Weise, in der Rangordnung mehrerer Probleme, die zu einem bestimmten Zeitpunkt als wichtig betrachtet werden und in der Veränderung der Einschätzung eines (oder mehrerer) Probleme im Laufe der Zeit. Für beide Fälle gilt, daß man einen Einfluß der Medienberichterstattung auf die Problemvorstellungen dann annehmen kann, wenn die Berichterstattung den Vorstellungen vorausgeht.[11] Die folgende Darstellung besitzt zwei Grundlagen: die Ergebnisse der in diesem Band bereits mehrfach genutzten Inhaltsanalyse der Fernsehnachrichten[12] sowie die Ergebnisse der letzten Panel-Befragung des Instituts für Demoskopie Allensbach[13] vor der Wahl. Für die Gegenüberstellung wurden die zum Teil sehr differenzierten Themen-Kategorien der Inhaltsanalyse so zusammengefaßt, daß sie den Antwortvorgaben des Kartenspiels der Umfrage möglichst gut entsprachen.[14] Ausgewiesen werden die Rangordnung der Themen in der Fernsehberichterstattung und in der Bevölkerungsmeinung, wobei in der oben beschriebenen Weise zwischen allgemeinen und individuellen Problemen unterschieden wird.

Zwischen der Gewichtung der Themen in den Fernsehnachrichten in den sechs Monaten vor der Befragung und den Vorstellungen der Bevölkerung von den Problemen des Landes bestand ein deutlicher Zusammenhang. Dies gilt für die undifferenzierte Betrachtung der Probleme im ersten Erhebungsschritt, noch mehr jedoch für die spezifische Betrachtung der *allgemeinen* Probleme auf der zweiten Analysestufe: Je häufiger die Fernsehsender ein Problem thematisierten, desto eher erschien es den Befragten als ein Problem. Ganz oben auf beiden Ranglisten rangierte die Arbeitslosigkeit, gefolgt von der Wirtschaftslage. Ganz unten auf beiden Ranglisten fanden sich die Kriminalität sowie der Umweltschutz bzw. die Preisstabilität. Letzteres ist vor allem darauf zurückzuführen, daß die Stabilität der Preise vornehmlich als individuelles Problem betrachtet wurde. Wäre beides unabhängig voneinander erfaßt worden, wäre der ermittelte Zusammenhang wahrscheinlich noch größer. Damit kann man feststellen, daß die Fernsehnachrichten des Jahres 1998 einen bemerkenswerten Einfluß auf die Vorstellungen der Bevölkerung von den allgemeinen Problemen des Landes hatten. Dies traf jedoch – wie man bereits aufgrund der Daten in Tabelle 1 vermuten kann – auf die individuellen Probleme der Befragten nicht zu. Die Befragten bedrückten vor allem zwei Probleme, die in den Fernsehnachrichten zwar häufig behandelt wurden, jedoch nicht die Rangfolge der Themen anführten – die Sicherung der Renten und die Stabilität der Preise. Weil die Korrelation zwi-

---

[11] Eine ausführliche Darstellung der theoretischen und methodischen Aspekte des Agenda-Setting-Ansatzes findet sich in Kepplinger, Gotto, Brosius & Haak, 1989: S. 73 ff.

[12] Vgl. hierzu die methodischen Ausführungen auf S. 237–248.

[13] Vgl. hierzu die methodischen Ausführungen auf S. 248–262.

[14] Zur methodischen Problematik solcher Zuordnungen vgl. Kepplinger, Gotto, Brosius & Haak, 1989.

schen Fernsehnachrichten und individueller Problemsicht gering und sogar negativ ist, kann man feststellen, daß die Fernsehnachrichten keinen wesentlichen Einfluß auf die Vorstellungen der Bevölkerung von der Dringlichkeit ihrer individuellen Probleme besaßen. Hier setzte sich die direkte Betroffenheit gegen die mediale Gewichtung der Probleme durch.

Tabelle 2: Die Thematisierung von Problemen durch die Fernsehnachrichten von März bis August 1998 und die Problemwahrnehmung der Bevölkerung im Herbst 1998.

Thema	Fernsehen Rang	Bevölkerung		
		wichtige Ziele Rang	allgemein wichtig Rang	persönlich wichtig Rang
Arbeitslosigkeit	1	1	1	6
Wirtschaft	2	6	2	8
Steuern	3	4	8	2
soziale Gerechtigkeit	4	3	4	4
Außenpolitik	5	10	7	10
Rente	6	2	5	1
Staatsschulden	7	8	3	9
Kriminalität	8	7	8	5
Umweltschutz	9	9	10	7
Preisstabilität	10	5	6	3
Rangkorrelation mit der Fernsehberichterstattung		R=.48	R=.62	R=-.09

Der Wandel der Kompetenzvermutungen der Bevölkerung

Die Vorstellung der Wähler von der Problemlösungskompetenz der Parteien besitzt – wie oben dargestellt wurde – auch dann einen Einfluß auf die Wahlentscheidung, wenn sie sich nicht ändert: Falls die Wähler zum Beispiel Partei A die Kompetenz für die Sozialpolitik und Partei B die Kompetenz für die Außenpolitik zusprechen und falls die Sozialpolitik ihnen in einer bestimmten Situation besonders wichtig erscheint, steigen die Wahlchancen der Partei A, weil ihre Kompetenz sachlich notwendiger erscheint. Die Vorstellungen der Wähler von den Kompetenzen der Parteien sind relativ stabil, da sie oft eine ideologische Komponente besitzen, die im Wertesystem der Wähler verankert ist. Dies bedeutet jedoch nicht, daß diese Vorstellungen völlig unveränderlich sind. Kleinere Verschiebungen sind durchaus möglich. Sie sind vor allem dann bedeutsam, wenn sie mit einer starken Thematisierung genau jener Probleme einhergehen, für die einer Partei – aus welchen Gründen auch immer – im Laufe der Zeit mehr Kompetenz zugeschrieben wird. Die Partei profitiert in diesem Fall gleich zweimal – zum einen von dem Zuwachs an Kompetenzvermutungen, der alleine schon ihre Chancen erhöht, zum zweiten von der erhöhten Bedeutung, die diese Kompetenzvermutungen nun für die Wahlentscheidung besitzen.

Die Vorstellungen der Wähler von der Problemlösungskompetenz der beiden Volksparteien werden vom Institut für Demoskopie Allensbach auf der dritten Stufe des oben beschriebenen Fragemodells ermittelt. Dazu erhalten die Befragten die Karten mit allen Themen, die sie vorher als »wichtig« bezeichnet haben, mit folgender Frage noch einmal zurück: »Verteilen Sie jetzt die Karten doch bitte einmal auf dieses Blatt hier, je nachdem, ob das Probleme sind, um die sich mehr die CDU/CSU kümmert, oder mehr die SPD.« Der Vergleich der Ergebnisse offenbart einen erheblichen Kompetenzverlust der Unionsparteien und einen bemerkenswerten Kompetenzgewinn der SPD. Betrachtet man die sechs für die Bevölkerung wichtigsten Themen, verlor die CDU/CSU per Saldo 18 Prozentpunkte, während die SPD immerhin 11 Prozentpunkte gewann. Besonders gravierend waren die Veränderungen in der Kompetenzeinschätzung für zwei der sechs Probleme, die die Befragten besonders beschäftigten – die Renten und die Arbeitslosigkeit. Gefragt nach der Kompetenz für die Sicherung der Renten sagten 1994 noch 25 Prozent der Befragten, die CDU/CSU kümmere sich eher um die Renten als die SPD. Dagegen meinten nur 19 Prozent, die SPD kümmere sich eher darum als die CDU/CSU. Im Wahljahr 1998 war das Verhältnis umgekehrt. Nun meinten nur noch 17 Prozent, die CDU/CSU kümmere sich mehr darum als die SPD, 28 Prozent waren der entgegengesetzten Ansicht. Gefragt nach der Kompetenz für die Bekämpfung der Arbeitslosigkeit baute die SPD ihren knappen Vorsprung vor der CDU/CSU aus dem Jahr 1994 erheblich aus: 1998 schrieben doppelt so viele Befragte der SPD die Kompetenz in dieser Frage zu wie den Unionsparteien.

Tabelle 3:   Der Wandel der Kompetenzvermutungen der Bevölkerung von
               1994 bis 1998

               – Trendanalyse –

Fragen:»Hier sind noch einmal die (vom Befragten vorher ausgesuchten) Karten
mit den wichtigsten politischen Zielen. Verteilen Sie die Karten bitte auf
dieses Blatt hier, je nachdem, ob etwas ganz allgemein von großer Bedeu-
tung ist, oder ob es auch Sie besonders beschäftigt.«

»Verteilen Sie jetzt die Karten doch bitte einmal auf dieses Blatt hier, je
nachdem, ob das Probleme sind, um die sich mehr die CDU/CSU küm-
mert, oder mehr die SPD ...«

»Das beschäftigt mich ganz besonders«	1994 Darum kümmert sich mehr die CDU/ CSU %	SPD %	1998 Darum kümmert sich mehr die CDU/ CSU %	SPD %	Differenz CDU/ CSU %	SPD %
Die Renten sichern (51%)	25	19	17	28	-8	+9
Daß die Belastungen durch Steuern und Abgaben nicht weiter steigen (43%)	11	34	11	31	0	-3
Dafür sorgen, daß die Preise stabil bleiben, daß es keine Inflation gibt (38%)	23	12	19	10	-4	-2
Daß die Bürger besser vor Kriminellen geschützt werden (34%)	24	6	27	8	+3	+2
Bekämpfung der Arbeitslosigkeit (33%)	21	25	14	30	-7	+5
Für soziale Gerechtigkeit sorgen (33%)	8	49	6	49	-2	0
Summe	112	145	94	156	-18	+11

Quelle: Allensbacher Archiv, IfD-Umfragen Nr. 5113, 5146.

Betrachtet man die Kompetenzvermutungen der einzelnen Befragten, wird deutlich, daß in beiden Fällen – Sicherung der Renten und
Bekämpfung der Arbeitslosigkeit – nur wenige aus dem Lager der
CDU/CSU direkt in das Lager der SPD gewechselt waren und umgekehrt. Immerhin drei Prozent der Befragten hatten ihre Ansich-

ten jedoch mit Blick auf beide Themen so entschieden geändert. Ihnen standen nur jeweils ein Prozent der Befragten gegenüber, die sich genau umgekehrt verhielten. Die Unionsparteien hatten folglich bei beiden Themen per Saldo zwei Prozent direkt an ihren Hauptkonkurrenten verloren. Dies ist wenig und wäre, wenn es sich um den Vergleich von Befragungen unterschiedlicher Personen handeln würde, nicht bemerkenswert. Weil hier jedoch Meinungsänderungen von Personen vorliegen, die zu beiden Zeitpunkten befragt wurden, besitzen sie ein viel größeres Gewicht. Beide Parteien verbuchten die meisten Gewinne aus dem Lager derjenigen, die ihnen gleich viel oder gleich wenig zugetraut hatten. Allerdings verzeichneten beide Parteien auch die stärksten Verluste an dieses Lager. Dies gilt für die Vorstellungen von der Kompetenz der Parteien für beide Themen – die Renten und die Arbeitslosigkeit. Trotz dieser Gemeinsamkeiten gab es einen bemerkenswerten Unterschied zwischen den beiden Parteien: Die SPD gewann aus dem »neutralen« Lager mehr Vertrauen in ihre Rentenpolitik als sie verlor (+ 3 %), während die CDU/CSU mehr verlor als sie gewann (–7 %). Zugleich verringerte sich beim Thema Arbeitslosigkeit die Kompetenzvermutung zugunsten der SPD weniger als bei der CDU/CSU. Die SPD profitierte folglich vor allem dadurch, daß sie das Reservoir der »Neutralen« besser ausschöpfte als die CDU/CSU.

Der Einfluß der Fernsehnachrichten auf den Wandel der Kompetenzvermutungen

Die Darstellung der Kompetenzen der beiden Volksparteien in den Fernsehnachrichten von 1994 bis 1998 ist nicht bekannt. Ersatzweise kann man die Darstellung ihrer Kompetenzen im Wahljahr heranziehen. Die Basis dieser Analyse ist zum Teil recht schmal, weil die Kompetenzen der Parteien bei der Berichterstattung über zahlreiche Themen nur selten angesprochen wurden. Zudem gibt es keinen Beweis dafür, daß die Fernsehsender die Kompetenz der beiden Volksparteien in den drei Jahren vor 1998 genauso dargestellt haben wie im Wahljahr. Dennoch können die Befunde aus dem Wahljahr, weil starke Tendenzänderungen eher unwahrscheinlich sind, brauchbare Hinweise auf die Kompetenzdarstellung von 1995 bis 1997 geben. Voraussetzung ist, daß die Befunde für 1998 eindeutig sind. Die Fernsehsender schrieben 1998 in ihren Nachrichten eindeutig der SPD die Kompetenz für drei und der CDU/CSU eindeutig die Kompetenz für einen der sechs wichtigsten Bereiche zu.

Schaubild 1: Die individuellen Veränderungen der Kompetenzvermutungen
              von 1994 und 1998

PANEL-ANALYSE

Frage: *»Verteilen Sie jetzt die Karten doch bitte einmal auf dieses Blatt hier, je nachdem, ob das Probleme sind, um die sich mehr die CDU/CSU kümmert, oder mehr die SPD, oder Probleme, um die sich beide gleich kümmern. Auf die letzte Spalte kommen Themen, um die sich keine der großen Parteien kümmert. Wenn Sie sich einmal nicht entscheiden können, legen Sie die Karte bitte beiseite.«*

Die Renten sichern

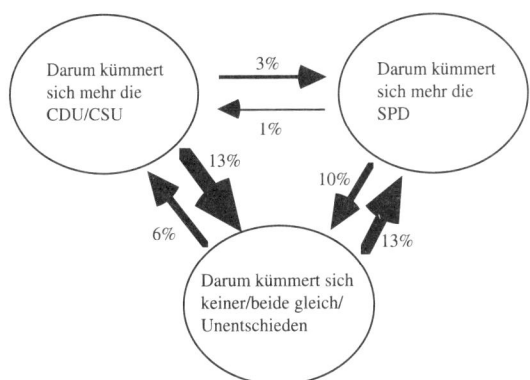

Saldo: CDU/CSU –9, SPD +5

Bekämpfung der Arbeitslosigkeit

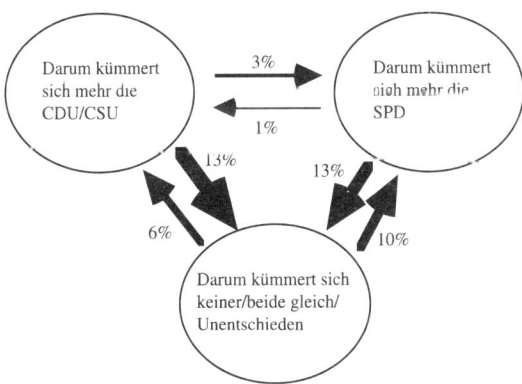

Saldo: CDU/CSU –9, SPD –1

Lesebeispiel: Drei Prozent aller in beiden Panel-Wellen befragten Personen sagten 1994, die CDU/CSU, und 1998, die SPD kümmere sich mehr um das Thema »Bekämpfung der Arbeitslosigkeit«.
Quelle: Allensbacher Archiv, IfD-Umfragen Nr. 5113, 5139.

Dabei bestanden erhebliche Unterschiede in der Gewichtung der Themen und in der Tendenz der Darstellung. Bei der Berichterstattung über das Thema »soziale Gerechtigkeit« war zum Beispiel die Tendenz zugunsten der SPD extrem, die Zahl der Beiträge war jedoch gering. Bei der Berichterstattung über das Thema »Arbeitsplätze« war dagegen die Tendenz zugunsten der SPD moderater, die Zahl der Beiträge jedoch relativ groß. Die Richtung der Kompetenzzuweisung war 1998 aber so eindeutig, daß sie aller Wahrscheinlichkeit nach in den vorangegangenen Jahren ähnlich, zumindest jedoch nicht völlig anders war.

Tabelle 4: Thematisierung und Kompetenzzuschreibung durch die Fernsehnachrichten in den für die Bevölkerung wichtigsten Politikbereichen

Basis: 6.829 Beiträge vom 02.03.1998 bis zum 26.09.1998

| | Thematisierung | | Kompetenzzuschreibung an | | | | |
| | Politik-bereiche | Parteien-kompetenz | CDU/CSU | SPD | keine | beide | Summe |
	n	n	%	%	%	%	%
Arbeitsplätze	249	101	32	56	6	6	100
Steuern	157	57	44	39	11	7	101
Soziale Gerechtigkeit	129	24	8	79	4	8	99
Rente	86	25	20	52	20	8	100
Kriminalität	62	12	58	17	17	8	100
Preisstabilität	41	2	50	50	–	–	100

Geht man von der erwähnten Annahme aus, kann man folgern, daß Personen, die viele Informationssendungen gesehen hatten, eher ihre Kompetenzvermutung zugunsten der SPD geändert haben müßten als Personen, die wenige Informationssendungen verfolgt hatten.[15] Der Einfluß der Fernsehnachrichten müßte dabei um so größer gewesen sein, je intensiver über die einzelnen Themen berichtet wurde und je klarer die Tendenzen der Kompetenzzuschreibungen waren. Einen relativ starken Einfluß sollten folglich die Fernsehnachrichten auf die Vorstellungen von der Kompetenz der Parteien für die Beseitigung der Arbeitslosigkeit gehabt haben. Sie

---

[15] Hierzu wurde die Nutzung von zehn Nachrichtensendungen und politischen Magazinen in einem Index zusammengefaßt. Das obere Drittel der Nutzer wurde als Vielseher, das untere als Wenigseher bezeichnet.

wurde intensiv behandelt, die Kompetenzen der Parteien wurden relativ häufig angesprochen, dabei wurde die Kompetenz eindeutig der SPD zugeschrieben. Deutlich schwächer dürfte der Einfluß der Fernsehnachrichten auf die Vorstellungen von den Kompetenzen für die Sicherung der Renten und die Herstellung sozialer Gerechtigkeit gewesen sein. Diese beiden Themen wurden seltener behandelt, dabei wurden die Kompetenzen der Parteien kaum angesprochen, allerdings wurden der SPD dabei noch eindeutiger die Kompetenzen zugesprochen. Alle anderen Themen wurden entweder zu selten behandelt, oder die Tendenzen waren nicht deutlich genug, um bemerkenswerte Einflüsse zu vermuten.

Die Ergebnisse bestätigen die erste Annahme: Befragte, die nur wenige Informationssendungen des Fernsehens verfolgt hatten, zweifelten im Laufe der Jahre an der Kompetenz der SPD zur Bekämpfung der Arbeitslosigkeit (–6 %). Befragte, die viele Informationssendungen gesehen hatten, gewannen dagegen den Eindruck, daß die SPD hierzu sehr wohl in der Lage ist (+5 %). Für die zweite Annahme finden sich jedoch keine klaren Belege: Das Vertrauen in die Kompetenz der SPD zur Sicherung der Renten und zur Herstellung sozialer Gerechtigkeit stieg gleichermaßen bei den Befragten, die viel und wenig Informationssendungen gesehen hatten. Zugleich verlor die CDU/CSU in beiden Personengruppen nahezu gleich stark an Vertrauen. Dies dürfte darauf zurückzuführen sein, daß die Kompetenzen der Parteien bei der Berichterstattung über diese Themen zu selten behandelt wurden. Hinzu kommt, daß vor allem die Renten – weil viele Menschen davon direkt betroffen sind – ein Gegenstand intensiver Diskussionen in der Bevölkerung waren, die mögliche Einflüsse der Fernsehberichterstattung verwischt haben.[16] Die Befunde deuten folglich darauf hin, daß die Fernsehberichterstattung nur dann einen nachweislichen Einfluß auf die Kompetenzvermutungen der Bevölkerung besitzt, wenn die Berichterstattung eine Mindest-Intensität erreicht. Sie muß – wie frühere Analysen gezeigt haben – eine Schwelle überschreiten,[17] deren Höhe noch nicht hinreichend bekannt ist.

---

[16] Vgl. auch S. 198–199; 209 im Kapitel »Die Wiederentdeckung der Meinungsführer und die Bedeutung der persönlichen Kommunikation im Wahlkampf« in diesem Band.

[17] Vgl. hierzu Kepplinger, Gotto, Brosius, Haak, 1989: S. 94 ff. Das »Schwellenmodell« der Agenda-Setting-Forschung, das sich in ähnlicher Weise auch in der Werbewirkungsforschung findet, erfaßt die vermuteten Effekte vor allem bei einer stetigen Berichterstattung auf niedrigem Niveau besser als andere Modelle. Siehe hierzu ebd.: S. 140–142.

Tabelle 5: Der Einfluß des Fernsehens auf die Kompetenzvermutungen der Zuschauer

PANEL-ANALYSE

TV-Nutzung

	wenig (n=180)		viel (n=231)	
	CDU/CSU	SPD	CDU/CSU	SPD
Die Renten sichern	–4	+8	–7	+6
Daß die Belastungen durch Steuern und Abgaben nicht weiter steigen*	+2	0	–2	–10
Dafür sorgen, daß die Preise stabil bleiben, daß es keine Inflation gibt	–2	–4	–5	+3
Daß die Bürger besser vor Kriminellen geschützt werden	+6	–1	+7	+1
Bekämpfung der Arbeitslosigkeit	–9	–6	–6	+5
Für soziale Gerechtigkeit sorgen	+1	–11	–2	0

* wenig: n=94; viel: n=107

Der Einfluß der Kompetenzvermutungen auf den Wechsel der Wahlabsichten

Die Wahlabsichten der Bevölkerung besitzen zahlreiche Ursachen. Dazu gehören die traditionellen Bindungen der Wähler an die Parteien, die Problemsituation des Landes, die aktuelle Verfassung der Parteien, die Art der Kandidaten, die Darstellung dieser Aspekte durch die meinungsbildenden Medien sowie ihre Wahrnehmung durch die Leser, Hörer und Fernsehzuschauer. Dieses komplexe Wirkungsgeflecht ist nicht Gegenstand der folgenden Analyse. Hier geht es ausschließlich darum, ob die Veränderung der Kompetenzvermutungen bei der Bevölkerung zwischen 1994 und 1998 einen Einfluß auf ihre Parteipräferenzen besaß. Eine erste Antwort auf diese Frage gibt der Vergleich der Befragten, die von 1994 bis August 1998 von einer anderen Partei zur SPD gewechselt sind, mit allen anderen Befragten.

Die neuen SPD-Anhänger müßten, falls ihre Kompetenzvermutungen einen Einfluß auf ihren Meinungswandel gehabt haben, besonders häufig zu der Überzeugung gekommen sein, daß vor allem die SPD die Kompetenz zur Lösung der wichtigsten Probleme besitzt. Diese Annahme trifft zu: Während die Befragten, die der SPD nach wie vor fernstanden, im Laufe der Zeit an der Kompetenz der SPD eher zweifelten (per Saldo – 10 Prozentpunkte), kamen die Befragten, die sich der SPD zugewandt hatten, zu der Überzeugung, daß sich vor allem die SPD den anstehenden Problemen annehmen würde (per Saldo + 41 Prozentpunkte). Dabei ragen drei Problembereiche heraus: Die neuen SPD-Anhänger hatten sich besonders häufig davon überzeugen lassen, daß die SPD weitere Belastungen durch Steuern und Abgaben verhindert, die Renten sichert und erfolgreich die Arbeitslosigkeit bekämpft.

Tabelle 6:   Der Wandel der Kompetenzvorstellung
der neuen SPD-Anhänger*

Frage: »Verteilen Sie jetzt die Karten doch bitte einmal auf dieses Blatt hier, je nachdem, ob das Probleme sind, um die sich mehr die CDU/CSU kümmert, oder mehr die SPD...«

PANEL-ANALYSE

	Befragte, die zwischen 1994 und 1998 zur SPD gewechselt sind			Andere Befragte		
	1994 (n=89) %	1998 (August) (n=89) %	Differenz %	1994 (n=558) %	1998 (August) (n=558) %	Differenz %
Die Renten sichern	23	38	+15	19	28	+9
Daß die Belastungen durch Steuern und Abgaben nicht weiter steigen	28	51	+23	39	30	–9
Dafür sorgen, daß die Preise stabil bleiben, daß es keine Inflation gibt	16	11	–5	14	12	–2
Daß die Bürger besser vor Kriminellen geschützt werden	10	10	0	8	7	–1
Bekämpfung der Arbeitslosigkeit	29	39	+10	30	28	–2
Für soziale Gerechtigkeit sorgen	66	64	–2	53	48	–5

* Befragte, die zwischen 1994 und August 1998 ihre Wahlabsicht zugunsten der SPD geändert haben
Quelle: Allensbacher Archiv, IfD-Umfragen Nr. 5113 (1994), 5139 (1998)

Die veränderten Kompetenzvorstellungen der neuen SPD-Anhänger legen die Vermutung nahe, daß eben diese Veränderungen eine Ursache des Wechsels zur SPD waren. Dies dürfte um so eher der Fall gewesen sein, je mehr Kompetenzvermutungen sie zugunsten der SPD geändert hatten. Dies konnte, wenn man die Kompetenz für die sechs wichtigsten Probleme zugrundelegt – in maximal sechs Fällen geschehen. Weil nur wenige Befragte mehr als drei der sechs Kompetenzvermutungen zugunsten der SPD geändert haben, werden diese für die folgende Darstellung zusammen betrachtet. Basis dieser Darstellung sind die Befragten, die von 1994 bis 1998 keine, eine, zwei oder drei und mehr Kompetenzvermutungen zugunsten der SPD geändert hatten. Ausgewiesen wird jeweils der Anteil derer, die bis August 1998 ihre Wahlabsicht geändert haben.

Die Ergebnisse der Analyse sprechen eine klare Sprache: Je mehr Kompetenzen die Befragten im Laufe der Zeit der SPD zuschrieben, desto eher wurden sie auch Anhänger der SPD. Die Wahrscheinlichkeit eines Wechsels der Wahlabsicht zugunsten der SPD stieg von unter 10 Prozent in der Gruppe derer, die der SPD im Laufe der Zeit keine neuen Kompetenzen zuschrieben, auf nahezu 60 Prozent in der Gruppe derer, die ihr im Laufe der Zeit drei und mehr Kompetenzen neu zuschrieben. Der Einfluß des Wechsels der Kompetenzvorstellungen auf den Wandel der Wahlabsichten wird noch deutlicher, wenn man diejenigen näher betrachtet, die der SPD keine Kompetenz neu zuschrieben: Auch sie blieben ihren alten Wahlabsichten nicht immer treu. Im Zweifelsfall wandten sie sich jedoch eher den Unionsparteien zu als der SPD. Dies legt die Folgerung nahe, daß die zunehmende Überzeugung, die SPD besitze eher die Kompetenz zur Lösung der wichtigsten Probleme als die CDU/CSU, eine wesentliche Ursache des Wechsels in das Lager der SPD-Anhänger und damit auch für den Wahlsieg der Sozialdemokraten am 27. September 1998 war.

Schaubild 2: Einfluß des Wandels der Kompetenzvermutungen zugunsten der SPD auf die Veränderung der Wahlabsichten von September 1994 bis August 1998

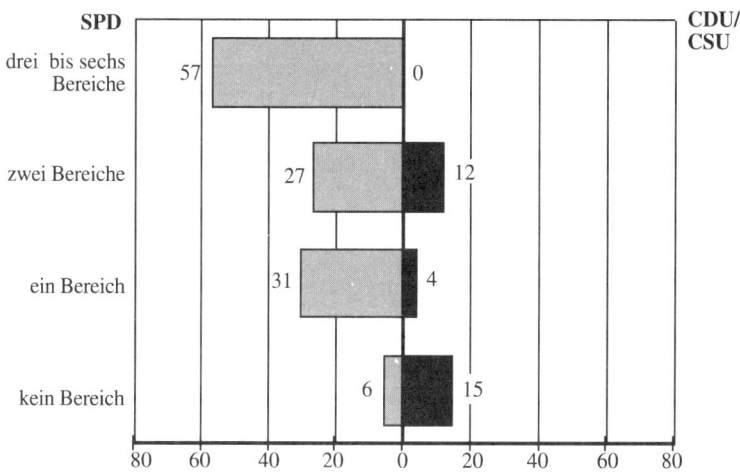

PANEL-ANALYSE

Cramer's V = .40

Quelle: Allensbacher Archiv, IfD-Umfragen Nr. 5113, 5146.

Zusammenfassung

Die wichtigsten Befunde der vorliegenden Analyse kann man in sieben Feststellungen zusammenfassen. Damit werden die allgemein verbreiteten Vorstellungen, die Bundestagswahl 1998 sei vor allem durch Kohl, der verbraucht gewirkt habe, entschieden worden, erheblich relativiert:

1. Das Wählerpotential der CDU/CSU ist seit Ende 1995 langsam und über weite Strecken kontinuierlich verfallen. Gleichzeitig nahm das Wählerpontential der SPD erheblich zu. Dadurch besaßen die Sozialdemokraten Ende 1997 einen erheblichen Vorsprung vor den Unionsparteien.

2. Die Problemvorstellungen der Bevölkerung änderten sich von 1994 bis 1998 nur wenig. Dies trifft auf die persönlichen Probleme und auf die Probleme zu, die das Land allgemein hat. Dennoch gab es einige bemerkenswerte Gewichtsverlagerungen: Die Außenpolitik und der Umweltschutz verloren an Bedeutung, die

Bekämpfung der Arbeitslosigkeit und die Sicherung der Renten wurden dagegen wichtiger.

3. Die Gewichtung der Probleme in der Berichterstattung der Fernsehnachrichten besaß höchstwahrscheinlich einen erheblichen Einfluß auf die Einschätzung der Probleme des Landes: Je häufiger die Sender über ein Problem berichteten, desto mehr Menschen hielten es für ein Problem. Die Fernsehberichterstattung hatte jedoch keinen nennenswerten Einfluß auf die Einschätzung der persönlichen Probleme der einzelnen Bürger.

4. Zwischen 1994 und 1998 kamen immer mehr Bürger zu der Überzeugung, die SPD besitze eher die Kompetenz zur Lösung der Probleme, die die einzelnen Bürger bewegten, als die CDU/CSU. Besonders häufig waren solche Meinungsänderungen bei den Urteilen über die Kompetenz zur Sicherung der Renten und zur Beseitigung der Arbeitslosigkeit. Hierbei handelte es sich um die beiden Probleme, die im Laufe der Zeit noch an Bedeutung gewonnen hatten. Der Kompetenzverlust der Unionsparteien für diese beiden Probleme wirkte sich deshalb besonders negativ auf die Wahlchancen der Unionsparteien aus: Sie verlor genau auf jenen Gebieten an Ansehen, die für die Orientierung der Wähler wichtiger wurden.

5. Die wichtigsten fünf Fernsehsender schrieben 1998 in ihren Nachrichtensendungen die Kompetenz zur Lösung von drei der sechs wichtigsten Probleme eindeutig der SPD zu. Für die Lösung eines Problems schrieben sie die Kompetenz eindeutig der CDU/CSU zu. Die Sozialdemokraten besaßen folglich 1998 in der Fernsehberichterstattung einen erheblichen Kompetenzvorsprung vor den Unionsparteien. Dies dürfte, weil grundlegende Änderungen der wertenden Darstellung von Personen und Problemen selten sind,[18] in ähnlicher Weise auch auf die vorangegangenen Jahre zutreffen.

---

[18] Das war nicht immer so. So ließ sich 1966, nach Bildung der Großen Koalition, ein grundlegender Wandel im öffentlichen Ansehen von Franz Josef Strauß beobachten. Durch die damals positiv bewertete Zusammenarbeit von »Plisch« Schiller und »Plum« Strauß wurde der bis dahin in der Bevölkerung unbeliebte Strauß innerhalb kurzer Zeit ausgesprochen populär. Nach dem Ende der Großen Koalition 1969 ging Strauß' Beliebtheit rasch wieder zurück. Noelle-Neumann, 1994: S. 569.

6. Die Fernsehberichterstattung besaß höchstwahrscheinlich einen bemerkenswerten Einfluß auf die Vorstellungen von der Kompetenz der Parteien zur Beseitigung der Arbeitslosigkeit: Personen, die viele Informationssendungen des Fernsehens gesehen hatten, gewannen zunehmend die Überzeugung, daß die SPD dazu am besten in der Lage sei. Personen, die wenige Informationssendungen verfolgt hatten, zweifelten dagegen zunehmend auch an der Problemlösungskompetenz der SPD. Ein ähnlicher Einfluß der Fernsehnachrichten auf die Vorstellungen davon, wer die Renten eher sichern könnte, läßt sich dagegen nicht nachweisen, weil die Sender die Renten-Kompetenz der Parteien relativ selten behandelten und weil die Gespräche über dieses sensible Thema die möglicherweise trotzdem vorhandenen Unterschiede zwischen den Viel- und Wenig-Fernsehern im Laufe der Zeit verwischt hatten. Die SPD profitierte auf zweifache Weise von der Berichterstattung über die Arbeitslosigkeit – durch die Gewichtung der Themen und durch die Bewertung der Parteien. Zum einen ließen sich die intensiven Fernsehzuschauer von den Nachrichtensendungen überzeugen, daß die SPD dieses Problem eher lösen kann als die CDU/CSU, zum anderen erschien ihnen die Lösung genau dieses Problems im Laufe der Zeit immer wichtiger.

7. Die Vorstellungen von der Problemlösungskompetenz der Parteien besaß einen erheblichen Einfluß auf die Wahlabsichten. Personen, die zwischen 1994 und 1998 ihre Wahlabsichten zugunsten der SPD geändert hatten, schrieben erstens der SPD 1998 erheblich mehr Kompetenzen zu als 1994. Personen, die nicht zu Anhängern der SPD geworden waren, zweifelten dagegen 1998 mehr als 1994 an der Kompetenz der Sozialdemokraten. Je mehr Kompetenzen die Menschen im Laufe der Zeit der SPD zuschrieben, desto größer war zweitens die Wahrscheinlichkeit, daß sie in das Lager der SPD-Anhänger wechselten. Während Personen, die der SPD 1998 nicht mehr Kompetenzen zuschrieben als 1994, sich eher der CDU/CSU als der SPD zuwandten, wechselten von jenen, die der SPD im Laufe der Zeit mindestens drei Kompetenzen neu zuschrieben, fast 60 Prozent in das Lager der SPD.

Aufgrund der vorliegenden Befunde kann man folgende Wirkungskette postulieren: Die Gewichtung der Themen durch die Fernsehnachrichten besaß erstens einen Einfluß auf die Vorstellungen der Bevölkerung von der Rangordnung der Probleme des Landes. Die

Darstellung der Kompetenz der Parteien in den Fernsehnachrichten besaß zweitens einen Einfluß auf die Vorstellungen davon, welche Partei am ehesten die wichtigsten Probleme lösen kann. Dies gilt zumindest für eines der beiden zentralen Themen – die Beseitigung der Arbeitslosigkeit –, ist jedoch auch in anderen Fällen wahrscheinlich. Der Wandel der Vorstellungen von der Problemlösungskompetenz besaß drittens einen erheblichen Einfluß auf den Wandel der Wahlabsichten: Je mehr Kompetenzen die Wähler im Laufe der Zeit der SPD zuschrieben, desto eher wechselten sie in das Lager der SPD-Wähler. Zusammenfassend kann man damit feststellen: Der Verlust an Problemlösungskompetenz in den Augen der Wähler, den die Unionsparteien im Laufe der Jahre hinnehmen mußten, war eine wesentliche Ursache für den Machtverlust der Unionsparteien bei der Bundestagswahl 1998.

Wolfgang Donsbach und Thomas Petersen

Zu den Methoden des Projekts

Medieninhaltsanalyse

Prinzipien, Möglichkeiten und Grenzen
der quantitativen Inhaltsanalyse

Mit den beiden Methoden Medieninhaltsanalyse und Bevölkerungsumfrage untersuchen wir in diesem Band, welche Rolle die Medien
bei der Bundestagswahl 1998 spielten. Insbesondere die Inhaltsanalyse ist ein sozialwissenschaftliches Verfahren, das vermutlich nicht
allen Lesern vertraut ist. Wir beschreiben daher im folgenden die
methodischen Prinzipien und konkreten Vorgehensweisen beider
Methoden.

Die Inhaltsanalyse ist ein in den fünfziger Jahren in den USA
entwickeltes Verfahren zur objektiven Beschreibung von Kommu-
nikationsinhalten.[1] Anders als bei der hermeneutischen Textinterpretation werden hier in einem systematischen, intersubjektiven
und quantitativen Verfahren Mitteilungen im Kommunikationspro-
zeß analysiert. Die Methode hat also den Anspruch, Ergebnisse zu
erzielen, die unabhängig von den Voreinstellungen des Forschers
sind. Diesen Anspruch sollen die drei Merkmale Systematik, Intersubjektivität und Quantifizierung verwirklichen.

Das Kriterium der *Systematik* bedeutet, daß die Methode bestimmten, in der Fachliteratur festgelegten Schritten folgt. Diese
Schritte werden offengelegt und sind für andere nachprüfbar. Dem
wird genügt, in dem zunächst das Untersuchungmaterial einge-
grenzt wird und dann die Kategorien festgelegt, definiert und mit
Beispielen für die Codierer erläutert werden. Die Festlegung des
Untersuchungsmaterials betrifft z. B. die Medien, den Zeitraum,
die Seiten bzw. Ressorts oder die Stilform. Kern jeder Inhaltsanalyse ist die Definition und Erläuterung der Kategorien, also derjenigen Gesichtspunkte, nach denen der Inhalt der Mitteilungen klassi-

---

[1] Eine Übersicht für methodisch interessierte Leser liefert beispielsweise Werner Früh, 1991.

fiziert bzw. gemessen werden soll, in einem sogenannten *Codebuch*. Wie bei jeder empirischen Wissenschaft müssen die Kategorien so gewählt werden, daß sie individuell Verschiedenes vergleichbar und damit meßbar machen. Beispielsweise muß bei ganz unterschiedlicher Argumentation und Stilistik verschiedener Aussagen über einen Sachverhalt mit Hilfe der Kategoriendefinition erkennbar sein, ob diese eher für oder gegen einen bestimmten Standpunkt sprechen. Ein Codebuch ist daher so etwas wie das »Gesetzbuch« für eine Inhaltsanalyse. Es legt fest und offen, wie die einzelnen Merkmale definiert sind, wie sie zu verschlüsseln sind (z. B. einfaches Vorkommen von Merkmalen oder Intensität ihrer Ausprägung). Mit Hilfe des Codebuches kann dann auch im nachhinein von Dritten festgestellt werden, auf welcher methodischen Grundlage die erzielten Ergebnisse beruhen.

Das Kriterium der *Intersubjektivität* bedeutet, daß bei Anwendung des Verfahrens im Idealfall verschiedene Personen immer zum gleichen Urteil, d. h. zur gleichen Codierung, über dieselben Inhalte kommen. Die Codierung soll also unabhängig von den subjektiven Einstellungen und Präferenzen der Forscher und Codierer sein. Neben den expliziten Festlegungen im Codebuch sorgt dafür die Regel, daß bei einer Inhaltsanalyse Forscher und Codierer grundsätzlich nicht identisch sind. Die Codierer werden nur soweit es für ihre Arbeit erforderlich ist, über Hintergründe und Auftraggeber eines Projekts eingeweiht. Sie sollen ihre Arbeit möglichst unbelastet und unbeeinflußt von den Hypothesen verrichten können. Die Codierer sind auch weltanschaulich und hinsichtlich verschiedener soziodemografischer Merkmale meist heterogen zusammengesetzt. Selbst wenn sich im Einzelfall ein Codierer übermäßig von seinen persönlichen Ansichten und Wertvorstellungen leiten ließe, würde die meist große Zahl an Mitarbeitern, deren Heterogenität und die Masse des zu analysierenden Materials dazu führen. daß sich solche leichten Verzerrungen ausgleichen. Diesem Ziel dient auch die Regel, daß Codierer in einem systematischen Rotationsverfahren verschiedene Medien bearbeiten, so daß sich eventuelle Verzerrungen nicht einseitig auf die Ergebnisse eines Mediums auswirken können.

Bei vielen Kategorien wird von den Codierern erwartet, daß sie sich in die Situation eines »durchschnittlichen Rezipienten« versetzen, zum Beispiel, wenn sie festhalten sollen, ob ein Beitrag eine Partei oder einen Kandidaten eher günstig oder ungünstig erscheinen läßt. Sie sollen also solche Bewertungen nicht vor dem Hintergrund ihrer eigenen Vorlieben und Einstellungen vornehmen, sondern eine neutrale Position einnehmen. Daß dies ein eher künstlicher

Vorgang ist, liegt auf der Hand und oftmals werden sich Codierer nicht von ihren eigenen Präferenzen frei machen können. Aber wegen der erwähnten Prinzipien – große Zahl von Codierern, Rotation und viele Untersuchungseinheiten – werden sich im Mittel solche Verzerrungen weitgehend ausgleichen.

Das Kriterium der *Quantifizierung* bedeutet, daß bei jedem Text geprüft wird, ob einzelne Kategorien zutreffen bzw. mit welcher Intensität sie zutreffen. Beispielsweise wird geprüft, ob ein Artikel eine wertende Aussage über einen Politiker enthält und wer sie trifft. Für jede Mitteilung wird das Ergebnis in einem Zahlenwert symbolisiert und festgehalten. Unabhängig vom konkreten Einzelfall können damit gemeinsame Merkmale gemessen werden. Die Codierung befreit sozusagen die Texte von allem, was nicht gemessen werden soll (weil es im Kontext einer Studie nicht interessiert) und läßt das in einer vergleichbaren Form übrig, was man wissen will. Die Inhaltsanalyse ähnelt damit anderen Verfahren der empirischen Sozialforschung, insbesondere der Bevölkerungsumfrage. Es geht primär um die Ermittlung von Regelmäßigkeiten und Zusammenhängen bei einer großen Zahl von Einheiten. Kategorien in der Inhaltsanalyse wie auch Fragen im Interview können nie exakt und umfassend den Einzelfall messen, aber sie erlauben aufgrund ihrer Anwendung auf viele Einheiten Aussagen über Merkmale der Gesamtheit.

Die quantitative Inhaltsanalyse kann und will gar nicht dem einzelnen Beitrag gerecht werden, etwa ihn in seiner individuellen Komplexität und Gedankenführung beschreiben. Das kann eine Textinterpretation besser, wenngleich ihr dann meistens der intersubjektive Anspruch fehlt. Was die Inhaltsanalyse statt dessen will, ist das Verallgemeinerbare, d. h. die Eigenschaften der Beiträge hinsichtlich ganz bestimmter, vorher festgelegter Merkmale erfassen. Damit geht zwar die Komplexität des Einzelfalles verloren, aber wir gewinnen die Fähigkeit zu messen, weil wir die gleiche Meßlatte an ganz viele Beiträge anlegen. Und Messen ist wiederum die Voraussetzung für Zählen und dies die Voraussetzung für die Feststellung allgemeiner Merkmale und Trends. So hat die Anwendung der Inhaltsanalyse in den letzten Jahrzehnten wesentlich dazu beigetragen, unser Verständnis von Medieninhalten und -wirkungen zu verbessern, insbesondere in der Kombination mit Bevölkerungsumfragen.

Auswahl der Medien und Programme

Bei einer quantitativen Inhaltsanalyse müssen mehrere Entscheidungen über die Auswahl des zu untersuchenden Materials getroffen werden. Im wesentlichen handelt es sich dabei um Definitionen des Untersuchungszeitraums, der zu untersuchenden Medien und des innerhalb der Medien zu erfassenden Inhalts. Für alle drei Entscheidungen gibt es keine eindeutigen Vorgaben. Sie müssen nach Plausibilität hinsichtlich des Ziels einer Studie getroffen werden. Gerhard Schröder wurde direkt nach seinem Sieg bei der Landtagswahl in Niedersachsen am 1. März – zunächst noch inoffiziell – als Kanzlerkandidat der SPD nominiert. Damit begann praktisch der Wahlkampf. Die letzte Möglichkeit für die Medien, einen Einfluß auf die Wähler auszuüben, war der Tag vor der Wahl, also der 26. September. Unser *Untersuchungszeitraum* reicht daher vom 2. März bis zum 26. September 1998.[2]

Bei der *Auswahl von Medien* für eine quantitative Inhaltsanalyse gibt es mehrere Möglichkeiten. Da man praktisch nie alle Medien eines Landes oder auch nur alle Einheiten einer Mediengattung untersuchen kann, muß man überlegen, nach welchen Gesichtspunkten man die Medien bzw., in der Sprache der Inhaltsanalyse, die »Untersuchungseinheiten« auswählen will. Die beiden wichtigsten Prinzipien lassen sich als statistische und als publizistische Repräsentativität bezeichnen.

Bei der *statistischen Repräsentativität* zieht man eine Zufallsstichprobe aus den Medien eines Landes bzw. aus den einzelnen Mediengattungen. Diese kann entweder ganz einfach nach Titeln (zum Beispiel jede x.te Tageszeitung) gezogen werden oder proportional nach der Auflagenhöhe. Im letztgenannten Fall hätten Zeitungen mit einer hohen Auflage eine größere Chance, in die Stichprobe aufgenommen zu werden. Ein solches Verfahren berücksichtigt jedoch nur bedingt die publizistische Bedeutung eines Mediums. Darunter läßt sich zwar ganz Verschiedenes verstehen, aber unter Fachleuten gibt es einen Konsens, daß beispielsweise der gesellschaftlich-politische Einfluß des Bayernkuriers geringer ist als der der »Woche«, obwohl beide etwa gleiche Auflagenhöhen haben. Der Bayernkurier erreicht ganz überwiegend CSU-Mitglieder und CSU-nahe Personen, während die Woche ein politisch ge-

[2] Codiert haben wir unsere ausgewählten Medien bis einschließlich 31. Oktober. Da die Nachwahlberichterstattung in diesem Band aber nicht berücksichtigt wird, stellen wir hier nur die Basiszahlen bis zum Wahltag dar.

mischteres Publikum anspricht. Die politischen Inhalte der Woche tragen damit ein größeres Veränderungspotential in sich.

Bei einer *publizistischen Repräsentativität* versucht man, dieser Tatsache Rechnung zu tragen, in dem man Medien auch nach deren publizistisch-politischen Bedeutung in die Stichprobe aufnimmt. Diese Bedeutung läßt sich in der Regel nicht an einfachen Zahlen ablesen. Meistens müssen die Forscher versuchen, auf der Grundlage von früheren Ergebnissen möglichst plausible Annahmen zu machen. Hinzu kommt, daß der Einfluß eines Mediums direkt und indirekt sein kann. Unter dem direkten Einfluß versteht man das Potential für eine Beeinflussung des eigenen Publikums. Ein indirekter Einfluß besteht dann, wenn sich Themen, Trends und Tendenzen zeitverzögert in den Inhalten anderer Medien niederschlagen. Wir wissen, daß Journalisten bestimmte Medien, vor allem den Spiegel, die Frankfurter Allgemeine und die Süddeutsche Zeitung als wichtig für ihre eigene Berichterstattung ansehen.[3] In einer Studie zur Darstellung von Helmut Kohl über einen Zeitraum von zehn Jahren haben wir nachgewiesen, daß sich Trendänderungen im Spiegel nach einiger Zeit auch in Trendänderungen anderer Printmedien widerspiegelten.[4] Ähnliche Beziehungen gibt es vermutlich auch zwischen anderen Medien, hier liegen aber keine Ergebnisse im Detail vor.

Im vorliegenden Projekt haben wir versucht, dieser unterschiedlichen publizistischen Bedeutung der Medien Rechnung zu tragen. Die Auswahl erfolgte daher sowohl nach dem Gesichtspunkt der quantitativen Bedeutung eines Mediums (Auflage, Reichweite) als auch nach dem spezifischen Einfluß im Mediensystem.[5] Innerhalb des Gesamtprojekts haben wir die politischen Inhalte von fünf überregionalen Fernsehsendern, zwei regionalen Fernsehprogrammen, zwei regionalen Hörfunkmagazinen, sechs überregional verbreiteten Tageszeitungen, sieben regionalen Tageszeitungen, zwei Sonntagszeitungen, drei Wochenzeitungen und drei Magazinen analysiert. In diesem Band beschränken wir uns auf die Untersuchung der Berichterstattung der überregionalen Medien.

Bei den ausgewählten Fernsehsendern handelt es sich um die fünf deutschsprachigen Vollprogramme mit den größten Reichweiten: ARD, ZDF, RTL, SAT1 und PRO7. Vollprogramme senden nicht

---

[3] Vgl. Kepplinger, 1994c: S. 224; Noelle-Neumann & Mathes, 1987: S. 405.

[4] Vgl. Kepplinger, Donsbach, Brosius, Staab, 1986. Ähnlich für die USA: Breed, 1965.

[5] Bei den regionalen Tageszeitungen haben wir auch geographische Gesichtspunkte des Standorts in Ost-West und Nord-Süd-Richtung berücksichtigt.

nur spezialisierte Sparten (wie beispielsweise Sport oder Nachrichten), sondern enthalten eine bunte Programmischung. Bei den einzelnen Sendern wurden die Nachrichtensendungen und Nachrichtenmagazine codiert, da in ihnen im wesentlichen die aktuelle Berichterstattung abläuft. Daneben kommen wahlkampfrelevante Inhalte auch in anderen Formaten vor (insbesondere Talkshows, politische Magazine, gelegentlich auch in Unterhaltungs-Genres). Aus Zeitgründen haben wir jedoch auf die Codierung solcher Sendungen verzichtet.

Die Pressemedien wurden ebenfalls nach ihrer publizistischen Bedeutung und nicht nur nach der Auflagenhöhe ausgewählt. Von den überregionalen Tageszeitungen haben wir die Frankfurter Allgemeine Zeitung, Die Welt und die tageszeitung, von den »Regionalzeitungen mit überregionaler publizistischer Geltung«[6] die Süddeutsche Zeitung und die Frankfurter Rundschau, von den Straßenverkaufszeitungen die Bild-Zeitung in die Analyse aufgenommen. Bei den Wochenzeitungen haben wir Die Zeit, den Rheinischen Merkur und die Woche analysiert,[7] bei den Sonntagszeitungen Bild am Sonntag und Welt am Sonntag, bei den Nachrichtenmagazinen Spiegel, Focus und Stern.[8]

Obwohl die Auflagen der lokalen und regionalen Presse ein Vielfaches der überregional verbreiteten Tagespresse ausmachen, reicht es für Analysen der Presseinhalte meistens aus, nur die überregionalen Blätter zu betrachten. Wie oben erwähnt, finden sich deren Inhalte, Tendenzen und Tendenzänderungen früher oder später auch in der regionalen Presse wieder, weil sie für Journalisten »Leitmedien« darstellen. Auch repräsentieren die vier Zeitungen Frankfurter Rundschau, Süddeutsche Zeitung, Frankfurter Allgemeine und Welt das sogenannte politisch-publizistische Links-rechts-Spektrum in der Bundesrepublik, zumindest das des westlichen Teils. Von deren Berichterstattung kann man sozusagen »hochrechnen« auf die gesamte deutsche Tagespresse.[9]

Weder unsere Zeit noch unsere Forschungsmittel hätten ausge-

[6] Pressestatistischer Begriff.
[7] Der Bayernkurier wurde, obwohl auflagenstärker als der Rheinische Merkur, wegen seiner Partei-Bindung nicht berücksichtigt.
[8] In jeder Gattung gibt es laut Pressestatistik weitere Zeitungen wie beispielsweise das Neue Deutschland bei den überregionalen oder den Tagesspiegel bei den regionalen mit nationaler publizistischer Geltung. Sie wurden wegen ihrer geringeren Auflagenhöhe in der jeweiligen Klasse nicht berücksichtigt. Vgl. Presse- und Informationsamt der Bundesregierung, 1998: S. 57 f.
[9] Vgl. Kepplinger, 1986: S. 25 ff. Über die Ergebnisse zu den regionalen Medien werden wir an anderer Stelle berichten.

reicht, um die gesamte politische Berichterstattung der Tageszeitungen in den sieben Monaten zu analysieren. Ein solcher Aufwand wäre auch statistisch unnötig gewesen, weil es – ähnlich wie bei einer repräsentativen Umfrage – ausreicht, nur eine Auswahl der Beiträge zu untersuchen, um hinreichend genaue Ergebnisse zu erhalten. Ebenfalls wie bei einer Umfrage muß man lediglich dafür Sorge tragen, daß cs bei der Auswahl zu keinen systematischen Verzerrungen kommt. In einem zweiten Schritt haben wir daher bei den Tageszeitungen eine zeitliche Stichprobe gezogen und sogenannte »rollende Wochen« codiert, das heißt, wir haben immer die aufeinander folgenden Ausgaben von Montag, Mittwoch, Freitag, Dienstag, Donnerstag und Samstag (und so fort) analysiert. Bei allen anderen Medien führten wir eine Vollerhebung durch, das heißt es wurde innerhalb des Zeitraums vom 2. März bis 26. September 1998 jede cinzelne Tagesschau oder jede Ausgabe des Spiegel codiert.[10]

Dieses Vorgehen führte zu insgesamt 6.829 codierten Fernsehbeiträgen und 8.735 Pressebeiträgen. Wenn alle Medien einbezogen sind, basiert unsere Analyse also auf 15.564 Fällen. Tabelle 1 enthält eine Übersicht der Sender, Sendungen und der Anzahl der jeweils codierten Beiträge. Tabelle 2 gibt die entsprechende Übersicht für die Pressemedien (Tabellen 1 und 2).

Tabelle 1: Analysierte Fernsehsender, Programme und Anzahl der Beiträge

Sender	Sendung	Anzahl der Beiträge	
ARD	Tagesschau	974	
	Tagesthemen	1.062	
	ARD gesamt		2.036
ZDF	heute	956	
	heute journal	834	
	ZDF gesamt		1.789
RTL	RTL aktuell	706	
	RTL Nachtjournal	670	
	RTL gesamt		1.376
SAT1	SAT1 Nachrichten	889	
PRO7	PRO7 Nachrichten	738	
Alle Beiträge im bundesweiten Fernsehen		**6.829**	

[10] Die Regionalsender MDR und ORB wurden erst ab 3. Juni analysiert.

Tabelle 2:   Analysierte Pressetitel und Anzahl der Beiträge

Kategorie	Titel	Anzahl der Beiträge
überregionale Zeitungen/	Frankfurter Allgemeine Zeitung	1.016
regionale Zeitungen mit	Die Welt	1.154
überregionaler Bedeutung	tageszeitung	1.117
	Süddeutsche Zeitung	1.139
	Frankfurter Rundschau	1.008
Boulevardzeitung	Bild	699
Sonntagszeitungen	Bild am Sonntag	265
	Welt am Sonntag	465
Wochenpresse	Die Zeit	345
	Die Woche	241
	Rheinischer Merkur	225
Nachrichtenmagazine	Der Spiegel	401
	Focus	469
	Stern	191
Alle Beiträge in der überregionalen Presse		**8.735**

Wir können bei der Auswertung alle Medien zusammen, bestimmte Gruppen von Medien (z. B. Fernsehnachrichten, überregionale Presse) oder einzelne Medien betrachten. In diesem Band kommen alle Analysestrategien vor. Sie richten sich nach der jeweiligen Fragestellung bzw. bestimmten Wirkungsannahmen. Wichtig werden vor allem Vergleiche zwischen Gruppen von Medien und einzelnen Medien sein, da nur Vergleiche zu wirklich interpretierbaren Ergebnissen führen.

Auswahl der Inhalte in den Medien

In den ausgewählten Medien und Programmen haben wir entsprechend den erwähnten Prinzipien der Inhaltsanalyse nur das codiert, was uns für unsere Studie interessierte. Dies erforderte weitere Auswahlentscheidungen. Bei der Presse mußte entschieden werden, welche Teile einer Zeitung oder eines Magazins durchzusehen waren. Für alle Medien galt es festzulegen, welche Beiträge – also Artikel oder Fernsehberichte – auf relevante Inhalte hin zu durchforsten waren. Grundsätzlich wollten wir alles erfassen, worin sich wahlrelevante Inhalte befinden konnten. Dies führte zunächst zu einer Entscheidung über die Teile von Printmedien. Bei den Tageszeitungen war in der Regel das »erste Produkt«, also die Sektion mit Politik und Nachrichten durchzusehen. Zwar kann auch einmal im Lokalteil, im Feuilleton oder sogar im Sportteil eine Botschaft stehen, die sich direkt oder indirekt auf die Wahlentscheidung des Lesers auswirkt, aber die Wahrscheinlichkeit ist um so vieles geringer, daß sich deren Analyse nicht lohnt. Bei vielen Medien haben wir aufgrund von deren jeweiliger Gliederung spezifische Festlegungen für die Codierer getroffen, welche Seiten und Teile durchzusehen waren. Beim Fernsehen war die Auswahl durch die Festlegung auf Nachrichtensendungen und Nachrichtenmagazine eindeutig definiert.

Die Auswahl der zu codierenden Beiträge innerhalb der Pressemedien und der Fernsehsendungen geschah dann nach rein inhaltlichen Gesichtspunkten. Das Codebuch definierte genau die »Zugriffskriterien«, d.h. die Themen, zu denen ein Beitrag von den Codierern zu lesen bzw. anzusehen und zu verschlüsseln war. Bei der Festlegung der Zugriffskriterien haben wir uns im wesentlichen davon leiten lassen, was den Leser in seiner Wahlentscheidung beeinflussen könnte. Dabei folgten wir zwei Annahmen.

Erstens werden die Leser nicht nur durch Beiträge über die Qualität und Wählbarkeit von Parteien und deren Kandidaten beeinflußt, sondern auch durch Beiträge über allgemeine politische und wirtschaftliche Themen. Solche Beiträge können den Zustand des Gemeinwesens insgesamt oder einiger spezifischer Bereiche beschreiben und damit zu Zufriedenheit oder Unzufriedenheit mit den Verhältnissen beitragen. Beispielsweise kann ein Fernsehbeitrag über die Arbeitslosigkeit in Deutschland zum Eindruck des Zuschauers führen, daran sei die Regierung schuld und somit die Wahlabsicht beeinflussen. Oder umgekehrt kann ein Zeitungsartikel über gesunkene Kriminalität das Sicherheitsbedürfnis des Lesers befriedigen und sein Bild von der Arbeit der Bundesregierung positiv beeinflussen. Diese Annahme führte zu insgesamt 16 Themen, die – neben expliziten Berichten über Parteien, Kandidaten und den Wahlkampf – codiert wurden.

Zweitens nahmen wir aufgrund früherer Forschung[11] an, daß Leser und Zuschauer nicht nur durch Worte, sondern auch durch Bilder einen Eindruck erhalten, wer der bessere Kanzler ist. Das Codebuch enthielt daher sowohl für Pressefotos als auch für Fernsehbeiträge spezielle Kategorien, in denen die optische Darstellung der beiden

---

[11]   Vgl. unter anderem Holicki, 1993; Kepplinger, 1987; Donsbach, Brosius und Mattenklott, 1993a und 1993b.

Kandidaten Kohl und Schröder festgehalten wurde. Diese Kategorien werden in dem Beitrag »Die Kontrahenten in der Fernsehberichterstattung« näher erläutert.

Kategorien der Inhaltsanalyse

Das Codebuch bestand aus vier Teilen. Im ersten Teil wurden formale Merkmale der Beiträge wie etwa Medium oder Datum festgehalten. Im zweiten Teil wurden inhaltliche Merkmale des gesamten Beitrags erfaßt. Dabei handelte es sich um themenunabhängige und themenabhängige Merkmale. Themenunabhängig war zum Beispiel die Einschätzung, ob der Beitrag ganz allgemein eher für die Regierung oder die Opposition sprach, welche Parteien und Politiker darin mit positiver oder negativer Rolle vorkamen oder ob die Darstellung eher personen- oder eher sachorientiert war. Bei den 16 Themen wurde jeweils codiert, ob die gegenwärtige Lage und die Prognose in diesem Politikbereich eher günstig oder ungünstig erschienen und welcher Partei dabei Kompetenz zu- oder abgesprochen wurde. Zu den Kategorien auf Beitragsebene gehörten auch die »Frames«, das heißt die Wertepositionen, aus denen heraus ein Beitrag geschrieben oder produziert worden war. Dazu gehörte zum Beispiel, ob ein Beitrag eher die Perspektive der individuellen Selbstverantwortung oder der Fürsorgepflicht des Staates einnahm. Die Ergebnisse der Frame-Analyse werden in dem Kapitel »Deutschland vor der Wahl. Eine Frame-Analyse der Fernsehnachrichten« dargestellt.

Der dritte Teil des Codebuchs enthielt detaillierte Aussagen, deren Vorkommen und Richtung zu codieren war. Aus der aktuellen Berichterstattung erstellten wir eine Liste häufiger Aussagen über Kohl und Schröder, die verschiedenen Parteien und den Zustand von Politik und Gesellschaft. Die Codierer prüften bei jedem Beitrag, ob die entsprechenden Aussagen wörtlich oder sinngemäß in den Medien vorkamen und ob sie dabei vom Urheber unterstützt oder abgelehnt wurden. Dahinter stand die Vermutung, daß solche Aussagen bestimmte stereotype Sichtweisen und Wertungen transportieren und popularisieren. Beispiele hierfür sind Aussagen wie »Helmut Kohl ist nach 16 Jahren Kanzlerschaft verbraucht«, »Schröder hat kein programmatisches Konzept« oder »Politiker vertreten vor allem ihre eigenen Interessen«. Zur Aussagenanalyse gehörten auch Äußerungen zum möglichen Wahlausgang. Bei allen Aussagen wurde neben der Richtung der Urheber notiert.

Schließlich enthielt das Codebuch spezielle Kategorien für die

Verschlüsselung von Bildern. Dazu gehörten die Nachrichtenfilme, Standbilder in Nachrichten, Pressefotos oder Karikaturen. Die zentrale Kategorie stellte dabei eine Liste von neun Eigenschaftswörtern dar. Mit deren Hilfe sollten die Codierer den Eindruck einschätzen, den ein Durchschnittsrezipient nach dem Ansehen des Bildes bzw. des Films von Kohl oder von Schröder bekam. Zu diesen Eigenschaftswörtern gehörten beispielweise »vertrauenswürdig«, »energisch« und »ruhig/gelassen«. Codiert wurde auf einer Fünfer-Skala von »trifft voll und ganz zu« bis »trifft überhaupt nicht zu«.

Bei Nachrichtenfilmen im Fernsehen haben wir zusätzlich codiert, ob eine positive oder eine negative Publikumsreaktion im Bild gezeigt wurde. Solche sogenannten »optischen Kommentierungen« können einen Einfluß auf die Wahrnehmung des Zuschauers haben, da sie Interpretationshilfen in für ihn oft schwierig einzuschätzenden Situationen darstellen.[12] Diese optischen Kommentierungen können zum Beispiel darin bestehen, daß begeisterte oder gelangweilte Zuschauer während einer Wahlkampfrede gezeigt werden. Wir haben auch verschlüsselt, ob der Autor eines Fernsehbeitrags Publikumsreaktionen verbal beschrieb. Schließlich haben die Codierer bei jedem Fernsehbeitrag festgehalten, ob darin Kohl oder Schröder in sogenannten O-Tönen, also mit eigenen Worten vorkamen.

Codierer und Codierung

Es gehört zu den Prinzipien einer Inhaltsanalyse, daß nicht die Forscher selbst das Untersuchungsmaterial verschlüsseln, sondern Codierer, die in der Regel keine eigenen Hypothesen haben und die die Erwartungen der Forscher nicht kennen. Für unsere Studie haben 46 Codierer gearbeitet, allesamt Studierende der Publizistikwissenschaft in Mainz bzw. der Kommunikationswissenschaft in Dresden.[13] Diese Codierer wurden mehrere Wochen in Schulungen auf diese Arbeit vorbereitet. Sie kamen erst dann zum Einsatz, wenn ihre Verschlüsselungs-Ergebnisse einen hohen Grad an Verläßlichkeit, das heißt Übereinstimmung mit anderen Codierern aufwiesen.

Die Übereinstimmungen der Codierer sind auch der wichtigste

---

[12] Vgl. zu den Eigenschaften von optischen Kommentierung Kepplinger, 1980.
[13] Die beiden Fächer sind weitgehend identisch und tragen nur verschiedene Namen.

Indikator dafür, ob man mit dem Meßinstrument die eingangs erwähnte Intersubjektivität erreicht hat. Für diese gibt es spezielle Formeln, sogenannte Intercoder-Reliabilitäts-Koeffizienten. Sie wurden für jede Kategorie berechnet und die Codierung erst begonnen, wenn eine hinreichende Übereinstimmung vorlag. Bei der Aufteilung der Kodierarbeiten zwischen Dresden und Mainz wandten wir ein Rotationsprinzip an. Die Mainzer Codierer bearbeiteten zum Beispiel eine Woche der FAZ, die Dresdner die darauffolgende Woche und so fort. Damit sollte verhindert werden, daß sich eventuelle systematische Verzerrungen bei einer der beiden Arbeitsgruppen durchgängig auf die Codierung eines Mediums auswirkten. Die gesamte Codierzeit nahm über ein halbes Jahr in Anspruch (Juli 1998 bis Februar 1999). Die Daten wurden anschließend zu einem Datensatz zusammengeführt.

Panel-Forschung

Die in diesem Buch vorgestellten Analysen stützen sich im wesentlichen auf drei Quellen. Erstens, wie eben beschrieben, auf eine quantitative, computergestützte Inhaltsanalyse der führenden deutschen Nachrichtenmedien, die gemeinsam vom Institut für Publizisitik der Universität Mainz und dem Institut für Kommunikationswissenschaft der Technischen Universität Dresden vorgenommen wurde.

Zweitens stützen sich die Analysen dieses Bandes auf insgesamt 18 Repräsentativumfragen unter der deutschen Bevölkerung. Diese Umfragen wurden zwischen Dezember 1997 und Dezember 1998 vom Institut für Demoskopie Allensbach im Auftrag der Frankfurter Allgemeinen Zeitung und des Bundespresseamtes sowie im Rahmen der institutseigenen Grundlagenforschung durchgeführt.

Drittens beruhen die hier vorgestellten Analysen auf einer Panel-Studie des Instituts für Demoskopie Allensbach. Der englische Begriff »Panel« bedeutet ursprünglich »Gremium«, »Ausschuß« oder – im juristischen Zusammenhang – »Geschworenenliste«. Als sozialwissenschaftlicher Fachbegriff steht er für eine spezielle Variante der repräsentativen Bevölkerungsbefragung, bei der eine Gruppe von Personen im Abstand von einigen Wochen oder Monaten mehrfach befragt wird.

Für unsere Studie wurde ein solches Panel, eine repräsentative Stichprobe der deutschen Bevölkerung ab 16 Jahre, im Kern immer dieselben Befragten, viermal interviewt: Einmal im Herbst 1994, kurz vor der damaligen Bundestagswahl, dann in den ersten Monaten des Jahres 1998 und vom Ende August bis zum 20. September

1998, also bis eine Woche vor der Bundestagswahl vom 27. September, und schließlich nach der Bundestagswahl im Dezember 1998.[14] Jede der vier Wiederholungsbefragungen – man spricht auch von »Panel-Wellen« – enthielt etwa 80 Fragen zur politischen Einstellung, zur Wahrnehmung der politischen und der gesellschaftlichen Situation, zur Mediennutzung, zum politischen Interesse und zu den politischen Kenntnissen. Erhoben wurden daneben selbstverständlich auch zahlreiche demographische, soziale und sozialpsychologische Merkmale der mehr als 2000 Befragten.

Mehr als eine Serie von Umfragen: Die Panel-Methode

Analysen in der Wahlforschung beruhen in aller Regel auf Trendstudien. Das heißt, die interessierenden Fragen werden im Zeitverlauf mehrmals in verschiedenen Bevölkerungsumfragen wiederholt. Die Frageformulierungen sind identisch, die Stichproben aller Umfragen statistisch vergleichbar. So läßt sich beobachten, wie sich die Meinungen der Bevölkerung oder bestimmter Bevölkerungsgruppen insgesamt, in der Summe, verändern.

Dies alles läßt sich auch anhand von Panel-Umfragen beobachten. Darüber hinaus lassen Panels aber Analysen zu, die eine Aneinanderreihung von Trendergebnissen nicht ermöglicht. Die üblichen Einmal-Befragungen (»Querschnitt-Befragungen«) zeigen nicht das ganze Bild der Veränderungen in der Bevölkerungsmeinung, sondern sichtbar wird nur der Saldo aus Zu- und Abwanderungen. Man spricht auch von »Netto-Veränderungen«. Dadurch, daß im Panel *dieselben* Personen mehrfach befragt werden (»Längsschnitt-Befragungen«) werden *alle* Veränderungsvorgänge zwischen zwei oder mehr Zeitpunkten erfaßt, also gleichsam die »Brutto-Werte« der Veränderungen.

Mit einer typischen Panel-Tabelle, einer »Vier-Felder-Tabelle« illustrieren Renate Mayntz, Kurt Holm und Peter Hübner, wie ein Ergebnis aussehen kann, bei dem sich netto zum Zeitpunkt 2 gegenüber dem Zeitpunkt 1 nichts verändert hat, tatsächlich aber durchaus ein Wechsel stattfand.[15]

---

[14] Genaue Erläuterungen zur Methode (vorhergehende Befragungen des Panels, Stichprobenbildung, Umfang der Stichprobe, Ersetzung der ausscheidenden Befragten bzw. Erweiterung der Stichprobe durch junge Befragte, Repräsentativität der Untersuchung) und zum Politischen Panel des Instituts für Demoskopie Allensbach insgesamt finden sich auf den Seiten 258 bis 262.

[15] Mayntz, Holm & Hübner 1978: S. 137. Zu deren Beschreibung von Einschränkungen bei der Panel-Methode vgl. Noelle-Neumann & Petersen, 1998: S. 482 f.

	Zeit 2		
Zeit 1	+	–	
+	45	5	50
–	5	45	50
	50	50	100

Die Randsummen in der Kolonne rechts außen zeigen die Meinungsverteilung zum Zeitpunkt 1, die Randsummen in der Zeile unten die Meinungsverteilung zum Zeitpunkt 2. Das sind die Ergebnisse, wie sie eine Trendanalyse zweier normaler Einmal-Befragungen zeigen würde. Die Diagonal-Felder von links oben nach rechts unten zeigen die in ihrer Meinung stabil gebliebenen Befragten, also diejenigen, die ihre Einstellung nicht änderten. Die Diagonal-Felder von links unten nach rechts oben werden »Wechsel-Felder« genannt. Hier finden sich die Fälle, die den Analytiker besonders interessieren: Personen, die ihre Einstellung geändert haben.

Die folgenden zwei Tabellen zeigen anhand des politischen Panels des Instituts für Demoskopie Allensbach, wie eine solche Analyse, die oben idealtypisch dargestellt wurde, in der Praxis aussieht. Tabelle 3 zeigt die Wechselbewegungen zwischen 1994 und dem Frühjahr 1998. Man sieht, daß 44 Prozent der Befragten über die vier Jahre hinweg ihre Parteipräferenz nicht geändert haben. Diese Befragten finden sich in Tabelle 3, ebenso wie beim Beispiel oben, in der Diagonalen von links oben nach rechts unten. Die entsprechenden Prozentwerte sind fett gedruckt. 47 Prozent der Befragten, sie befinden sich in den übrigen Feldern, gaben als Wahlabsicht Anfang 1998 eine andere Partei an als 1994. 9 Prozent – sie sind kursiv rechts unten eingetragen – nannten sowohl 1994 als auch 1998 eine andere als eine der aufgeführten Parteien oder gaben keine konkrete Angabe. Die Tabelle zeigt also, daß rund die Hälfte der Panel-Mitglieder ihre Parteineigung gewechselt hatte. Dagegen machten die Netto-Veränderungen in den Parteistärken, also die Summen aller Wanderungen, lediglich 14 Prozentpunkte aus.

Tabelle 4 zeigt eine Wechsler-Analyse nach demselben Muster für die letzten Wochen und Tage vor der Wahl: Hier werden die Aussagen der Befragten über ihre Wahlabsicht vom August 1998 verglichen mit ihren Angaben vom November/Dezember 1998 darüber, welche Partei sie schließlich gewählt haben. Verglichen mit Tabelle 3 zeigt sich hier wesentlich weniger Bewegung: 72 Prozent der zu beiden Zeitpunkten befragten Panel-Mitglieder gaben an, sie

Fast die Hälfte der Panel-Mitglieder wechselte zwischen 1994 und 1998 die Zweitstimmen-Wahlabsicht

PANEL-ANALYSE

Wahlabsicht 1994	Wahlabsicht Frühjahr 1998 (in Prozent)						
	CDU/ CSU	SPD	FDP	Grüne	PDS	Andere Angaben	Summe
CDU/CSU	**19**	3	1	2	x	8	33
SPD	2	**19**	x	3	1	3	28
FDP	2	1	**2**	x	0	1	6
Grüne	x	2	x	**2**	x	2	6
PDS	1	1	x	x	**2**	x	4
Andere Angaben	4	6	1	2	1	9	23
Summe	28	32	4	9	4	23	100
n =	252	361	46	89	110	271	1129

x = weniger als 0,5 Prozent
Quelle: Allensbacher Archiv, IfD-Umfragen Nr. 5113, 5139

Tabelle 4: Nur noch wenige Wechsler in den letzten Tagen vor der Wahl

PANEL-ANALYSE

Wahlabsicht August 1998	Bei der Bundestagswahl 1998 gewählte Partei (Zweitstimmen)						
	CDU/ CSU	SPD	FDP	Grüne	PDS	Andere Angaben	Summe
CDU/CSU	**27**	2	2	x	x	1	32
SPD	1	**32**	x	1	2	3	39
FDP	3	x	**4**	0	x	x	7
Grüne	1	2	x	**5**	x	x	8
PDS	x	1	x	x	**4**	x	5
Andere Angaben	1	1	x	x	0	7	9
Summe	33	38	6	6	6	11	100
n =	222	375	49	67	125	20	946

x = weniger als 0,5 Prozent
Quelle: Allensbacher Archiv, IfD-Umfragen Nr. 5146, 5149

hätten tatsächlich der Partei bei der Bundestagswahl ihre Zweitstimme gegeben, der sie im August ihre Stimme geben wollten. Wiederum sind die Personen, die ihre Meinung zwischen den beiden Panel-Wellen nicht geändert haben, in der von links oben nach rechts unten verlaufenden Diagonale zu finden. Immerhin 15 Prozent der Befragten haben sich jedoch noch nach der Befragungswelle im August, in den letzten Wochen vor der Wahl, umentschieden. Diese Personen, die sich in den Tabellenfeldern abseits der Diagonalen von links oben nach rechts unten finden, sind für die Analyse von besonderem Interesse.

In die Wahlforschung wurde die Panel-Methode erstmals im Jahr 1940 von Paul Lazarsfeld, Bernard Berelson und Hazel Gaudet eingeführt. Ihre berühmte Wahluntersuchung »The People's Choice« beruhte auf einer Repräsentativstichprobe von insgesamt 3000 Personen. Diese 3000 wurden zunächst bei einer sogenannten Nullmessung sechs Monate vor der amerikanischen Präsidentschaftswahl von 1940 interviewt. Aus dieser Gesamtstichprobe zogen die Forscher dann vier repräsentative Untergruppen von jeweils 600 Befragten. Die erste dieser Gruppen, die eigentliche Panel-Gruppe, wurde nun innerhalb des folgenden halben Jahres sechs Mal wiederbefragt.[16] Die drei anderen Untergruppen wurden jeweils nur noch einmal neu interviewt. Zur Begründung für die Anwendung der relativ aufwendigen und teuren Panel-Methode zählte Lazarsfeld in der Einführung zu »The People's Choice« vier Vorteile einer solchen Wiederholungsbefragung auf, die auch heute noch gültig sind:

»1. Wir können feststellen, wer die ›Meinungswechsler‹ während des Wahlkampfes sind, und wir können ihre Merkmale herausfinden (…).
2. Wir können Informationen, die den gesamten Wahlkampf betreffen, von einem Interview zum nächsten akkumulieren. Wir sind zum Beispiel imstande, die Befragten danach zu unterscheiden, ob sie sich vorwiegend im Einflußbereich republikanischer oder demokratischer Propaganda befanden, und zwar aufgrund von Indizes, die aus ihren Antworten konstruiert werden, die sie in den verschiedenen Interviews gaben (…).
3. Ändert ein Befragter seine Wahlabsicht zwischen zwei Interviews, so erfassen wir seine Meinung gerade im Zustand der Veränderung. Beabsichtigte (…) eine Person, republikanisch zu wählen, während sie im Monat zuvor noch demokratisch wählen wollte, er-

[16] Lazarsfeld, Berelson & Gaudet, 1968: S. 1–9.

möglichen uns die angegebenen Gründe dieses Meinungsum-schwungs und andere Informationen, die wir von dem Befragten besitzen, die Wirksamkeit der Propaganda oder anderer Einflüsse abzuschätzen (…).

4. Mit Hilfe der Technik der mehrfachen Interviews können wir auch die Wirkungen der Propaganda statistisch verfolgen. Wir können damit zum Beispiel die Personen näher untersuchen, die beim ersten Interview unschlüssig sind, beim nächsten jedoch eine Meinung haben. Alles, was solche Leute zur Zeit des ersten Interviews taten oder dachten, geht also ihrer schließlichen Entscheidung voraus. Indem wir solche Daten heranziehen, können wir die Gründe der jeweiligen Wahlentscheidungen erschließen.«[17]

Die Studie »The People's Choice« von Lazarsfeld, Berelson und Gaudet wurde die wahrscheinlich einflußreichste Wahlkampf-Untersuchung in der Geschichte der empirischen Sozialforschung, Vorbild für zahlreiche Folgeuntersuchungen, auch der hier vorliegenden. Sie enthält eine Reihe von Ergebnissen und theoretische Ansätze, die in den folgenden Jahrzehnten in der Kommunikationsforschung eine führende Rolle einnahmen. So entdeckten die Autoren das Prinzp der »selektiven Wahrnehmung« von Medieninhalten, wonach die Nutzer von Massenmedien vor allem solche Inhalte zur Kenntnis nehmen, die mit ihrer eigenen Meinung übereinstimmen.[18] Die daraus abgeleitete Annahme, Massenmedien seien nicht in der Lage, Meinungsänderungen in der Bevölkerung herbeizuführen, sie könnten lediglich bereits bestehende Ansichten verstärken, beherrschte jahrzehntelang die Medienwirkungsforschung, bis schließlich Wolfgang Donsbach 1991 nachwies, daß das Prinzip der selektiven Wahrnehmung wesentlichen Einschränkungen unterliegt und deswegen Medienwirkung nicht verhindert: Lediglich positive Nachrichten werden selektiv zur Kenntnis genommen, bei negativen Nachrichten wirkt dieser Auswahlmechanismus nicht.[19]

Darüber hinaus formulierten Lazarsfeld, Berelson und Gaudet zum ersten Mal das Konzept der Meinungsführer in der Gesellschaft, bei dem angenommen wird, daß in jeder Gesellschaftsschicht Personen anzutreffen sind, die sich besonders gut über politische Vorgänge informieren und kraft ihrer Persönlichkeit andere

---

[17] Lazarsfeld, Berelson & Gaudet, 1968. Übersetzung nach: Lazarsfeld, Berelson & Gaudet 1969: S. 40–41.
[18] Lazarsfeld, Berelson & Gaudet, 1968: S. 80–84
[19] Donsbach, 1991. Für Lazarsfeld war dieser Zusammenhang so noch nicht erkennbar, weil er es 1940 fast ausschließlich mit positiver Wahlpropaganda für den einen oder den anderen Kandidaten zu tun hatte.

Menschen ihrer Umgebung von ihrer Meinung überzeugen. Nach jahrzehntelangen vergeblichen Versuchen gelang es schließlich dem Institut für Demoskopie Allensbach Anfang der achtziger Jahre, mit Hilfe einer ursprünglich für die Zeitschriftenleserforschung entwickelten »Skala der Persönlichkeitsstärke« in Repräsentativumfragen Personen erkennbar werden zu lassen, die wesentliche Eigenschaften der von Lazarsfeld, Berelson und Gaudet beschriebenen Meinungsführer aufwiesen.[20] Welchen Nutzen diese Skala in der Wahlforschung haben kann, ist auf den Seiten 181–214 dieses Buches nachzulesen.

Eng mit der Idee der Meinungsführer verknüpft ist schließlich das ebenfalls in »The People's Choice« erstmals präsentierte Konzept des »Zwei-Stufen-Flusses der Kommunikation«: »Ideen«, schrieben Lazarsfeld und seine Mitautoren, »fließen oft vom Radio und von den Zeitungen zu den Meinungsführern und von den Meinungsführern weiter zu den weniger aktiven Teilen der Bevölkerung.«[21] Außerdem wurde anhand des Untersuchungsmaterials zum ersten Mal die Tendenz vieler Menschen demonstriert, etwaige Widersprüche in ihren Meinungen auszugleichen, zu »harmonisieren«, wie es Lazarsfeld später ausdrückte.[22] Dies war vor allem für die Analyse von Befragten unter »Kreuzdruck« von Interesse, also von solchen Personen, die einer bestimmten Partei anhingen, jedoch gleichzeitig den Kandidaten der anderen Partei bevorzugten. Lazarsfeld stellte fest, daß in einer solchen Lage die Harmonisierung der Einstellung eher zugunsten der Partei als zugunsten des Spitzenkandidaten erfolgte.[23]

In der Panelstudie »The People's Choice« wurden also drei der bis heute wichtigsten Konzepte der empirischen Kommunikationsforschung zum ersten Mal formuliert: Das Prinzip der selektiven Wahrnehmung, das Meinungsführer-Konzept und der »Zwei-Stufen-Fluß« der Kommunikation. Darüber hinaus wurde ein weiteres für die Kommunikationsforschung wesentliches Verhaltensmuster beobachtet, das Leon Festinger später in seiner Theorie der »kognitiven Dissonanz« eingehend beschrieb: Menschen streben danach, Widersprüche zwischen ihren Wahrnehmungen, Meinungen und Verhaltensweisen auszugleichen.[24] Wohl keine dieser Entdeckungen hätte sich mit herkömmlichen Querschnittsbefragungen finden

---

[20] Noelle-Neumann, 1985.
[21] Lazarsfeld, Berelson & Gaudet, 1968: S. 151.
[22] Ebd.: S. VIII.
[23] Ebd.: S. IX.
[24] Festinger, 1957.

lassen. Ohne die Anwendung der Panel-Methode wären sie wahrscheinlich noch viele Jahre oder Jahrzehnte verborgen geblieben.

Man könnte auf den Gedanken kommen, die aufwendige Methode der Panel-Befragung sei zwar an sich nützlich, aber letztlich doch überflüssig, denn man könne ja leicht auch in repräsentativen Querschnittsbefragungen den Meinungswandel in der Bevölkerung erfassen, indem man einfache Faktfragen stellt wie:»Würden Sie mir sagen, welche Partei Sie bei der letzten Bundestagswahl gewählt haben?« Doch die Angaben auf solche Fragen sind aus verschiedenen Gründen nicht zuverlässig.[25] Zum einen sind die Ergebnisse der sogenannten»Rückerinnerungsfrage«, die sich auf früheres Wahlverhalten bezieht, durch den Druck des Meinungsklimas verzerrt (Siehe hierzu S. 204–205), zum anderen scheinen viele Befragte ihr Verhalten zum Zeitpunkt der Befragung in die Vergangenheit zu projizieren.[26] Diesen Vorgang zeigt Tabelle 5: Von den Befragten des Allensbacher politischen Panels, die zwischen Frühjahr 1998 und August 1998 ihre Parteipräferenz geändert hatten, sagten im Frühjahr 1998 50 Prozent, sie hätten bei der Bundestagswahl im Jahr 1994 dieselbe Partei gewählt, die sie auch jetzt, Anfang 1998 bevorzugten. Ein halbes Jahr später, nachdem sie ihre Parteipräferenz geändert hatten, machten nur noch 28 Prozent dieselbe Angabe. 49 Prozent sagten nun, sie hätten bereits 1994 die Partei gewählt, der sie sich nun, im Verlauf des Sommers 1998 zugewandt hatten. Bei einer Vielzahl der Befragten hatte sich also die Antwort auf die Rückerinnerungsfrage entsprechend der aktuellen Änderung der Parteipräferenz verschoben. Das heißt: Will man die Strukturen tatsächlicher Meinungsänderungen analysieren, muß man mit Panel-Analysen den Wandel in Meinungen oder Verhaltensweisen zu dem Zeitpunkt dokumentieren, an dem er stattfindet. Eine nachträgliche Rekonstruktion aus der Erinnerung der Befragten heraus ist nicht möglich.

---

[25] Für eine ausführliche Beschreibung dieses Problems siehe Hansen, 1982: S. 117–161.

[26] Aus der genauen Beobachtung solcher Zusammenhänge leitete Friedrich Tennstädt Verfahren zur Verbesserung von Wahlprognosen und zur Erhöhung der Validität von Umfragedaten ab. Vgl. Tennstädt & Hentschel, 1985.

Weshalb man Panel-Untersuchungen braucht: Verzerrung der Rückerinnerung

PANEL-ANALYSE

	Befragte, die zwischen Frühjahr und August 1998 ihre Wahlabsicht von Partei(ALT) nach Partei(NEU) änderten:	
	Frühjahr 1998 (Wahlabsicht Partei(ALT))	August 1998 (Wahlabsicht Partei(NEU))
	%	%
Angaben über die 1994 gewählte Partei:		
-1994 habe ich Partei(ALT) gewählt	50	28
-1994 habe ich Partei(NEU) gewählt	36	49
-Andere Angaben	14	23
	100	100
n =	194	194

Quelle: Allensbacher Archiv, IfD-Umfragen Nr. 5139, 5146

Sind Panel-Umfragen repräsentativ?

Zwei große Einwände werden gelegentlich gegenüber der Panel-Methode erhoben: Unter dem Stichwort »Mortalität« wird bezweifelt, daß eine mehrfach befragte Personengruppe ihren statistisch-repräsentativen Charakter behält. Unter dem Stichwort »Panel-Effekt« wird der plausible Einwand erhoben, allein durch die wiederholte Befragung würden die Panel-Mitglieder in ihren Einstellungen und Vehaltensweisen untypisch werden, beispielsweise dadurch, daß sie sich mit dem Untersuchungsthema in ihrer Freizeit intensiver beschäftigten, als sie es ohne die Befragung getan hätten. Deswegen könnte man von ihnen nicht mehr auf die Allgemeinheit schließen.

Die Sorge, der »Panel-Effekt« könne die Qualität der Ergebnisse aus Wiederholungsbefragungen beeinflussen, veranlaßte Paul Lazarsfeld bereits 1940 dazu, seine berühmte, bereits mehrfach zitierte Wahlstudie, mit einem Feldexperiment zu kombinieren. 600 Wähler wurden sechsmal innerhalb eines halben Jahres interviewt, ob sie für Roosevelt oder den republikanischen Präsidentschaftskandidaten Willkie stimmen wollten, die drei weiteren, statistisch vergleichbaren Gruppen wurden nur je zweimal befragt: Einmal ganz am

Anfang der Untersuchung (»Nullmessung«), und dann jeweils noch einmal, und zwar zu unterschiedlichen Zeitpunkten, nämlich eine Gruppe gleichzeitig mit der zweiten, eine zum Zeitpunkt der dritten und eine parallel zur fünften Welle des Panels. 1952 hat Charles Y. Glock diese Daten systematisch ausgewertet. Er schrieb:»Vor allem ging es uns darum, festzustellen, ob Mitglieder des Panels sich vielleicht häufiger zusätzlich über das Untersuchungsthema informieren würden, als wenn sie nie befragt worden wären. Wir haben keine Hinweise finden können …, die diese Hypothesen bestätigen: Die Mitglieder des Panels waren in ihrem Informationsverhalten den Kontrollgruppen sehr ähnlich.«[27] Glocks Befund wurde durch spätere Untersuchungen bestätigt.[28] Nach bisheriger Erkenntnis kann man annehmen, daß der theoretisch so plausibel erscheinende Panel-Effekt in der Praxis keine nennenswerte Gefahr für die Qualität von Panel-Ergebnissen darstellt. Wiederholtes Befragen scheint nicht oder kaum zu Verhaltensänderungen bei den einzelnen Befragten zu führen.

Mehr als durch den Panel-Effekt kann die Repräsentativität von Panel-Daten durch das Problem der »Mortalität« beeinträchtigt werden: Bei jeder Welle eines Panels geht ein Teil der Mitglieder verloren, verweigert die Auskunft oder ist nicht mehr erreichbar. Charles Glock stellte anhand der Daten aus 16 verschiedenen Panel-Untersuchungen fest, daß solche Personen, die sich von Anfang an besonders für das Thema der Untersuchung interessierten, sich bereitwilliger mehrmals befragen ließen, so daß der Anteil der weniger Interessierten bei jeder Wiederholungsbefragung etwas zurückging.[29] Sollen die Repräsentativität und die ausreichende Größe einer Panel-Stichprobe über einen längeren Zeitraum gesichert werden, müssen regelmäßig neue »Mitglieder« in das Panel aufgenommen werden. Jochen Hansen schreibt dazu:»Personen, die neu in die Grundgesamtheit wachsen, müssen aufgenommen werden; wenn beispielsweise ein Panel die Bevölkerung im Alter zwischen 16 und 65 Jahren abbilden soll, dann sind stets die gerade sechzehn Jahre alt gewordenen Personen in dem Anteil aufzunehmen, den sie an der abzubildenden Grundgesamtheit ausmachen. Umgekehrt ist es bei denen, die sechsundsechzig Jahre alt werden: Sie scheiden aus dem Panel aus, weil sie ja nicht mehr zur Grundgesamtheit zählen. Selbst wenn man über fünf Jahre stets alle Panel-Mitglieder befragen könnte, also eine hundertprozentige Ausschöp-

[27] Glock, 1952: S. 194.
[28] Noelle-Neumann & Petersen 1998: S. 282–283.
[29] Glock, 1952: S. 118–144.

fung hätte, wäre diese Stichprobe stets zur Neuaufnahme von Mitgliedern gezwungen, weil sie sonst »vergreisen« würde, nämlich nicht mehr die 16 bis 65jährigen abbildend, sondern die 21 bis 70jährigen. Durch die ständige Neuaufnahme dürfte am ehesten gesichert sein, daß sowohl die einzelne Panel-Welle wie auch die Verlaufsdaten auf repräsentativen Querschnitten beruhen. Denn von den neu aufgenommenen Mitgliedern nehmen bei den nachfolgenden Wellen stets noch die meisten teil.«[30]

Auf diese Weise erreicht man, daß bei jeder Panel-Welle die große Mehrheit der Teilnehmer bereits vorher befragt worden ist, so daß bei der Analyse immer genügend Fälle zur Verfügung stehen, bei denen Verhaltens- oder Meinungsänderungen durch den Vergleich von zwei Befragungswellen beobachtet werden können, ohne daß sich das Durchschnittsalter der Stichprobe ändert, der Anteil der am Untersuchungsgegenstand besonders interessierten Personen übermäßig ansteigt oder die Zahl der zur Analyse verwendbaren Fälle zu gering wird. Schaubild 1 zeigt die Struktur der Stichprobe der dieser Untersuchung zugrundeliegenden Panel-Befragung. Im Herbst 1994 waren im Rahmen des Allensbacher politischen Panels insgesamt 2652 Personen befragt worden, von denen ein wesentlicher Anteil bereits zuvor, in vorangegangenen Panel-Wellen, befragt worden war. Von diesen 2652 Befragten konnten vier Jahre später, im Frühjahr 1998, 1130 erneut befragt werden.[31] Zusätzlich wurden 957 Personen zum ersten Mal befragt, so daß eine ausreichende Größe und die Repräsentativität der Gesamtstichprobe sichergestellt waren. Im August 1998 wurden dann 831 Personen, die bereits 1994 Panelmitglieder gewesen waren, erneut befragt, außerdem 597 derer, die im Frühjahr 1998 zum ersten Mal an der Untersuchung teilgenommen hatten. Hinzu kamen die Antworten von 266 neuen Befragten. Auf diese Weise ergab sich für den August 1998 eine repräsentative Gesamtstichprobe von 1694 Personen, von denen 1428 bereits zuvor befragt worden waren. Bei der letzten Befragungswelle nach der Bundestagswahl wurden dann insgesamt 1487 Personen befragt, von denen 647 seit 1994 am Panel teilnahmen und 1121 (75 Prozent der Stichprobe) seit Beginn des Wahljahres 1998.[32]

---

[30] Hansen, 1982: S. 111.

[31] In diesem Fall war der zeitliche Abstand zwischen den Panelwellen vom Herbst 1994 und Frühjahr 1998 ungewöhnlich groß. Wäre es möglich gewesen, das Panel mit einem Abstand von sechs oder auch zwölf Monaten 1995, 1996 oder 1997 wiederzubefragen, wäre der Anteil der wiedererreichten Personen erkennbar größer gewesen, nach Erfahrungswerten des Allensbacher Instituts wahrscheinlich um 70 Prozent.

[32] Alle Interviews wurden mündlich, nach einheitlichen schriftlichen Frage-

Schaubild 1: Wiederbefragen und Aufstocken. Die Zusammensetzung
der Stichproben der Allensbacher Panel-Studie

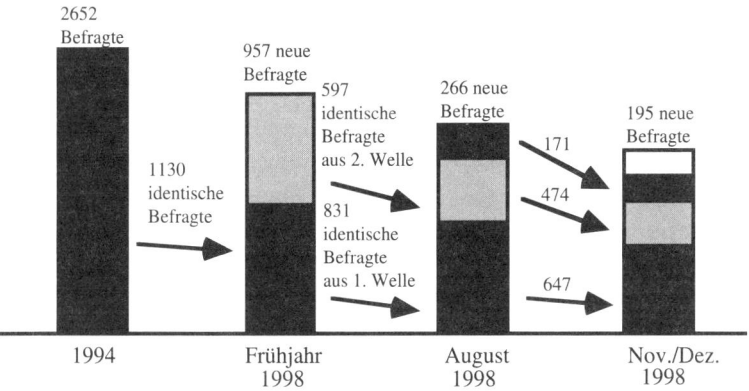

| 1994 | Frühjahr 1998 | August 1998 | Nov./Dez. 1998 |

Quelle: Allensbacher Archiv, IfD-Umfragen Nr. 5113, 5139, 5146

Die Repräsentativität von Panels läßt sich durch Vergleiche mit den
Ergebnissen von Querschnittsbefragungen prüfen, die auf einer
»frischen« Stichprobe beruhen, die nur einmal befragt wird. Tabelle
6 zeigt einen solchen Vergleich. Auch diejenigen Panelmitglieder,
die im August 1998 bereits zum dritten Mal oder häufiger befragt
worden waren, äußerten sich bei der Frage nach der Parteisympa-
thie nicht signifikant anders als die Befragten einer gleichzeitig
durchgeführten repräsentativen Querschnittsbefragung. Die Ergebnisse des Allensbacher politischen Panels können also in ähnlicher Weise als für die Gesamtbevölkerung repräsentativ angesehen
werden, wie die Ergebnisse von herkömmlichen repräsentativen
Einmal-Befragungen. Das gilt auch für die Längsschnitt-Analysen,
in die ausschließlich die Antworten der mehrfach befragten Panel-
mitglieder eingehen.

Damit lassen sich auch statistische Fehlerspannen und Signifi-
kanzmaße in der gleichen Weise berechnen, wie dies bei Querschnittsbefragungen üblich ist.[33] Gaben also beispielsweise in der
Panel-Welle vom August 1998 50 Prozent aller 1694 Befragten eine
bestimmte Antwort, dann besagt das, daß der damals tatsächlich in
der Bevölkerung vorhandene Wert mit einer Wahrscheinlichkeit
von 95 Prozent zwischen 47,5 und 52,5 Prozent lag. Im Falle der Pa-

bögen durchgeführt, in der Regel in den Wohnungen der Befragten; pro Welle
wurden etwa 500 Interviewer eingesetzt.
[33] Zur Frage, bei welcher Stichproben-Anlage derartige Berechnungen überhaupt zulässig sind, vgl. unten, Fußnote 36.

nel-Analysen auf der Basis der wiederholt befragten Personen sind die Irrtumswahrscheinlichkeiten sogar geringer. Auch hier schlagen die statistisch bedingten Fehlerspannen aller Stichprobenuntersuchungen bis zu einem gewissen Grade zu Buche, jedoch nur einmal, bei der ersten Stichprobenziehung, danach nicht mehr. Das heißt: Stellt man beim Trendvergleich zweier Querschnittsbefragungen fest, daß etwa der Anteil derer, die die SPD als sympathischste Partei nennen, um zwei Prozentpunkte zugenommen hat, würde man dieses Ergebnis als nicht signifikant bezeichnen, das heißt, nicht interpretierbar, weil der Unterschied zwischen den beiden Umfragen auf den zufallsbedingten Stichprobenfehler zurückzuführen sein könnte. Anders ist die Situation bei einer Längsschnitt-Analyse im Panel: Bei der Zunahme um 2 Prozentpunkte handelt es sich um eine *tatsächliche* Änderung im Antwortverhalten *derselben* Personen. Der Anstieg ist zwar gering, aber die Motive derjenigen, die ihre Ansicht geändert haben, lassen sich analysieren und interpretieren.[34]

Das politische Panel des Instituts für Demoskopie Allensbach

Die in diesem Band präsentierten Panel-Analysen beschränken sich auf Daten aus vier Panel-Wellen, nämlich aus dem Herbst 1994, sowie aus den Monaten März/April, August/September und Dezember 1998. Doch sie stehen in einer mittlerweile 30jährigen ungebrochenen Tradition. Das politische Panel des Instituts für Demoskopie Allensbach geht auf das Wahljahr 1969 zurück. Damals wurden im Auftrag des ZDF rund 1800 Personen in fünf Wellen zwischen Mai und Oktober des Jahres befragt, die Ausgangsstichprobe war nach dem Zufallsprinzip ausgewählt (Random-Adressenauswahl) und repräsentativ für die wahlberechtigte Bevölkerung ab 21 Jahren in der Bundesrepublik Deutschland und West-Berlin. Die Ergebnisse dieser ersten politischen Panel-Studie in Deutschland wurden nahezu wöchentlich in ausführlichen Beiträgen im »ZDF-Magazin« berichtet. Das war der Anfang der regelmäßigen demoskopischen Vorwahl-Berichterstattung im Fernsehen. Die Hauptergebnisse wurden in dem Buch »Wählermeinung – nicht geheim« veröffentlicht.[35]

Nach der Bundestagswahl 1969 brach das Allensbacher Institut die Untersuchung nicht ab, sondern nach dem Vorbild von Panel-

---

[34] Zur Berechnung von Stichprobenfehlern bei Panel-Studien siehe Hansen, 1982: S. 100–106.
[35] Institut für Demoskopie Allensbach, 1969.

Tabelle 6:   Panel-Untersuchungen sind repräsentativ

Frage: *»Auf diesen Karten stehen die Namen von verschiedenen Parteien, die*
politische Bedeutung haben. Sicher sind einem diese Parteien nicht alle
gleich sympathisch. Könnten Sie bitte diese sechs Karten einmal danach
untereinanderlegen, wie sympathisch Ihnen diese Parteien sind …?«

	August 1998 Politisches Panel			August 1998 repräsentative Querschnitts-befragung
	Befragte insgesamt	Wenigstens zweimal befragte Panel-mitglieder	Wenigstens dreimal befragte Panel-mitglieder	
	%	%	%	%
Es legten als »sympathischste Partei« an die erste Stelle:				
CDU/CSU	37	36	38	37
SPD	43	44	45	42
FDP	4	4	4	4
Die Grünen	7	7	6	7
PDS	4	5	5	4
Republikaner/DVU	1	1	1	2
Keine Angabe	4	3	1	4
	100	100	100	100
n =	1694	1428	831	2212

Quelle: Allensbacher Archiv, IfD-Umfragen Nr. 5146, 6065

untersuchungen in der Marktforschung, die über Jahrzehnte hinweg in regelmäßigen Abständen befragt und immer wieder um neue Mitglieder ergänzt werden, ohne dabei ihren repräsentativen Charakter zu verlieren, wurde das politische Panel zu einer dauerhaften Einrichtung ausgebaut: Das Institut hielt den Kontakt zu den Mitgliedern des Panels aufrecht, informierte sie regelmäßig über die Arbeit des Instituts und schickte ihnen als Maßnahme der »Panelpflege« regelmäßig Neujahrs-Glückwunschkarten, so daß sich vor jeder neuen Bundestagswahl – und gelegentlich auch in der Mitte der Wahlperioden – genügend Befragte aus der jeweils vorangegangenen Wahlstudie zu Panel-Befragungen bereit fanden.

In den siebziger Jahren wurde die bei der Rekrutierung der Befragten angewendete Stichprobentechnik gewechselt: Statt mit dem

Zufalls (Random-)Prinzip werden die Befragten heute nach dem in der Praxis bei bevölkerungsrepräsentativen Umfragen überlegenen Quotenverfahren ausgewählt.[36] Gleichzeitig wurde, der veränderten Rechtslage entsprechend, die Stichprobe um Personen im Alter zwischen 18 und 20 Jahren erweitert. Um die politische Entwicklung der Befragten von einem sehr frühen Stadium an studieren zu können, wurden im Sommer 1990 zudem noch die 16- bis 17jährigen eingeschlossen. Im selben Jahr 1990 kamen schließlich auch Befragte aus den neuen Bundesländern hinzu, und zwar in einem überproportional hohen Anteil, was detaillierte vergleichende Analysen zwischen west- und ostdeutschen Befragten ermöglicht. In der Stichprobe des politischen Panels vom August 1998 befanden sich 812 westdeutsche und 882 – oder 52 Prozent – ostdeutsche Befragte. Bei der Errechnung der Ergebnisse für Gesamtdeutschland werden die Einzelergebnisse aus Ost- und Westdeutschland selbstverständlich proportional zum jeweiligen Anteil an der Gesamtbevölkerung berücksichtigt.

Trotz aller Ergänzungen und Änderungen im Detail läßt sich eine direkte und ungebrochene Verbindung von der hier vorliegenden Untersuchung zur Wahlstudie des Jahres 1969 zurückverfolgen. Und dieser Tradition entsprechend ist die Nachwahlbefragung vom Dezember 1998 wiederum die Basis für nachfolgende Panelwellen sowie voraussichtlich für die Allensbacher Wahluntersuchungen im Jahr 2002.

Repräsentative Querschnittsbefragungen

Wie bereits oben erwähnt, beruhen die in diesem Band präsentierten Analysen nicht allein auf Panel-Daten, sondern es wurden ergänzend Ergebnisse aus insgesamt 18 repräsentativen Querschnittsbefragungen mit jeweils rund 2000 Befragten hinzugezogen, die das Allensbacher Institut zwischen Januar und September 1998 in regelmäßigen Abständen durchgeführt hat. Diese Befragungen waren die Grundlage der wöchentlichen Berichterstattung des Instituts für Demoskopie Allensbach in der Frankfurter Allgemeinen Zeitung vor der Wahl. Zwischen dem 17. Juni und dem 30. September erschienen insgesamt 12 halbseitige Artikel, abwechselnd verfaßt

---

[36] Über die wahrscheinlichkeitstheoretische Gleichwertigkeit von Quoten- und Random-Stichproben und damit die Anwendbarkeit von Signifikanz- und Fehlerspannen-Berechnungen bei Quotenumfragen siehe Noelle-Neumann/Petersen, 1998: S. 263–281.

von Elisabeth Noelle-Neumann und Renate Köcher. Am 26. September, dem Tag vor der Wahl, wurde außerdem, ebenfalls in der Frankfurter Allgemeinen Zeitung, die Allensbacher Wahlprognose veröffentlicht. Auch sie beruhte auf den Querschnittsbefragungen, deren Ergebnisse an verschiedenen Stellen dieser Arbeit verwendet wurden.

Die Methoden der Umfrageforschung können an dieser Stelle nicht ausführlich beschrieben werden, so wird unter anderem nicht auf die für die Beurteilung der Qualität von Umfragen besonders wichtigen Themen Fragebogenmethoden und Untersuchungsanlage eingegangen.[37] Hier soll lediglich eine kurze Beschreibung des Stichprobenprinzips erfolgen, auf dem die Umfrageforschung beruht, und das auch mehr als 60 Jahre nach seinem Durchbruch mit den ersten repräsentativen Wahlprognosen der amerikanischen Forscher George Gallup, Elmo Roper und Archibald Crossley im Jahr 1936, von vielen Menschen als besonders rätselhaft empfunden wird: Wie ist es möglich, 2000 Personen zu befragen und daraufhin mit hoher Sicherheit zu schließen, was Millionen von Menschen denken?

Für die Bildung einer repräsentativen Stichprobe gilt der Grundsatz, daß jede Person der Bevölkerung oder jedes Mitglied der Personengruppe, über die die Umfrage etwas aussagen soll, die gleiche oder eine berechenbare Chance haben muß, in die Stichprobe zu gelangen. Ist nach diesem Prinzip verfahren worden, kann die Wahrscheinlichkeitsrechnung angewandt werden, um abzuschätzen, innerhalb welcher Toleranzen das gefundene Ergebnis für die Gesamtbevölkerung verallgemeinert werden kann. Dabei bestimmt in erster Linie die absolute Zahl der Interviews die Genauigkeit des Ergebnisses, nicht welcher relative Anteil der Gesamtheit in die Untersuchung einbezogen wurde. Darum muß beispielsweise in der Schweiz mit 6,7 Millionen Einwohnern, in Deutschland mit rund 80 Millionen Einwohnern und in den Vereinigten Staaten mit 250 Millionen, die gleiche Zahl von Personen befragt werden um die gleiche Genauigkeit der Ergebnisse zu erreichen. Ergibt eine Umfrage unter 1000 repräsentativ ausgewählten Personen, daß 35 Prozent eine Fernsehdiskussion gesehen haben, dann rechnet man für dieses Ergebnis in der Schweiz wie in Deutschland mit einer Genauigkeit von +/- 3 Prozentpunkten bei einem Signifikanzniveau von 95 Prozent. Das bedeutet: Würde man die Untersuchung hundert Mal wiederholen, dann würde das Ergebnis in 95 dieser

---

[37] Zu diesen Themen siehe Noelle-Neumann & Petersen, 1998: bes. S. 93–207 und 453–577.

Wiederholungsuntersuchungen nicht mehr als 3 Prozentpunkte von 35 entfernt liegen. Man folgert: Das Ergebnis liegt mit großer Wahrscheinlichkeit auch nicht mehr als +/- 3 Prozentpunkte vom wirklichen Wert entfernt, der sich bei einer Vollerhebung, also der Befragung der gesamten Bevölkerung ergeben hätte, und nennt dies den »Repräsentationsschluß«.

Die folgende Tabelle zeigt, um welchen Wert ein bei einer repräsentativen Stichprobe von n Personen gewonnenes Prozentergebnis vom tatsächlichen Wert mit einer Wahrscheinlichkeit von 95 Prozent höchstens abweichen kann.

Tabelle 7: Statistische Toleranz-Spannen
(Sicherheitswahrscheinlichkeit 95 Prozent)

Personenzahl der Stichprobe	In der Umfrage ermittelter Prozentanteil									
	50	45	40	35	30	25	20	15	10	5
	50	55	60	65	70	75	80	85	90	95
200	6,9	6,9	6,8	6,6	6,4	6,0	5,5	5,0	4,2	3,0
300	5,7	5,6	5,5	5,4	5,2	4,9	4,5	4,0	3,4	2,5
400	4,9	4,9	4,8	4,7	4,5	4,2	3,9	3,5	2,9	2,1
500	4,4	4,4	4,3	4,2	4,0	3,8	3,5	3,1	2,6	1,9
1000	3,1	3,1	3,0	3,0	2,8	2,7	2,5	2,2	1,9	1,4
2000	2,2	2,2	2,2	2,1	2,0	1,9	1,8	1,6	1,3	1,0
5000	1,4	1,4	1,4	1,3	1,3	1,2	1,1	1,0	0,8	0,6

Für die Bildung repräsentativer Stichproben bieten sich zwei Verfahren an. Beim »Random-Verfahren« (»at random« = zufällig) wird die Stichprobe nach dem Lotterieprinzip aus der Grundgesamtheit ausgewählt, um die theoretischen Bedingungen zur Berechnung der statistischen Toleranzgrenzen zu erfüllen. Damit eine solche Auswahl getroffen werden kann, muß die Grundgesamtheit physisch oder symbolisch (z.B. Abonnentendatei, Adressenlisten, Telefonbücher) vollständig erreichbar sein. Das Random-Auswahlverfahren wird in aller Regel bei telefonisch durchgeführten Umfragen angewandt, auch bei vielen Studien zur Wahlforschung. Anspruchsvollere Umfragen wie die hier präsentierten, bei denen aufwendigere Fragebogenmodelle eingesetzt werden, lassen sich jedoch nicht am Telefon durchführen. Hier muß man sich auf mündlich-persönliche Interviews stützen, bei denen Interviewer die Befragten – meist in ihrer Wohnung – aufsuchen und mit ihnen das Interview von Angesicht zu Angesicht führen. Bei solchen sogenannten »Face-to-Face« Interviews fallen die Nachteile, die sich bei der Anwendung der Random-Stichproben-Methode ergeben, besonders stark ins Gewicht: Durch die Adressenauswahl wird die Anonymität des Interviews zerstört; vor allem aber wird die Abschätzung von Toleranzgrenzen durch die in der Praxis immer unvollständige Ausschöpfung der Stichprobe eingeschränkt, das heißt, das Prinzip, jede Einheit der Grundgesamtheit muß die gleiche oder eine berechenbare Chance haben, in die Stichprobe zu gelangen, kann nicht eingehalten werden. Besonders bewegliche und vor allem junge Menschen werden zuwenig erreicht, weil sie weniger zuhause anzutreffen sind. In der Praxis der Umfrageforschung wird große Mühe aufgewandt, um einen möglichst hohen Prozentsatz der für die Stichprobe ausgewählten Personen zu erreichen, aber der Prozentsatz der tatsächlich interviewten Personen liegt in der Regel lediglich bei 50 bis 60 Prozent.

Das zweite Verfahren zur Bildung einer repräsentativen Stichprobe, das »Quotenverfahren«, setzt voraus, daß von der Grundgesamtheit einige wichtige Proportionen bekannt sind, z. B. die Verteilung nach Altersgruppen, Berufsgruppen, Ortsgrößen. Solche Informationen über die Zusammensetzung der Bevölkerung werden in Deutschland regelmäßig und mit einer hohen Genauigkeit vom Statistischen Bundesamt ermittelt. Nach diesen Daten werden »Quoten« berechnet, die auf die Interviewer verteilt werden. Das heißt, den Interviewern wird vorgeschrieben, welche Merkmale die von ihnen interviewten Personen aufweisen müssen: Welches Geschlecht sie haben, welcher Altersgruppe und welchen Berufskreisen sie angehören und welche Größenklasse der Wohnort des Befragten haben muß. Zusammengenommen bilden alle an die Interviewer einer Umfrage versandten Quotenanweisungen in der Zusammensetzung der vorgeschriebenen Merkmale ein verkleinertes, maßstabgetreues Abbild der Gesellschaft. Dieses Verfahren hat sich in der Praxis der Umfrageforschung bewährt und sich bei Wahlprognosen dem Random-Stichproben-Verfahren als überlegen gezeigt.[38] Es liegt auch den in diesem Band präsentierten Repräsentativumfragen zugrunde.

Das Prinzip der Repräsentativumfrage ist ohne die Kenntnis der ihr zugrundeliegenden Stichprobenprinzipien nicht zu verstehen. Doch die Qualität und die Aussagekraft einer Repräsentativumfra-

---

[38] Noelle-Neumann & Petersen 1998: S. 266.

ge hängt mehr von der Fragebogengestaltung und der Untersuchungsanlage ab. Eine Untersuchung kann repräsentativ sein und dennoch langweilig oder gar nutzlos. Eine nach allen Regeln der Kunst durchgeführte Panel-Studie ist dagegen nicht nur repräsentativ, sondern vor allem spannend.

Das gemeinsame Forschungsprojekt des Instituts für Publizistik
der Universität Mainz, des Instituts für Kommunikationswissenschaft der Technischen Universität Dresden und
des Instituts für Demoskopie Allensbach
zur Bundestagswahl 1998 wurde ermöglicht
durch die freundliche Unterstützung
der folgenden Stifungen und Organisationen:

Heinz Nixdorf Stiftung

Konrad-Adenauer-Stiftung e. V.

Stiftung Demoskopie Allensbach

Verein der Freunde und Förderer des Instituts für Publizistik der
Universität Mainz e. V.

Verein für Medieninhaltsanalyse e. V.

Literatur

Annenberg Public Policy Center of the University of Pennsylvania (1998): Assessing the Quality of Campaign Discourse -1960, 1980, 1988, 1992. Internet-Veröffentlichung: http://www.asc.upenn.edu/appc/campmapp/

ARD-Forschungsdienst (1998): Talkshows im Fernsehen. Inhalte und Wirkungen – Zuschauer- und Kandidatenmotive. In: Media Perspektiven, Nr. 12, S. 625–634

Arminger, Gerhard (1983): Klassische Anwendungen verallgemeinerter linearer Modelle in der empirischen Sozialforschung (Einführung in den GLIM-Ansatz). In: Verallgemeinerte lineare Modelle in der empirischen Sozialforschung (NONMET/GLIM Workshop, 16.–20.11.1981). ZUMA-Arbeitsbericht Nr. 1982/03

Atkin, Charles (1973): Instrumental Utilities and Information Seeking. In: Peter Clarke (Hrsg.): New Models for Mass Communication Research. Beverly Hills, London: Sage, S. 205–242

Bacon, Francis (1990): Neues Organon. Hrsg. v. Wolfgang Krohn. Hamburg: Meiner

Baecker, Dirk (1996): Oszillierende Öffentlichkeit. In: Rudolf Maresch (Hrsg.): Medien und Öffentlichkeit. Positionierung – Symptome, Simulationsbrüche. Stuttgart: BOER, S. 89–107

Baker, Robert S. (1979): The Analysis of Counts and Proportions Using GLIM. In: American Statistical Association: 1979 Proceedings of the Statistical Computing Section. Papers Presented at the Annual Meeting of the American Statistical Association. Washington D.C., S. 30–34

Behr, Roy L. & Shanto Iyengar (1985): Television news. Real world cues and changes in the public agenda. In: Public Opinion Quarterly, 49, S. 38–57

Berelson, Bernard (1952): Content Analysis in Communication Research. New York: Hafner Press

Bertelsmann-Stiftung (Hrsg.) (1996): Politik überzeugend vermitteln – Wahlkampfstrategien in Deutschland und den USA. Gütersloh: Verlag Bertelsmann-Stiftung

Blendon, Robert J., John M. Benson, Mollyann Brodie, Drew E. Altman, Richard Morin, Claudia Deane & Nina Kjellson (1999): The 60s and the 90s. Americans' political, moral, and religious values then and now. In: Brookings Review 17, Nr. 2, S. 14–17

Blood, Deborah J. & Peter C. B. Phillips (1995): Recession headlines news, consumer sentiment, the state of the economy, and presidential popularity: a time series analysis, 1989–1993. In: International Journal of Public Opinion Research, 7, S. 2–22

Blum, Ulrich (1994): Volkswirtschaftslehre. Studienhandbuch. München und Wien: Oldenbourg

Borchers, Andreas & Hans Peter Schütz (1998): Neues aus dem roten Intriganten-Stadl. In: Stern, 5, S. 102–106

Breed, Warren (1965): Newspaper Opinion Leaders and Processes of Standardization. In: Journalism Quarterly, 32, S. 277–284

Brettschneider, Frank (1991): Wahlumfragen. Empirische Befunde zur Darstel-

lung in den Medien und zum Einfluß auf das Wahlverhalten in der Bundesrepublik Deutschland und den USA. München: Minerva Publikation

Brettschneider, Frank (1996): Wahlumfragen in den Medien. Eine empirische
Untersuchung der Presseberichterstattung über Meinungsumfragen vor den
Bundestagswahlen 1980–1994. In: Politische Vierteljahreschrift, 37, S. 475–493

Brettschneider, Frank (1998): Medien als Imagemacher? In: Media Perspektiven, Nr. 8, S. 392–401

Brettschneider, Frank (1999): Kohls Niederlage: Kandidatenimages und Medienberichterstattung vor der Bundestagswahl 1998. In: Peter Winterhoff-Spurk &
Michael Jäckel (Hrsg.): Politische Eliten in der Mediengesellschaft. Rekrutierung, Darstellung, Wirkung. München: Verlag Reinhard Fischer, S. 65–103

Brosius, Hans-Bernd (1995): Alltagsrationalität in der Nachrichtenrezeption.
Ein Modell zur Wahrnehmung und Verarbeitung von Nachrichteninhalten.
Opladen: Westdeutscher Verlag

Conradt, David P. (1978): The 1976 Campaign and Election: An Overview. In:
Karl H. Cerny (Hrsg.): Germany at the Polls. The Bundestag Election of
1976. Washington: American Institute for Public Policy Research

Curtice, John (1997): Is the Sun shining on Tony Blair? The electoral influence of
British newspapers. In: The Harvard Journal of Press/Politics 2, Nr. 2, S. 9–26

Die einzige Chance. In: Der Spiegel, 8/1998, S. 26–29

Die SPD geht bei Werbe-Artikeln neue Wege. In: Vorwärts, 6, 1998, S. 7

Donsbach, Wolfgang (1984): Die Rolle der Demoskopie in der Wahlkampf-
Kommunikation. Empirische und normative Aspekte der Hypothese über
den Einfluß der Meinungsforschung auf die Wählermeinung. In: Zeitschrift
für Politik 31, S. 388–407

Donsbach, Wolfgang (1990): Objektivitätsmaße in der Publizistikwissenschaft.
In: Publizistik, 35, S. 18–29

Donsbach, Wolfgang (1991): Medienwirkung trotz Selektion. Köln, Weimar,
Wien: Böhlau

Donsbach, Wolfgang (1993a): Journalismus versus journalism – ein Vergleich
zum Verhältnis von Medien und Politik in Deutschland und in den USA. In:
Wolfgang Donsbach, Otfried Jarren, Hans Mathias Kepplinger & Barbara
Pfetsch: Beziehungsspiele – Medien und Politik in der öffentlichen Diskussion. Fallstudien und Analysen. Gütersloh: Verlag Bertelsmann Stiftung, S. 283–
315

Donsbach, Wolfgang (1993b): Täter oder Opfer? Die Rolle der Massenmedien in
der amerikanischen Politik. In: Beziehungsspiele – Medien und Politik in der
öffentlichen Diskussion. Fallstudien und Analysen von Wolfgang Donsbach,
Otfried Jarren, Hans Mathias Kepplinger & Barbara Pfetsch. Gütersloh: Verlag Bertelsmann-Stiftung, S. 221–281

Donsbach, Wolfgang, Hans-Bernd Brosius & Axel Mattenklott (1993a): Die
zweite Realität. Ein Feldexperiment zur Wahrnehmung einer Wahlkampfver-
anstaltung durch Teilnehmer und Fernsehzuschauer. In: Christina Holtz-Bacha & Lynda L. Kaid (Hrsg.): Die Massenmedien im Wahlkampf. Untersuchungen aus dem Wahljahr 1990. Opladen: Westdeutscher Verlag, S. 104–143

Donsbach, Wolfgang, Axel Mattenklott & Hans-Bernd Brosius (1993b): How
Unique is the Perspective of Television? A Field Experiment on the Percep-
tion of a Campaign Event by Participants and Television Viewers. Political
Communication, 10, S. 41–57

Donsbach, Wolfgang (1997a): Media thrust in the German Bundestag election,
1994: News values and professional norms in political communication. In: Political Communication, 14, S. 149–170

Donsbach, Wolfgang (1997b): Einleitung. Legitimität und Effizienz von PR. In: Ders. (Hrsg.). Public Relations in Theorie und Praxis. Grundlagen und Arbeitsweisen der Öffentlichkeitsarbeit in verschiedenen Funktion. München: Reinhard Fischer, S. 7–20

Donsbach, Wolfgang & Dietmar Gattwinkel (1997): Öl ins Feuer. Die publizistische Inszenierung des Skandals um die Rolle der Ölkonzerne in Nigeria. Dresden: Dresden University Press

Downs, Anthony (1957): An Economic Theory of Democracy. New York: Harper and Row

Eilders, Christiane & Werner Wirth (1999): Die Nachrichtenwertforschung auf dem Weg zum Publikum: Eine experimentelle Überprüfung des Einflusses von Nachrichtenfaktoren bei der Rezeption. In: Publizistik, 44, S. 35–57

Falter, Jürgen W. & Hans Rattinger (1994): Die deutschen Parteien im Urteil der öffentlichen Meinung 1977–1994. In: Oscar W. Gabriel, Oskar Niedermayer & Richard Stöss (Hrsg.): Parteiendemokratie in Deutschland. Opladen: Westdeutscher Verlag, S. 495–513

Falter, Jürgen (1998): Alle Macht dem Spin Doctor. In: Frankfurter Allgemeine Zeitung, 27.04., S. 11 f

Festinger, Leon (1957): A Theory of Cognitive Dissonance. Stanford: Stanford University Press

Focus Wahl-Spezial vom 29.09.1998, S. 44

Friedrichsen, Mike (1996): Politik-und Parteiverdruß durch Skandalberichterstattung? In: Otfried Jarren, Heribert Schatz & Hartmut Wessler (Hrsg.): Medien und politischer Prozeß. Politische Öffentlichkeit und massenmediale Politikvermittlung im Wandel. Opladen: Westdeutscher Verlag, S. 73–93

Früh, Werner (1991): Inhaltsanalyse. Theorie und Praxis. 3. Auflage. München: Ölschläger

Fuhr, Eckhard (1999): Glatte Gesichter. In: Frankfurter Allgemeine Zeitung, 12.06., S. 1

Funk, Lothar (1999): Personelle Einkommensverteilung, Arbeitsproduktivität und Beschäftigung. In: Aus Politik und Zeitgeschichte. Beilage zur Wochenzeitung Das Parlament, B14/15, S. 14–23

Funkhouser, G. Ray (1973): The issues of the sixties. An exploratory study in the dynamics of public opinion. In: Public Opinion Quarterly, 37, S. 62–75

Gabriel, Oscar W. & Frank Brettschneider (1998): Die Bundestagswahl 1998: Ein Plebiszit gegen Kanzler Kohl? In: Aus Politik und Zeitgeschichte. Beilage zur Wochenzeitung Das Parlament. B 52/98, S. 20–32

Gazlig, Thomas (1999): Erfolgreiche Pressemitteilungen. Über den Einfluß von Nachrichtenfaktoren auf die Publikationschancen. In: Publizistik, 44, S. 185–199

Giersch, Herbert (1999): Auf dem Drahtseil der Freiheit. In: Frankfurter Allgemeine Zeitung, 16.01., S. 13

Gleich, Uli (1998): Die Bedeutung medialer politischer Kommunikation. In: Media Perspektiven, Nr. 8, S. 411–422

Glock, Charles Y. (1952): Participation Bias and Re-Interview Effect in Panel Studies. Diss. New York

Graber, Doris A. (1992): News and democracy: Are their paths diverging? Roy W. Howard Public Lecture in Journalism and Mass Communication. Bloomington, Indiana

Großbongardt, Anne, Olaf Ihlau & Hans-Jürgen Schlamp (1998): »40 Prozent sollten es schon sein«. Spiegel-Gespräch mit Oskar Lafontaine und Gerhard Schröder. In: Der Spiegel, 11, S. 32–36

Hagen, Lutz (1992): Die opportunen Zeugen. Konstruktionsmechanismen von Bias in der Zeitungsberichterstattung über die Volkszählungsdiskussion. In: Publizistik, 37, S. 444–460

Hagen, Lutz M. (1999): Unveröffentlichtes Manuskript eines DFG-Antrags. Nürnberg

Hank, Rainer (1998): Auf dem Dritten Weg. In: Frankfurter Allgemeine Zeitung, 10. 10, S. 11

Hansen, Jochen (1982): Das Panel. Zur Analyse von Verhaltens- und Einstellungswandel. Opladen: Westdeutscher Verlag

Harrington, David E. (1989): Economic news on television. The determinants of coverage. In: Public Opinion Quarterly, 53, S. 17–40

Hartmann, Thomas (1995): Transfer-Effekte: Der Einfluß von Fotos auf die Wirksamkeit nachfolgender Texte. Frankfurt am Main: Peter Lang

Henkel, Hans-Olaf (1998): Jetzt oder nie. Ein Bündnis für Nachhaltigkeit in der Politik. Berlin: Siedler

Holicki, Sabine (1993): Pressefotos und Pressetext im Wirkungsvergleich. Eine experimentelle Untersuchung am Beispiel von Politikerdarstellungen. München: Verlag Reinhard Fischer

Holtz-Bacha, Christina & Lynda L. Kaid (Hrsg.) (1996): Wahlen und Wahlkampf in den Medien. Untersuchungen aus dem Wahljahr 1994. Opladen: Westdeutscher Verlag

Hombach, Bodo (1998): Aufbruch. Die Politik der Neuen Mitte. München, Düsseldorf: Econ

http://www.spd.de/wahlkampf [Stand: von März bis September 1998]

http://www.spd.de/partei/intern [Stand: Dezember 1998]

http://www.stern.de [Stand: Dezember 1998]

Institut für Demoskopie Allensbach (Hrsg.) (1969): Wählermeinung – nicht geheim. Eine Dokumentation des ZDF. Allensbach: Verlag für Demoskopie

Iyengar, Shanto & Donald Kinder (1987): News that matters. Television and American opinion. Chicago, London: The University of Chicago Press

Iyengar, Shanto (1991): Is Anyone Responsible? How Television frames Political Issues. Chicago: The University of Chicago Press

Iyengar, Shanto (1996): Framing Responsibility for Political Issues. In: The Annals of the American Academy, 546, S. 59–70

Jamieson, Kathleen Hall (1992): Dirty politics: Deception, distraction, democracy. New York: Oxford University Press

Jarren, Ottfried (1994): Politik und politische Kommunikation in der modernen Gesellschaft. In: Aus Politik und Zeitgeschichte. Beilage zur Wochenzeitung Das Parlament, B39, S. 3–10

Jarren, Otfried (1998): Medien, Mediensystem und politische Öffentlichkeit im Wandel. In: Sarcinelli, Ulrich (Hrsg.): Politikvermittlung und Demokratie in der Mediengesellschaft. Bonn: Bundeszentrale für politische Bildung, S. 74–94

Jung, Mathias & Dieter Roth (1998): Wer zu spät geht, den bestraft der Wähler. Eine Analyse der Bundestagswahl 1998. In: Aus Politik und Zeitgeschichte. Beilage zur Wochenzeitung Das Parlament, B 52/98, S. 3–19

Katz, Elihu & Paul F. Lazarsfeld (1955): Personal Influence. New York: The Free Press

Katz, Elihu (1994): Foreword. In: Gabriel Weimann: The Influentials. People Who Influence People. Albany: State University of New York Press, S. IX–XI

Kepplinger, Hans Mathias (1980): Optische Kommentierung in der Berichterstattung über den Bundestagswahl 1976. In: Thomas Ellwein (Hrsg.): Politikfeld-Analysen 1979. Opladen: Westdeutscher Verlag, S. 163–179

Kepplinger, Hans Mathias (1985): Die aktuelle Berichterstattung des Hörfunks. Eine Inhaltsanalyse der Abendnachrichten und politischen Magazine. Freiburg i. Br.: Alber

Kepplinger, Hans Mathias, Wolfgang Donsbach, Hans-Bernd Brosius & Joachim Friedrich Staab (1986): Medientenor und Bevölkerungsmeinung. Eine empirische Studie zum Image Helmut Kohls. In: Kölner Zeitschrift für Soziologie und Sozialpsychologie, 38, S. 247–279

Kepplinger, Hans Mathias (1987): Darstellungseffekte. Experimentelle Untersuchungen zur Wirkung von Pressefotos und Fernsehfilmen. Freiburg i. Br.: Alber

Kepplinger, Hans Mathias in Zusammenarbeit mit Thomas Hartmann (1987): Das Identitätsproblem der Personenwahrnehmung anhand von Fotos. In: Hans Mathias Kepplinger: Darstellungseffekte. Experimentelle Untersuchungen zur Wirkung von Pressefotos und Fernsehfilmen. Freiburg i. Br.: Alber, S. 165–229

Kepplinger, Hans Mathias in Zusammenarbeit mit Thomas Hartmann, Winfried Schindler & Ulrich Nies (1987): Charakterfiktionen von Reagan, Breshnew, Schmidt und Genscher in Stern und Time. In: Hans Mathias Kepplinger: Darstellungseffekte. Experimentelle Untersuchungen zur Wirkung von Pressefotos und Fernsehfilmen. Freiburg i. Br.: Alber, S. 304–334

Kepplinger, Hans Mathias (1989a): Theorien der Nachrichtenauswahl als Theorien der Realität. In: Aus Politik und Zeitgeschichte. Beilage zur Wochenzeitung Das Parlament, B15, S. 3–16

Kepplinger, Hans Mathias (1989b): Künstliche Horizonte. Folgen, Darstellung und Akzeptanz von Technik in der Bundesrepublik. Frankfurt und New York: Campus

Kepplinger, Hans Mathias, Hans-Bernd Brosius, Joachim Friedrich Staab & Günter Linke (1989): Instrumentelle Aktualisierung. Grundlagen einer Theorie publizistischer Konflikte. In: Max Kaase & Winfried Schulz (Hrsg.): Massenkommunikation: Theorien, Methoden, Befunde. Opladen: Westdeutscher Verlag, S. 199–220

Kepplinger, Hans Mathias, Klaus Gotto, Hans-Bernd Brosius & Dietmar Haak (1989): Der Einfluß der Fernsehnachrichten auf die politische Meinungsbildung. Freiburg i. Br.: Alber

Kepplinger, Hans-Mathias & Hans-Bernd Brosius (1990): Der Einfluß der Parteibindung und der Fernsehberichterstattung auf die Wahlabsichten der Bevölkerung. In: Max Kaase & Hans-Dieter Klingemann (Hrsg.): Wahlen und Wähler. Opladen: Westdeutscher Verlag, S. 675–686

Kepplinger, Hans Mathias (1994a): Publizistische Konflikte. Begriffe, Ansätze, Ergebnisse. In: Friedhelm Neidhardt (Hrsg.): Öffentlichkeit, Öffentliche Meinung, Soziale Bewegungen. Opladen: Westdeutscher Verlag, S. 214–233

Kepplinger, Hans Mathias (1994b): Nonverbale Kommunikation. In: Elisabeth Noelle-Neumann, Winfried Schulz & Jürgen Wilke (Hrsg.): Das Fischer Lexikon Publizistik-Massenkommunikation. 2. Auflage. Frankfurt am Main: Fischer, S. 337–365

Kepplinger, Hans Mathias (1994c): Prozesse und Wirkungen öffentlicher Meinungsbildung. Publizistische Konflikte: Begriffe, Ansätze, Ergebnisse. In: Friedhelm Neidhardt (Hrsg.): Öffentlichkeit, öffentliche Meinung, soziale Bewegungen. Opladen: Westdeutscher Verlag, S. 214–233

Kepplinger, Hans Mathias, Hans-Bernd Brosius & Stefan Dahlem (1994): Wie das Fernsehen Wahlen beeinflußt. Theoretische Modelle und empirische Analysen. München: Verlag Reinhard Fischer

Kepplinger, Hans Mathias, Christiane Tullius & Susanne Augustin (1994): Objektiver Inhalt und subjektives Verständnis aktueller Zeitungsberichte. In: Medienpsychologie, 6, S. 302–322

Kepplinger, Hans Mathias, Peter Eps & Dirk Augustin (1995): Skandal im Wahlbezirk. Der Einfluß der Presse auf die Wahl des Münchner Oberbürgermeisters 1993. In: Publizistik, 40, S. 305–326

Kepplinger, Hans Mathias (1996): Skandale und Politikverdrossenheit – ein Langzeitvergleich. In: Otfried Jarren, Heribert Schatz & Hartmut Wessler (Hrsg.): Medien und politischer Prozeß. Politische Öffentlichkeit und massenmediale Politikvermittlung im Wandel. Opladen: Westdeutscher Verlag, S. 41–58

Kepplinger, Hans Mathias (1997): Politiker als Stars. In: Werner Faulstich & Helmut Korte (Hrsg.): Der Star. Geschichte – Rezeption – Bedeutung. München: Verlag Wilhelm Fink

Kepplinger, Hans Mathias & Gregor Daschmann (1997): Today's News. Tomorrows Context: A Dynamic Model of News Processing. In: Journal of Broadcasting & Electronic Media, 41, S. 548–565

Kepplinger, Hans Mathias (1998): Die Demontage der Politik in der Informationsgesellschaft. Freiburg i. Br.: Alber

Kepplinger, Hans Mathias, Peter Eps & Holger Pankowski (1998): Die Rolle der Medien bei Direktwahlen. In: Axel Görlitz & Hans-Peter Burth (Hrsg.): Informelle Verfassung. Schriften zur Rechtspolitologie, Band 8. Baden-Baden: Nomos, S. 125–160

Kepplinger, Hans Mathias (1999): Verletzung der Persönlichkeitsrechte durch die Medien: Halten die Annahmen der Juristen den sozialwissenschaftlichen Befunden stand? Referat anläßlich der 35. Bitburger Gespräche vom 6. bis 9. Januar

Kepplinger, Hans Mathias & Carsten Reinemann (1999): The Structure of Evaluative Statements about Politicians in Print Media from 1951 to 1995. Unveröffentlichtes Manuskript. Mainz

Kindelmann, Klaus (1994): Kanzlerkandidaten in den Medien. Eine Analyse des Wahljahres 1990. Opladen: Westdeutscher Verlag

Kinkel, Klaus (1998): Den Bundestag für fünf Jahre wählen. In: Frankfurter Allgemeine Zeitung, 9.12., S. 16

Klingemann, Hans-Dieter & Andrea Volkens (1997): Struktur und Entwicklung von Wahlprogrammen in der Bundesrepublik Deutschland 1949–1994. In: Oscar W. Gabriel, Oskar Niedermeyer & Richard Stöss (Hrsg.): Parteiendemokratie in Deutschland. Opladen: Westdeutscher Verlag, S. 517–536

Klingemann, Hans-Dieter (1998): Mapping political support in the 1990s. A global analysis. In: Norris, Pippa (Hrsg.): Critical citizens. Global Support for Democratic Government. Oxford: Oxford University Press

Knoche, Manfred & Monika Lindgens (1988): Selektion, Konsonanz und Wirkungspotential der deutschen Tagespresse. Politikvermittlung am Beispiel der Agentur- und Presseberichterstattung über die Grünen zur Bundestagswahl 1987. In: Media Perspektiven Nr. 8, S. 490–510

Köcher, Renate (1998a): In der neuen Lage hat die CDU neue Aufgaben. Der Vertrauensverlust und die Niederlage bahnten sich seit langem an. In: Frankfurter Allgemeine Zeitung, 14.10., S. 5

Köcher, Renate (1998b): Das neue Wahljahr beginnt wie das letzte. Die Hinwendung zu den Parteien ist nicht mit Vertrauen in deren Kompetenz gleichzusetzen. In: Frankfurter Allgemeine Zeitung vom 21.1., S. 5

Kommission für Zukunftsfragen der Freistaaten Bayern und Sachsen (1997): Erwerbstätigkeit und Arbeitslosigkeit in Deutschland. Entwicklungen, Ursachen und Maßnahmen. Bonn (vervielf. Manuskript)

Krüger, Udo Michael & Thomas Zapf-Schramm (1999): Fernsehwahlkampf 1998 in Nachrichten und politischen Informationssendungen. In: Media Perspektiven Nr. 5, S. 222–236

Kühl, Jürgen (1999): Neue Wege aus der Arbeitslosigkeit. In: Aus Politik und Zeitgeschichte. Beilage zur Wochenzeitung Das Parlament, B14/15, S. 31–38

Ladd, Everett C. (1993): The 1992 U.S. national elections. In: International Journal of Public Opinion Research, 5, S. 1–21

Lafontaine, Oskar (1998): Zahlenkosmetik. Wie die Bundesregierung die Arbeitslosenzahlen schönredet. In: Vorwärts, 7, S. 3

Lambsdorff, Otto Graf (1998): Der Bürger entscheidet selbst. Gegen das Klischee vom Neoliberalismus: Kein demokratischer Gemeinsinn ohne Marktwirtschaft. In: Frankfurter Allgemeine Zeitung, 04.04.

Lapinski, John S., Charles R. Riemann, Robert Y. Shapiro, Matthew F. Stevens & Lawrence R. Jacobs (1998): Welfare State Regimes and Subjective Well-Beeing: A Cross-National Study. In: International Journal of Public Opinion Research, 10, S. 2–23

Laver, Michael & W. Ben Hunt (1992): Policy and party competition. New York und London: Routledge

Lazarsfeld, Paul F. (1935): The Art of Asking Why – Three Principles Underlying the Formulation of Questionnaires. In: National Marketing Review 1

Lazarsfeld, Paul F., Bernard Berelson & Hazel Gaudet (1944, dritte Auflage 1968): The People's Choice. How the voter makes up his mind in a presidential campaign. New York: Columbia University Press

Lazarsfeld, Paul F. & Robert K. Merton (1950): Continuities in Social Research. Studies in the Scope and Method of »The American Soldier«. Glencoe: The Free Press

Lazarsfeld, Paul F., Bernard Berelson & Hazel Gaudet (1969): Wahlen und Wähler. Soziologie des Wahlverhaltens. Neuwied: Luchterhand

Leinemann, Jürgen (1998a): Das letzte Gefecht. In: Der Spiegel, 11, S. 92–95

Leinemann, Jürgen (1998b): Ein Kampf um jeden Schritt. In: Der Spiegel, 39, S. 43–48

Leisner, Anna (1998): Die Leistungsfähigkeit des Staates. Verfassungsrechtliche Grenze der Staatsleistungen? Berlin: Duncker & Humblodt

Leutenecker, Sabine (1999): Der Erfolg des amerikanischen Beschäftigungsmodells und seine Ursachen. In: Aus Politik und Zeitgeschichte. Beilage zur Wochenzeitung Das Parlament, B14/15, S. 24–30

Lichter, Robert & Ted Smith (1996): Why Elections Are Bad News. Media and Candidate Discourse in the 1996 Presidential Primaries. In: Press/Politics 1, Nr. 4, S. 15–35

Lipari, Lisbeth (1999): Polling as ritual. In: Journal of Communication 49, Nr. 1, S. 83–102

Lust zum Chatten. In: Der Spiegel 30/1998, S. 36

Mathes, Rainer & Uwe Freisens (1989): Kommunikationsstrategien der Parteien und ihr Erfolg. Eine Analyse der aktuellen Berichterstattung in den Nachrichtenmagazinen der öffentlich-rechtlichen und privaten Rundfunkanstalten im Bundestagswahlkampf 1987. In: Kaase, Max & Hans-Dieter Klingemann (Hrsg.): Wahlen und Wähler. Analysen aus Anlaß der Bundestagswahl 1987. Opladen: Westdeutscher Verlag, S. 531–568

Matthies, Volker (1993): Die Kieler Affäre – Zur thematischen Inszenierung eines politischen Skandals im Fernsehen. In: Adi Grewenig (Hrsg.): Inszenier-

te Information. Politik und strategische Kommunikation in den Medien. Opladen: Westdeutscher Verlag, S. 143–163

Mazzoleni, Gianpietro (1987): Media logic and party logic in campaign coverage:
In. European Journal of Communication 2, S. 81–103

Mayntz, Renate & Kurt Holm, Peter Hübner (1978): Einführung in die Methoden der empirische Soziologie. Opladen: Westdeutscher Verlag

McCombs, Maxwell E. & Donald L. Shaw (1972): The Agenda-Setting Function
of Mass Media. In: Public Opinion Quaterly, 36, S. 176–187

Mertens, Dieter (1991): Zur Strategiefähigkeit von Vollbeschäftigungskonzep-
ten. In: Wirtschaft – Arbeit – Beruf – Bildung. Schriften und Vorträge von
Dieter Mertens, hrsg. Von Friedrich Buttler und Lutz Reyer. Beiträge zur Ar-
beitsmarkt- und Berufsforschung Nr. 110, Frankfurt am Main, S. 99–108

Merton, Robert K. (1949): Social Theory and Social Structure. Glencoe: The
Free Press

Meyn, Hermann (1996): Massenmedien in der Bundesrepublik Deutschland.
Berlin: Ed. Colloquium

Mill, John Stuart (1859; 1975): On Liberty. In: John Stuart Mill: Three Essays.
London: Oxford University Press

Müller, Albrecht (1998): Von der Parteiendemokratie zur Mediendemokratie.
Beobachtungen zum Bundestagswahlkampf 1998. Vorläufiger Endbericht.
Studie im Auftrag der Landesanstalt für Rundfunk Nordrhein-Westfalen, un-
veröff. vervielf. Manuskript, Dezember

Müller, Marion G. (1999): Parteienwerbung im Bundestagswahlkampf 1998. In:
Media Perspektiven, 5, S. 251–260

Müntefering, Franz (1997a): Noch 74 Wochen bis zur Bundestagswahl – wir wollen gewinnen. Rede auf der Konferenz der SPD-GeschäftsführerInnen. Bonn:
Pressemitteilung vom 24. 4.

Müntefering, Franz (1997b): Die SPD wird einen interessanten und kommunikativen Wahlkampf führen. Rede zur Eröffnung der SPD-Wahlkampfzentrale.
Bonn: Pressemitteilung vom 26. 9.

Müntefering, Franz (1998): Das Denkmal Kohl wankt. In: Vorwärts, 5, S. 5

Noelle-Neumann, Elisabeth (1977): Das doppelte Meinungsklima. Der Einfluß
des Fernsehens im Wahlkampf 1976. In: Politische Vierteljahresschrift, 18,
S. 408–451

Noelle-Neumann, Elisabeth (1980): Wahlentscheidung in der Fernsehdemokratie. Freiburg: Ploetz

Noelle-Neumann, Elisabeth (1985): Die Identifizierung der Meinungsführer. 38.
ESOMAR-Kongreß, Wiesbaden, 1.–5. September

Noelle-Neumann, Elisabeth & Rainer Mathes (1987): The ›Event as Event‹ and
the ›Event as News… The Significance of ›Consonance‹ for Media Effects
Research. In: European Journal of Communication, 2, S. 391–414

Noelle-Neumann, Elisabeth & Matthias Reitzle (1991): Was man aus der Bun-
destagswahl von 1987 lernen kann. Wahlforschung und Anwendung. In:
Hans-Joachim Veen, Elisabeth Noelle-Neumann (Hrsg.): Wählerverhalten im
Wandel. Bestimmungsgründe und politisch-kulturelle Trends am Beispiel der
Bundestagswahl 1987. Paderborn: Schöningh, S. 245–315

Noelle-Neumann, Elisabeth & Renate Köcher (Hrsg.) (1997): Allensbacher Jahr-
buch der Demoskopie 1993–1997. München und Allensbach: Verlag K. G.
Saur, Verlag für Demoskopie

Noelle-Neumann, Elisabeth & Thomas Petersen (1998): Alle, nicht jeder. Einführung in die Methoden der Demoskopie. München: dtv

Noelle-Neumann, Elisabeth (1999): Wissenschaft in der öffentlichen Wahrnehmung. In: Forschung und Lehre, Nr. 5, S. 228–233

Noelle-Neumann, Elisabeth & Thomas Petersen (1999): Das halbe Instrument, die halbe Reaktion. Zum Vergleich von Face-to-face und Telefonumfragen. In: Volker Hüfken (Hrsg.): Telefonumfragen. Manuskript im Druck.

Norris, Pippa, John Curtice, Davcid Sanders, Margaret Scammell & Holli A. Semetko (1999): On message. Communicating the campaign. London: Sage (im Druck)

Ostertag, Michael (1992): Zum Wirkungspotential nichtsprachlicher Äußerungen in politischen Sendungen. Diss. phil. Mainz

Paletz, David L. & C. Danielle Vinson (1994): Mediatisierung von Wahlkampagnen. Zur Rolle der amerikanischen Medien bei Wahlen. In: Media Perspektiven, Nr. 7, S. 362–368

Patterson, Thomas E. (1993): Out of Order. How the decline of political parties and the growing influence of the news media undermine the American way of electing presidents. New York: Knopf

Patterson, Thomas E. & Wolfgang Donsbach (1996): News Decisions: Journalists as Partisan Actors. In: Political Communication, 13, S. 455–468

Peters, Birgit (1994): »Öffentlichkeitselite« – Bedingungen und Bedeutung von Prominenz. In: Friedhelm Neidhardt (Hrsg.): Öffentlichkeit, öffentliche Meinung, soziale Bewegungen. Opladen: Westdeutscher Verlag, S. 191–213

Petersen, Thomas (1999): Folgen eines Wechsels von Face-to-face- zu telefonischen Befragungen. Vortrag, gehalten auf der Tagung »Neue Erhebungsinstrumente und Methoden-Effekte« am Statistischen Bundesamt, Wiesbaden, 24.–25.06.

Plasser, Fritz (1989): Medienlogik und Parteienwettbewerb. In: Frank E. Böckelmann (Hrsg.): Medienmacht und Politik. Mediatisierte Politik und politischer Wertewandel. Berlin: Spiess, S. 207–218

Plasser, Fritz, Franz Sommer & Christian Scheucher (1995): Medienlogik: Themenmanagement und Polikvermittlung im Wahlkampf. In: Fritz Plasser, Peter A. Ulram & Günther Ogris (Hrsg.): Wahlkampf und Wählerentscheidung. Analysen zur Nationalratswahl 1995. Wien: Signum, S. 85–118

Pöttker, Horst (1996): Politikverdrossenheit und Medien. Daten und Reflexionen zu einem virulenten Problem. In: Otfried Jarren, Heribert Schatz & Hartmut Wessler (Hrsg.): Medien und politischer Prozeß. Politische Öffentlichkeit und massenmediale Politikvermittlung im Wandel. Opladen: Westdeutscher Verlag, S. 59–72

Pratto, Felicia & Oliver P. John (1991): Automatic vigilance. The attention-grabbing power of negative social information. In: Journal of Personality and Social Psychology, 61, S. 380–391

Presse- und Informationsamt der Bundesregierung (1998): Bericht der Bundesregierung über die Lage der Medien in der Bundesrepublik Deutschland 1998. Drucksache 13/10650 des Deutschen Bundestages, vom 18. Mai, 13. Wahlperiode

Price, Vincent & David Tewksbury (1997): News Values and Public Opinion: A Theoretical Account of Media Priming and Framing. In: George A. Barnett & Franklin J. Boster (Hrsg.): Progress in Communication Sciences: Advances in Persuasion, Bd. 13. London: Ablex Publishing Corporation, S. 173–212

Price, Vincent, David Tewksbury & Elizabeth Powers (1997): Switching Trains of Thought. The Impact of News Frames on Readers' Cognitive Responses. In: Communication Research, 24, S. 481–506

Protess, David, Fay Lomax Cook, Thomas R. Curtin, Margaret T. Gordon, Donna R. Leff, Maxwell E. McCombs & Peter Miller (1987): The impact of investigative reporting on public opinion and policy making: Targeting toxic waste. In: Public Opinion Quarterly, 51, S. 166–185

Rattinger, Hans (1994): Demographie und Politik in Deutschland: Befunde der repräsentativen Wahlstatistik 1953–1990. In: Hans-Dieter Klingemann & Max Kaase (Hrsg.): Wahlen und Wähler. Analysen aus Anlaß der Bundestagswahl 1990. Opladen: Westdeutscher Verlag, S. 73–122

Rettich, Markus & Roland Schatz (1998): Amerikanisierung oder Die Macht der Themen. Bonn u. a.: Innovatio Verlag

Rettich, Markus (1999): Lob für Schröder, Kritik an Kohl. Die Journalisten der meisten Medien bewerteten den SPD-Kanzlerkandidaten besser als Helmut Kohl. In: Medien Tenor Forschungsbericht 84, vom 18. Mai

Rhee, June Woong (1996): How polls drive campaign coverage. In: Political Communication 13, S. 213–229

Rhee, June W., Joseph N. Cappella (1997): The Role of Political Sophistication in Learning From News. In: Communication Research, 24, S. 197–233

Ripper, Heiko (1998): Der große Kommunikator. Die Medienstrategie Ronald Reagans im Kontext der US-Präsidenten. Freiburg i.Br.: Alber

Ristau, Malte (1998): Wahlkampf für den Wechsel – Die Wahlkampagne der SPD 1997/98. Bonn: unveröffentlichtes Redemanuskript

Rolf Kiefer. Rubrik Leute. In: Der Spiegel 38/1998, S. 269

Rosengren, Karl Erik (1974): International news: Methods, data and theory. In: Journal of Peace Research, 11, S. 145–156

Rosengren, Karl Erik (1979): Bias in the news: Methods and concepts. In: Studies of Broadcasting, 15, S. 31–45

Roth, Dieter (1998a): Parteien, Kandidaten, Wähler. Einblicke in die politische Landschaft vor der Wahl. In: Bayrischer Landtag (Hrsg.): Akademiegespräche im Landtag. München, S. 29

Roth, Dieter (1998b): Empirische Wahlforschung. Ursprung, Theorien, Instrumente, Methoden. Opladen: Leske und Budrich

Sarcinelli, Ulrich (1998): Parteien und Politikvermittlung: Von der Parteien- zur Mediendemokratie? In: ders. (Hrsg.): Politikvermittlung und Demokratie in der Mediengesellschaft. Bonn: Bundeszentrale für politische Bildung, S. 273–296

Schadt, Thomas (1998): Der Kandidat. Dokumentarfilm im Auftrag des Südwestrundfunk. (Termin der Erstsendung: 7.10.98, 23 Uhr, ARD)

Schenk, Michael & Patrick Rössler (1994): Das unterschätzte Publikum. Wie Themenbewußtsein und politische Meinungsbildung im Alltag von Massenmedien und interpersonaler Kommunikation beeinflußt werden. In: Friedhelm Neidhardt (Hrsg.): Öffentlichkeit, Öffentliche Meinung und soziale Bewegungen. Opladen: Westdeutscher Verlag (Kölner Zeitschrift für Soziologie und Sozialpsychologie, Sonderheft 34), S. 261–295

Schenk, Michael (1995): Soziale Netzwerke und Massenmedien. Untersuchungen zum Einfluß der persönlichen Kommunikation. Tübingen: J. C. B. Mohr

Scheufele, Dietram A. (1999): Framing as a Theory of Media Effects. In: Journal of Communication, 49, S. 103–122

Schneider, Melanie, Klaus Schönbach & Holli A. Semetko (1999): Kanzlerkandidaten in den Fernsehnachrichten und in der Wählermeinung. In: Media Perspektiven, Nr. 5, S. 262–269

Schnibben, Cordt (1998a): Die Avantgarde der Nation. In: Der Spiegel, 36, S. 28–29

Schnibben, Cordt (1998b): In 30 Sekunden zum Stammwähler. In: Der Spiegel, 38, S. 68–73

Schöhl, Wolfgang W. (1987): Wirtschaftsjournalismus. Nürnberg: Kommunikationswissenschaftliche Forschungsvereinigung

Scholl, Armin & Siegfried Weischenberg (1998): Journalismus in der Gesellschaft. Theorie – Methodologie – Empirie. Opladen: Westdeutscher Verlag

Schönbach, Klaus (1977): Trennung von Nachricht und Meinung. Empirische Untersuchung eines journalistischen Qualitätskriteriums. Freiburg i. Br.: Alber

Schröter, Detlef (1992): Qualität im Journalismus. Testfall: Unternehmensberichterstattung in Printmedien. München und Mülheim: Publicon Medienverlag

Schudson, Michael (1998): The good citizen. A history of American Civic Life. New York u. a.: The Free Press

Schulz, Winfried (1976): Die Konstruktion von Realität in den Nachrichtenmedien. Analyse der aktuellen Berichterstattung. Freiburg und München: Alber

Schulz, Winfried (1997a): Inhaltsanalyse. In: Elisabeth Noelle-Neumann, Winfried Schulz & Jürgen Wilke (Hrsg.): Publizistik – Massenkommunikation. Frankfurt am Main: Fischer Taschenbuchverlag, S. 41–63

Schulz, Winfried (1997b): Politische Kommunikation. Theoretische Ansätze und Ergebnisse empirischer Forschung zur Rolle der Massenmedien in der Politik. Opladen: Westdeutscher Verlag

Schumacher, Hajo (1998): Eine Schlacht um Gefühle. In: Der Spiegel, 11, S. 92–95

Semetko, Holli A. & Klaus Schönbach (1994): Germany's ›Unity‹ Election: Voters and the media in 1990. Creskill: Hampton Press Communication

Semetko, Holli A. (1996): Political balance on television. Campaigns in the United States, Britain, and Germany. In: The Harvard International Journal of Press/Politics 1, Nr. 1, S. 51–71

Shah, Dhavan V., David Domke & Daniel B. Wackman (1996): ›To Thine Own Self Be True‹ Values, Framing, and Voter Decision-Making Strategies. In: Communication Research, 23, S. 509–560

Staab, Joachim Friedrich (1990): Nachrichtenwert-Theorie. Formale Struktur und empirischer Gehalt. Freiburg und München: Alber

Tennstädt, Friedrich & Hartmut Hentschel (1985): Election Forecasts. Problems and Solutions. Paper presented at the conference on »Opinion Polls and Election Forecasts« – held by the Centro de Investigaciones Sociológicas (CIS) and the Universidad Internacional Menendez Pelayo (UIMP), Sevilla, 26.–27. September

Tichy, Gunther (1994): Konjunktur. Stilisierte Fakten, Theorie, Prognose. Berlin und Heidelberg: Julius Springer

Troldahl, Verling V., Robert Van Dam (1965): Face to Face Communication about Major Topics in the News. In: Public Opinion Quarterly, 29, S. 626–643

SPD-Wahlkampfzentrale (1998): Unsere Mitarbeiterin der Woche. Bonn: Pressemitteilung vom 17.9.1998

Tillack, Hans-Martin (1997): Wie die Glocken zum Kirchgang. In: Stern, 48, S. 232–235

Über den Kanzler hinaus. In: Der Spiegel 36/1998, S. 22–25

Veen, Hans Joachim (1996): Stabilisierung auf dünnem Eis. Entwicklungstendenzen des Parteiensystems nach der zweiten gesamtdeutschen Wahl. In: Heinrich Oberreuter (Hrsg.): Parteiensystem am Wendepunkt? Wahlen in der Fernsehdemokratie. Landsberg/Lech: Olzog, S. 182–203

Veyne, Paul (1990): Geschichtsschreibung – Und was sie nicht ist (1971). Frankfurt am Main: Suhrkamp

Vorstand der SPD (Hrsg.) (1998): Arbeit, Innovation, Gerechtigkeit. SPD-Wahlprogramm für die Bundestagswahl 1998. Leipzig: o. V.

Weber, Max (1951): Wissenschaft als Beruf. In: Max Weber: Gesammelte Aufsätze zur Wissenschaftslehre. Hrsg. v. Johannes Winckelmann. Tübingen: Mohr

Weimann, Gabriel (1994): The Influentials. People Who Influence People. Albany: State University of New York Press

Weimer, Wolfram (1999): Die Sozialisierungsfalle: warum die soziale Marktwirtschaft wieder entfesselt werden muß. Frankfurt am Main: Frankfurter Allgemeine Zeitung Verlagsbereich Buch

Weischenberg, Siegfried, Martin Löffelholz & Armin Scholl (1994): Merkmale und Einstellungen von Journalisten. Journalismus in Deutschland II. Media Perspektiven, Nr. 4, S. 154–167

Wenzel, Falk (1999): Die Darstellung wirtschaftlicher Zusammenhänge in der Tageszeitung. Eine Inhaltsanalyse. Magisterarbeit, Institut für Kommunikationswissenschaft der TU Dresden

Westerstahl, Jörgen (1983): Objective news reporting. In: Communication Research, 10, S 403–424

Wischmeyer, Wolfgang (1998): Armes Niedersachsen. In: Frankfurter Allgemeine Zeitung, vom 01. 03.

Zinn, Karl Georg (1999): Massenarbeitslosigkeit und Massenwohlstand. In: Aus Politik und Zeitgeschichte. Beilage zur Wochenzeitung Das Parlament, B14/15, S. 3–13

Register

284